社区矫正

第六版

美国地方治理的
新议题及其比较

[美]爱德华·J.拉特沙　波拉·史密斯　著

张大维　江山河　李恩深　等　译

CORRECTIONS IN THE COMMUNITY

SIXTH EDITION

EDWARD J. LATESSA & PAULA SMITH

江苏人民出版社

图书在版编目（CIP）数据

社区矫正：第六版：美国地方治理的新议题及其比
较／（美）爱德华·J.拉特沙，（美）波拉·史密斯著；
张大维等译. — 南京：江苏人民出版社，2025.3
　　ISBN 978 - 7 - 214 - 26104 - 5

　　Ⅰ.①社… Ⅱ.①爱… ②波… ③张… Ⅲ.①社区—
监督改造—研究—美国 Ⅳ.①D971.267

中国版本图书馆 CIP 数据核字（2021）第 255645 号

Corrections in the Community, 6th Edition / edited by Edward J. Latessa, Paula Smith / ISBN: 978 - 1138854178

江苏省版权局著作权合同登记号：图字 10 - 2018 - 245 号

书　　　名	社区矫正（第六版）——美国地方治理的新议题及其比较
著　　　者	[美]爱德华·J.拉特沙(Edward J. Latessa)　[美]波拉·史密斯(Paula Smith)
译　　　者	张大维　江山河　李恩深等
责 任 编 辑	史雪莲
装 帧 设 计	观止堂_未泯
责 任 监 制	王　娟
出 版 发 行	江苏人民出版社
地　　　址	南京市湖南路 1 号 A 楼，邮编：210009
照　　　排	江苏凤凰制版有限公司
印　　　刷	江苏凤凰扬州鑫华印刷有限公司
开　　　本	652 毫米×960 毫米　1/16
印　　　张	31.25　插页 2
字　　　数	460 千字
版　　　次	2025 年 3 月第 1 版
印　　　次	2025 年 3 月第 1 次印刷
标 准 书 号	ISBN 978 - 7 - 214 - 26104 - 5
定　　　价	98.00 元

（江苏人民出版社图书凡印装错误可向承印厂调换）

作者简介①

　　爱德华·J. 拉特沙（Edward J. Latessa）是辛辛那提（Cincinnati）大学刑事司法系主任、教授，于 1979 年获俄亥俄州立大学博士学位。拉特沙博士已在刑事司法、矫正，及未成年人司法等领域发表作品 140 余部，包括合著的 7 本专著或教材，如《哪些措施在降低再犯中有效（或无效）》《美国矫正》。拉特沙博士主导了 150 余个研究项目，包括对下面课题的研究：日报中心，未成年人司法项目，毒品法庭，监狱项目，强化监管项目，中途之家，毒品项目等。他已参与了全美 600 余项矫正项目的评估研究，为 45 个州提供了技术性支持和讲座。拉特沙博士是美国司法援助局司法项目科学研究咨询委员会委员，美国未成年人司法及少年犯罪预防模式项目指南办公室专家评估员，美国国家司法部、国家司法项目办公室矫正及法庭领域的资深专家评估员。拉特沙博士于 1989－1990 年任美国刑事司法科学协会主席。他曾获辛辛那提大学教育、司法及人文服务学院的领导与服务奖（2014），美国刑事司法科学协会科学论文奖（2014），美国犯罪学学会矫正与量刑分支委员会奖（2014），亚利桑那州未成年犯矫正局杰出社区合作者奖（2010），社区司法资源委员会社区英雄奖（2010），美国刑事司法科学协会杰出贡献奖

① 译文遵循该书 2015 年的版本，因此相关介绍、数据和内容等均为当时情况，保持原样，未作更新。下同。

(2010),萨姆休斯顿(Sam Houston)州立大学刑事司法学院布鲁斯·史密斯(Bruce Smith)奖(2009),波特兰(Portland)州立大学政府学院公共政策研究杰出贡献奖(2008),全国未成年人司法法庭服务协会杰出成就奖(2007),美国犯罪学学会奥古斯特·和麦(August Vollmer)奖(2004),俄亥俄州康复与矫正局刑事司法研究奖(2002),国际社区矫正协会社会正义与人文进步杰出贡献奖(2001),美国矫正协会杰出研究奖(1999),美国刑事司法科学协会研究员(1998),美国刑事司法科学协会创立者奖(1992)。2013年,拉特沙博士在美国司法援助局、美国司法部、法院创立中心联合组织的调查中被评为刑事司法领域最具创新人物之一。

波拉·史密斯(Paula Smith)是辛辛那提大学刑事司法系教授。她于2006年获得新布伦瑞克(New Brunswick)大学心理学博士学位。她的研究兴趣包括罪犯分类与评估,矫正康复,监禁的心理影响,项目实施与评估,知识向实践者与政策制定者的转化,荟萃分析。她已发表60余部作品,包括文章、著作章节及会议报告。史密斯博士已指导了大量的研究项目,参与了全美400多个矫正项目的评估研究。她是英国全国罪犯管理服务部资格认证委员会委员,也是澳大利亚格里菲斯(Griffith)大学国际矫正研究团队成员。除丰富的研究经历外,史密斯博士还有大量的与未成年犯、性罪犯,及家庭暴力等罪犯直接交流的一线经验。目前,她为美国及加拿大的刑事司法机构提供技术性支持。

前　言

当写作《社区矫正》第一版时，矫正领域正经历历史无前例的监禁率，监狱建造及监狱服刑人数以一种惊人的速度增长。对犯罪及罪犯实行"趋严"政策的后果是社区矫正的应变。无治疗的强化监管、矫正集训营、震慑监禁和其他处罚机制都得以尝试，但在改造罪犯的结果上却收效甚微。此后，更多的变化产生。没有新建监狱，监狱在押犯实际上也有所下降。我们也学到很多如何更有效地为矫正对象提供项目与服务的改进措施。许多这类改进项目在社区进行。我们相信，矫正领域正从风险管理走向风险降低——确认那些最需要的项目与监管，有的放矢地针对罪犯的那些罪因性需求以达到降低再犯的目标。当然，为了有效地达到这些目标，我们需要了解研究和资料揭示的设计与实施循证矫正实践。本书的许多章节都涉及如下重要课题：风险评估，改善监管实践，用数据测量表现与结果，遵从那些经验研究揭示的允许矫正系统更有效、更人性化且更节省开支的矫正原则。

撰写一本涉及面广且动态性强的社区矫正的著作是一项非常艰巨的任务。很难知道什么时候某课题已得到充分阐述。矫正领域正在发生迅猛的变化，其结果是，有关信息和数据很快过时。我们相信，本书收集了最新的、最重要的信息，但是，我们也为任何的错误或短缺负责。下面几点值得说明。

第一,如前几版一样,本书有许多数据图表。因为这些数据变化很快,记住它们不是重要的部分。我们希望学生是社区矫正的参与者,并使用本书的信息批判性地思考矫正领域正面临的问题。

第二,我们知道,学生对一个主题的历史并不总是有兴趣,我们力图将这部分压缩在最低限度。我们也相信,重要的是了解矫正从何而来以及目前矫正实践存在的理由。我们在每章也提供了一些关键词、问题回顾、专栏信息及推荐读物,通过这些方面突出那些有助于阅读并更好地理解书中一些关键概念和观点的重点。当今世界已是一个信息爆炸的年代,学生们很容易从各种资源中了解到更多的与书中主题相关的信息。我们鼓励学生用强烈的求知欲去寻找有助于他们增长知识和了解书中主题的信息。

第三,这次新版增加了一些新的资料。如今,毒品法庭和其他问题法庭已在全美各州到处可见。因此,我们认为应该增加这方面的讨论。这类法庭为我们面临的新问题,如药物滥用、从监狱重新融入社会等提供了一种新的解决机制。这些创新已改变了许多法庭和社区处理成千上万美国人面临的问题的看法。更为重要的是,它们也显示,我们并不需要总是依赖监狱,许多解决犯罪问题的机制可以在社区中找到,特别是当司法系统中各个部门紧密合作时。

第四,你们也将认识到,我们有自己的取向(或偏见)。我们相信,我们监禁了太多的公民,这不是一个好的政策,许多违法者可以放在社区监管而不会给社区带来太大的危害。我们也相信,当监禁低风险罪犯时,很多社会财富被浪费了,人的痛苦加剧了。正如我们的朋友卡伦(Cullen)所说的那样,"我们自由但不愚蠢"。我们知道,某些罪犯是暴力的而且可能对他人造成严重伤害,这类人应该被监禁。但是,我们不相信,近两百万被监禁的罪犯甚至他们的大多数属于这类人群。

第五,尽管缓刑与假释常常改变较慢,但我们不相信必须是这样。在过去短短的几年中,我们已看到越来越多的机构和项目采用循证实践。如果本书有一个主题的话,那就是,我们确实能够用研究改进矫正领域并最终改善那些进入矫正系统的人的生活。尽管改变较慢且老观念持续，但我们坚信，社区矫正的未来是光明的、充满希望的。我们期待，使用本书的老师和学生都如同我们的感受一样，社区矫正的课题是有趣的和令人兴奋的。

Edward J. Latessa，Paula Smith

中文版序

当《社区矫正》第一版于 1997 年出版时，我没有想到本书会有第六版，更没有想到被译成中文出版。过去 20 余年里，社区矫正有很多的变迁。这不仅表现在，技术上的发展影响着我们对罪犯的监督和管理，而且从研究中我们了解到许多新的东西，这一点在使用循证实践和项目更有效地监管和降低再犯率方面尤为突出。

过去 30 多年里，美国被矫正人数持续增长。当监狱犯人急剧上升时，我们似乎没有考虑到他们中的绝大多数某天会返回社会，他们面临的挑战将使他们非常难以成功地重新融入社会。的确，我们最近才看到，监禁率增长减缓且实际上降低。我们也看到许多新的努力，并通过在社区中创造重新融入方案协助监狱犯人返回社会。

当我们和其他一些学者开始尝试使政策制定者和实务工作者相信，严厉的、惩罚性的方式不会有效，而且我们实际上知道一些降低再犯措施时，我们常常面对的是深度的怀疑和反击。当然，结果是，许多所谓的"趋严"项目，如矫正集训营、直面威慑项目等，矫正无效且迅速成为矫正史上的注脚。当今的挑战与以往不同，而且从某种意义上讲比以往更大，如采纳那些我们已经知道的可以"有效"降低再犯的矫正方案，并将研究成果付诸实践。实施改变从来都不是容易的，但这种变化已在社区矫正机构、中途之家、日报中心和其他社区矫正项目中得以实践。今天,美国保守和自由两个阵营都在讨论更"聪明"地处理犯罪并推动循证项目和实践。

自 2006 年起,我已到过中国四次,每次参访,中国社区矫正项目的创新都给我留下了深刻印象。我期待中国将不会重复我们的错误,并设计和实施既可以防止罪犯再犯,又可以保持社会安全的有效矫正方案。

Edward J. Latessa

目　录

第一章　美国刑事司法体系

关键词

社区矫正(community corrections)　　看守所(jail)

矫正(corrections)　　　　　　　　　假释(parole)

刑事司法体系(criminal justice system)　监狱(prison)

监禁(incarceration)　　　　　　　　缓刑(probation)

国家不论大小，犯罪无所不在，美国也无例外。在美国，犯罪是一种违法行为。民意代表制定的各种刑法是由各种不同的执法机构执行的。这些机构包括警察、检察院、法院，及各种矫正部门(如监狱、缓刑和假释)。这些机构、执法行为及其背后的哲学基础和目的，统称为"刑事司法体系"。

没有任何人将这套机构强加给这个国家。我们自己创造了它们。如果一个机构或它的使命有缺陷，它可以被修正。与美国刑事司法体系相关的一个事实是，全国的犯罪率、新生的国家优先战略，可支付资金以及变迁的政治意识形态等使其迅速发展和演变。在一个时期是特别可恶的行动者在另一个时期即使还不是可接受的，也可能成为可管理的。例如，20 世纪20—30 年代的禁酒"大实验"，试图保护我们国家的特征和青年、增加生产率、减少懒惰行为、增加饮酒者的道德观。这一禁酒令在后来的国家改革运

2 动中被废除。它被转换为一种将酒限制在可控的饮酒业的新控制战略中，即主要控制未成年人饮酒及税收。另外，我们已看到几个州已将大麻合法化。吸大麻在不久前还可能被判以监禁。

刑事司法体系的一个组成部分是矫正(corrections)，即"有罪者审判后的刑罚处置"。如果说这个定义曾被恰当使用的话，那可能就是 20 世纪早期：那时法庭可用的判刑要么是将有罪者送进监狱，要么将他们处以缓刑。实际上，大约 1969 年前，刑法违法者判刑后的刑罚处置的研究通常被称为"刑罚学"(penology)。如我们将在后面章节中所看到的那样，美国审判后的刑罚处置变得越来越复杂。

如同刑事司法体系的其他组成部分一样，矫正领域在过去 30 年间经历了快速的变迁。一些新产生的矫正方案允许检察官在下列条件下暂停对犯罪嫌疑人的起诉，即让嫌疑人在"暂缓起诉"(deferred prosecution)方案中积极参与并保持寻求个人的发展与康复(rehabilitation)。犯罪嫌疑人的审前羁押现在比以前较少采用。这是建立一种担保人(bondsmen)在审前程序中的作用的个人认同方案的结果。此外，过去 20 年中，技术手段发展迅速，使一般缓刑监管扩展到传统缓刑、强化监管缓刑(intensive supervision probation)、住宅监控、(可有或没有电子监控或 GPS 监控)、社区服务、日报中心及康复方案。还有多种形态的缓刑，比如先看守所服刑再缓刑、先监狱服刑再社区缓刑。这些都是过去 30 年中产生的"中间刑"的一部分，即介于传统缓刑与监狱刑之间的犯人监控模型。

矫正已变成什么样？我们今天如何才能定义它？对于我们来说，矫正就是一种社会控制机构，它通过对罪犯或犯罪嫌疑人的监禁、社区监管或修复来保护社会。这个定义包括恢复性司法、审前转移方案(diversion programs)，以及更传统的缓刑及假释服务。它还包括中间刑及犯人释放前的各种准备和培训。总之，矫正包含司法体系对个人行为的社会控制。定义矫正的使命、目的、程序甚至一般原则都在不断变化之中。本书希望描述并定义当今社区矫正的最新发展和新生的范围。

一　社区矫正

本书描述和解释在社区的矫正或社区矫正。社区矫正包括众多的、多元化的监管，矫治(treatment)，整合，控制，修复，以及给予刑法违法者的各种支持方案。如本书后面章节所展示的那样，社区矫正方案是为未成年人犯及刑事司法体系中多样性的成年服刑人员所设计的。首先，社区矫正存在于审前阶段，包括转移及审前释放方案以及私营机构，特别是为未成年人犯服务的私营机构所提出的矫治方案(Allen et al. ，2012)。

当服刑人员进入司法体系后，社区矫正机构设计和发展各种社区矫正方案。这些方案旨在最大限度降低罪犯进入更严控制机构的可能。监禁前(pre-imprisonment)方案包括赔偿(restitution)、社区服务、缓刑、强化监管缓刑、住宅监控，以及全日制社区居住矫正机构(residential community facilities)，如中途之家(请注意，所有这些方案都会在后续章节中得以详细阐述)。

潜在于这些旨在最大限度降低罪犯进入监禁机构的新方案背后的假设是，社区矫正能更有效地降低未来的犯罪并节省开支。可以肯定的是，社区矫正在降低重新犯罪率方面不会低于监狱矫正。有明显的证据显示，如果社区矫正的方案得以适当执行的话，重新犯罪率可明显降低。①

另一个假设是，尽管人们对矫正应该是人性化还是严厉惩罚有争议，社区矫正比监禁更富人性化。但监禁之后继续社区矫正(有时社区矫正与狱刑结合)，②许多这类的刑罚包括分离刑(split sentence)(先监禁后缓刑)、震慑监禁(shock incarceration)、震慑缓刑、暂离监狱方案(prison furlough programs)、

---

① 大量研究表明，如果某些以实证为基础的监管原则得以保证的话，社区矫正方案可以对重新犯罪率产生实质性影响。拉特沙(Latessa)和洛温坎普(Lowenkamp) 2007 年一文提供了有关研究的总结。

② 比如，在俄亥俄，州政府资助"社区为基础的矫正机构"。这些机构由当地社区矫正管理委员会管理。它们提供治疗，并经常使用社区服务。然而，它们不是有安全保卫的机构。罪犯从这些机构释放后一般进入假释监管。得克萨斯州也资助类似的矫正机构。

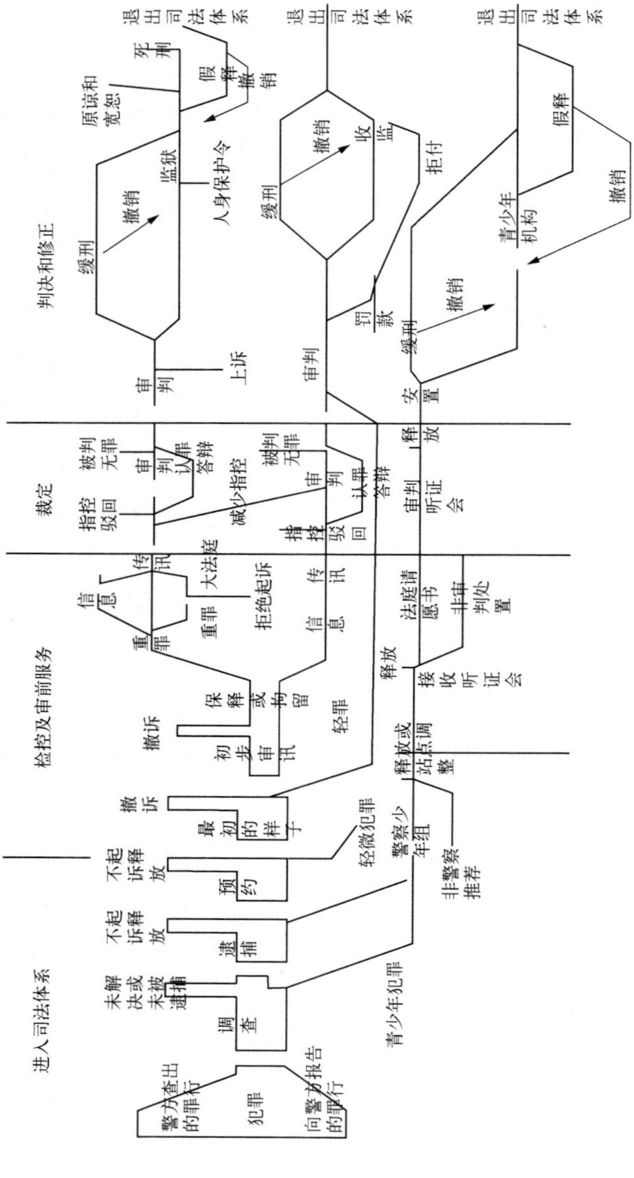

图1-1　美国刑事司法体系的基本流程

资料来源：Adapted from President's Commission on Law Enforcement and Administration of Justice(1969)。

工作与教育特许离监方案(work and education programs)、震慑假释,以及 5
假释与服务等。①

　　图1-1展示的刑事司法流程首先出自约翰逊(Lyndon Johnson)总统
犯罪委员会1969年的报告:自由社会的犯罪挑战。该报告勾勒了美国刑事
司法体系的基本流程。警察、法院和矫正是美国刑事司法体系中相互关联
的机构。该流程展示一种观念:成功的犯罪预防是整个刑事司法系统的目
标。很明显,社区矫正具有这一目的:通过社区矫正使罪犯在未来的生活中
不犯罪或少犯罪。②

　　图1-1中的两点需指明。第一,缓刑与假释是两个完成刑罚的主要途
径。第二,案件数随着司法过程的推进(起诉、法庭、判刑及监狱释放等)而
不断减少。大多数罪犯在社区矫正服刑。另外值得注意的是,矫正总人数
自2009年开始下降。2009年后连续4年的下降扭转了美国矫正人数不断
上升的趋势。

专栏1-1　缓刑与假释
缓刑是法庭裁决的一种刑罚。这种刑罚一般不要求监禁但有限制服刑人员在社区活动的各种规定及条件。一旦服刑人员违反了有关规范,法庭可以修改缓刑条件或重新判刑。 　　假释是基于服刑人员表现而给予他们提前释放并在社区完成余刑的一种刑罚。

　　图1-2展示了每种刑罚中服刑人员的百分比。2012年,非监禁服刑人
员占总人数的56%,12%的服刑人员是假释,两类总和近480万。另外,看
守所的大部分服刑人员可能因服分离刑而进入社会执行缓刑。显而易见,
社区矫正占美国服刑人员的大多数。根据美国司法统计局报告,2013年
初,美国每35个成年人中有1人服刑,这是自1997年以来最低的比率。另
外,大约每50个成年人中有1人是缓刑或假释。表1-1显示,按每10万人
计算,缓刑有1875人,假释有353人,920人在监狱或看守所。这些比率在
过去几年中有所下降。2012年的每一天中,每3个服刑人员有2个在社区

---

① 某些人会持不同看法,认为所谓的"社区"矫正方案实质上是监禁矫正机构,因为它们也是州政府
　监管的。
② 参阅Lowenkamp等(2006)和Wilson等(2000)。

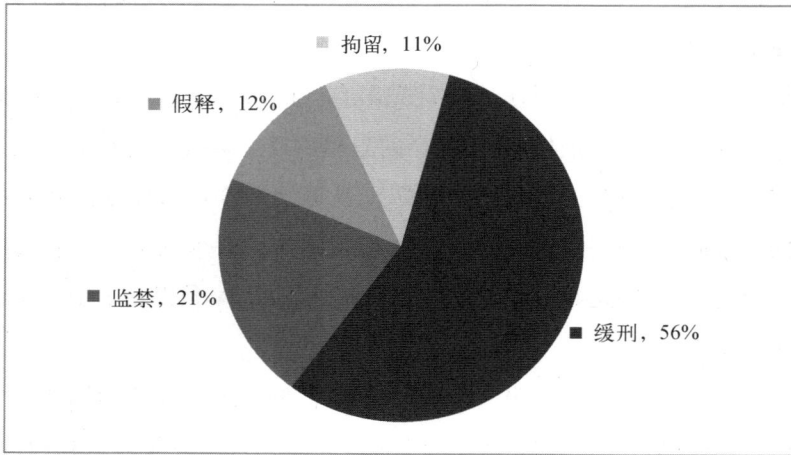

图 1 - 2　2012 年美国矫正人数比例分布

资料来源：Glaze, L. E. , Herberman, E. J. (2013). *Correctional populations in the United States*, 2012. Washington, DC：U. S. Department of Justice, Bureau of Justice Programs。

服刑。表 1 - 2 列举了每个州的监禁率。路易斯安那州监禁率最高, 每 10 万人中有 865 个犯人在监狱服刑。缅因州最低, 每 10 万人中有 147 个犯人在监狱服刑。

表 1 - 1　2006 和 2012 年每 10 万成年人服刑人员人数

	2006 年	2012 年
缓刑	1 875	1 633
假释	353	353
监狱或看守所	1 000	920
矫正总人数	3 190	2 870

资料来源：Sources：Glaze, L. E. , Herberman, E. J. (2013). *Correctional populations in the United States*, 2012. Washington, DC：U. S. Department of Justice, Bureau of Justice Programs；Maruschak, L. M. , Bonczar, T. (2014). *Probation and parole in the United States*, 2012. Washington, DC：U. S. Department of Justice, Bureau of Justice Statistics。

表 1-2 2012 年每 10 万成年人监狱服刑人员人数州级排序

州名	每 10 万成年人监狱服刑人数
1. 路易斯安那	865
2. 密西西比	690
3. 亚拉巴马	650
4. 得克萨斯	633
5. 俄克拉何马	632
6. 亚利桑那	589
7. 佐治亚	547
8. 阿肯色	545
9. 佛罗里达	537
10. 密苏里	512
11. 爱达荷	487
12. 肯塔基	479
13. 南卡罗来纳	473
14. 弗吉尼亚	468
15. 内华达	461
16. 印第安纳	443
17. 田纳西	443
18. 俄亥俄	441
19. 密歇根	434
20. 特拉华	429
21. 科罗拉多	427
22. 南达科他	426
23. 宾夕法尼亚	403
24. 阿拉斯加	399
25. 加利福尼亚	393
26. 威斯康星	385
27. 怀俄明	382
28. 马里兰	380
29. 伊利诺伊	376
30. 俄勒冈	373

续表

州名	每 10 万成年人监狱服刑人数
31. 蒙大拿	367
32. 西弗吉尼亚	367
33. 北卡罗来纳	362
34. 康涅狄格	350
35. 新墨西哥	329
36. 堪萨斯	324
37. 艾奥瓦	295
38. 纽约	283
39. 夏威夷	282
40. 新泽西	269
41. 华盛顿	260
42. 佛蒙特	255
43. 内布拉斯加	244
44. 犹他	243
45. 北达科他	206
46. 马萨诸塞	205
47. 新罕布什尔	198
48. 罗得岛	197
49. 明尼苏达	183
50. 缅因	147
51. 联邦系统	63
美国	492

资料来源:Carson, E. A., Golinelli, D. (2013). *Prisoners in 2012-advance counts*. Washington, DC: U. S. Department of Justice, Bureau of Justice Statistics。

8

> **专栏 1-2　看守所**
>
> 　　看守所是一种监禁场所。一般由地方警察机构监管。看守所一般用于成年罪犯但有时也用于未成年罪犯。看守所监禁那些等待审判的嫌疑犯以及判刑在一年及一年以下的犯人。尽管不是常态,但有些州允许判刑在一年以上的罪犯在看守所服刑。看守所关押人员还包括:无家可归的精神病人;等待转交精神病院的精神病人;等待审讯的缓刑犯或假释犯;用于法庭作证的犯人,蔑视法庭(contempt of court)的犯人;等待联邦执法人员带走的犯人;以及那些判处狱刑但监狱无住居空间且又不到释放时间的罪犯。

专栏 1-3 监狱

监狱是关押 1 年以上服刑犯的场所。监狱分联邦监狱和州监狱两类。

缓刑在美国

如前所述,缓刑是美国矫正人群的主体,是社区矫正最大的犯罪类别。表 1-3 显示,佐治亚州缓刑人数最多,每 10 万成年人中有 5 919 名缓刑犯,该比率为全美最高。另有 4 个州的比率高于 2 500:俄亥俄、罗得岛、爱达荷和明尼苏达。比率最低的是新罕布什尔,10 万分之 390。

综合而言,美国罪犯的大多数是缓刑犯。在大多数情况下,缓刑执行机构监管服刑人员是否遵守缓刑规范(如赔偿,社区服务,罚款支付,住宅监控、吸毒或酗酒治疗等要求)。当我们看到后面考察的监禁和假释总体人数时,缓刑所扮演的关键角色将更为明显。

表 1-3 2012 年州级社区矫正状况

缓刑	
社区矫正人数最多的 10 个州	被监管人数
佐治亚	457 217
得克萨斯	408 472
加利福尼亚	297 917
俄亥俄	252 901
佛罗里达	245 040
密歇根	185 984
宾夕法尼亚	177 851
伊利诺伊	125 442
印第安纳	124 976
新泽西	114 611
社区矫正服刑比率最高的 10 个州	每 10 万成年人监狱服刑人数
佐治亚	5 919
俄亥俄	2 886

9

续表

社区矫正服刑比率最高的 10 个州	每 10 万成年人监狱服刑人数
罗得岛	2 848
爱达荷	2 691
明尼苏达	2 625
印第安纳	2 441
密歇根	2 338
特拉华	2 185
马里兰	2 117
得克萨斯	2 107
社区矫正服刑比率最低的 10 个州	每 10 万成年人监狱服刑人数
新罕布什尔	390
内华达	536
犹他	575
西弗吉尼亚	582
缅因	652
纽约	701
堪萨斯	784
弗吉尼亚	832
北达科他	863
俄克拉何马	882
假释	
社区矫正假释人数最多的 10 个州	被监管人数
加利福尼亚	111 703
得克萨斯	195 996
宾夕法尼亚	94 581
纽约	47 243
路易斯安那	27 092
伊利诺伊	26 208
佐治亚	25 489
密歇根	22 598

续表

社区矫正假释人数最多的 10 个州	被监管人数
俄勒冈	22 463
密苏里	21 140
假释比率最高的 10 个州	每 10 万成年人监狱服刑人数
阿肯色	1 041
宾夕法尼亚	1 008
路易斯安那	828
得克萨斯	583
密苏里	446
威斯康星	453
肯塔基	428
爱达荷	328
新墨西哥	322
加利福尼亚	308
假释比率最低的 10 个州	每 10 万成年人监狱服刑人数
缅因	2
佛罗里达	29
弗吉尼亚	31
北卡罗来纳	58
罗得岛	60
北达科他	78
特拉华	84
俄克拉何马	80
内布拉斯加	99
康涅狄格	99

注释：This table excludes the District of Columbia, a wholly urban jurisdiction; Georgia probation counts, which included probation case-based counts for private agencies; and Idaho probation counts in which estimates for misdemeanors were based on admissions。

• Rates are computed using the U. S. adult resident population on January 1, 2013.

资料来源：Maruschak, L. M., Bonczar, T. (2014). *Probation and parole in the United States*, 2012. Washington, DC：U. S. Department of Justice, Bureau of Justice Statistics。

11 美国监狱服刑犯

　　因为每一个州的假释率受到该州监狱服刑总人数的影响，所以，有必要在考察假释数据之前先考察监狱人数。美国司法统计局每年年中及年末普查州及联邦矫正机构的服刑人数。2012 年年底，美国监狱服刑人数为 1 483 900，比 2011 年底减少了 2.1 万余人（Glaze and Herberman，2013）。该局统计数据还表明，这些犯人中的 59％是黑人或西班牙裔人。图 1-3 显示了 2000 年、2010 年及 2012 年美国四类服刑人数的对比。

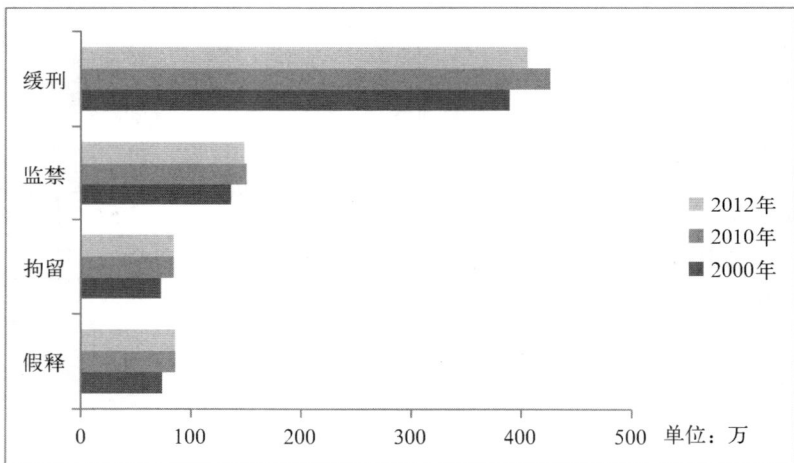

图 1-3　2000 年、2010 年及 2012 年美国矫正人数对比

　　资料来源：Glaze, L. E., Herberman, E. J.（2013）. *Correctional populations in the United States*, 2012. Washington, DC：U. S. Department of Justice, Bureau of Justice Programs。

　　因为监狱犯人的数据是假释的来源，所以它们至少在一定程度上对假释的考察是重要的。在很多州，监狱犯转为假释犯要么由假释委员会决定，要么由强制释放法规决定。一般说来，监狱犯人在服完刑之前被释放并转为假释犯。强制性释放并转为假释是因为犯人已在监狱服完最大刑期［强制性释放时间等于最大刑期减去由监狱表现减刑（good time），看守所关押时间和其他奖励等积累的减刑时间］。从传统的意义上讲，这种假释一直由假释委员会在非确定性量刑法规（indeterminate sentencing）指导下决定。

这种非确定性量刑法规仍在一半州中使用。"摒弃假释"(abandon parole)运动始于1976年,随后一些州修改了它们的法规。取消假释委员会在犯人刑满前释放他们的权力这一问题将在后面章节中详细讨论。

假释在美国

12

2013年始,美国成年假释人数为851 000,比2011年略微下降。表1-3显示,假释率在阿肯色州最高,为10万分之1 014,缅因州最低,为十万分之二。缅因州在20世纪70年代晚期废除了假释。这解释了为什么这个州的假释率如此之低。该比率只是反映那些1976年以前被判处假释而继续被监管的罪犯。

总之,假释统计揭示了监狱犯人数与假释犯人数之间的关系。这些数据表明,监狱犯人在1995—2008年迅速增长,但2009年开始下降。1995年后在判刑选择及刑期上的变迁导致监狱犯人的服刑期更长。

二 小结

本章对矫正体系主要组成部分(缓刑、监狱和假释)的考察说明了美国刑事司法体系内的重要关联。试想,如果缓刑与假释被完全废除,所有的罪犯必须在监狱服完他们的全部刑期的话,会发生什么;如果这种设想在今天发生,监狱犯将达到七百万之余!不难理解,监狱系统不具备管理如此众多犯人之能力,力图尝试这种愚蠢冒险的社会政策也是不明智的。

我们并不建议所有罪犯可以或应该释放到社区矫正。如果将他们立即释放,即使是"强化监管假释",至少15%—20%的监狱犯太危险或将对社会安全构成太大威胁(Allen et al., 2012)。

传统缓刑及其现代各种表现形式(所谓"中间刑"),以及假释的功能决定,如何才能管理罪犯以致既不使监狱超负荷,也达到保护社会和改造罪犯,并使他们成功返回社会的目的。

简而言之,本书的主题是社区矫正。本书力图回答下列主要问题:什么是罪犯分类及监管的方法?社区矫正职员有什么样的背景,教育水平及训练？从社区安全的角度看,社区矫正的效果如何？成本多大？什么是社区矫正及中间刑的最新发展？社区矫正如何监管未成年犯？对这些(及其他)关键问题的考察,将帮助读者形成他们自己的,有关如何在刑事司法体系中恰当使用各种社区矫正方案,以及如何协调他们的态度及想法。

¹³ 三 问题回顾

1. 什么是社区矫正？
2. 什么是漏斗效应(funnel effect)？该效应是如何产生的？
3. 如果缓刑及假释被完全废除的话,将会对监狱系统产生什么样的影响？
4. 提出一个增加社区矫正的辩护。
5. 一般说来,犯人应该如何从监狱释放？
6. 描述罪犯在刑事司法体系主要组成部分中的最新分布。

四 推荐读物

Allen, H. E., Latessa, E. L., Ponder, B. (2012). *Corrections in America: An introduction*. 12th edn. Upper Saddle River, NJ: Pearson/Prentice Hall.

Latessa, E. J., Holsinger, A. (2011). *Correctional Contexts: Contemporary and classical readings*. Los Angeles: Roxbury.

五 参考文献

Allen, H. E., Latessa, E. L., Ponder, B. (2012). *Corrections in America: An introduction*. 12th edn. Upper Saddle River, NJ: Pearson/Prentice Hall.

Burke, P. B. (1997). *Policy driven responses to probation and parole violations*. Washington, DC: U. S. Department of Justice. Chapter 1 The Criminal Justice System Carson, E. A., Golinelli, D. (2013). *Prisoners in 2012—Advance county*. Washington, DC: U. S. Department of Justice, Bureau of Justice Statistics.

Duffee, D. E. (1990). Community characteristics: The presumed characteristics and argument for a new approach. In: D. E. Duffee, E. F. McGarrell, eds. *Community* 14 *corrections: A community field approach*. Cincinnati: Anderson.

Gendreau, P., Goggin, C., Smith, P. (2000). Generating rational correctional policies. *Corrections Management Quarterly* 4(2), 52 - 60.

Glaze, L. E., Herberman, E. J. (2013). *Correctional populations in the United States*, 2012. Washington, DC: U. S. Department of Justice, Bureau of Justice Programs.

Latessa, E. J., Lowenkamp, C. (2007). What works in reducing recidivism. *St. Thomas Law Journal* 3, 521 - 535.

Lowenkamp, C. T., Latessa, E. J., Holsinger, A. (2006). The risk principle in action: What we have learned from 13 676 offenders and 97 correctional programs. *Crime & Delinquency* 51(1), 1 - 17.

Maruschak, L. M., Bonczar, T. (2014). *Probation and parole in the United States*, 2012. Washington, DC: U. S. Department of Justice, Bureau of Justice Statistics.

President's Commission on Law Enforcement and Administration of Justice (1969). *The challenge of crime in a free society*. Washington, DC: U. S. Government Printing Office.

Wilson, D. B., Gallagher, C., MacKenzie, D. (2000). A meta-analysis of corrections-based education, vocation, and work programs for adult offenders. *Journal of Research in Crime and Delinquency* 37(4), 347 - 368.

第二章　量刑与社区矫正

关键词

社区服务（community service）　　　假释委员会（parole board）

日报中心（day-reporting center）　　确定刑（determinate sentence）

威慑（deterrence）　　　　　　　　监狱（prison）

电子监控（electronic monitoring）　　赔偿（restitution）

罚款（fine）　　　　　　　　　　　报复（retribution）

非确定刑（indeterminate sentence）

选择性限能（selective incapacitation）

强化监管（intensive supervision）

量刑差异（sentencing disparity）

中间型惩罚（intermediate sanctions）

分离刑（split sentence）　　　　　　看守所（jail）

"三振出局"量刑法（"three strikes"sentencing laws）

强制性释放（mandatory release）

加限裁决（turniquet sentencing）

假释（parole）　　　　　　　　　　工作释放（work release）

一　现代量刑实践

从历史的角度看,美国刑事司法体系是刑事审判中政府与被告之间的对决。被告否认被指控的罪行,审判陪审团裁定被告有罪或是无罪。如果被告被裁定有罪,量刑(sentencing)法官将根据所有信息,并在法院调查人员先前下令的判决前调查报告的指导下,为了公正原则等裁定罪犯一定的刑期,以此达到一定的被认可的矫正目的。这些目的包括惩罚、康复、重新整合(reintegration)、报复、赔偿或威慑。

这个模式可能代表 5 年前的司法体系,但不是 21 世纪的典型量刑实践。2006 年约有 1 132 290 人被州法庭裁定犯有重罪(felony offense),其中包括 197 030 人被裁定犯有暴力重罪(Rosenmerkel et al. ,2009)。这些有罪裁定中大部分与持有毒品和贩卖毒品有关,这包括 33% 的重罪以及近两倍的暴力犯罪(谋杀、抢劫、强奸和重伤害)。同年,联邦法庭裁定 78 009 人犯有重罪,占联邦及州法庭裁定的总犯罪数的 6%。表 2-1 展示了 2006 年州法庭判处的刑期类型。

表 2-1　2006 年美国州级法庭判处的刑期类型　　　　　单位:%

罪行类别	非监禁	监禁	
	缓刑	看守所	监狱
谋杀(murder)	3	2	93
性侵犯(sexual assault)	16	18	64
抢劫(robbery)	13	14	71
重伤害(aggravated assault)	25	30	43
入户盗窃(burglary)	24	24	49
盗窃(larceny)	28	34	34
汽车盗窃(motor vehicle theft)	15	41	42
毒品贩卖(drug trafficking)	29	26	41
合计	27	28	41

资料来源:Rosenmerkel,S. ,Durose,M. ,Farole,D. (2009). *Felony sentences in state courts*,2006:*Statistical tables*. Washington,DC:U. S. Department of Justice,Bureau of Justice Statistics。

不过,有罪与否很少由陪审团决定。在那些被判有罪的案件中,有95%的案件是由犯罪嫌疑人认罪,法官与检察官及辩护律师商讨而裁定。只有5%的案件是通过审判而裁定的,且其中60%的案件是由法官裁定的(Durose & Langan,2007)。专栏2-1给出了辩诉交易的定义。

专栏2-1　辩诉交易(plea bargainng)

辩诉交易是一种检方的或法庭的妥协交易,通常包括一种较轻的指控,或免除其他指控,或起诉方的一种减刑推荐,或上述几种可能的组合。

无论哪一种裁定方式,69%的被裁定有重罪的罪犯被判处监禁刑(监狱或看守所),剩余的31%的重罪犯被判处缓刑。当然,这里的缓刑一词包括了各种社区矫正刑。在我们详细讨论量刑选择前,有必要先考察总的量刑途径。

17　二　假释与非确定刑的发展

19世纪量刑的一个基本信条是人的完美(perfectibility of humans)。美国独立战争导致改革的极大兴趣和热情。新生的国家摒弃英帝国主义令人恐怖的束缚,包括在整个英殖民时期严重依赖死刑的、令人厌恶的英国法律。替代的是一种更为理性的矫正制度的产生,即一种确定的、更为人性的惩罚理念。这种新的矫正制度被看作对罪犯更有威慑力。美国进入“革新主义时期”(Progressive era)。在这个时期,“理性人”(rational men)可以追求他们的最大利益,并在避免惩罚和痛苦的同时使他们的所得最大化。这个著名的原则(享乐计算)在公民、立法者及政府官员提出下列问题时被完全接受:“谁是罪犯? 我们如何处置这些罪犯?”根据英立法律,这些罪犯是天生的恶棍,因此应受到惩罚、枪毙或致残。在革新主义时期,对上述问题的回答则大相径庭:这些犯人是没有触摸到上帝的人;如果给予他们机会思考他们的犯罪及其与上帝、与他人的关系,他们会忏悔且改变。监狱是如何处理这些罪犯的政策性回答,美国拥抱监狱是因其人道主义和热情,建立巨大的“防御性”监狱,强调改造和悔过。美国“感化院”(penitentiary)(忏悔之所)是对世界矫正的贡献。

　　然而,新产生的感化院及后来的改造运动仍存在一种哲学的困惑(quandary):如何处置那些已在监狱改造多年的犯人。当时有关刑期的法规是确定的或定期不变的,犯人需要服完他们所有的刑期。在这种哲学背景下,矫正官员开始思考革新方式。

　　在澳大利亚的英国警戒区,那些流放到此的犯人偶有继续他们的暴力犯罪行为。这些被流放的重犯是失败者,因为他们已在英国犯罪;当他们在澳大利亚继续他们的犯罪行为时,他们会被海运到诺福克群岛(Norfold Island)。尽管这些被判处死刑的"二次失败者"(double failures)感谢上帝其不被处死,但是,那些被流放到诺福克群岛的犯人被沉入深深的压抑和悲哀之中。1842年,海军上校亚历山大·麦克诺其(A. Maconochie)被指派接管这个严寒的群岛。

　　麦克诺其接管不久就决定,暴力、背叛、狱警与犯人间的冲突必须被制止。他建立了"计分"制(mark system)(现在也称之为一种代币式经济)。在犯人大会上他承诺,当任何犯人累计到100分时他就有希望得到自由。每个犯人需要支付其衣、食和劳动工具;每个计分由工作的数量与质量决定。通过艰苦的劳动与节俭的生活,每个犯人可积累计分;当一个犯人累计到100分时,他就算完成了服刑,就可以在岛上结婚与生活并掌控自己的行为。攻击和暴力因这种创新的、建设性的监管方式而迅速降低,但是,英国政府认为,麦克诺其对犯人太软弱和纵容,因此指派皇家海军(the Royal Marines)到监狱任职。麦克诺其很快被取代,诺福克群岛回到他创立计分制管理前的绝望泥潭。

　　幸运的是,麦克诺其的思想被传播:监狱可以用来为犯人准备一种有用的生活并最终回到社区完成非确定形刑期。他的实践意味着刑期不应该是一种武断的或一成不变的,而应该与犯人的改造和康复状况相关联。当爱尔兰的S. W. 克罗夫顿(Crofton)创立爱尔兰监管制(the Irish system)时采用了麦克诺其的思路。

　　克罗夫顿相信,如果感化院是犯人反思其罪行并决定改变自己(悔改)的地方,那么就应该有一种机制或方案来确认悔改何时真的发生并释放。克罗夫顿创立了三阶段制,每一阶段认同犯人改造并接近回归自由社会的过程。第一阶段为单独禁闭(solitary confinement)和一些单调乏味的劳动。六个月后,犯人可分配到以组为单位的劳动。在这组中,每一位犯人都要对组内的任一位犯人的行为负责(群体压力的早期使用)。组内任何一位成员的错误行为都会导致整个群体内的所有成员返回到第一阶段。第三阶段是犯人转移到一种过渡性监狱,该监狱允许犯人到监狱外参与非监管的白日工作。如果犯人遵纪守法,他们可以在社会上就业,监狱可为他们发放"离监证"(ticket of leave)。该证是作为一种允许犯人离开监狱到所在县工作的有条件性的赦免。尽管这样的犯人不允许离开其所在的县且在受到警察要求时必须出示离监证,但他们在其剩余的服刑期间不受矫正监控。当然,如果某犯人不遵纪守法,离监证可随时被撤回,该犯人将被送回监狱(回归第一阶段)。事实上,克罗夫顿为犯人创立了在社区的有条件的自由,这就是现在所称的假释。

到1870年,美国监狱拥挤已变得十分严重,与此相关的管理问题也变得如此复杂以至于十分有必要召开一个与此相关的大会。1870年,监狱管理者、监狱长、宗教领袖、相关的领导者以及改革者相聚美国俄亥俄州辛辛那提市,召开了后来被称作美国矫正协会(American Correctional Association)的第一次会议。受克罗夫顿的激励及Z. R. 布罗克韦(Z. R. Brockway)极具影响力的演说的鼓舞,大会接受了建造新型监狱及早释制度的标准和原则。1876年,布罗克韦在美国首先提出了离监证的假释制。纽约州很快通过立法使假释成为现实。

> **专栏2-2　非确定刑**
>
> 　　在非确定刑的制度中,法官裁定监禁的最小到最大的服刑期,如3—5年,5—10年,或10—20年等。矫正工作人员的职责是协助犯罪人改变他们的行为并最终回归社会,假释委员会的职责是监控犯罪人的行为及改进。该评委会详细考察并确定犯罪人是否已具备回归社会的条件,设立犯罪人假释的规范,并具有决定将哪些违反假释条件的服刑犯重新送回监狱的权力。实质上,法官与假释委员会共同决定刑期的长短。

> **专栏2-3　审前释放(pretrial release)**
>
> 　　审前释放顾名思义为审判前允许犯罪嫌疑人回到社会。审前释放的方式包括交释放金或释放保证(保证按时回庭接受审判)。

其他州迅速跟进,改革量刑结构并允许假释作为一种释放已遵纪守法的犯人的机制。改革产生的量刑机制是非确定刑,该刑作为美国量刑结构中的一种主导型一直延续到 20 世纪 70 年代中叶。

三　量刑的快速变迁

截至 1930 年,美国大多数州及联邦法庭都采用非确定刑制度。刑期上的巨大差异反映了美国矫正系统的康复目标及其信念:一旦犯罪人康复,假释委员会应该认知其变化并允其假释。[①] 由于具有自由裁量权,假释委员会实际上决定着刑期执行的长短。

在经历了一段较长的相对不作为的时期(1930—1974 年)后,美国量刑法(sentencing laws)开始经历一次快速的变革,即一次根本性的量刑过程重构。其变革原因如下(Allen et al.,2012 年)。

1. 监狱暴动(如纽约州的 Attica 暴动,以及加利福尼亚、佛罗里达、新墨西哥、俄克拉何马等州的暴动),表明犯人不认可康复理念,也不满监狱环境。

2. 由于检察官、法官及假释委员会缺乏监督,以及一些因自由裁量权所导致的权力滥用,引起对个人权利的再考量。

3. 法庭令和裁定引致一场要求对官方决定及其结构的责任制考量的运动。

4. 康复理念受到实证研究及意识形态的双重挑战。因此,作为不确定刑的假释的基础理论也遭到削弱。

5. 法庭量刑的实验及统计研究均揭示,其大量的不公以及在种族和阶级上的歧视。这种不一致导致的结论是,量刑实践是不公平的(量刑不一致指不同罪犯在同样的条件下犯了同样的罪但被相同的法官判

① 一些历史学者认为,康复理念从未得到真正落实,“便利的”惩罚力压康复的“良心”。参见 Rothman, D. (1980). *Conscience and convenience: The asylum and its alternative in progressive America.* Boston, MA: Little Brown. 也参见 Irvein, J., Schiraldi, V., Ziedenberg, J. (2000). America's one million non-violent prisoners. *Social Justice* 27(2), 135 - 147.

处不同的服刑期)。

6. 犯罪控制及矫正成为一种政治橄榄球,被那些职业政治工作者用来作为谋求选举职位的工具。这种政治机会主义者促使一般民众相信,宽大的法官及假释委员会完全不考虑社会危安且正在释放那些危险的罪犯到社会。

专栏 2-4　量刑的不一致性(sentencing disparity)

量刑的不一致性指在没有明显差别的条件下,对同类犯罪人给予不同裁定类别及不同刑期的量刑不公,也可称之为对相似犯罪人的不同对待。

四　矫正的新目的

尽管 20 世纪 70 年代的矫正一般反映了康复的功利主义目的,改革运动中的一些其他讨论也将另外的矫正目的带到 80 年代的前沿,如限制个人重新犯罪的能力以及各种选择性限能(selective incapacitation),包括判处最危险的罪犯更长的刑期以降低其再犯的能力。对服刑罪犯的特定威慑以及对那些有犯罪企图人的一般性威慑,可以合法化为一种社会政策目的。这种新目的的一个新例证是许多州都已采纳的"三振出局法"。例如,加州新法规定,任何被裁定第三次犯有严重或暴力重罪的人都应该被判处长期监禁(至少 25 年)。① 另外,报复作为一种目的变得更有吸引力,因为这种目的强调给予罪犯应有的惩罚。[这种"公平惩罚"(just desert)战略注重罪犯个人的过失,集中罪犯的行为性质并关注犯罪行为导致的危害。]

专栏 2-5　威慑(deterrence)

威慑是通过侦查、逮捕及惩罚等手段所产生的对犯罪行为的一种阻吓。

作为一种政策,威慑方法可直接针对个人也可指向社会。个人或特定的威慑旨在阻止某个人犯罪。这种威慑可采取多种形式,如惩罚、劝阻、剥夺自由,甚至死刑。将冷酷无情的罪犯与易受影响的未成年人置于一起的"直面惊吓"(scared straight)方案被一部分人看作一种特定威慑。

社会威慑是警示潜在的罪犯,如果他们做出违法的行为,将面临什么样的后果。

---

① 加利福尼亚州最近修订法律,对于"严重的或暴力的"新罪处以终身监禁。

例如,人们相信,一个精心设计的广告可以阻止或降低酒驾。这种广告可警示,酒驾将必然导致逮捕并失去驾照或被短期监禁。死刑常被作为一般性威慑例证。

五 量刑改革选项

作为改革运动的一个结果,量刑实践在下面这样一种信念下发生变迁,即量刑改革将降低量刑不一致性与任意性并为量刑或新的量刑制度建立更详尽的标准。下面列举一些相互矛盾的改革选项:

1. 废除辩诉交易;

2. 建立辩诉交易规范及指南;

3. 建立强制性的最低刑期;

4. 建立法定的确定刑;

5. 设立自愿遵守的或描述性量刑指导或假定的或规范的量刑指南;

6. 创立量刑委员会;

7. 要求法官提供量刑理由;

8. 设立假释指南,限制假释委员会任意性;

9. 废除假释;

10. 采纳或修改积分程序;

11. 使刑期上诉审查常规化(Allen et al.,2007,pp.68-69)。

上述选项仅代表了一些限制量刑公正名义下的任意性,促进公正并降低歧视的主要措施。

改革结果

过去30年里,量刑结构及实践中的巨变是显而易见的。在18个州,假 [22] 释委员会的任意性释放已被取消,另有16个州发展了假释指南。表2-2列举了全面取消或大幅限制假释委员会权力的20个州。1987年,美国颁布了联邦量刑指南,更少的联邦在押犯被美国假释委员会(U.S. Parole

Commission)假释。事实上,全美由假释委员会决定释放的犯人数已明显少于那些强制性释放人数。这一现象一直延续到 2012 年。图 2-1 展示了不同方式进入假释的分布。

表 2-2　全面取消或大幅限制假释委员会权力的 20 个州

州名	发生年份
亚利桑那	1994
阿肯色	1994
加利福尼亚	1976
特拉华	1990
佛罗里达	1983
伊利诺伊	1978
印第安纳	1977
堪萨斯	1993
缅因	1976
明尼苏达	1980
密西西比	1995
新墨西哥	1979
北卡罗来纳	1994
俄亥俄	1996
俄克拉何马	2000
俄勒冈	1989
南达科他	1996
弗吉尼亚	1995
华盛顿	1984
威斯康星	2000

资料来源:Association of Paroling Authorities International（2005）. *Paroling Authorities Survey*. www. apaintl. org。

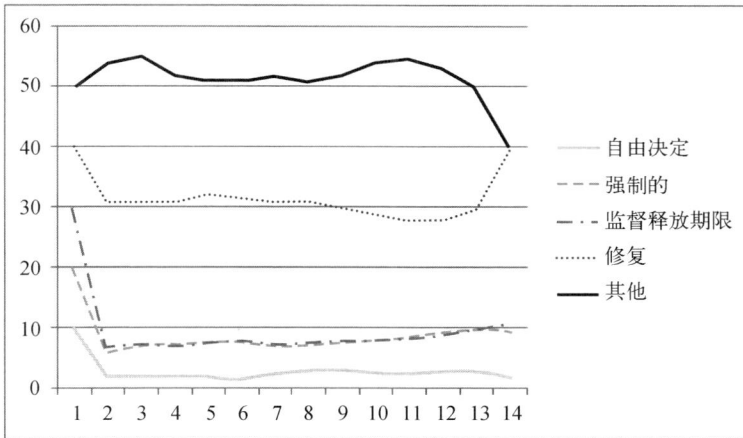

图 2-1　进入假释的途径,2000—2012 年

数据来源:Maruschak,L. M,Bonczar,T.(2013).*Probation and parole in the United States*,2012.Washington DC:U. S Department of Justice,Bureau of Justice Statistics。

专栏 2-6　假释释放(parole release)

具有自由裁判权的假释释放(discretionary parole release)意指假释委员会在犯人服完最大服刑期前所决定的一种释放。强制性释放(mandatory release)指犯人已服完最大服刑期而依法必须采取的一种释放。两种释放都意味着犯人将在社区接受监管。

确定刑(determinate sentencing)

批评者指出了非确定刑以及假释委员会决定中的几种无根据的随意性问题。改革者、新古典理论学者、政治工作者以及持有惩罚观的,有组织的政治行动群体联合攻击康复理念及假释。对非确定刑取而代之的是确定刑。这种刑罚是对早期"一成不变"传统定刑的一种回归。确定刑是法庭给罪犯裁定的一种固定型监禁刑。确定刑背后的信念是报复、公平公正、限能与选择性限能。[①]

[①] 参见 DeClan Roche(1999).Mandatory sentencing:Trends and issues.*Australian Institute of Criminology* 138(1),1-6。

根据特拉维斯和彼得西利亚(2001 年)的研究,美国有 18 个州已建立量刑委员会。该会设立的指南已限制法官的量刑主观性,50 个州已立法设立最低强制性刑期,40 个州已立法要求犯人在监狱至少完成 50％的刑期。在全美 50 个州中,已有 27 个州(另加华盛顿特区)要求犯人在监狱至少完成 85％的刑期。表 2 - 3 列举了各州的服刑要求。

24

表 2 - 3　各州最低监狱服刑期

完成 85％的刑期		完成 50％的刑期	完成 100％的刑期	其他
亚利桑那	密苏里	印第安纳	爱达荷	阿拉斯加
加利福尼亚	新泽西	马里兰	内华达	阿肯色
康涅狄格	纽约	内布拉斯加	新罕布什尔	科罗拉多
特拉华	北卡罗来纳	得克萨斯		肯塔基
华盛顿特区	北达科他			马萨诸塞
佛罗里达	俄克拉何马			威斯康星
佐治亚	俄勒冈			
伊利诺伊	宾夕法尼亚			
艾奥瓦	南卡罗来纳			
堪萨斯	田纳西			
路易斯安那	犹他			
缅因	弗吉尼亚			
密歇根	华盛顿			
明尼苏达				
密西西比				
俄亥俄				

资料来源:Ditton, P., Wilson, D. (1999). *Truth in sentencing in state prisons*. Washington, DC: U. S. Bureau of Justice Statistics, p. 2。

六　量刑指南

为法官提供的量刑指南(sentencing guidelines)旨在为裁决者提供量刑的标准及权重(Hoffman & DeGostin,1975)。通过明确阐明与量刑相关的因素并提供量刑指南，目的是为刑事惩罚提供一个更高程度的一致性。清楚的量刑指南限制法律以外因素对量刑裁定的影响。

作为立法对量刑重大影响的一个指标，量刑指南限制法官对量刑的控制程度。尽管这种设定的量刑是否存在其他未知的问题还有待进一步考察，但联邦监狱局的总犯人人数却可能是这种量刑指南的逻辑后果：废除曾用来控制监狱过度拥挤的假释委员会的自由裁量权（联邦监狱局是当前世界上最大的单个监狱系统）。

强制性监狱服刑刑期法普及全美 50 州。这些法规适用于某些暴力犯罪及惯犯。对于这类犯罪，法庭已没有自主权决定是否给予缓刑、罚款或缓期执行。在某些州，监狱服刑刑期已由量刑指南设定。图 2-2 是量刑指南量表。量刑指南一般由某个州长委员会制定。该委员会由该州各方人士组成。具体情况如下所述（Colman & Guthrie，1988，p. 142）。

> 每个州的量刑委员会监控量刑指南的使用情况，检查法庭是否偏离指南推荐的量刑。当法官偏离指南时，必须提出书面解释。明尼苏达州量刑委员会指出："尽管量刑指南只给量刑法官提供参考性框架，但偏离指南设定的量刑的裁定只有在具有充足根据的情况下才被允许。"宾夕法尼亚量刑指南规定，如果法庭不能提供偏离量刑指南的解释，"其裁定可能被取消或重新量刑"。进一步说，如果法庭不遵从量刑指南或不准确地或不恰当地使用指南，其量刑可能因起诉方或辩护方的上诉而搁置。

量刑指南中的量刑范围及特定格式可能包括具体表达的法规，也可能包括具有一定法庭选择范围的表格。同样，假释指南对有些情况是精确规定的，但对另一些情况则允许假释委员会有较大的自主权。这些决策中的灵活度可能直接击中或减轻监狱拥挤状况。因为大多数假释决定不取决于犯罪人已服刑的时间，而是取决于想象的"对社区的危险度"，越来越缩紧的假释标准使得通过假释决定控制犯人总数变得困难。

26

犯罪人姓名：＿＿＿＿＿　　编号：＿＿＿＿＿

法官姓名：＿＿＿＿＿＿　　日期：＿＿＿＿＿

裁定罪行：＿＿＿＿＿＿

罪行分：

A. 伤害程度：0＝无伤害，1＝有伤害，2＝死亡 ＿＿＿＿＿ ＋

B. 凶器：0＝无凶器，1＝有凶器，2＝有凶器并使用 ＿＿＿＿ ＋

C. 毒品：0＝无毒品交易，1＝有毒品交易 ＿＿＿＿ ＝ 罪行分小计 ＿＿＿＿

犯罪人得分：

A. 现有刑罚状况：0＝不是缓刑，假释或脱逃者，1＝是缓刑，假释或脱逃者 ＿＿＿＿ ＋

B. 过去的轻微犯罪记录：0＝无，1＝1 次，2＝2 次或 2 次以上 ＿＿＿＿ ＋

C. 过去的重型犯罪记录：0＝无，2＝1 次，4＝2 次或 2 次以上 ＿＿＿＿ ＋

D. 过去的成人缓刑或假释撤销记录：0＝无，1＝1 次或 1 次以上 ＿＿＿＿ ＋

E. 过去的成人监禁记录(60 天以上)：0＝无，1＝1 次，2＝2 次或 2 次以上 ＿＿＿＿ ＝

犯罪人得分小计 ＿＿＿＿

量刑指南刑期：＿＿＿＿＿＿＿＿＿＿＿

实际刑期：＿＿＿＿＿＿＿＿＿＿＿

偏离解释(如果实际量刑不在指南建议的刑期范围内的话)：＿＿＿＿＿＿＿＿＿＿＿

罪行分				
4—5	4—6 年	5—7 年	6—8 年	8—10 年
3	3—5 年	4—6 年	6—8 年	6—8 年
2	2—4 年	3—5 年	3—5 年	4—6 年
1	缓刑	缓刑	2—4 年	3—5 年
0	缓刑	缓刑	缓刑	2—4 年
	0—1	2—4	5—7	8—10
犯罪人得分				

量刑法官首先决定罪行分，一般考虑的是实际罪行、所造成的伤害、是否使用武器，及是否涉及毒品贩卖。罪行得分按上述显示的计算，下一步，法官对犯罪人过去的行为按上述显示的打分。在此基础上，法官从上述指南的单元格中找到相应的刑期并依次量刑。

图 2－2　量刑指南

资料来源：Kress, J., Calpin, J. C., Gleman, A. M., Bellows, J. B., Dorworth, B. E., Spaid, O. A. (1978). *Developing sentencing guidelines: Trainers handbook.* Washington, DC: National Institute of Criminal Justice.

七　三振出局法

如果不讨论三振出局法，量刑改革的讨论就是不完整的。尽管量刑强

化版法规(如针对惯犯或重犯的法规)在大多数州存在,但特别针对重犯而
要求重判的立法在 1993 年才开始迅猛扩展。这一年华盛顿州成为第二个
提供三振出局法的州。① 到目前为止,全美有 27 个州及联邦政府都制定了
所谓的三振出局法。这些法都旨在使重犯、惯犯远离社会。例如,加利福尼
亚州的三振出局法规定,惯犯的最低服刑期为 25 年且没有减刑积分。这 25
年意味着必须在监狱服刑 25 年。毫不奇怪,加利福尼亚州与此法相关的一
些案例引起了广泛的关注。例如,一个被告因在高尔夫俱乐部行窃而被判
处 25 年至终身监禁(该被告此前因持刀入户行窃和抢劫而被裁定有罪两
次)。另一个臭名昭著的案例是,凯文·韦伯因盗窃 4 片巧克力糖而被判处
26 年至终身的监禁,韦伯之前也有两次犯罪记录(Ellingwood,1995)。加利
福尼亚州也有二振出局法,该法加重 100% 的惩罚。到 2000 年,加利福尼亚
州投票支持了一个法律修正版,降低了对毒品持有者的惩罚,即对于大多数
毒品持有者判处戒毒治疗而不是终身监禁。2012 年,加利福尼亚州又投票
通过了另一个法律修正版,明确规定,因第二次犯罪而判处 25 年至终身的
监禁,其罪行性质必须是"暴力的"或"严重的"。表 2 - 4 列举了三振出局法
的州。②

表 2 - 4　有三振出局法或类似法的州

州	立法年	州	立法年
亚利桑那	2006	内华达	1995
阿肯色	1995	新泽西	1994
加利福尼亚	1994	新墨西哥	1994
科罗拉多	1994	北卡罗来纳	1995
康涅狄格	1994	北达科他	1995
佛罗里达	1995	宾夕法尼亚	1995
佐治亚	1994	南卡罗来纳	1995

① 得克萨斯州有三振出局法,1974 年该州颁布该法并要求终身监禁。
② 参见 King, R., Mauer, M.(2002). *State sentencing and corrections policy in an era of fiscal restraint*. Washington, DC: The Sentencing Project.

续表

州	立法年	州	立法年
印第安纳	1994	田纳西	1994
堪萨斯	1994	得克萨斯	1974
路易斯安那	1994	犹他	1995
马里兰	1994	佛蒙特	1995
马萨诸塞	2012	弗吉尼亚	1994
蒙大拿	1995	华盛顿	1993
		威斯康星	1994

前文对上一个 10 年中量刑实践及其后果的回顾清楚地揭示了量刑的改革。尽管量刑中量刑法官及假释委员会的自由度有所限制,但这种限制是通过新的量刑结构而实现的。改革的结果是,在某些地方,检方的自由度增加了。[1] 监狱犯人总量因犯罪的增多以及刑期的增加而持续增长(Wooldredge,1996)。

下面我们继续考察其他的判决选择。

八　量刑选项

在辩诉交易过程中,被告方可能协商判决结果并尽力避免监禁。因此,是否监禁可能部分取决于司法协商的结果。两个主要的监禁刑是监狱服刑与看守所服刑。替代监禁的主要选项包括缓刑和各种中间刑,如周末监禁、住宅软禁、电子监控、罚款、赔偿,以及工作中心、强化监管等。下面将对此一一讨论。

如果将犯罪人处以缓刑或其他中间刑的话,犯罪人一般都被置于一个地方或州缓刑局矫正官的监管之下。缓刑下的限制性自由要求缓刑服刑人员满足规定的行为条件(详见第三章)。如果该缓刑服刑人员明显地违反缓刑规定或需要增加缓刑监管的话,缓刑官可提请法官提高监管要求,以增加

---

[1] 参见 Austin, J., Clark, J., Hardyman, P. (1999). The impact of "three strikes and you are out." *Punishment and Society* 1(2), 131 – 162; Burt, G., Wong, S., Vander Veen, S. (2000). Three strikes and you are out. *Federal Probation* 64(2), 3 – 6。

对服刑人员的限制或要求服刑人员参与更多的培训或康复治疗。这种实践通常被称作加限裁决（tourniquet sentencing）。加限裁决的目的是，降低矫正失败率或再犯罪率，并协助缓刑服刑人员增加满足矫正条件的概率。对非遵从性行为的潜在反应是监禁。这种监禁通常是由法官裁定并在看守所服刑一定时期。为了更好理解加限裁决，我们有必要进一步考察看守所及其在社区矫正中所扮演的角色。

专栏 2-7　加限裁决

　　加限裁决是一种紧缩或加强缓刑条件以达到促进社区服刑人员遵从服刑法规和期待的法律行为。缓刑矫正官可能提请法庭增加监管法规，或要求服刑人员参与指定的培训或康复治疗方案。矫正的目的是帮助服刑人员重新回归社会或避免再犯。加限裁决的一个例证是，如服刑人员因继续酗酒而做出有伤风化的暴露，法庭可以要求该服刑人员参与戒毒治疗，佩戴电子监控器或要求该服刑人员服用安塔布司（或戒酒硫，一种使人厌恶饮酒的药品）。

九　看守所

　　看守所是一种地方拘留场所，通常由县警察局管理。据 2013 年中期的统计，全美有大约 3 400 个看守所，关押约 70 万人（Minton & Golinelli，2014）。看守所关押不同类型的人，包括候审人、缓刑、假释及候审取保违规者、被抓潜逃犯、等待移交的未成年犯、等待移交的精神病患者、军职人员、保护性羁押人员，以及等待出庭作证的犯人。① 另外，看守所也释放已完成刑期的犯人回归社会，也转移犯人到州、联邦及其他地方权威机构。看守所关押人员还包括那些被判到监狱服刑但因监狱无床位而暂时在看守所服刑的犯人（Minton & Golinelli，2014），以及暂时监管的未成年犯及将保外就医的犯人（Beck & Karberg，2001）。最后，看守所关押人员可能还包括一些社区矫正中的服刑人员，如工作释放中的犯人、其他判刑一年以下的犯人（参见表 2-5）。有一点令人小震惊的统计是，在 2013 年中期的前 12 个月中，看守所共接收了各类人员 1 170 万（Minton & Golinelli，2014）。

---

① "材料"证人被关押在看守所以保证出庭作证是刑事司法制度中缺乏研究的领域。因此，我们对这类犯人的情况知之甚少。

表 2-5   2013 年中期看守所监管人员类型

监管类型	人数
合计	790 649
羁押在看守所	731 208
看守所外监管[a]	59 441
周末羁押	10 950
电子监控	12 023
住宅软禁[b]	1 337
日间报告	3 683
社区服务	13 877
其他审前监管	7 542
其他工作释放监管[c]	5 341
治疗性监管[d]	2 002
其他	2 687

a. 不包括缓刑与假释机构监管的犯罪人。
b. 只包括那些没有电子监控的犯罪人。
c. 包括工作释放方案、工作群(work gangs),及其他工作释放人员。
d. 包括那些戒毒、戒酒、精神病患者及其他被治疗者。
数据来源：Minton，T. D.，Golinelli，D.（2014）. *Jail inmates at midyear* 2013. Washington，DC：U. S. Department of Justice, Bureau of Justice Statistics。

专栏 2-8   加利福尼亚州公共安全重置(realignment)

2011 年 5 月 23 日,美国最高法院维持了一个下层三人法庭的裁决,要求加利福尼亚州必须在两年内将其监狱关押总人数降至该州监狱设计容量的 137.5%(大约 11 万犯人),以降低监狱拥挤问题。作为对最高法院裁决的回应,加利福尼亚州颁布了两部州法,即 AB109 和 AB117。这两部州法旨在降低该州关押人数并自 2011 年 10 月 1 日生效。

加利福尼亚州公共安全重置政策旨在通过两种途径减少该州监狱犯人总数:一是通过现有犯人的正常减少;二是将新的非暴力犯、非重犯、非性犯置于看守所监禁。从看守所释放的犯人将置于县级管理的释后社区监管而非州管辖的假释系统。在加利福尼亚州,州政府给予其 58 个县附加拨款处理增长的矫正人群及相关职责。同时,每个县也要求制定满足监禁及后监禁需求的方案。

经历了 2010 年年底至 2011 年年底之间最低看守所服刑人数后,加利福尼亚州看守所关押人数在 2011 年年底至 2012 年年底之间大约增加了 7 600,在 2012 年年底至 2013 年年底之间增加了大约 3 500。

十 非看守所量刑选项

量刑法官可以判决罪犯监狱监禁、看守所监禁，或缓刑加多种不同的附属刑罚（入监或出监裁决）。如果裁决是将罪犯置于缓刑或相关附属刑，则法官有越来越多的中间刑选择（Allen et al.，2012；Gowdy，1993）。刑罚选择不是随意的，而是要达到矫正的目的，如社区保护、重新整合、治疗和康复。法庭职员，通常是缓刑矫正官，监查服刑人员是否遵守法庭要求。如果社区服刑人员违反矫正条规（如不参加治疗）的话，法官就可能强化监管，要求服刑人员必须每日参加培训和治疗。在某些特例中，法官可能要求服刑人员参与医疗干预（如给海洛因上瘾者镇痛剂）。如果一般社区服刑人员不满足或不遵从服刑条规的话，法官可以进一步强化监控手段，如周末看守所监禁或住宅软禁。如果这些强化监控还不足以改造社区服刑人员的话，法官可以判决罪犯先在看守所服刑一段较短时期，然后再执行其他的社区矫正，如住宅软禁加多种监控。对于某些极端案例，法庭还可以在服刑人员的车上安装连锁装置另加严管。如前所述，强化监管手段通常被称作加限裁决（参见专栏 2-7）。下一节我们简要介绍一般缓刑之外的主要社区矫正刑（缓刑＋）。

十一 中间型监控

第十章将对中间刑罚做更为详细的讨论。这里对主要中间社区矫正刑做简要介绍。读者将会注意到，这些刑罚的介绍是随着"刑罚严厉"和犯罪控制的程度而递增的。对许多罪犯而言，这些预防性控制在他们开始康复时是必须的。下面的介绍起始于最轻型惩罚，终结于最严厉型惩罚。图2-3提供了一个从最大限度到最少限度控管的连续谱。

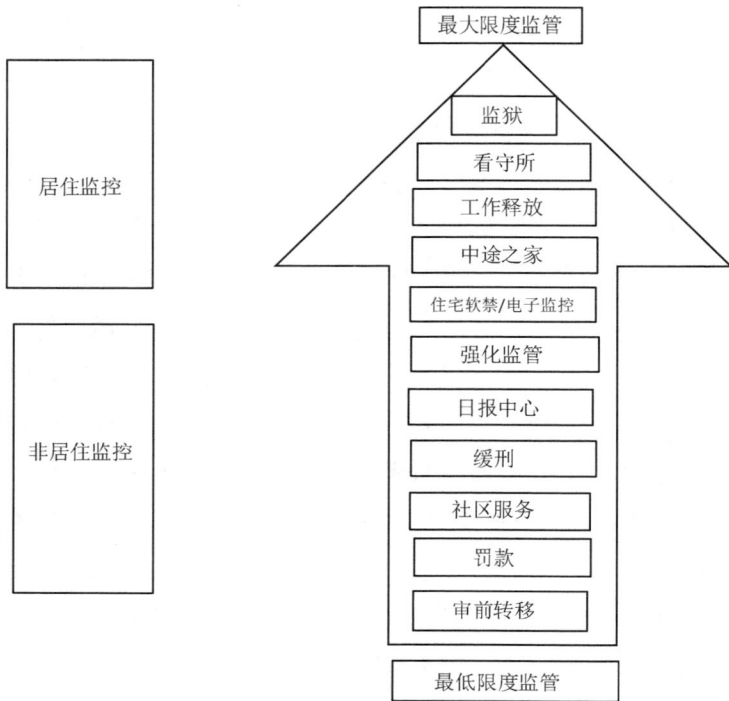

图 2-3　惩罚连续谱

1. 罚款

　　法庭对罪犯的惩罚包括要求他们赔偿一定数量的罚款,包括现金支付。法官提出的罚款可能依据法庭公布和使用的统一方案,也可以因人而异。

2. 社区服务

　　社区服务或劳动法令是法庭要求的,这种服务是社区矫正服刑人员必须完成的无偿劳动,通常有一定的时数要求。这种服务通常包括为慈善组织工作或提供公共服务,如做医院义工、清理街道或高速公路、维持或维修公共住房,或为贫困群体提供服务(Anderson,1998;Caputo,1999)。具有专长的服刑人员,如牙医或医生可以为贫困群体、国家福利受惠人或者缓刑服刑者提供免费服务,体育明星可以到学校或青年群体做演讲。

专栏 2 - 9　重新整合（reintegration）

这是一种广义的矫正思想，强调罪犯获取合法技能与机会，创造在社区环境中检验、使用和改进这些技能的机会。

专栏 2 - 10　限能（incapacitation）

限能是一种以特殊威慑为基础的犯罪预防战略，以孤立罪犯的方式使其无法再犯罪，通常采用的限能方式是监禁。

专栏 2 - 11　康复（rehabilitation）

康复是通过治疗和服务改造罪犯行为的一种方式。经过康复，罪犯选择不再犯罪而不是使其无能力再犯。

---

3. 赔偿

这种法庭指定的缓刑条件要求，罪犯通过直接赔款给受害人或支付受害人所需要的服务等方式补偿其在财物上、精神上以及身体上所受的损失（一种赔偿刑罚）。赔偿可以是一种独立于缓刑的刑罚（Seiter，2010）。赔偿通常是罪犯给予受害人现金支付以弥补其损失（如医疗费、健康保险费、因受伤而无法工作造成的工资损失等）。在大多数地方，现金赔偿可采用分期付款。在有些情况下，提供直接或间接有利于受害人的服务可替代现金赔偿。

专栏 2 - 12　报复

从哲学意义上讲，这个术语一般指"以牙还牙"。社会报复意味着个人不能给予施害人对等惩罚，但政府将替代实施。

报复观假设，罪犯完全自主选择犯罪，并应对其行为负责，也因此应该接受应有的惩罚。在量刑中的公平运动就持有这种报复哲学思想。对于许多人而言，报复理念为死刑提供了正当的理由。

---

4. 缓刑

缓刑是犯罪嫌疑人——被定罪的成年人或未成年人在符合条件的前提下，法官准予他们的限制性的自由。无监控的缓刑类似于缓期执行的刑罚，或"只要无再犯罪记录,法庭就不作为"。但一般而言,缓刑要求服刑人员在一定时期内需向缓刑官或机构定期报告。

专栏 2 - 13　选择性限能

　　这是一种孤立罪犯或致其"社会失能"的理念,主张"采纳一种政策,监禁那些犯罪行为有着极大伤害以致只有某种隔离才能阻止其再犯的罪犯"。这种政策将要求正确识别那些应受到长期监禁的罪犯,将其他罪犯置于社区矫正。因此,我们将可以最大限度地使用监狱少量的隔离间,避免社会遭受这些危险惯犯的破坏。三振出局法是这种主旋律的继续。

　　当前的矫正技术还不足以让我们准确地识别那些需要限能的罪犯。事实是,我们可能监禁了许多不需要限能的罪犯("假阳性"——false positive)但同时又释放了许多需要限能的罪犯到社区矫正("假阴性"——false negative)。这种惩罚理念的优势至今还没有在矫正中得到很好的显现。

35

专栏 2 - 14　假释委员会(parole board)

　　假释委员会可以是具有下列权威的任何个人、权威机构或委员会:假释被监禁的成年犯(或未成年犯)、设立假释行为条件和规范、撤销假释,及批复假释期满。该评委会也推荐赦免或减刑,并制定假释监管相关政策。

---

5. 日报中心

　　部分审前释放的犯罪嫌疑人、缓刑服刑人员、假释服刑人员可能被要求在一定时限内向日报中心报告,参与中心或其他社区机构提供的服务活动。未能按时报告或参与者将作违规处置,并可能被撤销审前释放、有条件释放或社区监管等待遇。

　　全国性报告资料显示,社区服刑人员不仅要亲自到中心报到,而且须提供行为计划及参与指定活动的时间表(McDevitt et al.,1997)。

6. 强化监管缓刑(intensive supervised probation)

　　强化监管缓刑是法庭判决的一种社区矫正刑。该刑由缓刑矫正官执行,每个矫正官监管的服刑人员远低于一般缓刑。强化监管缓刑通常有下列要求与合作:不定期或定期的酗酒及毒品检查、宵禁、赔偿、自愿提供赞助费、服刑费,及其他处罚(Anderson,1998;Maxwell & Gray,2000)。

> **专栏 2 - 15　看守所**
>
> 　　看守所是一种关押成年人的监禁场所,一般由地方警察局管理。被关押人员包括等待判决的犯罪嫌疑人,以及(或者)被判刑在一年以下的罪犯。

7. 住宅软禁(house arrest)

　　住宅软禁是一种强化监管,要求服刑人员在除工作、食物购买、社区服务及其他允许的活动外,不得离开自己的住宅。住宅不得藏有和使用毒品与酒。违规者可导致加限裁决。[①] 住宅软禁通常要求服刑人员佩戴计算机可监控的电子设备或用以检测任何饮酒行为的电子呼吸分析仪。住宅软禁可能用于那些无社区服刑违规记录的假释服刑人员(stanz & Tewksbury,2000)。

8. 电子监控

　　电子监控要求服刑人员佩戴手镯或脚镯,这种手镯或脚镯允许通过电话查询服刑人员所处的具体位置。采用电子监控的服刑人员有严格的宵禁以及对来访者的限制。有些监控系统可以发出手机可接受的信息,通过计算机可以发现服刑人员所处的位置并确定其是否在社区移动(而不在限定的家中)。电子监控还常与计划的矫正官家访,毒品检测及其他监控手段并用。电子监控用于审前释放人员,也用于社区矫正服刑人员。这两种人员均被要求支付一部分(如果不是全部的话)租用电子监控设备的费用。

9. 全球定位系统

　　现代科技已发展到用全球定位系统确定一些罪犯的所在地。这些科技设备已用于性犯和家暴罪犯并使矫正官能够搜索服刑人员位置,确定他们

---

① 中间服刑人员的技术违规者是服刑人员中的一个很大部分。参见 Taxman, F. (1995). Intermediate sanctions: Dealing with technical violators. *Corrections Today* 57(1), 46-57. 也参见 Marciniak, L. (2000). The addition of day reporting to intensive supervised probation. *Federal Probation* 64(2), 34-39。

是否进入法庭禁止出入的地方。

专栏 2 - 16　罚款

　　罚款是法庭裁定的。罚款惩罚要求罪犯支付一定的钱款。罚款额可能是法官针对某个个案裁定的,也可能是根据公布的统一罚款标准确定的。罚款在很多地方是可以分期付款的。

专栏 2 - 17　监狱

　　监狱是一种监禁场所,一般由相关机构监管。监狱关押刑期一年以上的罪犯。

37　　**10. 社区居住监管中心**(community residential centers)

　　以前称作中途之家。社区居住监管中心是一种非监禁场所。在这里被监管居住的人包括已判刑的成年犯和未成年犯,也包括那些等待完成诉讼程序的犯罪嫌疑人。社区矫正监管中心用于替代看守所并监管那些不适用于一般缓刑或需要一段时间调适的服刑人员。这些 24 小时监控的社区矫正监管中心提供越来越多的矫正和受害人服务(如受伤女性、酒驾、吸毒人员、精神不正常的性犯等)。

专栏 2 - 18　中间惩罚

　　中间惩罚是介于监禁(监狱和看守所)与一般缓刑之间的各种刑罚,包括惩罚较轻的罚款到惩罚较重的震慑监禁("集训营"——boot camps)。长时间的监禁可能不适合一些罪犯;一般缓刑对另一些罪犯可能又太轻而不利于社会。扩展的中间惩罚使刑事(和未成年人)司法系统更好地做到惩罚与罪行相对应,使罪犯更可能遵从法庭法规,并且使罪犯完全地对其行为负责。

专栏 2 - 19　量刑:并行的还是相继的

　　如果一个罪犯的量刑源自一个以上的罪行并被同时执行,该罪犯所有量刑的服刑期从他第一天到达监禁开始计算。如果多罪量刑是相继执行的,该罪犯一般必须在服完第一罪量刑的最低刑期后才开始计算服第二罪的刑期。很明显,罪犯是倾向于多罪同时执行的,因为这会使他可以更早地取得假释的资格。

---

11. 分离刑(split sentences)

　　量刑法官经常裁定一个短期的看守所监禁,然后转社区执行的缓刑。

例如，分离刑（看守所＋缓刑）是加利福尼亚州常用于重罪犯的一种刑罚 *38*
（Lundgren，2001）。

与看守所十分相似的一种刑罚是周末监禁刑。为了降低短期监禁的负面影响，允许罪犯保持就业并帮助他们的家庭远离福利救济，一些地区法院允许犯人在无工作的周末到看守所服刑。这种周末监禁允许罪犯周五下班后进入看守所，星期天上午离开看守所去教堂做礼拜。周末服刑人员服刑数月中，一般计每个周末为 3 天的服刑期。那些有许多周末服刑人员的地方有专门的场所监管这类人员。对于一些较大的司法管辖区，有许多罪犯周末工作但并不是周一至周五每天都工作，监管场所每天运作但适当减少监管人数。

十二　小结

矫正制度的主要任务是保护大众。矫正方案须有清楚的目的，否则会注定失败或遭到大众的反对。我们需要发展尽可能多样化的，适于那些服刑人员既可以得到改造又不危害社会的非监管方案。其他被监管人员需要被安置于一些更多监控的场所直到找到更适合于他们的方案。对于15％—20％需要这类监管的罪犯来说，一种改进的监狱还是必要的。然而，对于大多数被定罪的罪犯来说，采取监狱以外的矫正或全部不同于监狱的矫正是更恰当的且经济有效的。

对于法官来说，如何量刑且达到矫正目的，监狱应该是"最后的选择"。法官越来越多地采用"加限裁决"作为他们量刑的一种新战略。

尽管监狱优势难以测量，但其破坏性功能是比较容易确定的。如果我们的矫正目的是避免再犯、保护社会，长期的矫正战略是需要的。如果我们既要监管罪犯又要降低过分依赖监禁的成本，就必须在法律的框架内发展多样且强化监管犯人的各种矫正方案。发展一种有效的社区矫正方案必须形成一种社会政策，这种政策能够处理社区中的问题，设定罪犯控制的优先次序，并提供发展和维持这种监管系统的资源。缓刑是这种监控系统中的一个主要因素。

39   十三   问题回顾

1. 比较过去与现在的量刑实践。

2. 什么是确定刑与不确定刑的差别？

3. 什么样的监禁替代刑可以缓冲看守所的拥挤？

4. 什么是量刑指南？

5. 看守所是社区矫正中心吗？

6. 监禁的主要目的是什么？

7. 作为监狱拥挤的一种解决办法，什么是"监禁"的替代方案？

8. 监狱如何影响社区矫正工作量？

9. 你们州常用确定刑还是非确定刑？

10. 什么是分离刑？

11. 列举一些导致美国量刑法快速变迁的原因。

40   十四   推荐读物

Clear，T.（1994）.*Harm in American penology：Offenders，victims，and their communities*.Albany，NY：State University of New York Press.

Irwin，J.，Austin，J.（1997）.*It's about time：America's imprisonment binge*.Belmont，CA：Wadsworth.

Petersila，J.（2003）.*When prisoners come home*.New York：Oxford Press.

Rothman，D.（1980）.*Conscience and convenience：The asylum and its alternatives in progressive America*.Boston，MA：Little，Brown.

Travis，J.（2000）.*But they all come back：Rethinking prisoner reentry*.Washington，DC：National Institute of Corrections.

十五 参考文献

Allen，H. ，Latessa，E. ，Ponder，B. ，Simonsen，C. （2007）. *Corrections in America*. Upper Saddle River，NJ：Pearson Prentice Hall.

Allen，H. E. ，Latessa，E. L. ，Ponder，B. （2012）. *Corrections in America：An introduction*. Upper Saddle River，NJ：Pearson Prentice Hall.

Anderson，D. C. （1998）. *Sensible justice：Alternatives to prison*. New York：New Press. Beck，A. （1995）. *Profile of jail inmates*：1989. Washington，DC：U. S. Department of Justice.

Beck，A. （2000）. *State and federal prisoners returning to the community：Findings from the Bureau of Justice Statistics*. www. ojp. usdoj. gov/bjs/pub/pdf/sfprc. pdf（accessed July 20，2001）.

Beck，A. ，Karberg，J. （2001）. *Prison and jail inmates at midyear* 2000. Washington，DC：Bureau of Justice Statistics.

Caputo，G. （1999）. Why not community service? *Criminal Justice Policy，Review* 10(4)，503 – 519.

Coleman，S. ，Guthrie，K. （1988）. *Sentencing effectiveness in preventing crime*. St. Paul，MN：Criminal Justice Statistical Analysis Center.

Ditton，P. ，Wilson，D. （1999）. *Truth in sentencing in state prisons*. Washington，DC：U. S. Bureau of Justice Statistics.

Durose，M. R. ，Langan，P. A. （2007）. *Felony sentences in State Courts*，2004. Washington，DC：U. S. Department of Justice（NCJ 215646）.

Ellingwood，K. （1995）. Three-time loser gets life in cookie theft. *Los Angeles Times*，October 1 – 28.

Glaze，L. E. ，Bonczar，T. P. （2009）. *Probation and parole in the United States*，2008.

Washington，DC：U. S. Department of Justice，Bureau of Justice Statistics.

Gowdy，V. （1993）. *Intermediate sanctions*. Washington，DC：U. S. Department of Justice.

Harrison，P. ，Beck，A. （2006）. *Prisoners in* 2005. Washington，DC：Bureau of Justice Statistics. www. ojp. usdoj. gov/bjs/pub/pdf/p00. pdf.

Hoffman，P. ，DeGostin，L. （1975）. An argument for self-imposed explicit judicial sentencing standards. *Journal of Criminal Justice* 3，195 – 206.

Jones，M. A. ，Austin，J. （1995）. *The 1995 NCCD national prison population forecast*.

San Francisco，CA：National Council on Crime and Delinquency.

Kress，J. ，Calpin，J. C. ，Gelman，A. M. ，Bellows，J. B. ，Dorworth，B. E. ，

Spaid，O. A. （1978）. *Developing sentencing guidelines：Trainers handbook*. Washington，DC：National Institute of Criminal Justice.

Lundgren，D. （2001）.*Crime and delinquency in California*，2000：*Advance release*.

Sacramento，CA：Department of Justice.

Maxwell，S.，Gray，K. （2000）. Deterrence.*Sociological Inquiry* 70（2），117－136.

McDevitt，J.，Domino，M.，Baum，K. （1997）.*Metropolitan day reporting center：An evaluation*. Boston，MA：Northeastern University Press.

Minton，T. D.，Golinelli，D. (2014). *Jail inmates at midyear* 2013. Washington，DC：U. S. Department of Justice，Bureau of Justice Statistics.

Rosenmerkel，S.，Durose，M.，Farole，D. （2009）.*Felony sentences in state courts*，2006：*Statistical tables*. Washington，DC：U. S. Department of Justice，Bureau of Justice Statistics.

Seiter，R. （2000）. Restorative justice 3. In：R. Seiter （ed.）*Corrections Management Quarterly* 4，1－85.

Stanz，R.，Tewksbury，R. (2000). Predictors of success and recidivism in a home incarceration program. *The Prison Journal* 80(3)，326－344.

Travis，J.，Petersilia，J. （2001）. Re-entry reconsidered：A new look at an old question. *Crime & Delinquency* 47(3)：291－313.

Wooldredge，J. (1996). Research note：A state-level analysis of sentencing policies and inmate crowding in state prisons. *Crime Delinquency* 42(3)，456－466.

第三章　美国的缓刑制度

关键词

切萨雷·贝卡里亚(Cecare Beccaria)　　缓刑费(probationer fees)

社区工作令(Community work orders)　　赔偿(restitution)

缓刑的条件(condition of probation)　　撤销(revocation)

个体正义(individualized justice)

选择性限能(selective incapacitation)

间歇性监禁(intermittent incarceration)

判决听证(sentencing hears)

约翰·奥古斯塔斯(John Augustus)

震慑性缓刑(shock probation)

基利兹判决(Killits decision)

分离刑(split sentences)

宣判前调查报告(presentence investigation report)

受害人影响性陈诉(victim impact statement)

缓刑(probation)

从许多方面来说,缓刑给予犯罪人另一次机会。缓刑是刑事司法系统内独特的一种发展;它为罪犯提供了一种不再与矫正系统发生进一步联系的机制,也就是这个国家兴起的矫治模式中一个至关重要的方面。任何对缓刑的研究都必须从其前身开始分析。本章从回顾历史开始,这将有助于解释成年人或未成年人的缓刑是如何发展成如今的形式与操作模式的。本章的第二部分着重分析缓刑是如何批准的,并探讨其在当下是如何存在的。

缓刑是一种条件性判决,它能使罪犯免于监禁。换句话说,这是法院对罪犯的一种替代性处置方式。缓刑是罪犯在刑事法庭定罪的结果,但既不能将罪犯限制在某个矫正机构内,也不能将其脱离法庭的权威之外。缓刑犯受缓刑官的监督几乎一直是一个释放的条件。

专栏 3 - 1　缓刑的定义:成人

43

　　缓刑是一种不涉及监禁但施加相应条件的刑罚,如果罪犯违反了条件,则判刑法庭可以修改判决条件或执行对罪犯重新判决的权力。这样的判决不应涉及或要求中止其他任何刑罚判决的实施或执行。

正如国家刑事司法标准和目标咨询委员会(National Advisory Commission on Criminal Justice Standards and Goals,1973)所指出的,缓刑也可以涉及其他职能、活动和服务。它给予已决犯介于自由公民和监禁重犯(或轻罪)之间的一个位置。作为刑事司法的一个子系统,缓刑可以指管理缓刑程序的机构或组织。作为一个程序,它指的是那些包括为法庭准备报告,监督缓刑犯以及为这些缓刑犯提供服务的活动。这些活动是缓刑犯监督官日常职责的一部分。最后,里德(Reed,1997)指出,缓刑可以降低监狱人口。

德雷斯勒(Dressler,1962,p.26)已经清楚地阐述了实施缓刑的理由:

　　假设某些罪犯在出庭前对社会相对安全而不构成危险;把他们监禁在监狱或看守所中不利于他们的改造,这样做可能会适得其反。与此同时,社区将不得不保障罪犯需要供养的家属。而监禁对罪犯家庭的影响是无法估量的。那么,如果社区不会因罪犯的存在而受到损害,而且如果他能够证明自己有能力改变并且过上遵纪守法的生活,那么,社会和个人都应给予他机会。当然前提是罪犯处于被监督和指导的情况下。

　　因此,缓刑显然与帮助罪犯改过自新并重返社会的矫正目标密切相关,同时对罪犯和社区都带来了潜在的好处。

一　缓刑鼻祖

　　历史上虽然前前后后有许多人对缓刑有过研究,但其中,波士顿的约翰·奥古斯塔斯(John Augustus)因他特别显著的贡献被公认为是缓刑的发起人。

　　德雷斯勒(Dressler,1962,pp. 12 - 13)引用了英国伯明翰马修·达文波特·希尔(Matthew Davenport Hill)在 1841 年的相关活动。在沃里克郡,希尔观察到,对于年轻的罪犯,如果被告仍然处于监护人的监督之下,那么地方法官通常会在一天内做出一个象征性的判决。这种做法其实是一种对刑罚的减轻,没有施加其他条件,也没有撤销监护的条令。当希尔自己成为地方法官后,他认为比起让被告在监狱里完成他的改造来说,在监护人的监督之下会使被告更加有利于进行反省与改造。因此他修改了这个程序,他暂缓判决,并把罪犯置于监护人的监管之下。希尔的做法与奥古斯都的做法在某些方面有相一致的地方:他们对选定的罪犯判处了缓刑,如果被告再次犯罪,并不会被施加新的刑罚。希尔并不是不愿意对重犯采取行动,他说:"刑罚应该是没有弱点的、没有错误纵容的,是不需要法院的决议来履行其职责的。"希尔还要求警察局长调查被监护人在监管下的行为,以此表明他对被监护人所在社区的安全的关注。

　　在这个国家,最早的宽大刑罚的支持者之一是波士顿的彼得·奥克森布里奇(Peter Oxenbridge)法官。1836 年,马萨诸塞州通过立法,推行可以在诉讼程序的任何阶段,通过担保人的担保,释放犯轻微罪罪犯的做法。①

　　但约翰·奥古斯塔斯,一名法庭志愿者,被认为是美国保释制度的创建者。奥古斯塔斯是第一个出现在波士顿警察法院,为一名被控醉酒的男子保释,然后帮助其寻找工作的人。法院命令被告在三周内返回,在此期间,

---

① 担保是指违反出庭义务或者无法避免在特定时间内进一步规避犯罪行为的情况下所被没收的现金、财产或者债券。它也可以指另一个责任人的保证,以确保被告会出庭或行为正常。

被告有非常明显的悔改表现。因此法官没有对被告施以监禁,取而代之罚了他一分钱。

以这件事为开端,奥古斯塔斯拯救了无数的罪犯。从开始接触他们,直到他们被判刑期间,奥古斯塔斯都为他们提供监督指导。在 18 年内(从 1841 到 1859 年逝世),奥古斯塔斯一共保释缓刑了 1 152 名男性与 794 名女性(Barnes & Teeters,1959,p. 554)。奥古斯塔斯做这些是为自己的信仰所激励:"法律的目的是改造罪犯,防止犯罪,而不是恶意惩罚或报复精神。"(Dressler,1962,p. 17)奥古斯塔斯对于保释缓刑对象的挑选非常仔细,保释对象主要是那些第一次被提起诉讼的、没有严重犯罪恶意的,并且有悔改之心的人。他还考虑"被起诉人以前的品质,年龄和他未来所受影响的因素。尽管这些条件并没有被严格遵守,但它们仍然是我选择被保释人的重要标准"(United Nations,1976,p. 90)。此外,奥古斯塔斯为他们提供了工作、教育或居住的帮助,并向法院提出公正真实的缓刑报告。但也正如奥古斯塔斯指出的那样,这个任务并不是一帆风顺的(Barnes & Teeters,1959,p. 554):

> 虽然我的行为帮助州和国家节省了数百甚至是几千美元,但它并没有使我富裕,而是耗尽了我自己的积蓄。试图通过救助穷人赚钱是不可能的。我最初两年的劳动,除了每天的基本工资,什么也没得到。

45 　　在他记录的第 1 100 个被保释人中,只有一个被保释后没有如期回到法庭接受审判并被没收保释金(Dressler,1962)。非常重要的是,几乎所有与缓刑有关的基本做法都是由奥古斯塔斯发起的,其中包括判决前调查、监督条件、案件工作、向法院报告以及撤销缓刑监督的理念(Probation in the United States,1997)。当奥古斯塔斯于 1859 年去世的时候,他一贫如洗——对一个有远见的人道主义者来说,这是最不合适的结局。

二　缓刑的哲学基础

19 世纪的美国社会呈现一种充满动荡和冲突的状态。这一时期缓刑的发展受到欧洲某些思想、争论以及辩论的影响。从更广泛的意义上说,缓刑是西欧哲学中关于刑法功能以及如何处理和惩罚罪犯论证的延伸。国王、皇帝以及欧洲其他统治者普遍主张的惩罚理念集中在犯罪行为上，并试图平等对待所有犯罪。他们认为刑法的目的是惩罚、威慑，及报复侵犯"国王的人身和财产保护法（King's peace）"的那些人。死刑、酷刑、流放，公开羞辱及大批处决的广泛使用就是源于对国王人身和财产保护法的扰乱。

18世纪，法国哲学家关注自由、平等和正义，因此引发了一场争论。法国著名的哲学家和法学家试图重新定义刑法的目的，试图找到某种途径使这个时代的刑事司法系统更加适应启蒙时代的人道主义精神。当时的一个重要人物是切萨雷·贝卡里亚（Cesare Beccaria），他是一位意气风发的意大利天才，曾经应邀前往巴黎与法国哲学家们辩论。

贝卡里亚在1764年出版了他的经典著作，即《犯罪与惩罚》，该书创建了犯罪学的"古典学派"，试图将法律变得更加人性化。这包括不为提取口供对被告进行折磨、不进行秘密的起诉和审判、被告在审判中拥有辩护权以及改善监禁条件，等等。他的著作关注犯罪，而不是罪犯。他相信惩罚应当与罪行相适应。他的作品在整个欧洲被广泛阅读，甚至引起了俄罗斯凯瑟琳女皇的注意，她邀请贝卡里亚修改俄罗斯的刑法。然而贝卡里亚从未接受过她的邀请。

这个时期的哲学观念迅速蔓延到英国，从英国再到殖民地。当美国结束了独立战争时，英国刑法中残酷的残余部分就被剔除出去。此时便出现了一个宪政体系，将人道主义哲学的主要组成部分，与对人类固有的善良以及人人都有能力达到最佳状态的信念完美地结合在一起。

早期处理罪犯的方式（公开严厉的处罚以及个人与国家的处罚）与18 _46_ 世纪后十年新出现的改革重点之间的区别主要在于：（1）违法者被看待的方式；（2）刑法的关注点和意图。在独立战争之前，罪犯被认为是天生邪恶的，应该受到惩罚，以便他们"可以与上帝好好相处"。内战之后，美国人普遍认识到人类根本上不是邪恶的。将重点转向处理个别罪犯上，而不是把重点放在已经犯下的罪行上。内战进一步加大了民主运动，改革运动的兴起和惩罚整治的进一步个性化。最终出现以下问题：所有罪犯是否需要被监禁才能使他们悔改并停止他们的犯罪行为？马萨诸塞州正是在这个哲学环境中来回答此问题的,他们关注的是未成年人的缓刑。

三　缓刑沿革

　　受奥古斯塔斯例子的影响,马萨诸塞州迅速走上了缓刑制度发展的前列。在马萨诸塞州卫生、精神和慈善局赞助下,一个为儿童提供服务的实践项目(类似于缓刑)于 1869 年正式启动(Johnson,1928)。当年制定的一个法令规定,如果在法庭上对未满 17 岁的未成年人提起诉讼,必须向州提供书面通知。之后,州代理人才会给予调查、参与审判并保护孩子利益的机会。

　　尽管已经有了奥古斯塔斯和其他成年罪犯的早期工作,未成年人缓刑制度还是更容易得到支持。直到 1901 年,纽约才通过了首部为成年罪犯设立缓刑制度的法律,相比马萨诸塞州通过未成年人缓刑制度晚了 20 多年(Lindner & Savarese,1984)。虽然成年罪犯缓刑制度的发展落后于未成年人缓刑制度,但到 1923 年,大多数州都有了确立成年罪犯缓刑制度的法律。到 1956 年,所有州都通过了成年罪犯和未成年罪犯缓刑的法律。在表 3-1 中可以找到部分州的历史数据。令人惊讶的是,竟然是联邦政府在抵制缓刑。

表 3-1　有未成年人和成年人缓刑制度的州(1923 年)

州	颁布未成年人缓刑法令年份	颁布成年人缓刑法令年份
亚拉巴马	1907	1915
亚利桑那	1907	1913
阿肯色	1911	1923
加利福尼亚	1903	1903
科罗拉多	1899	1909
康涅狄格	1903	1903
特拉华	1911	1911
佐治亚	1904	1907
爱达荷	1905	1915

续表

州	颁布未成年人缓刑法令年份	颁布成年人缓刑法令年份
伊利诺伊	1899	1911
印第安纳	1903	1907
堪萨斯	1901	1909
缅因	1905	1905
马里兰	1902	1904
马萨诸塞	1878	1878
密歇根	1903	1903
明尼苏达	1899	1909
密苏里	1901	1897
蒙大拿	1907	1913
内布拉斯加	1905	1909
新泽西	1903	1900
纽约	1903	1901
北卡罗来纳	1915	1919
北达科他	1911	1911
俄亥俄	1902	1908
俄克拉何马	1909	1915
俄勒冈	1909	1915
宾夕法尼亚	1903	1909
罗得岛	1899	1899
田纳西	1905	1915
犹他	1903	1923
佛蒙特	1900	1900
弗吉尼亚	1910	1910
华盛顿	1905	1915
威斯康星	1901	1909

资料来源：改编自 Johnson，F.（1928）. *Probation for juveniles and adults*. New York：Century Co.，pp. 12 - 13。

四　联邦缓刑

　　尽管缓刑制度在未成年人司法体制中迅速普及,但早期并没有为联邦罪犯——无论是未成年人还是成年人——提供缓刑的具体规定。作为替代方案,联邦法院在监禁特别困难的情况下会暂停刑罚。但是,这种做法很快就受到了多方质疑。

　　最主要的是法律问题:联邦法官是否有无期限的暂停刑罚的宪法权力?或者这个操作是否代表着对政府行政赦免特权的一种侵犯,这是否违反了权力分立原则呢? 美国最高法院在"Killits 裁决"中解决了这个问题(Ex parte United States,242 U. S. 27,1916)。

　　在俄亥俄州北部地区的一起案件中,约翰 M. 基利兹(John M. Killits)暂停了一名被判贪污托莱多银行 4 700 美元的男子五年有期徒刑的判决。被告是第一次犯罪,有着良好的社会背景和名声,并愿意对其罪行作出全额赔偿。银行官员并不希望起诉。政府认为暂缓刑罚的行为超出了法院的权力。首席大法官爱德华·D. 怀德(Edward D. White)与其他法官一致认为,联邦法院没有固有的权力来暂缓刑罚,且没有理由继续执行一个与宪法不一致的法律行为。因为其本质就相当于司法机关拒绝履行其职责,并由此导致对宪法规定的立法和行政权力的干涉。但是,"Killits 案件"的裁定并没有废除刑罚暂缓的操作,实际上进一步促进了它的发展。有关各方对"无限期暂缓监禁的固有权力原则"的解释是——应当颁布相关法律给予司法机关权力来执行这项法律规定。

　　在联邦一级,国家缓刑协会(当时由查尔斯莱·昂内尔·丘特 Charles Lionel Chute 领导)展开了一个极具教育意义的运动,并游说联邦立法。然而,这些努力并不是没有遇到反对意见。例如,禁酒主义者们担心缓刑制度的推进将会减少《沃斯特德法案》(*Volstead Act*)所带来的不快。①

---

① 禁酒令授权执行反酒精立法——美国宪法第十三修正案的"伟大实验"。如埃维恩(Evjen, 1975,p. 5)所示,法官给丘特(Chute)的信明确地谴责了缓刑的做法。

我们的法庭所需要的并不是像你所倡导的创造司法人员从而产生支出的运动,而是一个使我们的刑事法律的强制措施更具有确定性、更加迅捷的运动。在这个国家,由于像你们这群人的努力,凶手的牢房里摆满了鲜花并环绕着许多愚蠢的人。罪犯应当明白他违反了法律,因此将要接受刑事调查,并接受监禁。正如你们的组织所做出的努力,在很大程度上推动了今天正在全国上下翻滚的犯罪浪潮,将要吞噬我们的体系,造成威胁。

司法部也提出反对意见,例如,司法部长哈利·多吉提(Harry M. Daugherty)写道,他希望"当国会将法庭转变为多愁善感的改革协会时,不要再沉溺于如此糊涂的政策中,真正需要改革的地方是墙内,而不是让违法者在社会上流窜"。司法部备忘录进一步透露了反对缓刑的心声,"这一切都是国内流传一种错误的同情罪犯浪潮的一部分。如果在联邦法院建立缓刑制度,那就是犯罪"。

1909 年和 1925 年间,国会收到大约 34 个法案提议设立联邦缓刑制度。尽管存在反对意见,其中一项法案在第六次向国会提议时通过。该法案被送到库利奇总统(President Coolidge)身边,作为马萨诸塞州的前任州长,他十分了解缓刑制度发挥的作用。1925 年 3 月 4 日他签署了该法案。随后便拨款由民政服务系统选择并承担有限数量的缓刑官员的工资和开销(Burdress,1997;Lindner & Savarese,1984;Meeker,1975)。表 3 - 2 重点指出了缓刑制度发展过程中一些重要的事件。

表 3 - 2　缓刑发展中的重要事件

时间	事件
中世纪	国家亲权(Parens patriae)成立以保护英国儿童的福利
1841	约翰·奥古斯塔斯成为"缓刑之父"
1869	马萨诸塞州开发了缓刑访问代理人系统
1875	在纽约成立的防止虐待儿童协会为未成年人法院铺平了道路
1899	美国第一个未成年人法院在库克县(芝加哥)伊利诺伊州成立
1901	纽约通过了第一部确立成年缓刑的立法

续表

时间	事件
1925	国会在联邦一级授权缓刑的使用
1927	除怀俄明州以外所有州都有未成年人缓刑法律
1943	联邦缓刑系统完善了量刑前调查报告制度
1954	最后一个州制定了缓刑法律
1956	密西西比州成为最后一个通过立法授权成年罪犯缓刑使用的州
1965	俄亥俄州成为第一个创造"震慑性缓刑"的州,将缓刑与监狱结合在一起
1967	高尔特案(re Gault)由美国最高法院决定
1969	杰罗姆、米勒(Jerome Miller)被任命为马萨诸塞州的青年联盟首长,并开始州立机构的非监禁化
1971	明尼苏达州通过了首个社区矫正法
1973	全国刑事司法标准顾问协会支持更加广泛地运用缓刑
1974	国会通过了《未成年人司法与犯罪预防法》,建立了未成年人司法犯罪预防恢复司法联邦办公厅,被害人/罪犯和解方案在加拿大安大略省施行
1975	威斯康星州从执法协助部门获得资金开发案例分类系统。四年后,风险/需求评估工具已经被设计和实施
1980	美国律师协会颁布限制使用审前羁押的指南
1982	"毒品战争"开启
1983	对罪犯的电子监控开始使用。佐治亚州建立起新一代严格的缓刑监控项目
1984	国会通过刑罚改革法案,要求实施更长期的刑罚,"使罪犯受到应有的惩罚",并且提倡刑罚裁决平等
1989	布什总统在黄金时段的电视节目中演示撕裂(装有毒品)的塑料袋
1994	美国律师协会提出消除家庭暴力对儿童影响的建议
1998	国家矫正机构开始为实施社区恢复性法律项目进行国内矫正培训
2000	美国缓刑假释协会撰写著作:《通过领导力来改变缓刑:破窗模式》
2001	威斯康星州有关性侵犯公示对缓刑的影响评估显示人力、时间和预算经费中的高额矫正支出
2003	一项对执行毒品法庭治疗策略的评估显示,积极的缓刑官的参与导致马里兰州的吸毒者数量显著下降

50

续表

时间	事件
2008	战略评估将有效干预原则与缓刑/假释官和罪犯面对面地互动更完整地结合在一起
2009	缓刑者数量在多年来第一次开始下降

资料来源:作者汇编。

五　今日缓刑

由于缓刑是一项优待而非权利,它本质上是量刑法官在庭审中一种"仁慈的表现"(虽然有小部分州允许陪审团决定是否有罪来适用或者推荐适用缓刑)。在美国,所有处于矫正性管控的主要群体中——包括了缓刑犯、看守所被羁押者、监狱囚犯和假释犯,最大的群体是缓刑群体。图 3-1 显示了处于缓刑中的成年人数量在过去 25 年中的变化,从 1985 年少于两百万人增长到 2005 年的多于四百万人。在过去的几年中,缓刑人数开始下降,2012 年的缓刑者数量比前一年少了 38 300 人。美国司法统计局资料显示,在所有被宣告的罪犯中,有近 57% 正处于缓刑,12% 被假释,21% 在监狱服

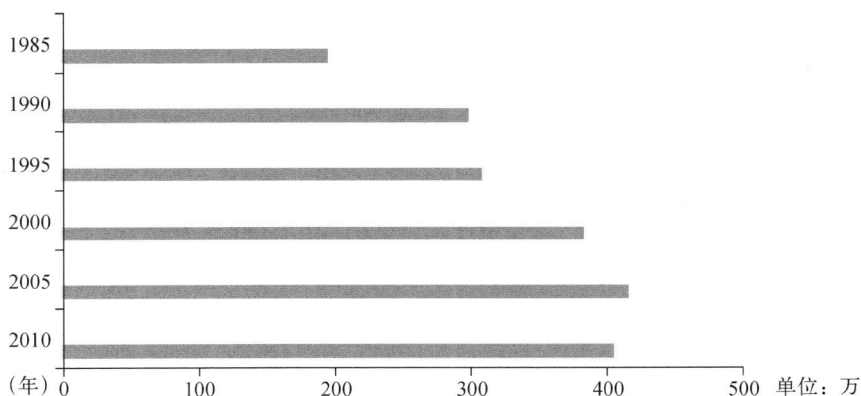

图 3-1　适用缓刑的成年人数量:1985—2012 年

资料来源:Maruschak, L. E., Bonczar, T. (2013). *Probation and Parole in the United States*, 2012. Washington DC: U. S. Bureau of Justice Statistics。

刑,以及将近11％在看守所。从数值上来看,在2013年年初,将近400万的缓刑犯被至少两万名缓刑工作人员监管。尽管平均案件数量在不同的辖区差距很大,但是据估计平均每一个工作人员要监管180名缓刑犯。并且,将近53％的缓刑中的罪犯是重罪犯,而其余的47％则是轻罪犯。

表3-3展示了2012年适用缓刑的罪犯所犯最严重的几种罪行的分布状况。正如所料,非暴力型罪犯更多地获得了缓刑。一般而言,被判犯有非暴力性罪行的罪犯(例如,侵犯财产或违反毒品法)比那些犯暴力性罪行的人(例如性侵)更容易获得缓刑。那么,缓刑是什么,为什么频繁地适用缓刑,以及致使如此大比例的罪犯适用缓刑的程序是怎样的呢?

表3-3　2012年度最严重犯罪中成人适用缓刑的比例

犯罪	百分比
性侵犯	3
家庭暴力	4
其他暴力性犯罪	12
财产侵犯	28
违反毒品法律	25
酒驾	15
其他交通犯罪	2
其他	11

资料来源:Maruschak, L. E., Bonczar, T. (2013). *Probation and Parole in the United States*, 2012. Washington DC: U. S. Bureau of Justice Statistics。

⁵² 六　缓刑目的及优势

如前所述,州和联邦的管辖范围内均颁布法令,他们允许缓刑的适用,并且明确规定了不适用缓刑的特定类型的犯罪。这些法规包括所有的暴力性犯罪:判决无期徒刑的犯罪、武装抢劫、强奸或者其他的性侵犯,以及使用枪支武器犯罪,或者已被证实的有多重犯罪的被告。

然而,虽然法律的存在规定了缓刑的限制条件,但是适用缓刑的过程是

因人而异的进程,这种过程通常聚焦于罪犯而不是罪行本身。下面列举的是缓刑的一般目的:

    1. 使可改造的罪犯再次融入社会。

    2. 保护社区免受更多的反社会行为侵害。

    3. 使正义目标更好地达成。

    4. 提供必要的缓刑条件(和服务)来改造罪犯并达到上述目的。

虽然缓刑的颁布(适用)是因人而异的,但是法官和社区矫正的人事部门通常可以认识到缓刑的以下优势。

    1. 利用社区资源使被迫接受社区矫正的罪犯重获新生,并且在社区监管下尽可能解决他们的个人问题。

    2. 节约羁押的财政成本。

    3. 避免会加剧犯罪行为潜在成因的羁押措施。

    4. 使罪犯家属远离于地方和州的福利救济人员名单。

    5. 一个相对成功的矫正罪犯行为的过程(据报道有 60%—90% 的成功率)。[①]

    6. 一个可以允许"选择性限(犯罪)能(力)"的量刑的选择。

缓刑,是对于罪犯最常见的处置,并且它的优势也是众所周知的(Dawson,1990)。所以,它同时也从众多社团和委员会中获得了强烈的支持,包括著名的国家刑事司法标准咨询和目标委员会(1973),政府财政办公室(1982),以及美国律师协会(ABA)(1970)。国家咨询委员会认为,缓刑应该被更加广泛地使用,美国律师协会则把缓刑看作是对于几乎所有非暴力重罪犯假定判决的重要选择。其他人则认为(Finn,1984),缓刑的普遍适用的确会减少监禁率。然而有必要记住的是,监狱空间是有限的,甚至有些人会认为它是稀有资源。所以对于社区矫正制度中的经济学原理是这样的:如果(刑罚)体系需要有效地管理它的有限资源,那么缓刑是必要的(Clear et al.,1989)。图 3-2 阐述了每个罪犯缓刑监管的成本。即使当我们考虑

---

① 有些人对缓刑的有效性提出了异议(Petersilia,1985),其他研究人员(McGaha et al.,1987;Vito,1986)认为缓刑一般是有效的。

53   使用专业化的监管时(例如集中监管、电子化监管),日常的监管费用仍然可以是平均每天低于 4 美元。那么,什么时候缓刑是一个适当的判决并且它是怎么决定的呢?

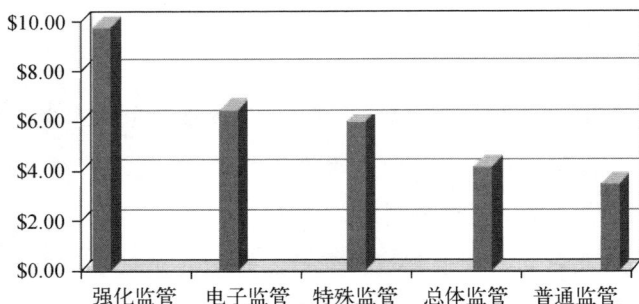

图 3-2   不同监管类型下的每个缓刑犯的平均日常成本

资料来源:Camp, C. , Camp, G. (2003) *The corrections yearbook adult corrections* 2002. Middletown, CT: The Criminal Justice Institute, p. 206。

专栏 3-2   选择性限能

选择性限能是指一种将高风险罪犯判以监禁的犯罪控制政策,这种政策建立在这个前提下,即一旦他们被监禁便无法进一步犯罪,或在当他们获释时不再敢从事不法行为。

七   准予缓刑

审判是一个复杂的过程,审判官员经常发现案件(刑罚)的处理已经由检察官确定,而不是由法官决定。这是因为在确定有罪之前,检察官和辩护律师往往进行辩诉交易。在这种交易过程中,下面的任何(甚至全部)审判内容可能已经经过了协商和谈判:

1. 被告承认犯有一个较轻的罪行,而这个罪行是一个处罚相对较轻的非法行为;

2. 被告所认罪的犯罪频率("以次数计算");

3. 减少被指控罪名的数量;

4. 检察官可以建议被告是被判处缓刑或者判处地方或州(联邦)

监狱的监禁；

  5. 建议监禁的时间（几个月或者几年）；

  6. 同时执行的刑罚或是连续执行的刑罚。

  似乎司法界倾向于接受和默许谈判结果（Dixon，1995；Glaser，1985）。然而，在很多案件中，法官的判决仍然可能是缓刑。

  判处缓刑的过程是在罪犯认罪之后（经常是为了有利的个人考虑）或者在审判之后被判有罪开始的。对于所犯罪行适合判处缓刑处罚的犯罪分子，或者法律规定的那些罪犯，可以责令进行量刑前调查。量刑前调查报告的主要功能之一是协助法庭确定最恰当的判决。

  根据审判中对被告的观察（包括举止、肢体语言、悔恨的证据和行为），⁵⁴以及量刑前调查报告中的建议和检察官建议的刑罚，法官试图为特定某个人判处适当的判决。法官们意识到个体化司法（individualized justice）要求判刑不仅适合犯罪行为，而且适合罪犯个体。[①]

  许多因素影响量刑决定，如罪行的性质、罪犯的行为举止、对受害人的伤害、司法和社区的态度等诸多因素。其中许多因素都是在一份名为《量刑前调查报告》[*presentence investigation report*（PSI）]的文件中提出的。

  或许，最重要的标准是提交 PSI 的缓刑官员的建议。判刑前报告中的建议是一个主要因素，因为缓刑官员的建议和法官的量刑决定之间在一定程度上相当一致。利伯曼等人（Liebermann et al.，1971）发现，当推荐缓刑的时候，法官在 83％ 的案件中遵循了调查报告的建议。卡特（Carter，1966）发现一个更高的数据：96％。利伯曼和他的同事（1971）同时也发现，当推荐监禁的时候，法官在 87％ 的案件中遵循建议做出处理。马科莱尔（Macallair）（1994）发现，基于保护未成年人的处置报告一贯地更多推荐缓刑而不是监禁。那么什么是 PSI 呢？

---

① 有些证据表明，判决部分是由法官的个人目标决定的，比如有可能晋升到高等法院（Cohen，1992；Macallair，1994）。

八　量刑前调查报告

缓刑机构的主要责任之一是调查。这包括收集关于违反缓刑和技术违规(technical violations)的信息、逮捕的事实,而且最重要的是,完成 PSI 用以供量刑听证使用。PSI 的概念是伴随着缓刑的发展而发展起来的。[①] 法官原本使用缓刑官员收集来的罪犯的背景和个人信息来实现"个体化"惩罚。[②] 1943 年,联邦缓刑制度正式将 PSI 作为联邦缓刑程序的一项必备要件。在量刑过程中,PSI 具有重要意义,因为 80%—90%的被告最终都会认罪,而法官与罪犯的唯一联系便是在量刑期间(The Presentence Report,1970),法官对被告的了解通常仅限于量刑前调查报告中的内容。正如沃尔什(Walsh)所总结的(1985,p. 363),"法官严重依赖缓刑的专业建议"。

九　缓刑条件

在一项关于 PSI 建议接纳度的研究中,拉特沙(Latessa)(1993)调查了俄亥俄州(包括克利夫兰市)的凯霍加县(Cuyahoga County)的 285 例案件。他发现,当缓刑部门建议缓刑时,85%的建议是被法官接受的,当缓刑部门建议监禁时,66%的建议是被法官接受的。

由于强制性最低限度刑期(mandatory minimum sentences)越来越受推广,一些司法管辖区的报告表明,越来越少的 PSI 在实际上被要求准备。对一些司法管辖区而言,PSI 仍然是判处缓刑的重要因素。例如,就工作量而言,近一半(45%)的要求做量刑前调查的机构显示,他们工作量的 25%以上都用来准备这些报告。

在联邦政府层面,联邦量刑指南已经增强了量刑前调查的重要性以及缓刑官的角色和职责(Dierna,1989;Jaffe,1989;McDonald & Carlson,1993;Steffensmeier & Demuth,2000)。

___

[①] 关于 PSI 早期发展的详细讨论,请参阅审前报告(The Presentence Report,1970)。
[②] 见西合(Sieh,1993)。

1. 职能和宗旨

PSI 的主要目的是为量刑法庭提供简明准确的信息，以作出合理的量刑决定。法官通常有多种选择：他们可以决定中断判决、罚款、要求赔偿、监禁和强制社区监督，等等。PSI 旨在帮助法官作出适当的决定，同时兼顾罪犯的诉求以及社区的安全。

这些年来，人们发现量刑前调查报告的另外一些重要用途。这些功能基本上可以概括为以下几点：[①]

1. 协助法庭决定刑罚判决。
2. 帮助矫正机构释放计划中对罪犯的分类和治疗。
3. 给假释委员会提供与假释相关的有用信息。
4. 协助缓刑官（对罪犯）缓刑期间的改造工作。
5. 作为学术研究资料的来源。

当缓刑和假释服务在某些司法管辖内处于同一机构中时，PSI 也可用于假释监督之目的。

正如后文将提及的，PSI 不仅仅包含关于罪犯的简单事实。如果要达到其目的，就必须包含对决策过程有重要意义的所有客观的历史和真实信息，对罪犯和社区的性质及需求进行评估，然后提供一个合理的建议。该建议应包含基于评估的合乎逻辑的支持理由（Bush，1990）。一份可靠和准确的报告是必不可少的，完成报告的官员应尽一切努力确保 PSI 中所包含的信息是可靠和有效的。同时还应指出其中尚未经过确认的信息。

2. 内容

虽然 PSI 在各个司法管辖区之间并不一致，但似乎总有一些共同的元素可以用来阐述其用途和内容。一项针对全国 147 个缓刑监督机构的调查（Carter，1976）显示，在被调查的机构中，50% 以上的调查的首页（cover

---

[①] 这些职能由美国法院行政办公室改编而成（1978 年）。审前报告，华盛顿特区：美国政府印刷。另见马弗尔（Marvell）（1995）。

56　sheets)包含 17 条相同的信息。表 3-4 中列出了各司法管辖区中最常出现的信息。

表 3-4　量刑前报告中包含的常见要素

1. 被告的名字	10. 抗辩内容
2. 司法管辖区的名称	11. 报告日期
3. 犯罪行为	12. 性别
4. 律师	13. 未决羁押或刑事拘留
5. 案件号	14. 裁决
6. 出生日期	15. 处分日期
7. 地址	16. 婚姻状况
8. 判决法官的名字	17. 其他具可识别的数字
9. 年龄	

资料来源：Carter，R.（1976）. *Prescriptive package on pre-sentence investigations.* Washington，DC：Law Enforcement Assistance Administration。

尽管不同的司法管辖区对于一项量刑前调查的内容要求不同,但似乎还是包含了一些共同项,通常包括以下内容：

1. 犯罪行为

　　官方陈述

　　被告人陈述

　　共同被告的信息

　　证人、申诉人和受害人的陈述

2. 先前犯罪记录

　　未成年时判决

　　成年后记录

3. 个人和家庭资料

　　被告

　　父母及兄弟姐妹

　　婚姻状态

　　就业状况

　　　　受教育程度

　　　　健康状况(身体上、精神上、情感上)

　　　　兵役状况

　　　　经济状况

　　　　资产负债情况

　　4. 评估

　　　　可选择的方案

　　　　量刑数据

　　5. 建议

　　基本上,这些方面都反映了卡特(Carter,1976,p.9)的建议,他说:"尽 *57* 管(在司法实践中)有'更多'而不是'更简短'的传统,但没有什么证据表明多就是更好的。"至少,PSI 包括前面列出的五个基本领域。通过允许其中主题领域的扩张和增加情况的细节作为保证,PSI 报告充满了灵活性。但是,其中任意一项都可能会被仅仅总结在一个简单的叙述性陈述中。

　　卡特认为,了解罪犯的一切(信息)是没有必要的。事实上,有证据表明,在人的决策过程中,个人有效处理信息的能力仅限于五到六个信息项目。除判断信息的可靠性、有效性,甚至相关性所花费的时间和工作量之外,人们主要的时间和工作量都花费在收集和整理大量用于决策的数据。其最终的结果可能是信息过量和效率的损害。

　　表 3-5 展示了蒙哥马利县(Montgomery County)成人缓刑部门(俄亥俄州代顿市 Dayton,Ohio)的一个 PSI 概要样本。一个详尽的 PSI 必须包括对那些被判决缓刑的人进行监管的方案。如果这些信息是在准备 PSI 之初时就制定的,那么监管工作在第一天就可以开始,而不是在缓刑进行期间的几个星期内(才开始)。在 PSI 的准备过程中,还应特别注意寻求传统的判决处置方式(拘留、罚款、监禁或缓刑)的创新性替代方案。最近,对受害者的关注也越来越多(Roy,1994;Umbreit,1994)。现在许多缓刑部门在 PSI 报告中列入了与受害人有关的部分。表 3-6 展示的例子便是蒙哥马利县受害者影响的陈述书。该部分包括一份对受害人所遭受伤害的评估,还可能包括一些他们对犯罪行为和罪犯的评价。

3. 评估与建议

　　PSI 中最重要的两项指标即为评估与建议。尽管研究结果不完全一致,但缓刑官的建议与法官的决定似乎有着极高的相关性(Hagan, 1975; Walsh, 1985)。有证据表明,评估和建议是法官普遍关注的部分。

　　评估应当包括缓刑官对于报告正文部分所载客观材料的专业评估。考虑了所有事实后,缓刑官现在必须考虑社区保护和被告的需求。

　　首先,缓刑官应当考虑罪行。是情境性的还是持续性的行为? 是否使用了暴力? 是否使用武器? 是财产侵犯还是人身侵犯? 是否有动机?

　　其次,应当考虑社区。例如,被告是否会对他人的安全和福利造成直接威胁? 监狱以外的其他处罚是否会降低犯罪的严重性? 缓刑有足够的威慑力吗? 哪些社区资源可用?

58　　表 3-5　蒙哥马利县普通民事法院(common pleas court)成人缓刑部门量刑前报告

原告:	辩护律师:
1. 案件信息	
A. 案号	C. 看守所情况:
引用信息:	保释金数额:
处罚信息:	在押天数:
B. 姓名	D. 尿液分析　是__否__
地点:	尿液收集:
电话:	阳性:
出生日期:	阴性:
社会保障号:	缓刑官:
	E. 共同被告地位
	F. 赔偿返还
2. 控诉信息	
A. 目前裁定的指控/俄亥俄修改规范/惩罚	D. 其他未决案件/非法留置
B. 预示的指控	E. 已有的损失
C. 原有管辖权	F. 累犯状态
	G. 缓刑条件的资格

3. 监狱信息

A. 身体方面

性别____种族____身高____

体重____眼睛____头发____

目前健康状况_____

B. 社会方面

婚姻状况_____

家属数量_____

如果被判刑，子女的监护权_____

就业状况_____

教育程度_____

参与的社会服务_____

过去_____

现在_____

限制：_____

法官代表_____ 日期/时间_____

第一部分 罪行

第二部分 犯罪记录部分

A. 未成年人

B. 成年人

原告： 辩护律师：

第三部分 就业/其他相关数据

第四部分 建议

理由：

1. 3.

2. 4.

恭敬地提交

团队主管_____

资料来源：The Montgomery County Adult Probation Department。

表3-6　受害者影响声明

法官:
案号:
被告姓名:
处分日期:
经济损失
身体损害
家庭关系中个人福利的改变
心理影响
评论

资料来源:The Montgomery County Adult Probation Department。

60　　　　最后,缓刑官不得不考虑被告的特殊问题和需求。哪些发展性的因素对于被告现有行为发挥了重要作用?是否存在反社会行为的历史?被告是否承认其责任或悔过?被告是否主动改变?被告有哪些优缺点?被告是否可被雇佣或需要供养家庭?缓刑官还需要提供可供法院选择的替代性刑罚。这不构成建议,而是告知法院如果被告判处缓刑,有哪些具体措施可以执行。

　　缓刑官有责任提供合理的建议,其他可供选择的包括如下内容:

愤怒管理方案	恢复原状
意识行为矫正	罚款
缓刑	强制药物治疗
监外工作	监视居住/电子监控
监禁	社区服务
分离型	精神性治疗
震撼性缓刑	日均罚款
中途之家	受害者调解
家庭咨询	震撼性监禁
每日报告	无推荐

如果推荐缓刑,缓刑官需要指出所有需要监管机构工作人员特别注意的问题。另外,如果被告被认为是安全隐患,调查人员会评估其出逃的可能性,以及对社区或其他被告可能带来或造成的威胁。

无论建议如何,缓刑官有责任提供支持刑罚的基本理由来协助法院达到量刑目标。

4. 与量刑决定有关的因素

如前所述,PSI 需要占用缓刑机构大量的时间与资源。量刑前的报告是量刑法官能利用的关于被告最重要的和最全面的信息资源。虽然大部分法官赞成 PSI 对于形成最后量刑是有价值的,但关于报告中的建议部分却存在着一些不同的声音。①

一些研究试图找出对于量刑法官来说最重要的因素。卡特在他 1976 年的调查中发现最重要的两个因素是被告先前的犯罪记录和目前所犯罪行。在卡特和威金斯(Carter & Wilkins,1967)更早的一个研究中,他们发现法官在决定适用缓刑时考虑的最重要的因素包括被告的受教育程度、平均月薪、职业水平、住所、稳定性、教会活动的参与度、军事记录。但是,当按照这些因素对量刑决定的重要程度来排序,当前所犯罪行以及被告先前的记录、被捕次数、被投入监狱次数,在排序中是最重要的因素。韦尔奇和施波恩(Welch & Sophn,1986)同样总结出罪犯先前记录能清晰地预测了监禁的适用;然而,他们的调查发现,"先前记录"的指标范围很广,但最保守的选项是先前关押记录。

在另一项研究中,罗斯兰克斯(Rosecrance,1988,p. 251)提出,PSI 报告使得刑事法庭对执行个体化司法的神话得以维持。他的结论是,"当前的罪行以及先前犯罪记录,是决定缓刑官最终量刑建议的因素"。罗斯兰克斯(Rosecrance,1985)同样认为,缓刑建议是用来支持审前司法协议的一种设计,缓刑官在大致的范围内起草量刑建议以获得司法上的认可。罗杰斯

---

① 例如,在俄亥俄州的辛辛那提,一个缓刑部门服务于市政法院和普通法院,但每个法院都需要不同的 PSI。普通法院不允许将缓刑或建议列入报告,但市政法院要求提供。

(Rogers,1990)认为,无论如何,量刑前的调查使得未成年司法因人而异。

在另一项研究中,拉特沙(Latessa,1993)考察了影响缓刑官建议以及司法决定的因素。他发现如果罪犯是累犯,犯了较为严重的罪行,案件中存在受害人,并有未成年犯罪记录,他们有更大的可能被建议关押入狱。对实际量刑决定具有影响的因素包括:量刑建议、吸毒史、精神健康史、罪行的严重程度,以及之前是否在州监狱关押过。拉特沙总结道,在司法判决中纳入考虑的因素主要是基于罪行,先前记录以及其他相关的信息,例如受害者的存在。但对于人口学因素的关注也很重要,诸如种族、性别、年龄,然而它们都没有在量刑建议和法官的量刑判决中被当成影响因素而进行考量。

十　其他缓刑选项

当被判决适用缓刑时,法庭可能会对罪犯施加一些合理的条件,而缓刑官需要在监管过程中通过这些条件来监控罪犯。这些条件不能是反复无常的,但可以既是普遍适用的(对于所有缓刑犯的要求),也是特殊的(对个别缓刑犯的要求)条件。普遍适用的条件包括遵守法律、服从调查、定期向监管工作人员报告、工作和住所的变动向工作人员报告、不得拥有武器、不得与已知的罪犯联系、限制过度饮酒,以及在无授权时不得长期离开该法院的管辖区域。部分缓刑司法机构能够提供的服务如图3-3所示。

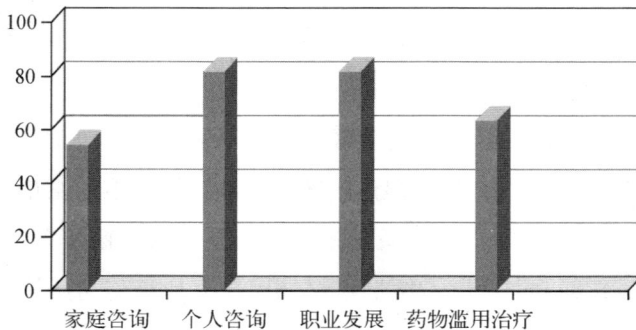

图3-3　缓刑机构提供的具体服务的比例(%)

资料来源:Camp, C., Camp, G.(2003)*The corrections year book adult corrections* 2002. Middletown, CT: The Criminal Justice Institute, p. 215。

特殊的缓刑条件通常根据罪犯的需求和法庭的观念来量体裁衣。如果是为了对罪犯的恢复或者其他类似的目的,法庭可能会强制使用药物或精神治疗;居住在中途之家或者居住监管中心;适用高强度缓刑监管,电子监视,监视居住,社区服务,以及积极参加匿名戒酒互助会;参与毒品滥用矫治方案;采取补救措施或者支付受害人赔偿金;禁止使用精神类药物(如可卡因或者大麻);合理的宵禁;禁止搭便车;禁止进入酒吧和台球场(特别是当缓刑犯是妓女的情形);进行团体心理辅导;职业训练;或者其他法庭判定的要求。这些条件是为了帮助缓刑者成功完成缓刑而具体设计的。联邦法院的标准缓刑条件示例见表3-7。

表3-7 缓刑及监外看管的附加条件,美国联邦地区法院

缓刑及监外看管的条件
美国联邦地区法院

姓名_____案号_____
地址_____
　　基于对你的判决刑罚条款,法官_____决定适用缓刑/监外看管(勾选)。美国_____联邦地区法官。监管期限为_____,从_____开始
　　缓刑/监外看管(勾选)期间内,不得犯联邦,州或地方罪行,也不能非法持有被管制的药品。非法持有管制药品将导致缓刑和监外看管的强制撤销。

勾选适用项:

□　作为监管的条件,你被命令支付罚款的数额为_____;支付方式_____。
□　作为监管的条件,你被命令向_____支付补偿金的数额为_____;支付方式_____。
□　被告不能持有武器或其他的破坏性装置。持有武器将导致缓刑被撤销。
□　被告自从监狱释放后72小时内应当亲自向其被释放地缓刑机构报告。
□　被告自从监狱释放后72小时内应当亲自向释放地缓刑机构报告。

基于法院的命令,你应当遵守以下标准条件:

　　(1)没有法院或缓刑工作人员的许可,不得离开法院的司法管辖区域;
　　(2)向受法院或缓刑机构指定的缓刑官报告,并在每月最初的5日内递交真实且完整的手写报告;
　　(3)诚实地回答缓刑官的提问,并遵守其指令;
　　(4)为需要赡养的家属提供帮助,承担家庭责任;
　　(5)常规性地从事合法的工作,除非因上学、培训或者其他的合理理由而得到缓刑官的许可;

64

（6）若有任何住所或工作变化,须在 72 小时内告知缓刑官;

（7）避免过度饮酒,以及禁止购买、持有、使用、为他人提供或管理任何麻醉物品或其他管制性药品,以及与这些药品相关的用品,除非有医生的处方;

（8）不得经常出现在管制药品非法销售、使用、分发以及管理的区域;

（9）除非得到缓刑官的许可,不得与任何参与犯罪活动的人或被判重罪的人联系;

（10）应当允许缓刑官在任何时间到住所或其他地方查访,并允许缓刑官没收其认定的违禁品;

（11）若被执法部门工作人员询问或逮捕,72 小时内须告知缓刑官;

（12）没有法庭的许可,不得与执法机构达成作为线人或者特殊代理人的协议。

（13）按照缓刑官的要求,告知你周边的人可能因你的犯罪记录、个人历史或者个人特征所面临的风险,也应当允许缓刑官通告上述风险并确认履行通告要求。

以下是法院规定的特殊条件:

我理解,一旦违反缓刑或监外看管规定,法庭将(1)撤回监管或者(2)延长监管时间和/或修改监管条件。

以上条件已向我宣读。我完全理解以上条款,且已收到其复印件。

（签字）＿＿＿＿＿＿＿＿＿＿＿＿＿＿＿＿＿＿＿

被告＿＿＿＿＿＿＿＿＿＿＿　　日期　＿＿＿＿＿＿＿＿＿

美国缓刑官/指定证人＿＿＿＿＿＿＿＿＿＿　　日期＿＿＿＿＿＿＿＿＿

1. 缓刑费用

作为缓刑的一项条件,许多司法区域都将缓刑费作为缓刑监管的一部分。这些费用的收取被用于很多服务,包括量刑前报告的准备、电子监控、(防止酒驾的)点火器锁定装置、监外工作项目、药物咨询和测试,以及日常的缓刑监管(Ring,1988;Lansing,1999)。费用从每月 10 美金到 120 美金不等,估算的平均值约为每月 32 美金。征收的监管费用在过去的若干年内迅速上涨(Baird et al.,1986;Lansing,1999;Camp & Camp,2003)。此外,诸如俄亥俄的一些州,现在要求缓刑官协助从处于缓刑监管中的罪犯家长那里收取孩子的抚养费用。

缓刑费用的抨击者认为,向最不可能有支付能力的人征收费用是不公平的。有些人则认为,收取缓刑费用将致使缓刑的功能从治疗和监管转变为费用征收,从而将使缓刑官变成收账人。

然而,其他人则认为,缓刑费用是缓刑操作的一个合理部分(Wealer et

al.,1989a,1989b)。哈洛和尼尔森(Harlow & Nielson,1982,p. 65)指出,成功的费用项目能够服务于双重目的:"它既是一项重要的财政收入来源,同时也是警示罪犯他们需要为自己的行为付出代价的有效方式。"①

　　缓刑费似乎正迅速成为适用缓刑的一个固定条件。这不仅因为它是增加财政收入,弥补管理、治疗和监管花费的一种方式,还因为它能作为一种处罚措施(或者在他人看来它可以促进罪犯做出更为负责的行为)。

2. 赔偿与社区服务

65

　　近来,法院判处相关案件的两个趋势是赔偿以及社区服务。赔偿中要求,以犯罪行为所造成的损害结果为限,向被害人支付赔偿金(可用货币支付的方式)。如果罪犯不能偿还受害者的一部分损失,可以通过个人服务的方式来偿还。因此,赔偿性质的缓刑可能成为一种弥补性的手段,戈尔韦(Galaway,1983)认为这应该是对财产型罪犯的惩罚选择。赔偿可以减少受害者的损失,最大限度地实现罪犯与社区的和解,以及社区对罪犯的支持。这种形式的惩罚可以通过招募一个社区负责人来监督罪犯社区服务的实施,或许也可以通过征募社区赞助者来监督和鼓励罪犯在社区的遵守行为。在加利福尼亚州就有一个很好的例子,选民投票通过了受害者的权利法案。这个法案的一部分是一个犯罪受害者的赔偿计划,这使法庭能够判决罪犯承担赔偿或社区服务来对受害者和社区进行补偿。

　　社区服务令作为缓刑的内容之一,与缓刑的结合日益密切,特别是当受害者如果没有直接的损失,或者犯罪的性质要求不仅仅是简单的对释放的罪犯进行监督而已。社区服务令包括,要求因酒驾开车而违法的牙医向一些贫困者提供免费的牙科服务,或者要求医生在周六早上向监狱囚犯提供数小时的免费医疗。未成年人可能经常被要求清除垃圾、割草、油刷公共建筑或老年家园,或者带一些老弱病残的人逛市场或拜访亲友。赔偿和社区工作令可以实现多重目标:对犯罪者进行惩罚,并且能让他重新融入社会。施行社区服务令最常见的四个原因如下:

---

① 关于得克萨斯项目的描述,见芬恩和帕伦特(Finn & Parent,1992)。

1. 这是一种惩罚,可以适用于多种罪行。

2. 监禁费用的逐渐增长。

3. 地方、州或联邦监狱已经满员。

4. 社区服务要求犯罪者用时间和精力进行赔偿。

另一个越来越受欢迎的缓刑计划是日间报告,这是一个有点结构化的非居住项目,通常使用监督、自愿者服务、制裁和从中心位置协调等服务来具体执行。通过让罪犯获得治疗服务,日报中心有助于减少监狱和避免监狱过度拥挤,让罪犯对自己的行为负责,并帮助他们解决失业、吸毒和缺乏教育等一系列风险(见 Williams & Turnage,2001)。

3. 其他缓刑选项

66　　　　除前面提到的最常见的程序之外,在我们考虑撤销那些不能或不会遵守法庭施加的缓刑条件的法律程序之前,还有另外六种准予缓刑的不同方式需要讨论:

1. 检察起诉缓刑;

2. 法庭没有审判的缓刑;

3. 震慑性缓刑;

4. 间歇性监禁;

5. 分离缓刑;

6. 修改量刑判决。

尽管缓刑决定通常是在经过罪犯认罪或审判后由法官裁定的,但也有不经过审判的缓刑,故称为"无审判缓刑"。实际操作中有两种不同的方案:一种是由检察官提出的(以一种延期起诉的形式);另一种是在数量有限的司法管辖区中由法官提出的,即州法律允许的分阶段审判量刑过程(先确定有罪,其次是对重罪的审判)。两者都会导致缓刑的判决,但差别很大。

4. 延期起诉缓刑

美国检察官的广泛权力的一部分就是可以延迟起诉被告。在那些起诉人提出延期起诉的方案中,通常会要求被告签署一项协议,承认道德(通常是非法律)责任,同意给受害人赔偿,接受特定的治疗方案(药物滥用、使用美沙酮、愤怒管理等),定期向指定的官方机构(通常是缓刑官员)报告,并在协议期内不得有其他犯罪行为。如果这些条件得到满足,检察官就会撤销起诉(nolle pros)。如果被告人没有积极参与和配合,检察官可以在协议期内的任何时候将案件提交审判。延期起诉虽然不经常发生,但在检察系统中建立起了一个独特的缓刑组织来专门处理这一方面的起诉。

5. 暂缓裁决的缓刑

这个法律程序是某些州(如佛罗里达)法官具有的选择,在这些州,法律允许法官采用两步裁决:首先决定是否有罪,然后宣布被告有罪。由于延期宣布有罪,法官可以暂缓该法律程序,把被告置于缓刑的一个阶段,有时这种缓刑没有监管要求(一种"立即的"或不需报告的缓刑)。因此,法官给予罪犯显示能够且愿意调整和改造自己的机会。这类罪犯知道,他们仍可能回到法庭被有罪裁决和量刑,通常是监禁。

这种选择的好处是与缓刑的一般哲学理念直接吻合,而且可能对亲密关系间的伤害罪特别有用(Canales-Portalatin, 2000)。在这种选择中,不仅社区矫治被强调,与此相关的利益也十分明显(Allen et al. , 1981:pp. 361 - 362):

> [法官]将被告置于缓刑而不要求他像过去被裁定有罪的罪犯那样到当地法律执行部门登记;不需要像未来的雇主报告一个过去的有罪判决;不需剥夺罪犯从事公职、投票或参与陪审团的权利;不阻止罪犯获取那些要求"好信誉特质"的执照;不给罪犯在获取枪支方面造成比其他人更大的困难;简而言之,没有公开的甚至私下的贬损。

6. 震慑性缓刑(shock probation)

1965 年,俄亥俄成为至少 14 个州中的第一个颁布早期释放程序的州,这种早期释放的程序一般称为"震慑性缓刑"。震慑性缓刑结合了缓刑的宽大和短期的监禁。这种创新方案是由当时的俄亥俄州成人假释委员会主任提出的(Allen & Simonsen,2001,p. 226)。这个方案的具体内容如下:

(1)震慑性缓刑允许法院以严厉的态度对待罪犯,但不需要长时间的监禁。

(2)震慑性缓刑允许法院释放那些比在法庭判刑时认识到的更适合社区矫治的罪犯。

(3)震慑性缓刑是允许法院在惩罚与宽大之间达成妥协的一种方式。

(4)震慑性缓刑允许法院为有修复可能性的罪犯提供社区矫治但又同时履行公共政策所要求威慑性判决的责任。

(5)震慑性缓刑是防止被短期监禁的罪犯被"硬摇滚(hard rock)"的囚犯文化所吸收和影响的一种措施。

批评者们认为震慑性缓刑包含了哲学上不可兼容的两者目的:惩罚和宽大。其他批评者(Reid,1976)认为,被告人被震慑性缓刑中的监禁进一步污名化,而其存在可能会促使司法部门比以前更少地依赖缓刑。维托和艾伦(Vito & Allen,1981)提出了最负面的批评,他们认为监禁的消极影响深深地影响了震慑缓刑犯的表现。

维托(Vito,1984,pp. 26-27)根据他在这方面的长期研究得出了一些关于震慑性缓刑的结论:

(1)再监禁率的程度表明该方案有一定的潜力。

(2)如果使用震慑性缓刑,它应被仅限于那些不适宜普通缓刑的罪犯。

(3)为了达到最大的威慑效果,同时降低监禁的成本,监禁期必须较短。

(4)在监狱过分拥挤的时期,震慑性缓刑的使用只能在这样的条件下合理化,即给予那些不宜准予缓刑的罪犯一个成功改造的机会。

虽然震慑性缓刑已经使用了30多年,但在20世纪90年代中期,俄亥俄州还是将其作为一种刑罚判决选择予以取消;然而,它仍然是肯塔基州对于初犯的一种刑罚选择。

7. 结合缓刑和监禁

除震慑性缓刑之外,还有许多其他的缓刑方式可以导致一段时间的监禁(Parisi,1980)。美国司法部统计局(Bureau of Justice Statistics,1997)指出：

> 尽管法院继续将缓刑作为一种不那么严厉且费用较低的替代监禁方式,但大多数法院也可以酌情将缓刑与刑期联系起来——一种越来越多地被选择的刑罚方式。

缓刑和监禁的组合包括以下方式：

（1）分离刑：法院指定在一段监禁期后再随之一段的缓刑期(Parisi,1981 年)。

（2）刑罚判决的变更(modification of sentence)：原判决法院可以在一定的时间内重新考虑罪犯的刑期,并将其改为缓刑。

（3）间歇性的监禁(intermittent incarceration),一个缓刑犯可能在周末或晚上会在监狱里度过(Bureau of Justice Statistics,1997)。

十一　缓刑撤销

法官通常在缓刑期间设置条件,而且在缓刑过程中有绝对的自由裁量权和权力来强加、更改或者驳回这些条件。法官可能设置的条件包括对那些有酒精和其他的毒品问题的缓刑犯进行常规性药品使用和滥用测试、驾驶限制,缓刑犯赔偿受害人[但是如果由于失业缓刑犯不能支付赔偿,那么缓刑可能不会撤销(Bearden v. Georgia, 1983)],[1]以及在没有先前准许的情况下不能离开法院的管辖区域等。尽管许多案例挑战上述法院可能强制的条件,但是案例法明确表明,只要设置的条件是合宪性的、合理的、清晰的,并与明确的矫正目标比如康复或者公共安全等相关,那么该条件就可以被设置。(一旦法院设置了)这些条件就很难被推翻,这使得法院在强制施加条件下拥有了广泛的权力和巨大的自由裁量权。这样的自由裁量权导致了人权诉讼案件的累积(del Carmen,1985)。

---

[1] 10 461 U.S. 660(1983)。

　　一旦罪犯被放置在缓刑中,他们将由缓刑官在逐渐增加的现有的社区机关和服务的基础上,对其进行监管与协助,并为其提供基于罪犯需求的个性化矫治。假设罪犯满足了法院强制执行的条件,在解决潜在的问题上取得了令人满意的进步,并且没有继续参与非法活动,缓刑机关就可以要求法院结束罪犯的监管。当然缓刑也可能在以下情况中终结:履行完最高服刑时间或者罪犯已经获得了"矫治中可以达到的最大利益"。表3-5揭示了成年罪犯在2012年结束缓刑的不同途径。幸运的是,大部分罪犯成功地完成了他们缓刑的服刑。

　　在监管一个缓刑犯中,工作人员应该务实地推行这些适用条件和规则,考虑犯罪人员特殊的个人需求、监管过程中所做决定的合法性、监管官员协助下缓刑犯对(缓刑)预期的清晰度(和缓刑犯的期望值),以及对一个犯罪分子未来行为和调整上实施相应规则的潜在效果(Koontz,1980)。因为许多罪犯有酗酒和其他毒品问题,所以他们必须进行药品滥用的测试。

　　显然,缓刑犯遵守被施加的强制性条件的能力是有差异的,有一些条件的实施可能是不现实的,特别是在高失业率经济时期下那些要求大额受害人赔偿金的条件(Smith et al. ,1989)。一些缓刑犯甚至会毫不在乎甚至充满敌意,不情愿从事或者从心理上无力与他们的缓刑监管人或者法院合作。其他一些缓刑犯违反缓刑条件,尽管这种行为本身不是新的犯罪,但可能是未来非法活动的先兆。在这种情况下,缓刑官必须处理违反缓刑要求的行为。

表3-5　2012年缓刑结束的原因

类型	百分比
期满	68
监禁	15
失踪	3
其他不满因素	9
其他	5

　　数据来源:Maruschak, L. E. , Bonczar, T. (2013). *Probation and Parole in the United States*, 2012. Washington DC: U. S. Bureau of Justice Statistics。

专栏 3 - 3　缓刑的技术性违规

　　缓刑的技术性违规是指违反法庭命令,通常以违反缓刑条件的形式存在。一般来说,这不是一个新的犯罪行为,但可以使缓刑官员将缓刑犯再带到法官面前。一个例子就是,如果缓刑犯没有按照计划与他或她的缓刑官见面,技术性违规行为可能会导致撤销缓刑和实施监禁或其他制裁。

　　负责管理此类案件的缓刑官员可以确定,技术性违反缓刑条件需要进行严厉的警告或法院强制执行条件应该更加收紧(或放宽,情况因人而异)。但这些决定可能会使缓刑犯重新出现在法官面前(接受审判)。理想状态下,法官和缓刑官在这种情况下应共同协调,来保护社区安全或者增加罪犯成功重返社会的可能性。否则,罪犯会经常性地徘徊在缓刑、监管和持续性矫治中。

　　如果警告和设置的缓刑新条件不够有效,如果罪犯重复违反缓刑的条件或者由于新的罪行而被逮捕起诉,那么就可能有必要举办撤销缓刑的意见听证会。如果缓刑犯还没有因声称的新罪行被监禁,那么可能就此发出对他(她)进行逮捕的许可证。同样清楚的是技术性违规违反缓刑条件是缓刑失败的主要因素,而在不同的司法管辖区的(缓刑撤销)比例可能会有很大的差异。

　　缓刑撤销的听证会是一个严肃认真的过程,构成对于罪犯潜在的"严重丧失自由"的后果。关于构成撤销缓刑和再次入狱的人员范围,缓刑官和法官有不同的看法。重刑罚的缓刑官可能认为,技术性违规足以构成缓刑的撤销;法官可能相信,犯有新罪应当是撤销缓刑的唯一原因。

缓刑的撤销和法律问题

　　缓刑是一种优待,而不是一种权利(del Carmen,1985)。这是在 *United States v. Birnbaum*(1970)的判决中所明确确立的。[①] 然而,一旦缓刑被准予,缓刑犯在缓刑中就会享有利益,通常被称为权利。直到 1967 年,美国最高法院在 *Mempa v. Rhay*(1967)中发表关于缓刑犯的律师权利的意见前,在撤销听证会上缓刑的正当程序权利是被普遍忽视的。*Mempa v Rhay* 案规定了因延期量刑法规而缓刑被撤销情况下,缓刑犯有获得律师帮助的权利,但此案的决定却没有规定缓刑撤销需要进行法庭审理。然而这

---

① 421 F. 2d 993,cert. 否认,397 U. S. 1044(1970)。

个问题在 *Gagnon v. Scarpelli* (1973)案中顺利解决了,这是缓刑正当程序中一个里程碑式的案例。

美国最高院裁定,除非完全遵守了正当程序的某些规定,否则缓刑不可以被撤销。如果法院考虑解除罪犯的缓刑(通过一个"撤销缓刑听证会"),那么接下来的权利和诉讼程序必须注意到:(1)以书面形式通知对他或她的指控;(2)在撤销听证会之前有书面通知;(3)(缓刑犯)出席听证会并能够代表自己提出证据;缓刑犯也有权(4)质疑那些对他或她作不利证言的人;(5)与证人对抗和交叉询问;以及(6)如果指控复杂或者案例太复杂以至于一个普通人不能理解这些法律问题,那么法律顾问可以出席。①

缓刑官有责任看到法院施加的缓刑条件得到满足,如果没有,则应将违规行为提请法院注意。因此,缓刑官的功能既是缓刑犯的帮助者又是管理者。对于缓刑工作人员来说,虽然这是法院的一项工作,但是其所承担的法律责任比法院还要重大。但是,缓刑官却不享有法院享有的绝对免责责任。

缓刑官可能会由于采取的行为或疏忽某些保护步骤而承担法律责任。比如,如果缓刑官因未能向第三方透露缓刑犯的背景而造成严重伤害或死亡,缓刑官可能会承担责任。从相关案例判决可见,如果缓刑官能够合理地预见对特定第三方的潜在危险,那么缓刑官应该披露缓刑犯过去的行为。这包括:银行雇佣一名挪用公款的缓刑犯担任银行会计师;学校雇用猥亵孩童者在小学任职等。对于某些责任的保险可以从美国矫正协会获得。②

专栏 3-4 判决刑罚条件的变更

在社区释放期间,缓刑官对量刑法院指定委派的"客户(clients)"进行监督。缓刑官可能会发现某些缓刑犯拒绝遵守法庭强制的规定,或者其个体环境发生了非常显著的变化,以至于可能需要额外的法庭指导。如果缓刑犯难以接受社区监控的合法性,缓刑官可以建议增加新的监视或者矫治方案。这些包括从住宅软禁到电子监控或矫正官的日常监视。缓刑犯还可能被要求居住在受限的环境中,例如中途之家,或者每天到日报中心报告,直到他们的行为或情况发生变化。增加对于法院相关命令遵守的要求通常被称为"加限裁决"。随着罪犯行为的改善,条件可能会放松。

---

① 411 U.S.778,93 S.Ct. 1756(1972)。

② 目前美国矫正协会的邮寄地址是福克斯大道 4380 号,邮政编码 20706-4322(www.cworrections.com/aca)。

作为缓刑犯的咨询员，缓刑官需要鼓励他们的犯人去分享他们的问题 72 及需求。在每月的接触中，缓刑犯常会透露其所牵涉的犯罪活动。在这些非监督的情况下，缓刑官被要求通过米兰达警告（Miranda Warnings）来提醒缓刑犯免于自证其罪，否则所获得的证据则不能用于法庭庭审。① 任何在拘留情况下与缓刑犯的讨论都必须在米兰达警告之前。缓刑过程中的诉讼行为很多，以至于缓刑官必须频繁地充当执法官员而非帮助者的角色。这与矫正人员通常追求的，或约翰·奥古斯塔斯之前所开启的缓刑的原始角色相比完全大相径庭。

十二　小结

本章先追溯了过去两个世纪缓刑的历史、哲学和法律发展。虽然约翰·奥古斯塔斯被称为"缓刑之父"，但我们看到许多其他人在发展和打造缓刑中发挥了重要作用。缓刑继续为大多数成年罪犯提供服务。同时，本章还介绍了审判缓刑的法院选择和程序，以及监督缓刑犯的一些问题。显然，缓刑要求法官衡量对罪犯的"个性化"对待与其所犯罪行相关的"正义"或"公正"的问题。此外，本章还探讨了量刑前调查报告。由于准备 PSI 是缓刑机构的主要责任之一，其重要性在绝大多数被告主动认罪的情况下更为突出，被告与法官的唯一接触机会则是在判刑期间。

最后，缓刑条件的加强和缓刑执行者对罪犯行为的监督是执行缓刑的重要组成部分。因此，撤销缓刑并不是轻易采取的行动，因为这经常导致罪犯被随后监禁。准予缓刑和监督缓刑犯是一个复杂的程序，需要相当的技巧和奉献精神，这些问题也会在假释中提及。

十三　问题回顾

1. 缓刑的哲学先导是如何为其发展做出贡献的？

---

① 米兰达警告：(1)嫌疑人有权保持沉默；(2)他所作的任何陈述可作为反对他的证据；(3)他有权要求律师出席；(4)如果他无法承担聘用律师的费用，在其愿意的基础上可以在(警察)询问他前为其指派一名(法律援助机构的)律师。

2. 为什么未成年罪犯的缓刑比成年罪犯早得多？

3. 缓刑的定义是什么？

4. 缓刑是否应该成为大多数非暴力犯罪者的选择？

5. 缓刑的总体目标是什么？

6. 描述缓刑的好处。

7. 司法如何个性化？

8. 判前调查的功能是什么？

73 9. 受害者影响陈述的潜在价值是什么？

10. 指出并定义可能包含在 PSI 建议中的五个监管条件。

11. 列出所有缓刑犯通常被要求履行缓刑的五个条件。

12. 撤销缓刑和监禁判刑的三个理由是什么？

13. 列出五项可能的量刑建议。

14. 解释为什么农村地区比城市地区的缓刑撤销率可能会更高。

十四　推荐读物

del Carmen，R.（1985）. Legal issues and liabilities in community corrections. In：L. F. Travis（ed.）*Probation，parole and community* *74* *corrections. Prospect Heights*，IL：Waveland，pp. 47 - 70. ［This chapter does an excellent job of summarizing the legal issues surrounding probation，including release，conditions，and supervision. ］

Dressler，D.（1962）. *Practice and theory of probation and parole*. New York：Columbia University Press. ［A cogent and well-documented analysis of the historical development of probation. ］

Evjen，V.（1975）. The Federal Probation System：The struggle to achieve it and its first 25 years. *Federal Probation* 39(2)，3 - 15. ［A very thorough description of the rise of the federal probation system. ］

Gowdy，V.（1993）. *Intermediate sanctions*. Washington，DC：U. S. Department of Justice. ［An excellent overview of the range of and issues surrounding intermediate punishments.]

Jones, M. , Johnson, P. (2012). *History of criminal justice*, 5th edn. Boston, MA: Elsevier (Anderson Publishing). [This book provides a history of criminal justice and probation and examines the philosophy of individualized justice.]

Lindner, C. , Savarese, M. (1984). The evolution of probation: early salaries, qualifications and hiring practices; the evolution of probation: the historical contributions of the volunteer; the evolution of probation: university settlement and the beginning of statutory probation in New York City; and The evolution of probation: university settlement and its pioneering role in probation work. *Federal Probation* 48 (1 - 4). [This four-part series examines the early rise of probation in the United States.]

Rothman, D. (1980). *Conscience and convenience: The asylum and its alternatives in progressive America*. Boston, MA: Little, Brown. [Chapter 3 provides a critical assessment of the early use of probation and development of the presentence investigation.]

十五　参考文献

Allen, H. , Simonsen, C. (1989). *Corrections in America*. New York: Macmillan.

Allen, H. , Simonsen, C. (2001). Corrections in America. Upper Saddle River, NJ: Prentice Hall.

Allen, H. , Friday, P. , Roebuck, J. , Sagarin, E. (1981). *Crime and punishment*. New York: The Free Press.

American Bar Association (1970). *Project standards for criminal justice: Standards relating to probation*. New York: Institute of Judicial Administration.

American Correctional Association (2001). *Probation and parole directory* 2000—2003. Lanham, MD: ACA.

Baird, C. , Holien, D. , Bakke, J. (1986). *Fees for probation services*. Washington, DC: National Institute of Corrections.

Barnes, H. , Teeters, N. (1959). *New horizons in criminology*. Englewood Cliffs,

75

NJ: Prentice-Hall.

Bearden v. Georgia, 461 U. S. 660 (1983).

Beccaria, C. (1764). *Essay on crimes and punishment*s. Indianapolis, IN: Bobbs-Merrill (H. Paulucci, trans. , 1963).

Black's Law Dictionary 5th edn (1994). St. Paul, MN: West.

Burdress, L. (1997) The Federal Probation and Pretrial Services System. *Federal Probation* 61(1), 5 - 111.

Bureau of Justice Statistics (1997). *Correctional populations in the United States*. Washington, DC: U. S. Department of Justice.

Bureau of Justice Statistics (2001). *National correction population reaches new high, grows by* 126 400 *during* 2000 *to total* 6. 5 *million adults*. Washington, DC: U. S. Department of Justice.

Bureau of Justice Statistics (2006). *Probation and parole in the United States*, 2005. Washington, DC: U. S. Department of Justice.

Bush, E. L. (1990). Not ordinarily relevant? Considering the defendant's children at sentencing. *Federal Probation* 5(1), 15 - 22.

Camp, C. , Camp, G. (1997). *The corrections yearbook*. South Salem, NY: The Criminal Justice Institute.

Camp, C. , Camp, G. (2003). *The corrections yearbook adult corrections* 2002. Middletown, CT: The Criminal Justice Institute.

Canales-Portalatin, D. (2000). Intimate partner assailants. *Journal of Interpersonal Violence* 15(8), 843 - 854.

Carter, R. (1966). It is respectfully recommended. *Federal Probation* 30(2), 38 - 40.

Carter, R. (1976). *Prescriptive package on pre-sentence investigations*. Washington, DC: Law Enforcement Assistance Administration: unpublished draft.

Carter, R. , Wilkins, L. (1967). Some factors in sentencing policy. *Journal of Criminal Law, Criminology and Police Science* 58(4), 503 - 514.

Citizens Committee for Children (1982). *Lost opportunities: A study of the promise and practices of the* [*New York City*] *department of probation's family court*. New York: Citizens Committee for Children.

Clear, T. R. , Clear, V. B. , Burrell, W. D. (1989). *Offender assessment and evaluation: The presentence investigation report*. Cincinnati, OH: Anderson.

Cohen, M. (1992). The motives of judges: Empirical evidence from antitrust sentencing. *International Review of Law and Economics* 12, 13 - 30.

Cornelius, W. (1997). *Swift and sure: Bringing certainty and finality to criminal punishments*. Irvington-on-Hudson: Bridge Street Books.

Dawson, J. (1990). *Felons sentenced to probation in state courts*. Washington, DC:

U. S. Department of Justice.

del Carmen, R. V. (1985). *Legal issues and liabilities in community corrections. In: L. F. Travis (ed.) Probation, parole and community corrections.* Prospect Heights, IL: Waveland, pp. 47 – 70.

del Carmen, R. V. , Bonham, G. (2001). Overview of legal liabilities. *Perspectives* 25(1), 28 – 33.

Dierna, J. (1989). Guideline sentencing: Probation officer responsibilities and interagency issues. *Federal Probation* 53(3), 3 – 11.

Dixon, J. (1995). The organizational context of criminal sentencing. *American Journal of Sociology* 100, 1157 – 1198.

Dressler, D. (1962). *Practice and theory of probation and parole.* New York: Columbia University Press.

Dubois, P. (1981). Disclosure of presentence reports in the United States District Courts. *Federal Probation* 45(1), 3 – 9.

DuRose, M. , Levin, D. , Langan, P. (2001). *Felony sentences in state courts,* 1998.

Washington, DC: Bureau of Justice Statistics Evans, S. , Scott, J. (1983). Social scientists as expert witnesses: Their use, misuse and sometimes abuse. *Law and Policy Quarterly* 5, 181 – 214.

Evjen, V. (1975). The Federal Probation System: The struggle to achieve it and its first 25 years. *Federal Probation* 39(2), 3 – 15.

Ex parte, 1916*U. S.* 242 27 – 53.

Finn, P. (1984). Prison crowding: The response of probation and parole. *Crime & Delinquency* 30, 141 – 153.

Finn, P. , Parent, D. (1992). *Making the offender foot the bill: A Texas program.*

Washington, DC: U. S. Department of Justice.

Fruchtman, D. , Sigler, R. (1999). Private pre-sentence investigation: Procedures and issues. *Journal of Offender Rehabilitation* 29(3/4), 157 – 170.

Gagnon v. Scarpelli, 411 U. S. 778 (1973).

Galaway, B. (1983). Probation as a reparative sentence. Federal Probation 46(3), 9 – 18. *General Accounting Office* (1982). Federal parole practices. Washington, DC: GAO.

Gitchoff, T. (1980). *Expert testimony of sentencing. American jurisprudence proof of facts,* vol. 21. Rochester, NH: Lawyers Cooperative Publishers, pp. 1 – 9.

Gitchoff, T. , Rush, G. (1989). The criminological case evaluation of sentencing recommendation: An idea whose time has come. *International Journal of Offender Therapy and Comparative Criminology* 33(1), 77 – 83.

76

Glaser, D. (1985). Who gets probation and parole: Case study versus actuarial decision-making. *Crime & Delinquency* 31, 367 – 378.

Granelli, J. (1983). Presentence reports go private. *National Law Journal* 15, 1 – 23.

Greenwood, P. , Turner, S. (1993). Private presentence reports for serious juvenile offenders: Implementation issues and impacts. *Justice Quarterly* 10, 229 – 243.

Hagan, J. (1975). The social and legal construction of criminal justice: A study of the presentence report. *Social Problems* 22, 620 – 637.

Harlow, N. , Nelson, K. (1982). *Management strategies for probation in an era of limits*. Washington, DC: National Institute of Corrections.

Higgins, J. (1964). Confidentiality of presentence reports. *Albany Law Review* 28, 31 – 47.

Hoelter, H. (1984). Private presentence reports: Boon or boondoggle? Federal Probation 48(3), 66 – 69.

Jaffe, H. (1989). The presentence report, probation officer accountability, and recruitment practices: Some influences of guideline sentencing. *Federal Probation* 53 (3), 12 – 14.

Johnson, F. (1928). *Probation for juveniles and adults*. New York: Century Co.

Johnson, H. , Wolfe, N. , Jones, M. (2008). *History of criminal justice*, 4th edn. Newark, NJ: LexisNexis Matthew Bender.

Kane, R. (1995). A sentencing model for modernizing sentencing practices in Massachusetts' 68 District Courts. *Federal Probation* 59(3), 10 – 15.

Koontz, J. B. (1980). *Pragmatic conditions of probation*. Corrections Today 42, 14 – 44.

Kulis, C. (1983). Profit in the private presentence report. *Federal Probation* 47 (4), 11 – 16.

Lansing, S. (1999). *Parental responsibility and juvenile delinquency*. Albany, NY: New York State Division of Criminal Justice Services.

Latessa, E. (1993). *An analysis of pre-sentencing investigation recommendations and judicial outcome in Cuyahoga County adult probation department*. Cincinnati: Department of Criminal Justice, University of Cincinnati.

Latessa, E. , Travis, F. , Holsinger, A. (1997). *Evaluation of Ohio's community correctional act programs by county size*. Cincinnati: Division of Criminal Justice, University of Cincinnati.

Liebermann, E. , Schaffer, S. , Martin, J. (1971). *The Bronx Sentencing Project: An experiment in the use of short-form presentence report for adult misdemeanants*. New York: Vera Institute of Justice.

Lindner, C. , Savarese, M. (1984). The evolution of probation: Early salaries, qualifications and hiring practices. *Federal Probation* 48(1), 3 - 9.

Macallair, D. (1994). Disposition case advocacy in San Francisco's juvenile justice system: A new approach to deinstitutionalization. *Crime & Delinquency* 40, 84 - 95.

Macallair, D. (1996). Violence in America: How we can save our children. *Stanford Law and Policy Review* 7(1), 31 - 41.

Marshall, F., Vito, G. (1982). Not without the tools: The task of probation in the eighties. *Federal Probation* 46(4), 37 - 40.

Maruschak, L. E., Bonsczar, T. (2013). *Probation and parole in the United States*, 2012. Washington, DC: U. S. Bureau of Justice Statistics.

Marvell, T. (1995). Sentencing guidelines and prison population growth. *The Journal of Criminal Law and Criminology* 85, 696 - 707.

McDonald, D., Carlson, K. (1993). *Sentencing in the federal courts: Does race matter?*

Washington, DC: U. S. Bureau of Justice Statistics.

McGaha, J., Fichter, M., Hirschburg, P. (1987). Felony probation: A re-examination of public risk. *American Journal of Criminal Justice* 12, 1 - 9.

Meeker, B. (1975). The federal probation system: The second 25 years. *Federal Probation* 39(2), 16 - 25.

Mempa v. Rhay, 389 U. S. 128 (1967).

National Advisory Commission on Criminal Justice Standards and Goals (1973) *Corrections*. Washington, DC: U. S. Government Printing Office.

Parisi, N. (1980). Combining incarceration and probation. *Federal Probation* 46 (2), 3 - 10.

Parisi, N. (1981). A taste of the bars. *Journal of Criminal Law and Criminology* 72, 1109 - 1123.

Parker, L. (1997). A contemporary view of alternatives to incarceration in Denmark.

Federal Probation 61(2), 67 - 73.

Petersilia, J. (1985). Probation and felony offenders. *Federal Probation* 49(2): 4 - 9.

Petersilia, J. (1997). Probation in the United States. In: M. Tonry (ed.) *Crime and justice: A review of research*, vol. 22. Chicago, IL: University of Chicago Press, pp. 149 - 200.

Reed, T. (1997). *Apples to apples: Comparing the operational costs of juvenile and adult correctional programs in Texas*. Austin, TX: Texas Criminal Justice Policy Council.

Reid, S. (1976). *Crime and criminology*. Hinsdale, IL: Dryden Press.

Ring, C. (1988). *Probation supervision fees: Shifting costs to the offender*.

78

Boston: Massachusetts Legislative Research Bureau.

Rodgers, T., Gitchoff, T., Paur, I. (1979). The privately commissioned pre-sentence report: A multidisciplinary approach. *Criminal Justice Journal* 2, 271 – 279.

Rogers, J. (1990). The predispositional report: Maintaining the promise of individualized justice. *Federal Probation* 54(1), 43 – 57.

Rosecrance, J. (1985). The probation officers' search for credibility: Ball park recommendations. *Crime & Delinquency* 31: 539 – 554.

Rosecrance, J. (1988). Maintaining the myth of individualized justice: Probation presentence reports. *Justice Quarterly* 5, 235 – 256.

Roy, S. (1994). Victim offender reconciliation program for juveniles in Elkhart County, Indiana: An exploratory study. *Justice Professional* 8(2), 23 – 35.

Shockley, C. (1988). The federal presentence investigation report: Sentence disclosure under the freedom of information act. *Administrative Law Review* 40(1), 79 – 119.

Sieh, E. (1993). From Augustus to the progressives: A study of probation's formative years. *Federal Probation* 57(3), 67 – 72.

Smith, B., Davis, R., Hillenbrand, S. (1989). *Improving enforcement of court-ordered restitution*. Chicago, IL: American Bar Association.

Sourcebook of Criminal Justice Statistics (2001). *Adults on probation, in jail or prison, and on parole*. Albany, NY: State University of New York.

Steffensmeier, D., Demuth, S. (2000). Ethnicity and sentencing outcomes in U. S.

Federal Courts. *American Sociological Review* 65(5), 705 – 729.

The Presentence Report (1970). An empirical study of its use in the federal criminal process. *Georgetown Law Journal* 58, 12 – 27.

The Presentence Investigation Report (1978). *Federal Rules of Criminal Procedure, Rule 32 (Appendix A)*, Publication No. 105. Washington, DC: Administrative Office of the United States Courts.

Umbreit, M. (1994). *Victim meets offender: The impact of restorative justice and mediation*. Monsey, NY: Criminal Justice Press.

United Nations (1976). The legal origins of probation. In: R. N. Carter, L. T. Wilkins (eds) *Probation, parole and community services*. New York: John Wiley and Sons, pp. 81 – 88.

United States v. Birnbaum, 421 F. 2d 997, cert. denied, 397 U. S. 1044 (1970).

van Dijk, J. J. M., van Kaam, R. G. H., Wemmers, J. A. M. (1999). In: van Dijk-Kaam, J., Wemmers, J. (eds) *Caring for crime victims*. Monsey, NY: Criminal Justice Press, pp. 1 – 12.

Vito, G. F. (1978). Shock probation in Ohio: A comparison of attributes and outcomes. Ohio State University: unpublished doctoral dissertation.   79

Vito, G. (1984). Development in shock probation: A review of research findings and policy implications. *Federal Probation* 48(2), 22 – 27.

Vito, G. (1986). Felony probation and recidivism: Replication and response. *Federal Probation* 50(4), 17 – 25.

Vito, G., Allen, H. (1981). Shock probation in Ohio: A comparison of outcomes. *International Journal of Offender Therapy and Comparative Criminology* 25, 70 – 75.

Walsh, A. (1985). The role of the probation officer in the sentencing process. *Criminal Justice and Behavio*r 12, 289 – 303.

Watkins, J. C. (1989). Probation and parole malpractice in a noninstitutional setting: A contemporary analysis. *Federal Probation* 53(3), 29 – 34.

Welch, S., Spohn, C. (1986). Evaluating the impact of prior record on judges' sentencing decisions: A seven-city comparison. *Justice Quarterly* 3, 389 – 407.

Wheeler, G., Macan, T., Hissong, R., Slusher, M. (1989a). The effects of probation service fees on case management strategy and sanctions. *Journal of Criminal Justice* 17, 15 – 24.

Wheeler, G., Rudolph, A., Hissong, R. (1989b). Do probationers' characteristics affect fee assessment, payment and outcome? *Perspectives* 3(3), 12 – 17.

Williams, D. J., Turnage, T. (2001). Success of a day reporting center program. *Corrections Compendium* 26(3), 1 – 2. 26.

Zastrow, W. G. (1971). Disclosure of the presentence investigation report. *Federal Probation* 35(4), 20 – 23.

第四章　美国的假释制度

关键词

美国监狱协会(American prison association)

假释(parole)

条件性释放(conditional release)

假释委员会(parole board)

威慑(deterrence)

假释条件(parole conditions)

酌情释放(discretionary release)

假释指南(parole guidelines)

被拒绝的假释(flopped)

假释的撤回(parole revocation)

表现计分(good-time credits)

流放地(penal colony)

限能(incapacitation)

推定量刑(presumptive sentencing)

非确定刑(indeterminate sentence)

项目积分(program credits)

强制性释放（mandatory release）

量刑的不一致性（sentencing disparity）

评分系统（mark system）

量刑指南（sentencing guidelines）

宽恕/赦免（pardon）

流放（transportation）

一　假释沿革

　　囚犯被释放的方式多年来已经发生了显著的变化（Pew，2014）。有些是由假释委员会释放的（酌情释放，1980 年约占 55％，到 2011 年只占33％）；另外一些则是服满完整刑期，并在没有监督的情况下被释放（强制释放，2012 年占 22％）；还有一些也是强制性释放，但须附加监督。例如，在2012 年，约有 33％的囚犯是在没有监督的情况下被释放的（Carson & Golinelli，2013）。我们也知道假释在各州之间的执行方式是不同的。那么什么是假释，它是如何发展成如今我们所熟悉的这个概念的呢？

　　假释是矫正的选择之一，但它经常引起强烈的争论。有些人认为它应该被完全废除，而另一些人则认为这为男女罪犯们提供了一个机会以表明他们可以重新回到社会，参与社会生产，并过上遵纪守法的生活。无论持何种立场，假释都是美国矫正系统的重要组成部分。此外，由于 2012 年有超过 63.7 万名犯人被释放回社区，其中许多人将受到某种形式的矫正监督，因此，了解假释的渊源以及假释是如何批准的是非常重要的。

　　虽然因犯因酌定裁量假释被释放的比例自 2011 年以来一直在增长，但与不远的过去相比，这个比例仍然很低。在 2012 年被假释的人中，约有41％是由假释委员会决定的。因此，假释依然是一种常用的机制，在服完一部分刑期后，罪犯得以从监禁机构中释放出来。图 4－1 展示了 2012 年各类假释（按被释放类型分类）的比例。目前的假释还包含州监督的形式，若在社区表现良好，会被彻底释放，若不遵守假释规则或是再犯新罪，则撤销假释重新关回监狱。正如我们目前所见的,早期的假释实践操作体现了这些因素的发展。

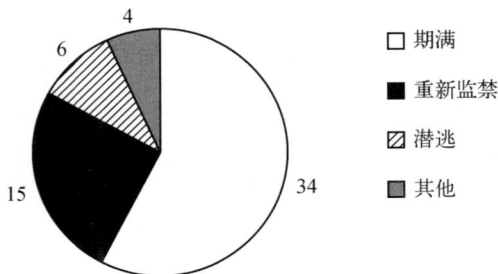

图 4 - 1　不同类型的假释的比例(%),2012

资料来源:Maruschak, L. E. , Bonczar, T. (2013). *Probation and Parole in the United States*, 2012. Washington DC:U. S. Bureau of Justice Statistics。

二　美国假释起源

尽管假释制度起源于其他国家,但广泛地使用假释,恰如监狱制度本身,都主要是美国的一种创新活动。[1] 它诞生于一场哲学革命和由此建立的刑罚改革传统(在 18 世纪末期新成立的美国)。与美国早期出现的其他许多新思想一样,假释的渊源来自英国和欧洲刑罚实践。

早期对于罪犯的刑罚,正如郎本(Langbein, 1976, pp. 35 - 63)所言,往往是"血淋淋的惩罚"。在 19 世纪,死刑和肉刑在欧洲和美国是属于可接受的刑罚形式。一部分原因在于,在大部分农村社会,由于技术和经济条件不够发达,不能处理和控制大量的监禁人员。此外,这些社会往往拥有根源于基督教的《旧约全书》的强烈的肉刑传统。[2]

在 17 世纪末和 18 世纪初,发生了两次大规模的社会变革,改变了西方

82

---

[1] 在美国使用假释系统之前,其他国家发展了多种从监禁中附条件释放的措施。但是,作为假释系统的核心要素,纽约州立法(1869)首次规定由行政委员会作出释放决定和设置条件,对释放进行监管并有权撤销假释。

[2] 保守基督教信仰对罪犯惩罚的影响,具体可见格拉米克与麦吉尔(Gramich & McGill,1994)。福音教和原教旨主义宗教对死刑的影响,见格拉米克等(Gramich et al. ,1993)。证据之间比较,见桑迪斯和麦吉尔(Sandys & McGarrell,1997);约翰逊(Johnson,2000)。

文明的进程,因此,刑法和刑罚思想也受到了影响。首先是启蒙运动,它提升了人们对人是一个理性的,并最终可臻完善的这一理念的认识,同时,它也提升了人们对人人平等理念的信仰。[①] 其次,城市化和最早的工业化运动同时改变了原有的社会交往方式,创造了一个新的社会阶层,即城市工人阶级。

洛克(Locke)、伏尔泰(Voltaire)、贝卡里亚(Beccaria)、孟德斯鸠(Montesqui)等思想家的写作,都创造和反映了一种正经历变革的关于人和社会秩序的概念。这些作者们认为,政府或社会的存在是因为人民允许其存在。换句话说,是"社会契约"管辖着社会。也就是为了保护自己的人身和财产安全,自由平等的人们团结在一起,在政府保护自己免受敌人侵害的前提下,把自己的某些自由交给政府。

罪犯便被认为是这些敌人当中的一种。国家通过行使司法、惩罚罪犯等手段承担控制犯罪的责任。而个人则通过放弃行使犯罪行为或是复仇的"权利"来寻求报复。社会契约是理性、自由个体的产物。因为理性和自由的人有能力掌控自己的命运,所以他们可以为自己的行为负责。

犯罪被认为是"违反契约"的行为,侵犯了订立社会契约的各方,而不仅仅是受害方的权益。这种情况就使得建立一个中央法律体系(如英格兰的普通法)和集中制的控制执行成为可能。最后,理性的个人被推定为事先知道法律及其处罚从而不去违反法律,受到惩罚是为了他们自身的利益考虑。威慑力是刑法及其惩罚的基本原理,它的严厉性是用来增强法律的威慑作用(Beccaria,1764)。事实上,英国在同一时期曾有200多种罪行可适用死刑。在亨利八世统治期间,大约有7.4万名大小盗贼被送上绞刑架。在他的女儿伊丽莎白一世的统治时期,在大量扒窃猖獗的时候竟然一次会绞死300到400人——即便扒窃的确是一种可判处死刑的罪行(Rennie,1978)

由于殖民地时期的美国刑法是从英国的普通法发展而来的,所以它也非常严苛残酷。英国法律体系下的法官和行政长官可以选择适用各种严厉程度低于死刑的刑罚措施,如烙印、致残、上足枷、罚款或这些刑罚的组合。

---

① 对该运动及相关的犯罪研究的优秀读物,参见伦尼(Rennie,1978)。

83　作为反对残酷惩罚的一种反应,"神职人员特权"被发展起来用以减轻对神职人员和富人的惩罚。该制度最初的设计是为了分离教会和国家,但"特权"最终扩展到所有受过教育的英国公民,甚至是那些假装有文化的人(Clear,1978,pp.6 - 7;Briggs et al.,1996)。

　　陪审团和法官不愿意去定罪和判处与大多数罪行严重程度不相符的刑罚,这大大减损了法律的威慑作用。此外,判刑中明显的不平等以及滥用权力的潜在和实际做法,引发了对 18 世纪英国刑法典改革的呼吁,尤其是在减轻刑罚的严厉性方面。人们对刑罚效力和严厉性观念的逐渐转变及伴随而来的对其进行的重新评价,帮助着最初的假释制度朝现今的方向发展(Fogel,1975)。

　　但是一些学者认为,贫穷和缺乏教育,或是遗传和生理上的自卑,是导致犯罪的因素。人们这一观念的转变——也就是至少部分犯罪行为是在罪犯无法控制的力量支配下产生的——降低了罪犯因其犯罪行为原本应当受到惩罚的程度,并为减轻许多刑罚的严厉性预铺了道路。这些关于犯罪和刑罚哲学观念的转变给刑罚判决的决定引入了新的因素。法官们开始减轻对他们"认为值得这么做"的那些"不幸的人"的处罚,用以代替原本对所有犯罪人适用统一严厉程度的制裁。

　　在英国,流放令被认为是一种严厉的刑罚。在 18 世纪,流放是几百年来对贵族或贵族阶层的普遍刑罚,通常适用于初犯的成年犯。法官会下令将成年犯流放到殖民地而不是将其送上绞刑架或是令其戴上颈手枷。罪犯在新的土地上享有自由,有时可以做一段时间的契约劳工(Pisciotta,1982)。如果有契约期的话,会限定其在一段时间内不得返回英国(如 10 年)作为条件(Hawkins,1971)。因此,流放制度避开了当时刑法极度严苛之处,同时又服务了刑罚剥夺自由之目的。当然,罪行严重的罪犯仍然会被判处死刑。

　　流放是英国犯罪问题的部分解决方案,同时也在一段时间内帮助安置和开发新大陆(然而,殖民地却没有类似的出路,除了把罪犯们投入荒野之外,但该做法的结果通常与死刑无异)。但这只是暂时的解决方案。由于美国的独立战争,英国被迫将罪犯流放到其他地区(Campbell,1994),有一段时间罪犯是被送至澳大利亚;直到最后,甚至澳大利亚都拒绝接收英国的罪犯。[①]

犯罪学家普遍认可流放刑罚是假释制度的前身(Hawkins,1971)。他们认为,流放是一个有组织且统一的过程,成千上万的罪犯因此免于死刑或肉刑的惩罚方式,因为这个过程代表了一个罪犯最终能够获得自由的(刑罚)系统。另外,流放并非一定包含一段时间的监禁。

84

专栏 4 - 1　限能

限能是一种基于特定威慑的预防犯罪策略,即通过隔离罪犯而剥夺其再犯的可能性。常见的限能形式包括流放到其他国家或殖民地,将罪犯送至收容所或是精神病院,还有终身监禁。

这个策略的当代版本便是"选择性限能",这个政策为最顽固、贪婪和危险的罪犯保留了监狱床位,对不那么严重的犯罪人则进行社区矫正。

选择性限能目前面临两个主要问题,一是设计出一种能够精确预测哪些罪犯会重新犯罪(再犯),而哪些罪犯不会再施行犯罪行为的分类机制(但在目前情况下还做不到)。第二个问题更加棘手:有一种广为流传但事实上是错误的观点认为,所有罪犯都是危险的,在社区中不能得到有效控制。后者是建立社区矫正机制的主要障碍。

三　早期监狱改革的兴起

1783 年的《巴黎条约》承认自罗马帝国沦陷以来,西方文明社会中建立了第一个民主共和国。美利坚合众国自脱离了英国君主制束缚后,以启蒙运动的教义为基础,成为发展新的刑事司法制度的沃土。

然而英国普通法的影响是如此之大,以其严酷的刑罚为特点,对新成立的共和国仍有强烈的影响。与此同时,也加剧了民众的反英情绪和对放弃英王政权压迫的诉求。美国的改革者们于是摒弃陈旧暴虐的殖民地时期法律,转而发展一种更为人道和合理的监禁制度。[②]

在众多改革组织中起主要推动作用的组织是贵格会(Quakers)(Offutt,1995)。1789 年的《司法法》(*Judiciary Act*)宣布对宾夕法尼亚州

---

① 对将罪犯运输到澳大利亚的精彩描述,参见休斯(Hughes,1987)。运输过程中的羁押通常发生在废船、荒废且不适宜航行的海军舰艇上。参见坎贝尔(Campbell)(1994)。

② 对于监狱政治目的的冲突见解,参见达拉莫(Durham,1990)。一般认为由明确且人道的惩罚作为支撑的公正以及简单的法律,能够彻底根除犯罪。

的大多数犯罪行为适用监禁刑。在一个刚刚获得独立的国家,除剥夺自由之外,还能找到更合适的刑罚手段吗? 那时期的帕特里克・亨利(Patrick Henry)说了那句直到现在仍很著名的话——"给我自由还是让我死"。而他所不知道的是,他已经给出了一个对罪犯施加刑罚的完美界定。监禁替代了死刑,但却剥夺了囚犯的自由。令这些第一批改革者感到沮丧的是,他们的努力并没有达到他们预想的减少犯罪的目的。相反,最初的刑事监禁所是一个彻头彻尾的失败产物(Rothman,1971,p. 62):

> 18 世纪 90 年代的信念现在似乎被错位了:更合理的法规并未达到减少犯罪的效果。越轨行为的根源要比刑罚的确定性更深。这些监禁机构也没有履行保护社会的最基本任务,因为逃避和骚乱是司空见惯的事情。

对犯罪起因的探索仍在继续。改革者仍然坚信罪犯是理性的人,能够努力完善自我,但是他们能否令人相信以某种方式服从法律还不得而知。在一个社会急剧从农业向工业社会转变的时代,环境被认为是产生犯罪的因素:城市、贫困和懒惰被认为是犯罪的温床。

随之提出的解决方案是使犯罪人离开恶劣的环境,教导其勤勉和遵守道德的裨益。同时应向罪犯展示他们做错的地方。刑法被要求不仅仅是做到惩戒和威慑,还应该把囚犯改造成一个有生产能力的公民。刑罚是为了让囚犯悔改,接受相关教育,并被改造成一个好公民,因此犯人需要一个可以悔过的地方。监狱也由此被发展起来满足这个需要。

监狱原有的存在基础是对罪犯进行改造,理想的改造应是重视纪律和规范。总之,在一个崭新建立的自由社会中,监禁本身就是惩罚,而监禁的目标是改造囚犯。罪犯被要求遵守严格的行为准则,并努力完成分配的工作任务(Johnson,1994)。在这样的环境下,相信罪犯会学习到纪律和勤勉的好处。

监狱的缔造者们牢记着,监狱是达到目的的手段;但他们的继任者却不这么认为(Rothman,1971)。囚犯的教育改造仅与监禁联系在一起,并且监管最后会成为监禁的最终目的(Rothman,1971)。此外,囚犯对监狱的安全构成重大威胁。监狱管理官员为了维持其在监狱内的控制权而采取了残酷的肉刑——这本是监狱发展后应该被取而代之的刑罚。

第二代监狱管理员们也探索另一种让囚犯远离麻烦的办法。美国的工业在 19 世纪中期是劳动密集型的,监狱人口是廉价劳动力的理想来源。期望通过犯人劳工来获得监狱运营所需的资金,监狱行政官员因此愿意接受使用全部监狱服刑人员进行劳动的提议。这种情况导致了监狱劳动力的薪资严重低于普通水平,引起了失业自由公民的强烈不满。与此同时,劳务承包商作为机构管理的主要力量便随之出现。[1] 马萨诸塞州普通法院劳动合同特别委员会的报告(The Report of the Massachusetts General Court Joint Special Committee on Contract Convict Labor)(1880,p. 16)详细阐述了这个问题:

在本州监狱中,已经订立了劳动合同但没有任何条款(给予)州的 *86* 权力去废除(它们)……这样的契约行为是不对的,而且当它们被执行到最大化成为大型合同时,可能自然而然地产生和其他州也存在的相似情况。这种情况导致了一种大众的流行说法,也就是州监狱实际上由合同承包人而不是州政府来控制。

四　其他国家的早期假释实践

第一个执行有条件释放制度的是 1834 年西班牙的一名监狱长。表现良好以及明确表示想要表现更好的囚犯可以获得最高三分之一的减刑(Carter,1975)。巴伐利亚在 19 世纪 30 年代也制定了类似的制度,而法国的监狱改革者在 19 世纪 40 年代提倡使用相类似的有条件释放制度。实际上,"假释"一词来源于法语"假释荣誉(parole d'honneur)",或称为"荣誉(word of honor)",用来形容法国建立假释制度的努力。在狱中表现良好、勤快劳动,并且遵守法律的囚犯将会被释放。[2]

---

[1] 关于同时期监狱私有化运动的评论,参见斯克(Shichor,1993)。瓦达利斯和德克尔(Vardalis & Decker,2000)。

[2] 参见查耶特(Chayet,1994)。

尽管这些努力早于亚历山大·麦克诺其(Alexander Maconochie)的行为,但麦克诺其通常被称誉为假释之父。1840年,麦克诺其上校负责诺福克岛—新南威尔士(New South Wales)的英国刑罚殖民地,此岛距离澳大利亚海岸大约1 000英里。发放到这个殖民地的都是累犯。他们从英国被运到澳大利亚,再从澳大利亚被运到诺福克(Allen & Simonsen,2001)。据说在诺福克岛的情况非常糟糕——以至于获得死缓而被送上岛的罪犯会哭泣,而那些被执行死刑的罪犯则感恩上帝(Barry,1957,p.5)。在诺福克岛的情况是如此难以忍受,使得自杀成为逃避的手段和集体的选择。休斯(Hughes,1987,p.468)用生动的语言描述:

> 一群囚犯会通过抽签来选择两个人:一个人需要去死,而另一个人负责杀他/她。其他人将作为证人。在诺福克岛,不会有法官判处死罪,杀人者和目击者将不得不被送往悉尼进行审判——这对于当权者不便,但对于那些囚犯是有利的,他们渴望通过少得可怜的拯救机会摆脱"地狱之海",即便只是通往陆地的绞刑架。而在悉尼则会有一点点逃脱的机会。受害者不能选择自己;集体中的每一个人都必须平等地准备好死去,所有幸存者都平等地分享他/她的死亡所带来的益处。

麦克诺其正是在这种条件下设计了一个批准有条件释放的巧妙方法。他的计划基于下面五项基本原则(Barnes & Teeters,1959,p.419):

87　(1)释放不应以完成一段时间的刑期为基础,而应以确定的和指定的劳动量完成为基础。简而言之,应该废除时间衡量,替换以劳动任务。

(2)囚犯的劳动量应当通过他必须完成的任务量来度量,即通过改善行为、养成节俭的生活和勤劳的习惯,才能被释放。

(3)他(囚犯)在监狱里应当接受所获得的一切。所有的好的坏的都应当算入他的表现评分中去。

(4)如果符合纪律要求的资格,他应该和其他一些囚犯一起工作,建立一个六七个人的小组,小组整体应该对每个成员的劳动行为负责。

(5)在最后阶段,一个囚犯虽然有义务通过劳动赢得他每天的评分,但他也应给予对自己劳动所享有专有利益的权利,受到较宽松的纪律约束以准备回归社会。

根据麦克诺其的计划（被称为计分制），囚犯获得分数，并通过不同监管阶段，直到最终获得释放。这个制度采取的是非确定刑，释放的基础是囚犯的良好行为、劳动和学习所获得的分数。根据积分分五个阶段，每个前行的阶段承担更多的责任且获得更多的自由，这些积分成为离开诺福克岛的门票或有条件假释的凭据，直到最终完全恢复自由。

麦克诺其被描述为一个（改革）的狂热者（Hughes，1987）；然而，他的改革让诺福克岛的生活变得可以承受，可以说，这种改革与他到达之前存在的那些可怕的条件相比是具有变革性的。尽管麦克诺其的改革将诺福克岛从绝望转化为希望，但这种改革是短暂的。低微的官职和普遍对麦克诺其的想法的不信任导致他在 1843 年以指挥官的身份被英国召回。

19 世纪 50 年代，爱尔兰监狱系统主管沃尔特·克罗夫顿（Walter Crofton）先生在麦克诺其的基础之上发展了监狱系统。他认为监狱与全面释放之间的过渡阶段是必要的，并根据囚犯需要经过的三个阶段的矫治进程制定了一个分类方案。第一个是隔离关押，提供囚犯工作和训练。随后是从禁闭到自由的过渡时期，在这期间，囚犯开始从事公共项目的工作，而对他/她的控制却逐步减少。如果他在这个阶段成功地执行了项目，那么他就可以获得（释放）"许可证"（Clare & Kramer，1976；Maguire et al.，1996）。

许可证的发放受到某些条件的限制，违反这些条件将导致重新关押。在获得许可证时，囚犯被要求提交月度报告，并被警告不要懒惰，不要与其他罪犯交往。因此，获得许可证的囚犯必须随时提交汇报，但可能因违反释放条件而被重新关押，不能获得赦免。与早期释放制度相比这些是近代假释的大进步。

五　美国早期假释实践

19 世纪初，在美国被判入狱的囚犯服确定刑刑期；判处五年徒刑意味 *88*
着他将服刑五年。这种严格的量刑结构导致监狱的拥挤和监狱内广泛的问题。为了控制监狱人口的规模,一个州长给予大量囚犯赦免就变为一种常态。在一些州,这个赦免权力甚至被下放到监狱长(Sherrill,1977)。

纽约州立法机关于1817年首先正式确定了这种奖励良好行为的减刑措施。在那一年,第一个"监狱表现计分减刑"(good-time)法通过。这项法律允许那些服刑五年或五年以上的在监狱中表现良好且勤劳的囚犯可以缩短25%的刑期。到1869年,有23个州颁布了监狱表现计分减刑法,监狱管理人员支持这个概念并将其作为一种维持秩序和控制囚犯总体规模的方法(Sherrill,1977)。

在那些没有计分减刑法的州,自由地使用赦免权力的行为仍在继续着。但即使在那些已经允许减刑行为的州,大规模的赦免也并不少见。以上这些发展都是很重要的,因为它们是政府执法部门(假释委员会最终所在的分支机构)第一次大规模地行使量刑权力。

美国假释的另一个哲学基础是纽约避难所建立的契约制度。尽管不是所谓的假释,从目的和意图上来讲,假释制度已经在纽约的避难所为解决未成年人犯罪而开始运作了。它已经创立了一套契约制度,即未成年人作为普通公民的契约服务者而从监禁的状态下释放出来。但不幸的是,这个制度会产生腐败。[①]

为了打击滥用这个制度的行为,纽约避难所建立了一个监管契约的制度。避难所成立了一个委员会,挑选青年参加契约,确定他们为契约服务的条件,并为避难所的监管人和受契约约束的青年制定了规则。

专栏4-2　赦免

赦免是行政赦免的行为,可以部分或全部免除犯罪和定罪后应当承担的法律后果。最有名的例子可能就是杰拉尔德·福特(Gerald Ford)总统赦免理查德·尼克松(Richard Nixon)总统在"水门事件"中所承担的角色而带来的责任。

行政赦免包括地方长官释放监禁的囚犯,以及赦免通缉犯和前囚犯的行为。坎普和坎普(Camp & Camp,2000)指出,722名囚犯获得了赦免和其他宽宥的方式。

资料来源:Camp & Camp(2000)。

[①] 缺乏对雇主的谨慎调查而让未成年人成为契约佣工的情况已司空见惯。因此,未成年人有时会与罪犯成立契约合同,而他们契约的条件实际上是不受控制的。

> **专栏 4 - 3　假释委员会**
>
> 　　假释委员会是指任何具有法律权力对成年人(或未成年人)进行假释,设定行为条件,撤销假释和解除假释的矫正人员、权力机构、委员会或董事会。
> 　　假释委员会通常也可以建议缩短因犯的刑期,向州长推荐赦免,制定假释政策,并在某些司法管辖区建议缓刑。假释政策的一个例子是对于那些尿液样本显示最近使用非法药物的假释犯的"零容忍"政策,通常必然导致他们回归到监禁状态。

　　避难所没有正式的释放未成年人羁押机制,但未成年人罪犯能够想办法通过契约合同获得自由。未成年人罪犯合同的上家可以随时打破合同,让他们再重新回到避难所。所以从实质上来讲,假释制度在那个时候已经开始运行了。

　　除了了履行完全部刑期从监狱中释放的形式,监管被释放的罪犯这个概念也已经在实践中被实施着。然而,美国对释放囚犯的监督早于其建立假释制度,那个时候,监管只需要提供协助而不是控制犯罪。①

　　1845 年,马萨诸塞州立法机关任命了一名州政府的代理人来管理释放的罪犯,并拨款给他用于协助有前科的人获得工作、劳动工具、衣服和交通工具。其他的州遵循这个模式并委任他们自己的代理人。不过,早在 1776 年,慈善组织如费城减轻囚犯苦难协会(The Philadelphia Association for the Alleviation of Prisoners' Misery)等就已经向释放的囚犯提供援助(Sellin,1970)。到 19 世纪 60 年代后期,人民对监狱的不满情绪大为增加,并开始了致力于建立协调一致的正式释放和监督制度。1867 年,监狱改革者伊诺克·瓦恩斯(Enoch Wines)和路易斯·德怀特(Louis Dwight)指出:"在美国,没有一个这样的州监狱,在这个监狱里,罪犯的改造是一个最高的目标,所有其他事物都要为此妥协。"(Rothman,1971,pp. 240 - 243)

　　1870 年,美国监狱协会的第一次会议在俄亥俄州辛辛那提举行。② 改革是当天的战斗口号,福音派(Evangelical)的热情几乎贯穿整个会议(Fogel,1975)。沃尔特·克罗夫顿(Walter Crafton)爵士和美国监狱长桑

---

① 第一个由立法授权的"假释官"职位是 1937 年在马萨诸塞州。假释官被要求帮助被释放的罪犯获得居所、工具以及工作。立法未提及任何监督职责。
② 关于美国矫正协会的历史,参见拉维索罗和霍克斯(Travisono & Hawkes,1995)。

伯恩(F. B. Sanborn)在会议上提倡爱尔兰监狱体系(Lindsey,1925)。

专栏 4-4 非确定刑

最初,非确定刑没有最低限度的监禁期限。后来,立法机构改变了这种做法,要求最短的监禁期限。

非确定刑期限通常需要最小和最大期限(1—3,2—10,10—25 年等)。在量刑法官判决的刑期段,犯罪者一般会在某个时间点被释放。

法律规定和实践允许某些表现良好的罪犯可以减少最低和最高刑期。其中包括在监狱等待审判或判刑的时间,在监狱中表现良好的奖励,以及经常为完成机构课程而颁发的课程学分(达到相当于高中文凭,积极参与匿名戒酒者互助协会,基本焊接课程等)。

在会议取得圆满成功的同时,监狱改革者的注意力从监禁作为犯罪的结果,转而集中于犯罪人对于社会的回报。当然,监狱仍然是中心,但被几乎视为一个不可或缺的讨厌物(evil),而不是目的本身。各地的监狱改革者开始倡导通过和扩大"计分减刑"法,协助释放的囚犯,采用离监证制度和假释制度。1869 年,纽约州立法机关通过了一项建立在埃尔迈拉感化院(Elmira Reformatory)的假释法案,并且规定非确定刑"不超过五年,直到改造完毕"。

这项法律将感化院作为一个独立的未成年人机构,明确将其定位为定罪和恢复守法生活之间的中间环节。感化院的管理人员被授予根据表现释放囚犯的权力。当然这种释放是有条件的,并且将由一名州官方代理人监管未成年人释放后的生活(Lindsey,1925)。

随着这一法律的通过,美国的假释成为现实。它很快蔓延到其他的管辖区,到 1944 年,全国的每一个司法管辖区都有假释权力机构(Hawkins,1971)。表 4-1 说明美国的假释在 1900 年之前迅速增长。在 1884 年至 1900 年之间,20 个州通过了假释。然而,假释的迅速发展却伴随着困难和批评。

六 假释扩展

比起非确定刑,多个州的司法机构更加迅速地采用了假释制度。到 1900 年,约有 20 个州使用了假释。到 1944 年,每个司法管辖区都有假释制度(见表4-2)。假释的发展被定性为一个模仿的过程(Lindsey,1925),但结构和实际操作却有很大的变化。①

表4-1 到1900年美国各州假释法律的情况

州	年份
亚拉巴马	1897
加利福尼亚	1893
科罗拉多	1899
康涅狄格	1897
爱达荷州	1897
伊利诺伊	1891
印第安纳	1897
堪萨斯	1895
马萨诸塞	1884
密歇根	1895
明尼苏达	1889
内布拉斯加	1893
新泽西	1895
纽约	1889
北达科他	1891
俄亥俄	1896
宾夕法尼亚	1887
犹他	1898
弗吉尼亚	1898
威斯康星	1889

资料来源:改编自 Lindsey，E.（1925）. Historical origins of the sanction of imprisonment for serious crime. *Journal of Criminal Law and Criminology* 16，pp. 9 - 126。

---

① 参见林德塞(Lindsey,1925)。林德塞写道:"由于假释系统在不同州之间的传播,在不同的时期存在着很多值得注意的革新和区别。行政管理的方式也广泛地存在区别。"关于假释实践的更多信息,参见郎达等(Runa et al.，1994)。

现代假释的发展和扩大受到多种因素的影响。其中最重要的因素是监狱改革者在全国刑罚和感化纪律大会上给予假释这个概念大量的支持和宣传。它被纳入国会的准则宣言(Congress's Declaration of Principles),再加上对亚历山大·麦克诺其在新南威尔士州所做工作的宣传,这些都为矫正专家的支持提供了必要的推动力。

此外,改革者们很快就认识到,酌情释放制度解决了监狱管理的许多问题。支持假释的一个主要因素是支持监狱纪律。一些学者指出,将释放的主动权发放到犯人自己手中,囚犯将有动力改造和遵守监狱的规章制度。[①]另外,由于监狱一般曾过度拥挤,假释等于提供了一个安全阀用以减少监狱人口(Wilcox,1929)。

第三个促成因素是在一些州行使赦免权是相当宽松的。自由赦免政策开启了假释制度,即使它其实并没有获得法律授权。

表 4-2 美国假释制度的重要发展

年份	发展
1776	殖民地拒绝接受英国普通法令,并且开始起草他们自己的法令。
1840	在澳大利亚刑罚殖民地,麦克诺其设计了用于释放囚犯的计分系统,这是假释制度的先驱。
1854	克罗夫顿(Crofton)在爱尔兰设立了离监证制度。
1869	纽约州立法机关通过授权立法并确立了非确定刑。
1870	美国监狱协会认可假释的扩大使用。
1876	在纽约埃尔迈拉感化院通过假释方案。
1931	维克沙姆委员会(Wickersham Commission)批评早期假释实践中的松懈性。
1944	最后一个州通过关于假释的立法。
1976	缅因州取消假释。

① 也许在这些人中间,瓦恩斯和德怀特才是领头人,他们在1867年发表了一份题为《美国和加拿大的监狱与管教所》的报告给纽约监狱协会。其他州委员会也响应了这个美国需要一个假释系统的提议。参见马萨诸塞州常设法院特别联合委员会关于协议判决劳力的报告(Report of the Massachusetts General Court Joint Committee on Contract Convict Labor,1880)。以及罗伯特等(Roberts et al.,2000)。

续表

年份	发展
1979	科罗拉多州取消假释释放制度。
1984	联邦系统取消假释。
1985	科罗拉多州恢复假释释放制度。
1996	俄亥俄州成为第 11 个废除假释的州。
2011	堪萨斯州废除假释委员会,并建立了一个三人囚犯审查委员会。
2012	从监狱中释放了 637 411 名犯人,低于 2008 年的 734 144 人。

资料来源:由作者搜集汇编。

　　这些早期的假释制度是由州议员控制的,一般来说,他们可以严格规定哪些囚犯可以被假释。大多数假释都给予第一次犯罪并犯轻罪的囚犯。随着时间的推移和人民逐渐接受酌情提前释放的想法,这项特权最终扩大到罪行严重的囚犯身上。

　　由于早期假释制度主要由对监狱管理有直接利害关系的人员来经手,所以假释释放的决定和担任假释官的人员都是在体制内运行的。在假释开始时,假释资格受到严格限制,逐渐地,范围扩大到包括重刑犯。被释放犯人的监管往往是名义上的,腐败和管理不善的萌芽逐渐开始显现。

七　早期的公民态度

　　1925 年至 1935 年之间的十年是一个动荡的时期,包括经济繁荣(和禁酒时代)与经济大萧条。犯罪显得猖獗一时,特别是在大众传媒中引起了轰动。随着犯罪率的上升,公众越来越认为犯罪是"第一公敌"。[1] 这个时期也出现了联邦政府企图遏制州际犯罪所做的努力,特别是针对绑架、盗窃、银行抢劫,同时一系列新颁布的立法大大扩大了政府试图预防和起诉犯罪的司法网。反映公众对犯罪关注的两个重要事件是,在恶魔岛(Alcatraz)上建立了最高安全的联邦监狱和由联邦调查局局长埃德加·胡佛(Edgar

---

[1] 对于当代矫正和民众惧怕值得注意的类似观点,参见墨菲和蒂森(Murphy & Dison,1990)。以及奇力克斯等(Chiricos et al.,2000)。

93　Hoover)所领导的反对州际犯罪运动。[①]　胡佛的声明是政治性的,因为他强烈主张新古典主义对犯罪的应对:长期监禁、废除假释、加强监禁、使用死刑,等等。[②]

他对假释和监管功能都进行了尖锐而全面的批判。这些批评的主要关注焦点是假释未能保护公共安全。刑事机构、缓刑和假释咨询委员会在1931年向维克斯汉姆委员会提交的报告总结了假释问题,指出假释在三个主要方面是有缺陷的:(1)假释与之前的监禁矫治之间存在鸿沟。(2)选择人选准予假释的方式。(3)假释犯监管质量。

简而言之,假释被认为没有兑现其承诺的崇高的目标。主要观点是,被定罪的罪犯在社会上放任自我,监管不力,没有得到改造,但假释的概念和改革的总体思想尚未受到打击,被批判的应该是手段而不是目的。

20世纪30年代的十年间,出版了两个关于假释的文件:1931年的威克斯汉姆委员会报告(前文所提到),以及1939年的司法部长假释释放程序调查(Hawkins,1971)。与50多年前瓦恩斯和德怀特报告以及国际监狱大会的报告一样,1931年和1939年的文件指出,美国矫正的运作存在缺陷,并主张改进监狱和假释服务。[③]

同时,矫正医学模式正在升温。这种罪因性(criminogenic)改造模式建立在这样一种信念上,即人一般是品行端正的,犯罪是对人的基本行为倾向的偏离。早期的观点认为人类本质上是兽性的,我们抑制了它们的原始驱动是因为理智告诉我们这样做是安全的。而与这个观点不同的是人类本质是善良的想法。这其实导致了一个无可避免的结论:人们认为的所谓坏人一定是有根本性的问题才导致犯罪。因此,纠正工作应该是诊断问题,准备和实施具体矫治方案,并进而使罪犯改邪归正。罪犯犯下罪行是因为社会、个人或心理力量和因素压倒了他们。因此,新习惯的发展、震撼性制裁的威

[①]　媒体对公民观念和对犯罪的恐惧的影响,参见巴洛等(Barlow et al.,1995);班尼特和弗拉万(Bennett & Flavin,1994);赖特等(Wright et al.,1995);奇里克斯等(Chiricos et al.,1997)。

[②]　参见达洛奇(DeLoach,1995)。

[③]　这些报告的作者还有其他人参加。改革家想要全职的,有经费支持,达到特定资质且远离政治赞助的假释机构。参见科尔文(Colvin,1992)。

胁,以及宗教方面的指导只能解决更深层混乱症状的表象,犯罪的真正原因 *94*
是其人格特征。如果监狱是医院的话,假释委员会就应该释放那些已矫治
好的病人;也就是说,当他们能够处理日常生活的各个阶段的时候就应该释
放他们。这一发展显然对假释有重大影响。

在 1876 年通过埃尔迈拉假释和 1944 年颁布的密西西比假释立法之
间,假释的概念面临两个关键的挑战。第一个涉及对刑罚判决和非确定刑
行政控制的合法性问题。第二个集中于假释制度的管理。到了 20 世纪第
一季度末,一种新的行为技术有了它自己的发展,并逐渐成为矫正和量刑的
主要目标。康复的理想化赋予了假释新的合法性,批准了其自由裁量权。

专栏 4 - 5 假释

假释是根据犯人狱中的良好行为将其释放到社区监管并服完剩余刑期的一种矫
正机制。这也被称为后监禁监管,或是未成年人后监禁帮教。

八 假释面临的法律挑战

对假释提出的基本法律挑战是,假释委员会控制刑期和刑事惩罚的长
度是违反宪法规定的。具体的争论点在各个案件诉讼中各有不同,但基本
上有两种。一是,在美国数个州内,违反联邦和州宪法分权原则条款的问题
被提了出来(Lindsey,1925)。[①]

在这些诉讼中,人们声称假释释放制度使司法量刑权受到损害,是一种
不恰当的代替立法权设置惩罚的方式,并篡夺政府行政部门宽大从轻的权
力(Hawkins,1971)。大多数情况下,假释当局都能从这些法庭辩论中胜
出,而假释的违宪问题却已然被搁置。

第八修正案的禁止残暴和不寻常的惩罚是对于假释合法性质疑的另一
个理由。虽然这个问题很重要,但大部分的刑事处罚都受到立法规定的最
高刑期的限制。对这些观点的最普遍的司法回应是,非确定刑可以被解释

---

① 费尔德(Field,1931)。因被羁押者的情绪否定假释,参见韦斯特-史密斯等(West-Smith et al.,
2000)。

为不会突破立法机构或法官规定的最高刑期的刑罚判决,从而使得由于不确定性产生的刑罚的残酷性的争论毫无意义(Hawkins,1971)。

专栏 4-6　第八修正案

不需要过度的保释,也不要处以过高的罚款,也不能对被处罚的人进行残酷的、不寻常的惩罚。

九　假释的行政挑战

95　　　我们已经看到,在 19 世纪末和 20 世纪初,假释的实施被批判为未能保护公众的政策。基本的论据是,假释当局没有遵循导致只释放应该释放的囚犯的程序,并且缺乏随后的假释监管使社区处于危险之中。这样的抱怨声反映在维克斯汉姆委员会和司法局长调查中。但这并不是仅有的批判声。

有充分证据支持的一个突出的论点是,假释已经成为减少囚犯人数的常见手段。在美国的几个州,大多数囚犯在最低刑期服刑后立即获释。只有那些在监狱内行为记录表现得不符合规定的犯人,时间才会被延长。这个问题被定义为不充分或不适当的假释决策。

出于以下一些原因,一揽子假释释放政策被认为是不合适的。首先,由于假释委员会没有考虑到风险和假释监管不足,这种大规模释放行为被认为是危害公共安全的行为。其次,由于大多数假释委员会都是由监狱官员控制的,所以大多数考量都来自囚犯监狱中的行为以及监狱管理的需要。最后,由于委员会未能考虑囚犯或监狱的改造工作(作为假释主要衡量标准),阻碍了监狱改造罪犯的成功。

当然提出的解决办法有很多种:比如涉及加强假释监管机构建设,并加强对假释人员的后期监督。有理由相信,这些行动能够提高公众保护意识。此外,还有人呼吁建立专业的假释委员会,由经过培训的、领受薪水的全职决策者组成,他们将不用遭受日常的监狱管理压力和应对各种需求,并且有能力识别已被改造好的犯人。

这些提议几乎与行为科学扩展到公共政策领域同时出现。除传统的理论基础之外,心理学和社会学也开始发展实用的组成部分。临床心理学家、社会工作者和犯罪学家等新职业也正在发展当中。预测、改变和控制不受欢迎人群行为能力的产生也变得很有希望。[①] 社区矫正和假释似乎是这些职业能够产生最积极影响的理想场所。康复模式的曙光就在眼前,我们将会看到,这种模式在美国假释制度的实践和组织上带来了巨大的变化。

十　准予假释

如前所述,假释最初是作为在理想时间里释放被改造好的囚犯而实施的一种办法。尽管假释有限制暴力且危险的犯人的自由使其无法犯罪的功能(他们再犯的可能性往往高到无法接受),但假释的主要焦点在于改善罪犯的品行,并最终让其重新融入社会。假释同时也是一个减压期,帮助罪犯在监狱与外界世界之间做调整。因此,假释是重返社会进程的一个组成部分。图 4-2 表明了从 1985 年开始,假释中罪犯的数量急骤增长:从开始的30 万人到 2012 年的 80 余万人。这个显著的增长是由 20 世纪 80 年代和90 年代发生的监禁狂潮所造成的。尽管假释人数众多,但自 2000 年以来,每 10 万人的假释比率仍然相对稳定(见图 4-3)。

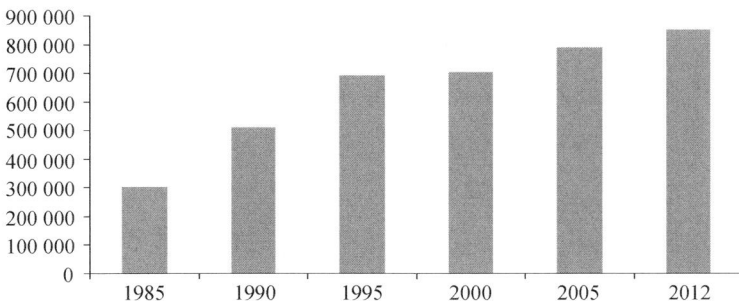

图 4-2　1985—2012 年假释的人数

资料来源：Maruschak，L. M.，Bonczar，T. P.（2013）. *Probation and parole in the United States*，2012. Washington，DC：U. S. Dept. of Justice，Offices of Justice Programs，Bureau of Justice Statistics。

[①] 预测释放后的行为十分困难。参见戈特弗雷德森和戈特弗德雷森(Gottfredson & Gottfredson，1994)，以及海布伦等(Heibrun et al.，2000)。

	2000年	2005年	2010年	2012年
比率	344	351	355	353

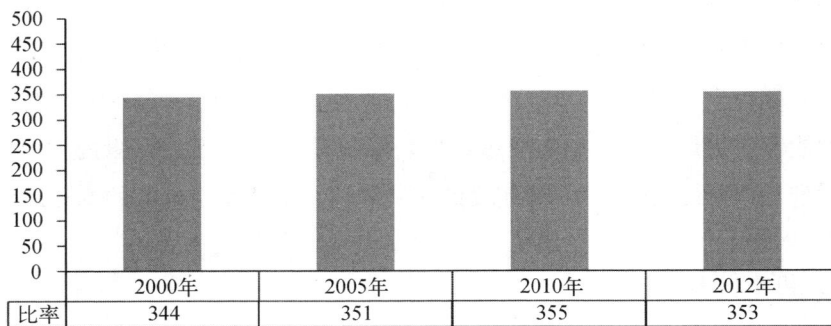

图 4-3　2000 年到 2012 年假释中每 10 万人的假释比率

资料来源：Maruschak，L. M.，Bonczar，T. P.（2013）. *Probation and parole in the United States*，2012. Washington，DC：U. S. Dept. of Justice，Offices of Justice Programs，Bureau of Justice Statistics。

十一　判处假释的一般过程

97　　当法官判处一个人确定刑或者非确定刑时，假释程序就从法庭部分开始。非确定刑包括设定最短和最长刑期来确定一个服刑期限。在临近服刑完毕时减除因良好的行为和履行职责所获得的减刑后，囚犯应该在刑期的某个时间点获得假释资格。在州与州之间，必须被关押的长短与（囚犯）良好行为和履行职责会给予的减刑考量是不同的。在内布拉斯加州，如果罪犯在监狱内部表现良好，那么被判三年至五年的人可以在服完两年零五个月刑期后获得假释资格。[①] 这并不意味着释放会真的发生；它仅仅意味着囚犯有资格被释放。许多州有强制性的假释释放法令，规定在判决刑期的某个时间点到期时，囚犯必须获得假释，除非囚犯选择不予释放。少数囚犯因为不想受到假释官员的监管，因此拒绝获得假释，结果他们选择（"最大限度地"）服刑。

　　无论这些人是否希望最大限度地服刑或获得假释，监狱官员都会收集有关其个人特征和背景的信息。随着矫治过程的推进，在某个时间点，工作

[①] 罪犯在内布拉斯加州被强制释放的日期计算方式如下：所有奇数最高期限为 MR＝（最大值－1）/2＋11 个月。所有偶数最低期限 MR＝最高值/2＋5 个月。

人员会开始与罪犯的朋友、家人和雇主合作制定一个释放计划。

这些信息连同量刑前报告和在监狱中的进展报告,需定期提请假释机构(通常是假释委员会)注意。有些州每年都会审查囚犯们的进展情况,即使他们还没有资格获得假释。根据假释资格指南和每一个被监禁者的访谈,假释委员会会决定是否对其进行假释释放。如果决定是拒绝假释,通常会设定一个未来的日期重新审核假释资格。如果决定执行假释,假释委员会会确定什么时候和在哪里释放。而且,一个包括非常具体的假释条件的假释协议会被(假释委员会和囚犯)签署。一旦囚犯获得释放,他们(现在称为假释犯)就会受到假释官员的监管。图4-4显示1988年至2012年有条件释放的囚犯释放百分比。如所见,这一比例多年来一直下降。

专栏4-7 最大限度地服刑(maxing out)

皮尤(Pew)最近的一项研究(2014)发现,在1990年至2012年期间,服完最高刑期的犯人人数从不到5万人增加到超过10万人,增长了119%,2012年,这一比例约为所有囚犯的22%。他们还发现,各州之间的最大服刑率差别很大,从阿肯色州、加利福尼亚州、路易斯安那州、密歇根州、密苏里州、俄勒冈州、新罕布什尔州和威斯康星州的不到10%,到佛罗里达州、缅因州、马萨诸塞州、新泽西州、北卡罗来纳州、俄亥俄州、俄克拉何马州、南卡罗来纳州和犹他州的40%以上。

资料来源:Pew(2014)。

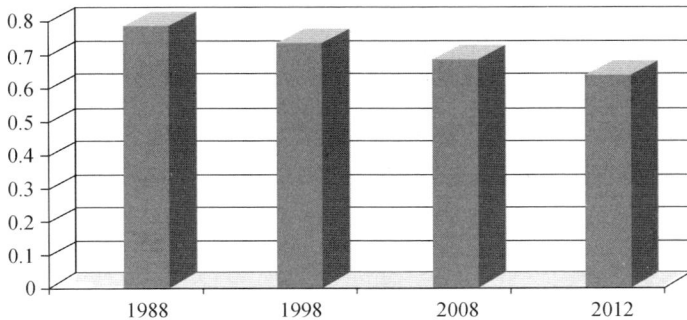

图4-4 1988—2012年美国囚犯有条件释放的百分比

资料来源:Carson, E., Golinelli, D. (2013). *Prisoners in 2012: Trends in Admissions and Releases*. Washington, DC: U. S. Dept. of Justice, Office of Justice Programs, Bureau of Justice Statistics。

专栏 4-8　监狱表现计分制(Good-time Credits)

几乎每个州的法规都允许根据犯人在"监狱中的表现(Good-time)"或参与和完成某些"教育或矫正方案(Program-time)"来减少监禁期。这种奖励缩短了假释委员会开会讨论假释的时间或最低服刑期限和最长需要服刑的期限。

表现计分是根据以监狱矫正环境为基础设立的公式计算的,监狱表现计分有时是通过法律制定的,但通常由监狱管理者与假释委员会合作决定。在加利福尼亚,该奖励是服刑 8 个月可有 4 个月的减刑(1∶2)。如果犯罪者服刑三年(36 个月),并且获得最大的表现积分,那么罪犯被监禁时间将不超过 24 个月。

某些司法管辖区实行用审前拘留期间和定罪后等待遣送到监狱的期间抵扣刑期。(实践中)有成千上万的人被判监禁刑,但他们需要等待监狱的空位和等待被转送到监狱。这些囚犯通常以 1∶1 的比例换取"看守所积分(jail credits)",假释委员会根据这些积分,进一步缩短他们作为囚犯服刑的最长时间。

最后,为了鼓励囚犯参与监狱劳动和康复方案,囚犯可以因参与和完成以下具体方案获得积分:焊接、泥瓦工作、汽车修理、获得高中同等文凭(GED)、药物治疗等。不同司法管辖区的裁决各不相同,但通常与"表现积分制"的计分比率相近。

所以,一名犯人被判 4 年有期徒刑,但在审前被拘留 4 个月以及被转送监狱前在判决后被羁押 4 个月,那么其有 8 个月作为监狱积分,通常会得到额外的 4 个月为监狱表现积分,相当于服刑 1 年的惩罚期限。如果罪犯("最大限度的")刑期为 36 个月,在最初的 12 个月内参与戒毒治疗计划并从中结业,那么其通常在被释放之前的服刑期限会少于 16 个月。

专栏 4-9　自由裁量释放和强制释放

自由裁量释放是根据立法机关和刑罚设置的在最大刑期到期之前释放犯人的假释。自由裁量释放与非确定刑有关,意味着囚犯准备好被释放并且在社区内继续进行矫治。

强制释放是指由假释委员会根据法令释放已经服过相当于最高刑罚的犯人。强制释放意味着假释委员会在实现法院判决的最高刑罚之前拒绝释放犯人。强制释放意味着在监狱内服刑的时间,加上看守所时间积分,表现积分和其他挣得积分,总计等于法院判处的量刑期限。约有五分之一的囚犯属强制性释放(Pew,2014)。

1. 当前实践操作

假释是一个复杂的程序,不同司法管辖区的假释有不同的功能和过程。传统上,假释有五个基本功能:

(1) 挑选囚犯假释。

(2) 建立监管条件(通常情况下根据具体情况)。

(3) 在社区里支持、监督、协助和控制假释人员。

(4) 如果未满足假释条件,则将假释人员还押监狱。

（5）在不再需要监管或刑期完成的情况下，释放假释人员。

与缓刑不同，假释是每个州以及联邦政府的行政部门的一个行政程序，但 *100* 这种程序可能很快就会改变，因为一些州（亚利桑那州、加利福尼亚州、特拉华州、佛罗里达州、伊利诺伊州、印第安纳州、堪萨斯州、缅因州、明尼苏达州，密西西比州、北卡罗来纳州、俄亥俄州、俄勒冈州、弗吉尼亚州、华盛顿州、威斯康星州和联邦监狱系统）实际上已经取消了这些假释委员会的自由裁量释放权。康涅狄格州曾在1981年废除了假释，但在9年后监狱费用激增的情况下又恢复了假释。[①] 同样，科罗拉多州在1979年取消了假释，但在1985年又恢复了假释。另有30个司法管辖区制定了各种广泛的假释指南，限制假释委员会的自由裁量权。[②] 显然，假释的运作不是统一的。[③] 在组织构成和行政程序方面，州与州之间的假释制度差别很大。[④] 大多数假释委员会是独立的、只负责假释的州政府机构。根据州的情况，假释委员会有3至19名成员（Camp & Camp，2000）。只有22个州对假释委员会成员具有特定资格的法定要求，甚至通常以"具有良好的品格"或"明智的气质"这样广义的词语来描述他们。1967年，总统执法和司法委员会建议假释委员会成员需完全根据能力来任命；然而，在许多州，任命假释委员会成员似乎是基于政治考虑。例如，只有威斯康星州和俄亥俄州两个州从公务员名单中委任假释委员会成员。在45个州里，州长直接对假释委员会任命负责。

专栏 4-10　假释委员会成员

　　州长在45个司法管辖区任命假释委员会成员，这种任命通常须征得立法机关的意见和同意。成员任期通常是四年，大多数州交错安排成员的任期来实现假释委员会的连续性，州政府的政策对其影响较少。在亚拉巴马州、亚利桑那州、佐治亚州等地都有五年、六年和七年的任期。俄亥俄假释委员会成员无限期地任职。在犹他州，假释委员会委员由州矫正委员会任命，任期六年。

[①] 编辑者（1995）。

[②] 郎达等（Runda et al.，1994）。

[③] 这种州际差别在各州内部可能确实存在。比如，萨顿（Sutton）观察到是否将个人关进监狱以及判决的关押期限的决定，更多地取决于宣布判决的县，而不是取决于罪行本身的性质。参见萨顿（Sutton．1981）。以及特纳等（Turner et al.，1997）。

[④] 莱茵等（Rhine，1992）。

> 29 个司法管辖区没有假释委员会成员法定资格要求,其他 22 个司法管辖区的成员资格参考在矫正工作(或相关的领域,如福利、宗教或执法)中的时间长短和经验。7 个司法管辖区设置最低限度受教育程度至少是学士学位。

₁₀₁ ## 2. 假释选择过程

在大多数司法管辖区,个别案件分配给假释委员会的个别成员,他们审查每个案件并提出初步建议。尽管偶尔整个委员会可能会寻求更多的细节,但这些建议通常是可以接受的。虽然有些司法管辖区只是在书面报告的基础上做出最终释放裁决的决定,但大多数州都进行这样或那样类型的正式听证。听证会可以是假释委员会的一名成员参加,也可以是整个委员会的成员参加,也可以在没有任何成员到场的情况下由听证审查员来处理。有时,监狱的工作人员也需要接受访谈。有些州将委员会成员和/或听证审查员送到如监狱指导听证会,而其他一些州则要求相关人员过来接受委员会成员/审查员访谈。

各州之间的假释选择指南差异很大。美国最高法院一贯认为假释是一种优待,因此认为在假释听证时不需要提供充分的正当程序权利[*Greenholtz v. Inmates of the Nebraska Penal and Correctional Complex*, 99 S. Ct. 2100 (1979)]。因此,各州有机会自行确定假释听证时犯人所享有的优待。

21 个州允许囚犯使用律师,19 个州也允许他们出庭作证。在 11 个假释管辖区,假释决定的理由必须正式阐明。大多数州已经制定了在假释资格之前要求犯人服刑的时间。在 16 个州,完成最低刑期后便获得资格。在 10 个州以及联邦体系中,完成最大刑期的三分之一后,就可以获得资格。其他州使用先前的重罪定罪数量和先前监禁的时间长度来计算假释资格。即使在使用相同资格标准的州,最低和最高刑期的长短也有很大差异,相同的犯罪行为实际上在假释资格上根据不同的管辖区有很大的差异性。① 除了时间因素,一些州还限制对那些被认定为犯有一级谋杀、绑架、强奸等严

---

① 佛罗里达州项目政策分析和政府责任办公室。

重个人犯罪的人使用假释。①

如果囚犯不符合假释标准,则需要继续服刑,并为下一次假释审查设定日期。如果假释获得批准,则囚犯需准备向假释服务机构转送。但囚犯必须等待多长时间才能获知假释结果差异很大。在许多司法管辖区,犯人可以立即得到判决结果。在另一些没有举行听讯的司法管辖区地方,由监狱工作人员通知囚犯或邮件通知。有几个州犯人可以立即收到书面通知,在新泽西州则要三到四个星期不等。

专栏 4-11 暴力性侵型罪犯(sexually violent predators)

加利福尼亚州于 1996 年颁布了一项法令,旨在确保监狱中的、患有精神障碍,并被认为有再犯可能性的暴力型性侵罪犯能通过民事监护(civil commitment)被安置在一个安全的地方矫治,而不会过早地被释放到社会中伤害他人。

监狱教导委员会(The Board of Prison Terms)筛选案件以确定囚犯是否符合法律中规定的标准,然后把犯人交给加利福尼亚州精神健康部门由两名临床医生进行临床评估。如果两名临床医师都认为犯人符合标准,县地方律师可以提出民事监护(civil commitment)的请愿书。

如果法官确定可能(再犯的)原因存在,囚犯将被安排进行法庭审判。陪审团听取案情,根据"超越合理怀疑"的测试来判定罪犯是否符合法定标准。在这种情况下,罪犯可以通过民事监护在精神卫生设施部门进行为期两年的矫治。随着每年的医学评估,罪犯可以向法院申请有条件释放(假释)。两年矫治之后,囚犯会得到重新评估,而法院可以下令重新审判,寻求对其新的治疗监护。自 1996 年以来,已有 300 多名性犯罪者被发现是暴力型性侵罪犯,并在精神卫生部门进行矫治。

102

假释听证会是对囚犯非常重要的事。不管结果如何都会大大影响他们的生活。囚犯们知道,一个不恰当的言行可能会危及他们未来几年的自由。然而,尽管假释决定很重要,全国平均每个案件假释听证会可能只在 12 至 15 分钟之间。这意味着假释委员会每天大约听取 15 到 20 个案件。很难确定一个假释委员会究竟花多长时间商讨,因为讨论都是在相对保密的情况下进行的。在很多情况下,假释听证至少部分是封闭的,决策标准并不为人所知。事实上,对假释程序的主要批评是大多数假释委员会不愿意清楚地阐明释放的标准和准则。

---

① 英格利希等(English et al.,1996)。

专栏 4 – 12 被扑拍(flopped)

"被扑拍"是囚犯的黑话,指的是由于没有满足假释委员会的标准或期望而被拒绝提早释放。当假释失败时,囚犯通常由委员会确定其"下次审查日期",他/她的案件将在"下次审查日期"进行听证。委员会通常会建议罪犯需在下次审查之前完成的治疗、计划或目标(学习阅读和写作、参加戒酒互助、学习生活技能等)。

---

103 ## 十二 影响假释决定的因素

在理论上,假释决定应该以州法规中所列举的因素为基础。然而,在实践中,假释委员会似乎受到各种标准的影响,而并非所有标准都由法律明确规定。此外,一些州还没有任何法律来规定假释标准。在一些有关假释委员会释放标准的初期研究中,斯科特(Scott,1974)在 1968 年研究了中西部州中面临假释决定的 325 名男性和 34 名女性。他认为犯罪的严重性、大量的监狱(违反)纪律报告、年龄(老年犯人)、受教育程度低、单身状况以及(令人惊讶的)良好的机构记录是犯人刑期增加的主要因素。先前的犯罪记录和种族对假释决定似乎没有影响。正如道森(Dawson,1966)所建议的,似乎有三个主要的释放标准在影响着假释委员会:

1. 再犯可能性。
2. 再犯率以外批准假释的因素。
3. 再犯率以外拒绝假释的因素。

1. 再犯可能性

也许决策过程中最基本的问题就是评估一个人如果被假释释放后违反法律的可能性。[1] 这就是所谓的再犯率因素。假释委员会作为准政治实体机构,对假释犯违反假释条件时可能会出现的公众批评非常敏感,尤其在假释人员犯下严重罪行的情况下。但假释委员会如何确定再犯的可能性尚不

---

[1] 俄勒冈州对于女性罪犯政策小组的中间制裁(Oregon Intermediate Sanctions for Female Offenders Policy Group,1995)。《对女性的中间制裁》(*Intermediate Sanctions for Females*)塞伦(Salem),或者:俄勒冈州矫正部门(Oregon Department of Corrections)。

清楚。早在 1923 年,哈特(Hart)就主张基于数据为潜在的假释人制定科学的预测表。根据这个主张,许多这样的测量方式和表格被开发了出来(Babst et al. ,1970;Bromle & Gathercole,1969;Burgess,1928;Glaser,1962;Gottfredson et al. ,1958;Gottfredson & Gottfredson,1993;Loza & Loza,2000;Wilkins & MacNaughton-Smith,1964)。50 多年来,风险预测量表的价值已被公认为是规范假释释放和更准确地评估再犯率的手段。至少一半的假释委员会使用正式的风险评估(Burke,1997)。[1]

专栏 4-13　俄亥俄州风险评估系统中的重新回归社会量表

　　2009 年,辛辛那提大学的研究人员开发了俄亥俄州风险评估系统(ORAS),这个系统中的一个工具是重新回归社会量表。在核查了释放前至少在监狱里服刑两年的囚犯的再犯情况之后,研究员在三个基本领域发现了 17 个评估项:犯罪历史,社会支持,以及犯罪态度和行为模式。这三个评估领域帮助将离开监狱的人归类为三个风险类别:低风险(有 20％的失败概率),中等风险(40％)和高风险(60％)。鉴于监狱环境的性质,许多传统的风险因素是受到控制的,如就业和药物使用问题,这些并没有被发现是预测释放风险的重要因素。

　　　　　　　　　　　　　　　　　　　资料来源:Latessa et al. (2010)。

---

2. 再犯可能性以外批准假释的因素

　　尽管假释委员会认为囚犯有较高的重犯概率,但在某些情况下,他们仍可以获得假释。只要在罪犯被认为不太可能犯下严重罪行的情况下,假释委员会就可以投票准予假释。这个情况往往伴随着这样一个重要认定,即进一步的监禁不会对囚犯产生更多正面的作用。例如,虽然一名囚犯可能是酗酒者,并且有一长串在公共场所醉酒被逮捕记录,但假释委员会仍可能会认为这个人相对社会无害而将其释放,因为持续的监禁对酗酒问题不会产生进一步的影响。释放罹患癌症和艾滋病的犯人也属于这一类情况(Pagliaro & Pagliaro,1992)。[2]

　　偶尔情况下,囚犯在服刑完毕之前只剩下很短的服刑期。当这种情况

---

[1] 萨顿(Sutton,1981)。

[2] 帕里亚罗和帕里亚罗(Pagilaro & Pagilaro,1992)。以及哈米特等(Hammett Et al. ,1994a, 1994b)。

出现时,尽管再犯的可能性被认为会很高,但假释委员会还是会经常准予他们假释,并为此提供短期的监督控制。当然更重要的是协助假释人员进行环境减压及帮助他们重返社会。

尽管有明显偏高的重犯率,但已服刑时间的长短可能会让假释委员会考虑准予假释。如果一个囚犯没有对监狱的矫正做出具体的回应,但是服刑时间却相对较长,那么假释委员会可以认定他们已经承担了应受的劳教,也许他会成功地度过假释期并避免再次被关押。偶尔,(囚犯)成熟的过程在这中间会扮演一个重要角色。如果年轻囚犯已服刑较长的刑期,假释委员会可能会给予他们一个提前释放的假释,因为他们在狱中的成熟过程使他们已接受更多自由社会可接受的行为模式。

3. 再犯可能性以外拒绝假释的因素

105　　尽管有时囚犯重犯率相对较低,他/她仍有可能无法获得假释。例如,当囚犯偶尔在狱中做出暴力和骚扰行为时,假释委员会往往不太会愿意对其进行假释。如前所述,假释委员会对公众的批评是非常敏感的,虽然(被假释后)暴力袭击的可能性很小,但(如果发生)事件的严重性可能会引起媒体的大量关注。因此,在这种情况下假释往往会被拒绝。社会的态度和价值往往比再犯率因素起到更主要的作用。例如,杀人犯在假释成功的可能性上历来有较高的风险。然而,他们是否应该被假释以及多快可以被假释,往往是社会(社区)态度的一种体现。如果社会持否定态度,假释很可能会被拒绝,因为释放这样的犯人可能会使假释委员会遭受到公开的批评。比起引起公众的愤怒,大多数假释委员会都会倾向于把犯人留在监狱中。

当然有时候,假释也被用作支持和维持监狱纪律的工具。例如某人非常有可能被假释,但是他/她不断违反监狱的规定。在这些情况下,假释往往会被取消。再比如,一个有吸毒问题的囚犯可能会被假释委员会劝告参加现有的药物依赖矫治方案,并传送给囚犯一个清楚的信息,即参加这类修复方案对假释是有作用的。通过这种方式,假释可以被看作是对良好行为的激励,也是对不当行为的制裁。在某种特殊情况下,拒绝假释是有利于囚犯的个人发展。比如,当囚犯在学业上取得迅速进步,或接受和服从必要的

医疗与心理治疗时,假释委员会可以暂时推迟假释,让他们有机会完成高中课程,或者让他们在正接受的治疗中矫正过来。

专栏 4 - 14 假释委员会职能

假释委员会最显著的功能是在良好的社会行为条件下,在刑期到期之前将犯人从监禁中释放。这通常被称为假释释放的决定。但是,假释委员会有广泛的权力来承担司法领域很少认可的各种其他职能。

设定政策。假释委员会详细说明并精准制定假释领域内的宽泛政策,例如指导社区监督人员进行毒品检测来监管非法使用毒品的罪犯。有些政策要求根据 Morrissey v. Brewer 的判决在撤销假释时需举行听证会;其他司法管辖区可能只会建议加严假释条件[如"激励性的(motivational)"的看守所时间,住宅软禁]。假释委员会制定"零容忍"政策时,大部分滥用药物的假释犯可能会被送回监狱。

推定假释释放日期的修改。如果罪犯被给予推定的假释释放日期,那通常是基于因犯在狱中遵守规则。当因犯顽固地违反监狱规定时,委员会可以作出延迟释放("延长时间")的决定。对此,假释委员会会加强对监狱因犯的控制,并鼓励他们参与狱中各种有益的改造方案。

减刑。被判终身监禁或多重终身监禁(double life sentence),或无期加一天徒刑(life-plus-a-day),或最低刑期是几百年的因犯几乎没有希望活着离开监狱。但向政府行政部门的减刑请求却使这成为可能。州长通常认真考虑假释委员会的减刑推荐,并会听取最初的上诉请求。收到这种减刑的"终身监禁犯"通常会在接到减刑后的短时间内离开监狱。

假释撤销。如果监管官员要求根据 Morrissey 案举办听证会撤销假释,且提出合理的理由,案件将由假释委员会(或其授权指定人员)进行审理,并撤销准予的假释。罪犯随后会被送回监狱并面对增加的刑期。

赦免。只有行政部门可以决定赦免,是部分或还是全部免除犯罪和定罪的法律后果。州长通常会在假释委员会考虑后接受此类请求。假释委员会一般被授权就这些事项向州长提出建议。

死缓。死缓是指暂缓执行刑罚,通常与临近执行日期的死刑因犯有关。假释委员会有时会与州长的内阁进行商议,可能会向州长建议使用死缓。

限能。一些罪犯在社会生活中已经表现出暴力和危险的犯罪行为,在监狱中继续有增无减。通过取消假释资格并强迫这些因犯服刑更长时间,假释委员会的决定可以剥夺因犯实施暴力犯罪的能力,以此来保护公众的安全。目前这项功能很少被认可。

106

最后,有些情况是,假释委员会可能觉得某些因犯风险不高,但却还没有资格获得假释,因为他们还没有履行完法官要求的最低刑期。有些人因此会对法院偶尔犯下的错误表示担心——也就是实际量刑比必要的显得更严厉。在经过比法院原先考虑得更仔细的观察和评估之后,假释委员会可能清楚地记录到比法院所预估更出色的因犯的进步表现。尽管如此,如前所述,国家的假释法规可能规定即使连假释委员会也必须要遵守的最低刑

107 期要求(最低或最高刑罚的百分比)。但是,囚犯也可能因工作释放计划(work furlough program)而有条件地假释。

十三 假释委员会的假释决定

任何获得假释资格的囚犯都不会自动获得释放。在偶尔情况下,假释委员会不会轻易释放貌似可以安全释放的囚犯。他们希望可以尽量减少被视为危险的释放人数。实际上,假释委员会认为这些人再次犯罪的风险很大,并且有可能会导致假释失败。假释委员会一直想要减少假释失败的数量(Wiggins,1984)。

虽然我们预测罪犯未来犯罪可能性的能力多年来有所提高,但批评的声音仍然很多(Gottfredson & Gottfredson,1994;Monahan,1981;Smykla,1984)。此外,我们预测未来暴力行为的能力也是有限的,其结果是导致过度预估风险,从而使更多的人被列为危险对象,更少的人获得假释,[1]更多的人留在监狱(Monahan,1981)。虽然这些趋势受到强烈的批评,但对危险性的过度预测仍在继续(Morris,1974;Smykla,1984)。这可能是因为他们认为过度预测的短期成本较小。从短期来看,监禁更多人的费用可能比让少数危险人物漫游街头犯罪要更划算。然而,从长远来看,这样的做法是相当有代价的,因为越来越多的人会在监狱系统内被监管。此外,有迹象表明,在长期服刑之后,一些被释放的囚犯会比在监禁之前更频繁地犯下更严重的罪行。

虽然法院已经裁定拒绝假释不能基于种族、宗教或国籍,[2]但他们实际上并没有干涉假释委员会的政策和做法。这在很大程度上是因为最高法院将假释定义为优待而非权利(Greenholtz,1979)。因此,没有宪法规定假释需要任何正式的释放准则,假释犯没有获取任何机构档案的权利以及在听证会上有律师辩护的权利,甚至没有任何宪法要求需要有正式的听证会。除某些州的规定外,国家层面没有宪法规定需要明确提供拒绝假释的理由,

---

[1] 莫纳汉和斯特德曼(Monahan & Steadman,1994)。

[2] 参见 Block v. Potter, 631 E2d 233(3d Cir. 1980);Candelaria v. Griffin641 E2d 868(10th Cir. 1980);Farris v. U. S. Board of Parole,384 F. 2d 948(7th Cir. 1973)。

同时囚犯也没有上诉权。

　　大多数州都已经通过法律或行政政策来设定假释程序。一些州允许犯人获取他们的资料档案也允许法律顾问在场。到 1977 年为止，美国假释委员会[1]和 23 个州允许犯人在内部程序中上诉假释听证会的裁决（O'Leary & Hanrahan,1977）。但是，到目前为止，法院仍然拒绝对假释委员会所做的拒绝假释决定作出任何类型的审查。

十四　假释条件

　　假释实质上是州与罪犯之间的契约。如果罪犯能够遵守契约的条款或假释条件，那么他就可以获得自由。如果违反假释条件的情况发生，或者被指控犯下新的罪行，那么假释委员会可以撤销假释并将假释犯送回监狱。罪犯必须遵守约定，并在假释委员会规定的期限内接受假释监管。虽然每个州都有自己的政策和程序（见图 4 - 5），但假释通常会持续两年以上，七年以下。

108

一般/特殊假释以及出狱后监管条件

　　假释或出狱后监管都服从于所有列出的一般条件和特殊条件。在释放犯人之前，假释委员会可以随时修改假释条件。假释或出狱后监管，新的条件可在假释同意书签署后或在知晓后以口头或书面形式增加。

　　违反任何一项条件，假释可能被撤销，或者，当假释不符合你的最佳利益或社会的最佳利益时，你可能会被取消假释。

　　委员会可在其自由裁量权下惩罚你违反出狱后的监管条件；惩罚也可能包括把你遣返至矫正部门羁押。

　　在下文中，下列词语具有下列含义："罪犯"是指被假释者或离监后的被监管者。"假释官"指出狱后监管系统下履行监管的监管官员。

一般条件

　　1. 支付监管费、罚款、赔偿或假释委员会下令的其他费用。

　　2. 除根据医疗处方外，不得使用或占有药物。

　　3. 如果犯罪者有滥用药物的历史或有合理怀疑犯罪者非法使用受管制药物的情况，则需要提交口腔液体或尿液接受检测。

　　4. 参与药物滥用评估，如果有合理理由相信其有滥用药物的历史，应遵循评估员的建议。

---

[1] 戈特弗雷德森和戈特弗雷德森（Gottfredson & Gottfredson,1994）。

109

　　5. 留在俄勒冈州,直到得到州矫正局或县社区矫正机构书面批准许可。

　　6. 如果身体有能力,找到并保持有收益的全职工作,或在经过批准的学校学习,或者这两者的组合(对于这个要求的免除必须基于法院的认定,并说明免除的理由)。

　　7. 未经州矫正部门或县社区矫正机构同意,不得更改就业或居住地。

　　8. 允许监管人员查访犯罪人或者犯罪人的住处或者工作场所,并按要求报告,并遵守监管人员的指示。

　　9. 如果监管官员有合理的理由相信会发现违规的证据,则需同意监管官员代表在(必需的)情况下进行人员、车辆或房屋搜寻,并提交指纹或拍照来达到州矫正局或县社区矫正机构要求监管的目的。

　　10. 遵守联邦、州、县和市的所有的法律。

　　11. 及时、真实地回答州矫正局或县社区矫正机构的一切合理询问。

　　12. 不准拥有武器、枪支或危险动物。

特殊条件

　　1. 罪犯应由心理健康评估员进行评估,并遵循所有矫治建议。

　　2. 罪犯应按照医生的指示,与医生一起进行精神或精神药物监管项目。

　　3. 未经监管人事先书面批准,罪犯不得与未成年女性接触,不得在未成年人聚集的地方(如游乐场,学校场地,商场)频繁出入。

　　4. 未经监管人员事先书面批准,罪犯不得与未成年男性接触,不得在未成年人聚集的地方(如游乐场、学校场地、商场)频繁出入。

　　5. 罪犯应提交随机测谎测试作为性犯罪者监视计划的一部分。未能参加测试可能导致州矫正局的羁押。对测试的具体回答不应成为返回矫正局羁押的依据。

　　6. 罪犯应进行并通过一个被认可和批准的性犯罪者矫治方案,其中可能包括测谎或体积描记器检测,禁止持有可能导致性违法行为的打印、拍照或录制的材料。

　　7. 罪犯应将法院判决赔偿数额向法院书记员支付(ORS 137.106,OAR 255-65-005)。

　　8. 如果合适的话,州矫正局可根据 ORS 181.507-509,OAR291-28-010 至 291-28-030-C,通知社区性犯罪者身份。

　　9. 犯罪者不得使用令人上瘾的饮品。

　　10. 其他:假释委员会和狱后监管权威认为有必要的情况下,可以采取上述未列举的特殊情况。

　　11. 犯罪者不能与下列人员产生接触⋯⋯

图 4-5　俄勒冈州假释委员会假释条件

　　只要罪犯努力遵守假释条件,一些州实际上允许假释后很短的时间内正式释放罪犯。条件的确切内容因不同州而异,因罪犯个体而异,下面的联邦指南[①]涵盖了通常采用的大多数情况:

　　(1)你应该直接去假释许可证上所规定的地区(除非你被送去其他机

---

① 霍夫曼(Hoffman,1994)。

110

构进行羁押）。到达后的三天内，如果有假释顾问的话，你必须向他以及你的联邦假释证的缓刑官（probation officer）报告。如果在紧急情况下，你不能与你的假释顾问或缓刑官，或他们的办公室联系，你必须和联邦假释委员会联系。

（2）如果你被释放去其他机构羁押，在从该机构的羁押中释放后，如果你无法三天内向指定的缓刑官报告，则应向最近的缓刑官报告。

（3）没有缓刑官的书面允许，你不能超出假释证所限制的场所。

（4）你需要立即通知你的缓刑官你住所地的任何变动。

（5）你要在每个月的第一天到第三天之间，以及假释的最后一天向你的缓刑官做一份完整而可信的报告（或在提供的表格上）。你也可以按照其指示在其他时间向你的缓刑官报告。

（6）你不可以违反法律，也不可以和从事犯罪活动的人员有联系。如果你被执法人员逮捕或询问，你必须立即和你的缓刑官，或他的办公室联系。

（7）你不能签订同意作为执法机关的"线人（informer）"或特工（special agent）的任何协议。

（8）除非缓刑官免除你工作的职责，你需要有规律的工作，并对你法定需要供养的人极尽所能地提供各方面支持。你必须立即向缓刑官报告任何工作上的变动。

（9）你不能过量饮用酒精。除非医生开处方或建议，你不可以购买、持有或使用、管理大麻、麻醉剂或上瘾的、危险性药物。你不可以经常去这些药物不法销售或分发、使用、赠送的场所。

（10）除非你的缓刑官允许，你不能和有犯罪记录的人联系。

（11）在没有你的缓刑官的书面许可情况下（遵循联邦假释委员会的事先许可），你不能拥有武器（其他危险武器）。

（12）根据1970年10月修改的美国宪法第4023节第18条的规定来做出决定，委员会可以决定让你居住在或参与一个由监狱局经营的社区矫治中心的矫治项目，但不得超过120天。

然而值得注意的是,联邦假释委员会的权威和触及力正在迅速下降。[1]

十五　假释撤销

111　　1972年,美国最高法院在 Morissey v. Brewer(1972)案中确立了撤销假释的程序。在此案中,最高院认为一旦被假释,其不再是一项优待而是权利。最后,法院裁定应当在任何撤销假释的程序中给予被假释者应有的程序权利。然而,虽然法院在 Morissey 案中并没有提供全面的正当程序权利,但它确实推进了基本公平的实现。法院在撤销假释程序中要求享有以下最低正当程序权。

(1)提前给假释犯关于询问、询问目的,和被指控的违反假释条件的行为的书面通知。

(2)对假释犯不利证据的披露。

(3)假释犯亲自聆听,并提供证人和相关证据文件的机会。

(4)当面和交叉质询不利证人的权利。

(5)中立和独立的听证机构。

(6)听证机构提供的作为撤销假释证据的书面陈述。

Moeeisey 的案子确立了双重程序,包括对被指控的违反假释行为的初步调查以及一次正式的撤销听证会。然而其并没有确立申请法律顾问的权利,以及回答排除规则是否应当适用于撤销案件的问题。一年之后,在 Gagnon v. Scarpelli,411U. S. 778(1973)的案子里,法院认为假释犯在撤销程序中的确只有有限的权利去申请法律顾问,听证会应根据案件具体情况决定是否可以申请法律顾问。然而并不是所有的案子都需要被赋予法律顾问的权利。但如果"在被告知其权利后,假释犯可及时告知律师其没有实施被指控的违法行为,或者即使违法行为已是公开记录或无可争议的,但如果在合法性或减缓上存在实质性的理由可以导致撤销假释行为不恰当时,法律顾问应当提供给假释犯"。

---

[1] 在1987年11月1日之后被宣判的违反联邦法的罪犯,不属于联邦假释委员会的权力范围,而是根据新的联邦量刑指引来进行判决(强调罪行相适应)。量刑指南由联邦判决委员会制定,与假释委员会用的系统十分相似。

但排除规则的问题仍然没有答案。尽管非法获取的证据不可以用于刑事裁判,许多州还是允许在撤销假释的案子里用到这种证据,其标准是"可能的原因(probable cause)"。到目前为止,法院一般都坚持了这个实践原则。

十六 假释委员会自由裁量权的问题

20 世纪 70 年代开始,矫正领域开始了巨大的变革。不满于偏高的再 *112* 犯率,许多州开始选择修改传统的非确定刑量刑模式,变为采取一些确定的、固定的量刑模式。美国采取非确定刑量刑模式代表着控制(如果不是消灭)犯罪行为的重大尝试。非确定刑是指法官在法定范围内设定最高刑期和最低刑期(比如,盗窃罪 1—7 年),其立足于关注个体犯罪及其需求而不是对特定类型的犯罪进行惩罚。非确定刑试图通过在机构(监狱)中使用不同的教育性、职业性、心理性的矫治项目,以及假释委员会在囚犯发生改变的恰当时候对其进行假释来达到犯罪康复可能性的最大化。通过这种"矫正的医疗模式",假释委员会的决定会带来以下好处:

(1)通过将其从监狱中释放出来作为囚犯康复的一种激励机制。

(2)这种激励机制也可用作一种控制监狱人口,保障囚犯纪律、安全的手段。

(3)假释的另一种潜在功能就是提供一种控制监狱人口规模的手段。

(4)相似的,假释委员会通过控制监狱的释放程序来分担社会保护责任。委员会也可以通过作为司法裁量权的监管和制衡机构来缩小量刑差距(比如犯同样罪行的囚犯在监狱中服刑的实际时间应该大致是相同的)。

然而,许多因素质疑这个医疗模式的有效性和公平性。诸如马丁森(Martinson,1974)和麦克纳马拉(McNamara,1977)等专家研究了矫正康复计划的研究报告并得出结论:医疗模式无法治愈罪犯、减少再犯并保护公众。[1] 其他人(Morris,1974)则认为该医疗模式其实伤害了囚犯,因为该项

---

[1] 证据的重要性被用来应对"矫正无效论"的争论。大量的证据显示,针对罪犯的需求而特别设计的、而且由经过训练的干预人员在有能力的监管人员的协助下,以连贯的方式进行矫正的项目是有用的,而且效果显著。见库伦和让德罗(Cullen & Gendreau,2001)。

目的参与与囚犯的强制性参加挂钩。在犯人看来,委员会的决定是任意的、反复无常的、有偏见的、不可预测的,不受任何其他政府机构的外部审查(Irwin,1977)。事实上,一些研究表明,犯人对于假释无法得到释放而感到沮丧是导致监狱暴力的因素之一(Hassine,2004)。

十七   假释委员会决策指南

对这些问题的担忧导致了包括联邦假释系统在内的一些司法部门颁布了假释释放指南。联邦假释委员会在 1974 年制定了假释决策指南系统。对于假释委员会所做决定的投诉主要在于大量的自由裁量权。假释决策指南的目的在于规制自由裁量权,以便促进公正和平等,减少量刑差异。其任务在于使假释委员会的决定少一些任意性,多一些确定性。

113　　指南通常涉及对犯罪严重性的考虑,以及预测假释成功或失败因素的风险系数。建议的监禁期限是预先确定的。比如,如果罪犯被评定为良好等级,而他犯下的是较为不严重的罪行,他或她可能就会被建议监禁 6—9 个月。相反地,一个被认定为"高风险"的罪犯,犯了更严重的罪,在考虑假释前可能需要更长的监禁时间。

在这种形式下,指南系统试图对假释委员会的自由裁量权进行调整,同时维持公正和平等(Hoffman,1983)。

委员会的审查员也被允许偏离指南的规定。审查员可以根据指南缩短或延长(监禁)时间,如果他们判断目前这个案子是值得这样考虑的。然而,一旦采取了这样的步骤,审查员则通常需要说明做这样的判断的特定因素。

研究表明,指南似乎对减小罪犯间的量刑差异有一定效果。量刑差异的不同是指在没有明确理由的情况下,同种犯罪行为给予不同类型和长短的刑罚。使用假释委员会决策指南是为了解决假释过程中的这个传统问题。它们并不是万能解药,但通过彻底废除(非确定刑)或使用确定刑,它们成为传统模式的替代方法。[1] 有证据表明,风险评估以及更倾向于结构性

---

[1] 正如戈特弗雷德森等(Gottfredson et al. ,1973)定义的那样,平等和公正意味着"相似的人在相似的情况下被相似地对待。公正因此暗含着相似和比较的想法"。

撤销决策正在被广泛地接受和使用（Runda et al.，1944；Samra et al.，2000）。

专栏 4-15 推定量刑（presumptive sentencing）

限制量刑不等的另一个方式为推定量刑体系，它是类似于确定刑的一种量刑法。推定判决中，州立法设置了最高刑、平均刑、最低刑条款，使法官可根据罪犯的特征及在法庭上证实的任何加重或减轻的量刑情形选择刑期。这种刑期主要考量实际的服刑时间——它需要减去任何犯罪人员所积累的积分[通过看守所时间，监狱表现积分与参加（矫正）项目积分]。

加利福尼亚州设立了推定量刑模式，为作出判决的法官提供了三种选择，以盗窃罪为例：

（1）加重情形：7年。

（2）推定平均刑罚：5年。

（3）减轻情形：3年。

通常，法官会决定罪犯是否应当准予缓刑或监禁。假设答案是监禁，法官一般会适用平均或推定五年的刑期，除非在犯罪时存在量刑减轻的情形（如罪犯在犯罪时受到药物控制因素影响，或因为其本身人性的弱点而容易受同伙人影响导致犯罪）。如果减轻情形被证实，法官便会判处最低刑罚（3年）。然而，如果在法庭上被证实存在加重情形，法官则会判处最高刑罚（7年）。加重情形的例子如：对被害人造成严重的人身伤害，之前在监狱中服刑，或受害者极其脆弱（盲人、耳聋，或超过60周岁等）。

十八　趋严刑罚

尽管犯罪学家和法律执行者已经满足于改变假释程序的步骤或其他各方面，其他人则要求彻底废除假释。许多州因各种不同目的都废除了假释。[114] 无论做出何种改变，人们都应该知道科罗拉多州的前任刑事司法主任比尔·伍德沃（Bill Woodward）的观点："废除假释就等于你失去了掌握犯人动态的能力，以及当他们酗酒或吸毒时使他们得到治疗的能力。"如表4-3所示，对假释的抨击已经持续了20年。

表 4-3　一些重要的废除假释事件

1976	缅因州废除假释
1978	加利福尼亚州废除非确定刑和自由裁量的假释
1980	明尼苏达州废除假释
1983	佛罗里达州废除假释

续表

1984	华盛顿废除假释
1985	科罗拉多州重新设立假释
1986	国会在联邦层面废除假释
1990	特拉华州废除假释
1994	亚利桑那州和北卡罗莱纳州废除假释
1995	弗吉尼亚州废除假释
1996	俄亥俄州废除假释
1998	纽约通过珍妮(Jenna)法案,该法取消了对所有犯暴力型重罪罪犯自由裁量的释放
2011	堪萨斯州废除假释委员会,取而代之的是矫正局下由三人组成的监狱审查委员会

来源:作者汇编。

专栏 4-16　量刑指南

115

　　旨在限制而非消除量刑差距,许多司法机构出台了一系列量刑指南帮助法官根据犯罪的严重性和罪犯的特征来决定其量刑。量刑指引基于以往大量量刑判决的经验,代表了相似案例的平均量刑水平。尽管判决有量刑指南,法官并没有被要求必须在推荐量刑范围内判决(但是必须在判决中写明为什么其偏离了建议的范围)。

　　明尼苏达州的量刑指南确定了刑期的长度。在指南表格的顶端是罪犯在判决听证会上就其特征的打分,包括:犯罪嫌疑人未成年人时期被定罪数量、成年后轻罪和重罪的定罪数量、之前被刑事拘留的次数、就业情况、教育程度等。显然,分数越高,罪犯历史记录越糟糕,推荐的刑期也就越长。

　　其指南表格左侧可以看到犯罪的严重性,从最不严重到最严重的犯罪。法官计算了罪犯的历史分数后,会在罪犯类别中看到其他法官的判刑长度。之后判决法官会在建议范围内判刑。这种指南显然是必须经常更新的。

　　另外一个可以看到美国量刑制度改变的例子是在全国执行的"三振出局法"(Three Strikes Law)。有些人认为,可以通过长达 25 年的监禁来限制累犯的犯罪能力从而达到限制暴力犯罪的目的,但监狱建设、运营和维护等数十亿美元的成本投入却甚是巨大。更进一步说,长时间监禁第二次或第三次犯罪的罪犯不能:(1)解决取代那些被监禁 25 年罪犯的未成年人罪犯所产生的连续浪潮;(2)减轻涉案犯罪人的风险因素;(3)准确地将真正的危险(行为)从真正的愚蠢(行为)中分离出来。三振出局刑罚假设,罪犯是

中产阶级背景下的一个理性人，是被自由意志驱使去犯下罪行。大多数罪犯既不简单也不单纯。许多州和联邦政府自 1993 年就颁布了（三振出局）法律（Campaign for an effective crime policy,1996）。加利福尼亚州相比其他州更加广泛地使用这些条款，至少有 4.9 万名罪犯被处以（没有这些加强法律的情况下）两倍到三倍于他们原本会受到刑罚的刑期。近期，加利福尼亚州修改其法律，仅对犯下三种"严重"罪行的犯罪适用。一种意外的结果是老年囚犯（超过 50 岁的人）在监狱人口中的占比越来越高，尽管研究表明这个群体的罪犯再犯的风险其实最低。

十九　重返社会：新挑战

美国大量被监禁的罪犯造成了不可避免的结果——每年都有大量的罪犯重新进入社会。事实上，重新融入社会已经成为政策制定者用以描述罪犯重返社会进程的新口号。有的人认为假释对于该进程十分关键（Travis and Petersilia,2001），然而有的人（Austin,2001）则认为，由于大部分的罪犯对于社会安全造成极小的风险，因而假释监管的期限应当被缩减至六个月左右。可以估算到的是，较大比例的重返社会罪犯会产生大量的需求（Lowenkamp & Latessa,2005;Lurigo,2001），因而社区服务和矫治应当是重新进入社会进程中十分重要的部分。事实上，有的州已经设立一种为协调机构、假释、社区矫正项目、矫治提供者之间的服务的重返社会项目。

设计一种有效的重返社会项目已经是矫正官和社会所共同面临的重大挑战。为了更加有效，重返项目需要注意高危险性的罪犯，（为他们）移除障碍，但同时也要关注罪犯的犯因性需求，为罪犯提供成功所需技能的高质量项目和服务。

二十　小结

虽然假释最早的起源可以追溯到欧洲和澳大利亚，但大家所熟知的程序则几乎完全是美国的独创发明。假释一经早期改革家的接受，就迅速扩散开来。到 1944 年，每个州的司法系统都拥有了假释。尽管假释在发展，但批评者的声音也从未消失。早期对于假释的批评包括对被关押罪犯挑选释放的方式的怀疑,对缺乏社区监管的担忧,以及监狱当局权力的广泛滥用。许多对假释的批评今天还在继续。

当代关于假释价值的相关讨论是值得深思的。诚然,有些人反对非确定刑的刑期模式,希望看到假释被废除。对于以上这些问题的担心,以及认为现行假释系统无效的认知,使得司法机关要不完全废除了假释,要不就剧烈地对整个假释程序予以改变调整。在所有的社区项目中,假释也许面临着最大的挑战。然而一个新的标志是,以简单经济学的方式存在的实用主义可能会为假释提供一个新的存在的兴趣。随着我们的羁押场所和监狱人口超出了可承受的限度,刑事司法的规划者和政客将被迫在继续建造新的设施(监狱)或者发展替代性模式中作出选择。假释以一个相对不算昂贵的可替代模式的角色出现,而且也许更重要的是,它已经在使用中了。但我们依然要对假释程序和监管进行相应改进,从而克服之前提到的各种缺陷。

即使这个假释的新兴趣点也被淘汰了,而且就像我们知道的一样,假释可能会在与有期徒刑的竞争中如溃败一般地被废除,但帮助被关押人员从关押机构到自由社区过渡的需求依然存在。被释放的关押人员所面临的问题通常是暂时的或者物质性的——获得工作、合适的住房、经济帮助、酗酒或其他的药物滥用。

随着假释朝着为消除不受欢迎的量刑差异而进行结构化释放和撤销决定的方向推进,以及随着司法机关将假释作为一项释放机制而考虑废除(不论是得到量刑指南的帮助,或是临床经验的支持),有两个事实依然存在。第一,假释一直被作为"释放阀门(release valve)"或者机制来预防(或降低)监狱过度拥挤,政策制定者和政客非常可悲地未注意到这一事实。第二,假释机构也可以在权限范围内不假释那些理性人士、公民,以及受过训练的矫正工作者认为危险的罪犯,进而达到保护社会的目的。如果国家要避免更极端的几何式的刑期上涨,假释权力机构应当有能力针对被宣判多项罪名的罪犯(谋杀、强奸、严重攻击、抢劫等)实施选择性监禁来剥夺他们的犯罪能力,从而保护公众。当然,应当认识到假释裁决委员会的成员也是人,他们的决定并非总是尽如人意的。有些不应该被释放的被羁押者却总是被释放,而有些人被关押的时间却大大长于必要限度。诸如此类的结果,需要以客观和公正为导向的思考路径与方式。

二十一 问题回顾

1. 对比矫正中的惩罚模式和改造模式。
2. 麦康纳基是如何对假释的发展作出贡献的? *118*
3. 假释在美国是如何发展的?
4. 美国对假释早期的批判有哪些?
5. 1790 年到 1930 年之间,在美国矫正中出现的腐败的三个要素是什么?
6. 对比麦康纳基和 J. 埃德加·胡佛对于罪犯的观点。
7. 1925 年到 1935 年这个十年是怎样影响美国公众对假释的态度的?
8. 讨论下述动议:监狱的酌情假释应该被废除。
9. 假释委员会有哪些功能?
10. 如果假释委员会不能将罪犯释放回社区,他们会被取消吗? 为什么?
11. 量刑指南是如何发挥作用的? 假释指南呢?
12. 假释委员会是如何运用和实施中间惩罚的?
13. "三振出局"法是如何影响矫正的?

二十二 推荐读物

Hughes, R. (1987). *The fatal shore*. New York: Alfred A. Knopf. [This is the definitive book on the history of Australia as a penal colony, *120* and the roots of parole as developed by Captain Maconochie.]

Rothman, D. J. (1971). *The discovery of the asylum: social order and disorder in the New Republic*. Boston, MA: Little, Brown. [This book presents an excellent history of the use of punishments and corrections in early colonial America.]

Rothman, D. J. (1980). *Conscience and convenience : the asylum and its alternatives in progressive America*. Boston, MA: Little, Brown. [A fastidious discussion of the modern effort to reform the programs that have dominated criminal justice in the twentieth century.]

二十三　参考文献

Allen, H. E. , Simonsen, C. E. (2001). *Corrections in America*, 9th edn. Upper Saddle River, NJ: Prentice Hall.

Austin, J. (2001). Prisoner reentry: Current trends, practices, and issues. *Crime & Delinquency* 47, 314 - 334.

Babst, D. V. , Inciardi, J. A. , Jarman, D. R. (1970). *The uses of configural analysis in parole prediction research*. New York: Narcotics Control Commission.

Barlow, M. , Barlow, D. , Chiricos, T. (1995). Economic conditions and ideologies of crime in the media: A content analysis of crime news. *Crime & Delinquency* 43, 3 - 19.

Barnes, H. E. , Teeters, N. D. (1959). *New horizons in criminology*. Englewood Cliffs, NJ: Prentice Hall.

Barry, J. V. (1957). Captain Alexander Maconochie. *The Victorian Historical Magazine* 27, 1 - 18.

Beccaria, C. (1764). *On crimes and punishments*. Indianapolis: Bobbs-Merrill (H. Paulucci, trans. , 1963).

Bennett, R. , Flavin, J. (1994). Determinants of the fear of crime: The effects of cultural setting. *Justice Quarterly* 11, 357 - 381.

Block v. Potter, 631 F. 2d 233 (3d Cir. 1980).

Bottomley, K. E. (1990). Parole in transition: A comparative study of origins, developments, and prospects for the 1990s. In: M. Tonry, N. Morris (eds)*Crime and justice : a review of research*, vol. 12. Chicago, IL: University of Chicago Press.

Briggs, J. , Harrison, C. , McInnes, A. (1996).*Crime and punishment in England : An intro ductory history*. New York: St. Martin's Press.

Bromley, E. , Gathercole, C. E. (1969). Boolean predication analysis: A new method of prediction index construction. *British Journal of Criminology* 17, 287 - 292.

Burgess, E. W. (1928). Factors determining success or failure on parole. In: B. Harmo, E. W. Burgess, C. L. Landeson (eds) *The workings of the indeterminate sentence law and the parole system in Illinois*. Springfield, IL: Illinois State Board of Parole.

Burke, P. (1997). *Policy driven responses to probation and parole violators.* *121* Washington, DC: U. S. National Institute of Justice.

Camp, C. , Camp, G. (2000). *The 2000 corrections yearbook: Adult corrections.* Middletown, CT: Criminal Justice Institute.

Campaign for an Effective Crime Control Policy (1996). *The impact of "Three Strikes and You're Out" laws: What have we learned?* Washington, DC: CFECP.

Campbell, C. (1994). *The intolerable hulks: British shipboard confinement.* Bowie, MD: Heritage Books.

Candelaria v. Griffin, 641 F. 2d 868 (10th Cir. 1980).

Carson, A. E. , Golinelli, D. (2013). *Prisoners in 2012 trends in admissions and releases* 1991—2012. Washington, DC: U. S. Dept. of Justice, Office of Justice Programs, Bureau of Justice Statistics.

Carter, R. M. , McGee, R. A. , Nelson, K. E. (1975). *Corrections in America.* Philadelphia, PA: J. B. Lippincott.

Chayet, E. (1994). Correctional "good time" as a means of early release. *Criminal Justice Abstracts* 26, 521 – 538.

Chiricos, T. , Escholz, S. , Gertz, M. (1997). Crime, news and fear of crime. *Social Problems* 44(3), 342 – 357.

Chiricos, T. , Padgett, K. , Gerz, M. (2000). Fear, TV news and the reality of crime.

Criminology 38(3), 755 – 785.

Clare, P. K. , Kramer, J. H. (1976). *Introduction to American corrections.* Boston, MA: Holbrook Press.

Clear, T. R. (1978). *A model for supervising the offender in the community.* Washington, DC: National Institute of Corrections.

Colvin, W. (1922). What authority should grant paroles? If a Board, how should it be composed? *Journal of Criminal Law and Criminology* 12, 545 – 548.

Criminal Courts Technical Assistance Project, January (1982). *Judicial and executive discretion in the sentencing process: Analysis of felony state code provisions.* Washington, DC: American University.

Cullen, F. , Gendreau, P. (2001). From nothing works to what works: Changing professional ideology in the 21st century. *The Prison Journal* 81(3), 313 – 338.

Dawson, R. O. (1966). The decision to grant or deny parole: A study of parole criteria in law and practice. *Washington University Law Quarterly June*, 248 – 285.

DeLoach, C. (1995). *Hoover's FBI: The inside story by Hoover's trusted lieutenant.* Washington, DC: Regenery.

Durham, A. M. (1990). Social control and imprisonment during the American Revolution: Newgate of Connecticut. *Justice Quarterly* 7, 293 – 323.

English, K., Colling, C., Pullen, S. (1996). *How are adult felony sex offenders managed on probation and parole: A national assessment*. Denver, CO: Colorado Department of Public Safety.

Farris v. U. S. *Board of Parole*, 1973 384 *F*. 2d 948 (7th Cir.).

Field, H. E. (1931). The attitudes of prisoners as a factor in rehabilitation. *The Annals* 157 - 162.

Florida Office of Program Policy Analysis and Government Accountability (1996). *Information brief of control release workload of the Florida Parole Commission*. Tallahassee: FOPPAGA.

Fogel, D. (1975). *We are the living proof ······the justice model for corrections*. Cincinnati: Anderson.

Gagnon v. Scarpelli, 1972 411 *U. S.* 788.

Gainsborough, J. (1997). Eliminating parole is a dangerous and expensive proposition. *Corrections Today* 59(4), 23.

Glaser, D. (1962). Prediction tables as accounting devices for judges and parole boards. *Crime & Delinquency* 8, 239 - 258.

Glaze, L., Bonczar, T. (2009). *Probation and parole in the United States*, 2008. Washington, DC: U. S. Department of Justice Statistics, Bureau of Justice Statistics.

Goodstein, L. (1980). Psychological effects of the predictability of prison release: implications for the sentencing debate. *Criminology* 18, 363 - 384.

Gottfredson, D. M., Babst, D. V., Ballard, K. B. (1958). Comparison of multiple regression and configural analysis techniques for developing base expectancy tables. *Journal of Research in Crime and Delinquency* 5, 72 - 80.

Gottfredson, D. M., Hoffman, P. B., Sigler, M., Wilkins, L. (1973). Making parole policy explicit. *Crime and Delinquency* 52: 52 - 58.

Gottfredson, S., Gottfredson, D. (1993). The long-term predictive utility of the base expectancy score. *Howard Journal of Criminal Justice* 32, 276 - 290.

Gottfredson, S., Gottfredson, D. (1994). Behavioral prediction and the problem of incapacitation. *Criminology* 32, 441 - 474.

Gramich, H., McGill, A. (1994). Religion, attribution style, and punitiveness toward offenders. *Criminology* 32(1), 23 - 46.

Gramich, H., Cochran, J., Burish, J., Kimpel, M. (1993). Religion, punitive justice, and support for the death penalty. *Justice Quarterly* 10(2), 289 - 314.

Greenholtz v. *Inmates of the Nebraska Penal and Correctional Complex*, 1979 442 U. S. 1.

Hammett, T., Harrold, L., Epstein, J. (1994a). *Tuberculosis in correctional facilities*. Washington, DC: U. S. Department of Justice.

Hammett, T., Harrold, L., Gross, M. (1994b). 1992 *update: HIV/AIDS in correctional facilities: issues and options.* Washington, DC: U. S. Department of Justice.

Hart, H. (1923). Predicting parole success. *Journal of Criminal Law and Criminology* 14, 405 – 414.

Hassine, V. (2004). *Life without parole: Living in prison today*, 3rd edn. Los Angeles, CA: Roxbury.

Hawkins, K. O. (1971). Parole selection: The American experience. University of Cambridge: unpublished doctoral dissertation.

Heilbrun, K. , Brock, W. , Waite, D. , et al. (2000). Risk factors for juvenile criminal recidivism. *Criminal Justice and Behavior* 27(3), 275 – 291.

Hoffman, P. (1983). Screening for risk. *Journal of Criminal Justice* 11(6), 539 – 547.

Hoffman, P. (1994). Twenty years of operational use of a risk prediction instrument: The United States Parole Commission's salient factor score. *Journal of Criminal Justice* 22, 477 – 494.

Hughes, R. (1987). *The fatal shore*. New York: Alfred A. Knopf.

Irwin, J. (1977). Adaptation to being corrected: Corrections from the convict's perspective. In: R. G. Legar, J. R. Stratton (eds) *The sociology of corrections*. New York: John Wiley and Sons, pp. 276 – 300.

Johnson, E. (1994). Opposing outcomes of the industrial prison: Japan and the United States compared. International Criminal Justice Review 4(1), 52 – 71.

Johnson, S. (2000). The Bible and the death penalty. *Journal of Contemporary Criminal Justice* 11(1), 15 – 23.

Kanvensohn, M. (1979). *A national survey of parole-related legislation*. San Francisco, CA: Uniform Parole Reports.

Langbein, J. H. (1976). The historical origins of the sanction of imprisonment for serious crime. *Journal of Legal Studies* 5, 35 – 63.

Latessa, E. (2008). *What science says about designing effective prisoner reentry programs*. Wisconsin Family Impact Seminars, University of Wisconsin. Available at www. familyimpactseminars. org/index. asp? p=2&page=seminar&seminarid=168&siteid=50.

Latessa, E. , Smith, P. , Lemke, R. , Makarios, M. , Lowenkamp, C. (2010). The creation and validation of the Ohio Risk Assessment System (ORAS). *Federal Probation* 74(1).

Lindsey, E. (1925). Historical origins of the sanction of imprisonment for serious crime. *Journal of Criminal Law and Criminology* 16, 9 – 126.

Lowenkamp, C. , Latessa, E. (2005). Developing successful reentry programs: Lesson learned from the "what works" research. *Corrections Today* (April).

Loza, W., Loza, F. (2000). Predictive validity of the self-appraisal questionnaire (SAQ). *Journal of Interpersonal Violence* 15(11), 1183 – 1191.

Lurigio, A. J. (2001). Effective services for parolees with mental illnesses. *Crime & Delinquency* 47, 446 – 461.

MacNamara, D. E. J. (1977). The medical model in corrections: Requiescat in Pax. *Criminology* 14, 435 – 438.

Maguire, M., Peroud, B., Dison, J. (1996). In: Maguire, M., Peroud, B., Dison, J. (eds) *Automatic conditional release: the first two years.* London: Her Majesty's Stationery House.

Martinson, R. (1974). What works? Questions and answers about prison reform. *Public Interest* 25(spring), 22 – 25.

Maruschak, L. M., Bonczar, T. P. (2014). *Probation and parole in the United States*, 2012. Washington, DC: U. S. Dept. of Justice, Offices of Justice Programs, Bureau of Justice Statistics.

Monahan, J. (1981). *Predicting violent behavior: An assessment of clinical techniques.* Beverly Hills, CA: Sage.

Monahan, J., Steadman, H. (1994). In: Monahan, J., Steadman, H. (eds) *Violence and mental disorder: Developments in risk assessment.* Chicago, IL: University of Chicago Press.

Morelli, R. S., Edelman, C., Willoughby, R. (eds) (1981). In: Morelli et al. (eds) *A survey of mandatory sentencing in the U. S.* Pennsylvania Commission on Crime and Delinquency.

Morris, N. (1974). *The future of imprisonment.* Chicago, IL: University of Chicago Press.

Morrissey v. Brewer, 1972 408 *U. S.* 471.

Murphy, J. W., Dison, J. (1990). *Are prisons any better? Twenty years of correctional reform.* Newbury Park, CA: Sage.

National Commission of Law Observance and Enforcement (1939). *George W. Wickersham, Chairman. Report on penal institutions, probation and parole.* Washington, DC: U. S. Government Printing Office.

Offutt, W. (1995). *Of "good laws" and "good men": Law and society in the Delaware Valley*, 1680—1710. Chicago, IL: University of Chicago Press.

O'Leary, V., Hanrahan, K. (1977). *Parole systems in the United States: A detailed description of their structure and procedure*, 3rd edn. Hackensack, NJ: National Council on Crime and Delinquency.

Pagliaro, P., Pagliaro, A. (1992). Sentenced to death: HIV infections and AIDS in prison—current and future concerns. *Canadian Journal of Criminology* 34 (2), 201 – 214.

Pew (2014). *Max out the rise in prison inmates released without supervision.* www. pewtrusts. org/en/research-and-analysis/reports/2014/06/04/max-out.

Pisciotta, A. (1982). Saving the Children: The promise and practice of Parens Patria, 1838—1898. *Crime & Delinquency* 28(3), 410 – 425.

President's Commission on Law Enforcement and Administration of Justice (1969). *The challenge of crime in a free society.* Washington, DC: U. S. Government Printing Office.

Rennie, Y. (1978). *The search for criminal man.* Lexington, MA: D. C. Heath. Report of the Massachusetts General Court Joint Special Committee on Contract Convict Labor (1880). *Report of the Massachusetts General Court Joint Special Committee on Contract Convict Labor.* Boston, MA: State of Massachusetts.

Rhine, E., Smith, W., Jackson, R. (1992). *Paroling authorities: Recent history and current practices.* Laurel, MD: American Correctional Association.

Roberts, J., Nuffield, J., Hahn, R. (2000). Parole and the public. *Empirical and Applied Criminal Justice Research Journal* 1(1), 1 – 25.

Rothman, D. J. (1971). *The discovery of the asylum: Social order and disorder in the new republic.* Boston, MA: Little, Brown.

Runda, J., Rhine, E., Wetter, R. (1994). *The practice of parole boards.* Lexington, KY: Council of State Governments.

Samra, G., Pfeifer, J., Ogloff, J. (2000). Recommendations for conditional release suitability. *Canadian Journal of Criminology* 42(4), 421 – 447.

Sandys, M., McGarrell, E. (1997). Beyond the Bible belt: The influence (or lack thereof) of religion on attitudes toward the death penalty. *Journal of Crime and Justice* 20(1), 179 – 190.

Scott, J. (1974). The use of discretion in determining the severity of punishment for incarcerated offenders. *Journal of Criminal Law and Criminology* 65, 214 – 224.

Sellin, T. (1970). The origin of the Pennsylvania system of prison discipline. *The Prison Journal* 50(13), 13 – 15, 17.

Sherrill, M. S. (1977). Determinate sentencing: History, theory, debate. *Corrections Magazine* 3, 3 – 13.

Shichor, D. (1993). The corporate context of private prisons. *Crime, Law and Social Change* 20(2), 113 – 138.

Smykla, J. O. (1984). *Prediction in probation and parole: Its consequences and implications.* Paper presented at the annual meeting of the Academy of Criminal Justice Sciences, Chicago, IL.

Sutton, P. L. (1981). *Criminal sentencing in Nebraska: The feasibility of empirically based guidelines.* Williamsburg, VA: National Center for State Courts.

Travis, J., Petersilia, J. (2001). Reentry reconsidered: A new look at an old problem. *Crime & Delinquency* 47: 291–313.

Travisono, A., Hawkes, M. (1995). *Building a voice: The American Correctional Association*, 125 *years of history*. Lanham, MD: ACA. www. corrections. com/aca/history/html.

Turner, M., Cullen, F., Sundt, J. (1997). Public tolerance for community-based sanctions. *Prison Journal* 77(1), 6–26.

Vardalis, J., Decker, F. (2000). Legislative opinions concerning the private operations of state prisons. *Criminal Justice Policy Review* 11(2), 136–148.

West-Smith, M., Pogebrin, M., Poole, E. (2000). Denial of parole: An inmate perspective. *Federal Probation* 64(2), 3–10.

Wiggins, M. E. (1984). *False positives / false negatives: A utility cost analysis of parole decision making*. Paper presented at the annual meeting of the Academy of Criminal Justice Sciences, Chicago, IL.

Wilcox, C. (1929). Parole: Principles and practice. *Journal of Criminal Law and Criminology* 20, 345–354.

Wilkins, L. E., MacNaughton-Smith, P. (1964). New prediction and classification methods in criminology. *The Journal of Research in Crime and Delinquency* 1, 19–32.

Wines, E. C., Dwight, T. W. (1867). *Prisons and reformatories of the United States and Canada*. Albany, NY: New York Prison Association.

Wright, J., Cullen, E., Blankenshin, M. (1995). The social construction of corporate violence: Media coverage of the imperial food products fire. *Crime & Delinquency* 41(1), 20–36.

第五章　哪些措施在缓刑和假释中是有效的

关键词

社区居住矫正中心（community residential centers）

假释条件（parole conditions）

成本效应（cost-effectiveness）

有效干预原则（principles of effective intervention）

信仰为基础的矫正项目（faith-based programs）

对缓刑犯的震慑（shock probationers）

准假制度（furlough）

治疗性社区（therapeutic communities）

追踪时长（length of follow-up）

一　评估矫正实践的重要性

对矫正方案进行评估的重要性从未被特别提出过，尤其是鉴于当前的经济危机。随着大量金钱被花费在矫正上，公众需要这些矫正项目能真正起到作用。本章准备探讨以下的一些批判性问题。到底什么会产生作用？

我们对矫正项目的效益到底有何了解？当我们没能成功开发出有效的矫正项目，会造成什么损害？此外，本章还为贯穿本书始终的关于社区矫正研究和实践的讨论提供了一个以证据为基础的研究框架。

在矫正官目前所担忧的事情中，最重要的一个方面就是有效矫正干预项目的设计和实施。因为有持续的证据显示民众对罪犯康复计划的支持，因而这种担忧显得特别具有关联性(Pew,2012)。调查研究也揭示了对保护公众作为矫正的一个重要目标的强烈支持(Applegate et al.,1997)。事实上，关于什么是取得这些目标最好方式的争议并不少见。一方面是倡导更严厉的刑罚措施，比如增加监禁的适用，"更聪明的惩罚(punishing smarter)"策略(例如军事化训练营)，或简单地增加对犯罪人员的控制和监视。这些方法的局限性已经被学者所详细罗列和讨论(Currie,1985；Bennett et al.,1996；Petersilia & Cullen,2014)。

正如卡伦和阿普尔盖特(Cullen & Applegate,1998)所言，这些"趋严"的政策最让人沮丧的地方就是对康复罪犯的重要性置之不理。卡伦和阿普尔盖特进一步质疑这种对康复的拒绝态度是否为一项合适的公共政策。就像在很多州发现的那样，仅仅将罪犯关起来并"把钥匙扔掉"被证明是非常昂贵的犯罪控制方式。这种方式同样也非常有局限性，因为大部分的罪犯终有一天会回到社会中去。大量服刑人员回到社会后最好的情况是他们维持原样，而最差的情况是他们导致更多的问题并需要更多的社会服务(Petersilia,1992)。对那些倡导监禁的人来说，同样必须被问到的一个问题是：当罪犯被监禁时应该对他们做什么？一部分学者，像卡伦和阿皮尔盖特一样，并不认为监禁和康复是互相排斥的。此外，因为大量的罪犯在社区中受到不同严密程度的监管，发展能够减少他们再犯的计划就更加重要。

研究告诉了我们什么？

过去一些年中发展起来的"中间制裁"除一小部分外，未能达到刑罚预期目的，尤其是在减少再犯方面(Fulton et al.,1997；Latessa et al.,1997；Petersilia,1997)。虽然诸如军事化训练营，直面惊吓(Scared Straight)或其他"更聪明的惩罚"项目变得很热门，但几乎没有证据显示它们对减少再犯起到显著作用。图 5－1 显示了众多研究的一部分结果。不幸的是,证据似乎表明在某些案件中,"更聪明的惩罚"实际上导致了再犯率的上升。关于这些方式的主要问题之一是,它们仅仅向罪犯传递了不应该做什么的信息;这些方式没有培养他们在未来应对高风险情形所需要的能力。

在一项由国家司法研究所资助的研究中,谢尔曼(Sherman)和同事(1998)总结了对于减少再犯不起作用的措施:

(1) 使用传统的军队基础训练的矫正的军事化训练营;

(2) 聚焦于恐惧和其他情感诉求的戒毒课程,包括聚焦于自尊心,比如 DARE;

(3) 以学校为基础的丰富业余时间项目;

(4) 未成年犯参观成人监狱的"恐吓从善"计划;

(5) 震慑式缓刑,震慑式假释,以及增加缓刑或假释时间的分离刑;

(6) 使用电子监控设备的住宅监禁;

(7) 强化监管;

(8) 使用模糊,非结构性咨询的康复计划;

(9) 在农村环境下使用挑战性经验的少年犯居住矫正方案。

尽管刑罚有越来越严厉的趋势,但更多的证据显示,矫正性治疗对减少罪 *128* 犯的再犯是有效的(Andrews et al. ,1990;Cullen ＆ Gendreau,1989;Gendreau ＆ Andrews,1990;Latessa ＆ Lowenkamp,2006;Redondo et al. ,1999;Van Voorhis,1987)。然而,仍然有部分学者未被完全说服(Antonowicz ＆ Ross, 1994;Lab ＆ Whitehead,1988;Logan ＆ Gaes,1993;Farabee,2005)。关于矫治有效性的争论自从马丁森(Martinson) 宣告"矫治无用论"——这个被许多人用作口头禅的概念——之后就一直存在,尽管证据证明事实其实与其相反。对矫正性项目的潜在效果存在怀疑的首要原因,是没能把效果按风险等级来衡量矫正结果,以及缺乏高质量的矫正项目。

让德罗(1996)研究了大量试图影响罪犯的矫正性和康复项目。他的研究结果显示,64%的罪犯康复研究(也包括控制组)显示再犯罪率在被矫治

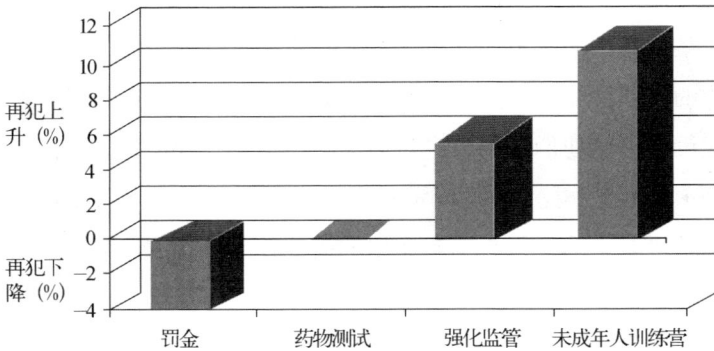

* 没有显示的数据:赔偿/电子监管＝3％,恐吓从良＝4％

图 5‑1　"更聪明的惩罚"项目对再犯罪的影响

资料来源:让德罗(Gendreau, P.),戈金(Goggin, C.),卡仑(Cullen, F.),安德鲁斯(Andrews, D.). The Effect of Community Sanctions and Incarceration on Recidivism. *Forum on Corrections Research* 12, 10‑13;奥斯(Aos, S.),菲普斯(Phipps, P.),巴诺斯基(Barnoski, R.),利布(Lieb, R.), *The Comparative Costs and Benefits of Programs to Reduce Crime*. Olympia, WA：Washington State Institute for Public Policy。

群体中有所下降;事实上,再犯罪率平均下降了 10％。其他学者之后也进行了类似的研究(Lipsey ＆ Wilson,1997)并且得出了相同的结论:康复项目对减少再犯是有效的。比如,图 5‑2 是基于利普西(Lipsey,1999)所进行的荟萃分析(meta-analysis)(或者对文献的定量研究)。结果显示了当多种矫正项目特征被用到缓刑中时所产生的预期的再犯率。

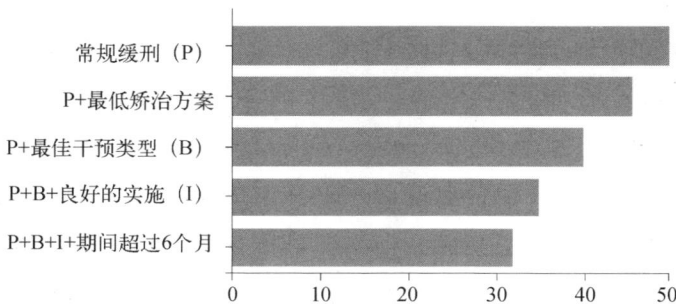

图 5‑2　不同干预特征下未被监禁的未成年犯的预期再犯率

资料来源:Lipsey, M.(1999). Can Intervention Rehabilitate Serious Delinquents? *Annals of the American Academy of Political and Social Science* 564,142‑166。

让德罗和帕帕罗尼（Gendreau & Paparozzi,1995）也发现当康复项目与有效干预的八个原则中的至少一部分原则结合起来时，它们减少再犯率的范围在25％到70％之间，平均约为50％。有效干预的一些原则如下：

（1）（矫正康复）项目应当以认知行为为本质进行强化服务，并应 *129* 占据罪犯所参加项目中40％—70％的时间——达到3至9个月的时长。认知行为项目包含了认知理论、行为理论和社会学习理论（见Spiegler & Guevremont,2009）。

（2）项目应当针对高风险罪犯的罪因性需求（criminogenic needs），比如反社会态度，同类（的人）之间联系、私人和情感因素（比如攻击性、缺乏自我控制能力）、药物滥用、家庭和婚姻问题，以及缺乏教育/工作。

（3）应当在罪犯、治疗师和项目之间引入责任机制。简单来说，治疗项目应当以允许罪犯学习新的有利于社会的能力和处理潜在障碍的方式进行。

（4）项目的预防性和行为性策略应当以严格但公平的方式进行；积极的强化与惩罚的比例至少为4:1。

（5）工作人员应当以人与人之间的情感和有建设性的方式跟罪犯交流，并且针对工作人员也应当（根据这个理念）进行培训和管理。矫治由能够胜任的治疗师和个案经理系统地进行。

（6）项目的结构和活动可通过将罪犯置于有利社会行为占主导的环境下（包括人和地点）来干扰犯罪网络。

（7）在社区中预防罪犯再犯可通过一系列策略：如计划和预演具有替代性的有利于社会的应对措施，提前预见问题，对其他重要的人（家人和朋友）进行培训来为罪犯有利于社会的行为提供协助，以及建立支持加强疗程的系统。

（8）高水平支持和中介服务加社区机构的良好服务。

在一项关于使用行为强化项目所产生影响的研究中，维达尔和他的同事们（Widahl et al.,2011）测试了对缓刑犯增加奖励的效果。随着对缓刑犯

奖励比率的上升,完成(缓刑)率也大幅地上涨。对缓刑犯奖励的比例达到
4:1时,完成率超过了70%。图5-3显示了完成率的上升情况,表5-1显
示了缓刑机构使用的奖励和惩罚清单。

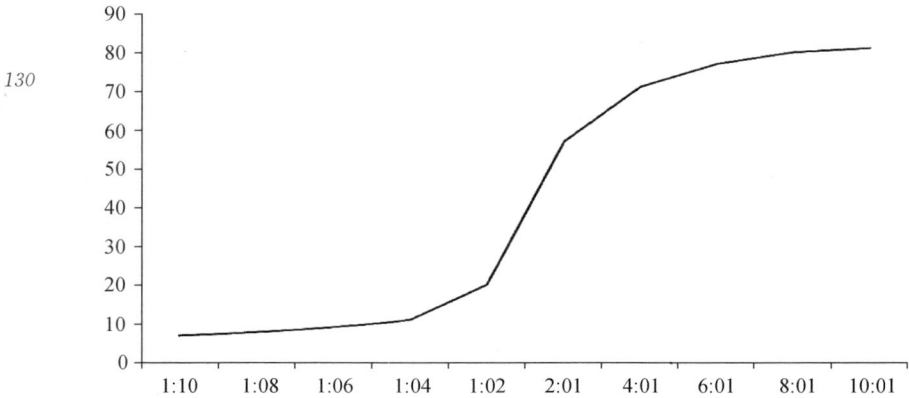

图5-3 奖励和惩罚的比例,以及严管成功的可能性

资料来源:Widahl, E. J. , Garland, B. Culhane, S. E. , McCarty, W. P. , Utilizing
Behavioral Interventions to Improve Supervision Outcomes in Community-based
Corrections. *Criminal Justice and Behavior* 38(4), 386 – 405。

表5-1 惩罚和奖励

惩罚	奖励
■ 口头训斥	■ 口头表扬和肯定
■ 书面指派任务	■ 停止电子监控
■ 增加宵禁时间	■ 提升等级
■ 增加社区服务时间	■ 增加私人时间
■ 限制探视	■ 批准进行特别活动
■ 延长或回归项目	■ 减少收费
■ 电子监控	■ 批准延长的特别探视
■ 住院或门诊	
■ 拘留	

资料来源:Widahl, E. J. , Garland, B. Culhane, S. E. , McCarty, W. P. , Utilizing
Behavioral Interventions to Improve Supervision Outcomes in Community-based
Corrections. *Criminal Justice and Behavior* 38(4), 386 – 405。

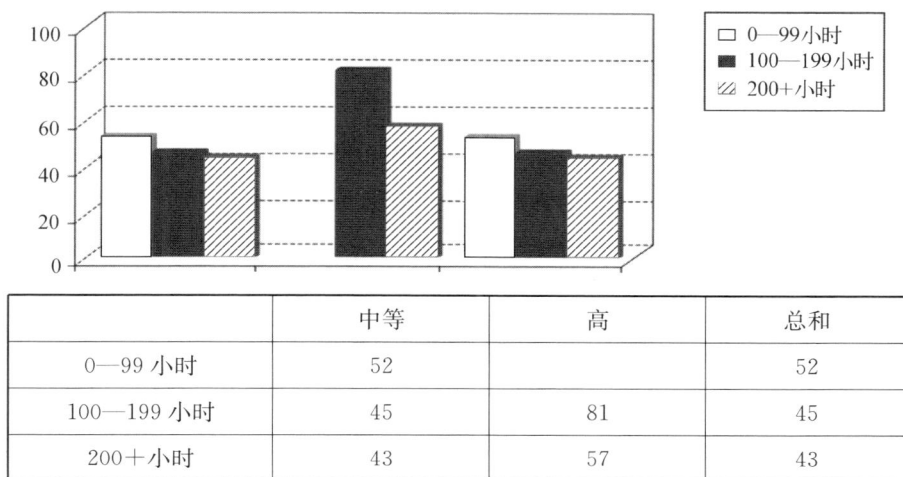

	中等	高	总和
0—99 小时	52		52
100—199 小时	45	81	45
200＋小时	43	57	43

图 5-4　按监管严密程度和风险程度计算的累犯率

资料来源：Sperber，K.，Latessa，E. J.，Makarios，M. D.，Examining the Interaction between Level of Risk and Dosage of Treatment. *Criminal Justice and Behavior* 40(3)，338-348。

　　基于上述原则的另一项新的令人兴奋的研究主要围绕减少累犯所需的治疗剂量。虽然很多人认为风险较高的罪犯应该接受"强化"项目的处理对待，但直到最近，关于什么才是构成强化监管项目的问题仍未得到解决。斯佩贝尔等人（Sperber et al.，2013）研究了增加针对成年男性重罪犯在社区中接受认知行为治疗小时数量的效果。图 5-4 显示，增加中等风险罪犯的治疗剂量可以使再犯一定程度的减少；然而，当针对高风险罪犯的治疗剂量增加时，降低幅度更大。研究清楚地表明，我们不能继续为不同的服刑犯提供"一刀切"的矫正方案。让德罗（1996）也列出了那些在减少再犯率方面无效的干预措施：

　　（1）谈话治疗；

　　（2）非指示型的，建立（良好）关系的治疗；

　　（3）传统医学模式；

　　（4）针对低风险罪犯的强化型措施；

　　（5）以非犯罪诱因需求为导向的强化型措施（或针对与未来的犯罪行为无关的因素）。

在专栏5-1中发现了一个不能有效减少再犯的情况。在物质滥用治疗的过程中莱特富特(Lightfoot,1999)确定了有效和无效的两种治疗类型。有趣的是,药物滥用者的有效和无效治疗模式与其他罪犯类型的研究结果类似。塔克斯曼(Taxman,2000)关于物质滥用治疗的研究也取得了类似的结论。这一发现在表5-2中总结了出来。

> **专栏5-1 对药物依赖罪犯进行的针灸治疗**
>
> 　　针灸被定义为"将针头插入皮肤以减轻疼痛或疾病的中国医学艺术"(Wensel,1990,p.5)。一些倡导者声称针灸可以成为治疗药物成瘾的有效方法(Smith et al.,1982,1984)。1992年,拉特沙和穆恩(Latessa & Moon)发表了他们对重罪缓刑犯门诊药物治疗计划进行研究的结果。项目参与者随机分为三组:实验组,定期接受针灸;控制组,没有接受针灸;和一个安慰剂组(placebo group),接受类似针灸的模拟操作。他们的结论是"没有证据表明针灸对于完成治疗项目,逮捕、定罪或缓刑结果有任何明显的影响"(1992,p.330)。
>
> 　　　　　　　　　　　　　　　　　　　　资料来源:Latessa & Moon(1992)。

表5-2 塔克斯曼对药物治疗有效性的评估(2000年)

> 什么样的治疗方法能够成功减少再犯?
> ■指示性咨询辅导
> ■行为重塑
> ■社区治疗
> ■道德思考
> ■社交能力认知行为模型
> ■情绪技能发展
> ■认知技能
> ■行为技能
> 哪些治疗类型没有能成功减少再犯?
> ■非指导性咨询
> ■现实治疗
> ■心理教育
> ■12步治疗法或其他自助小组
> ■精神分析

　　资料来源:Taxman, F. (2000). Unraveling "What works" for Offenders in Substance Abuse Treatment Services. *National Drug Court Institute Review* 2 (2)。

　　尽管存在着无用论的陈规定型观念,但许多研究表明滥用药物的治疗可以有效降低再犯率。有关滥用药物治疗的研究可归纳如下:

■　没有"神奇的子弹"——没有一种治疗方法可适用于每个人。 133

■　一般来说,治疗优于不治疗。

■　吸毒成瘾是一种慢性复发疾病。采用短期的、基于教育的治疗服务不会有效地降低复发率;然而,持续一年以上的强化治疗计划可能开始出现效果不佳的情况。

■　滥用药物方案所使用的传统模式,如药物/酒精教育和 12 步程序项目,尚未发现与认知行为模型一样有效。

■　治疗后进行跟踪服务可提高治疗效果。

■　犯罪行为是独立影响治疗结果的重要因素。

从这些总结中可以看出,最有效的方法是基于认知行为学、社会学习方法和技能培养技术来进行治疗,而不是谈话疗法和自助方法。

二　假释有效性

什么是已经知道的缓刑,假释以及其他社区矫正方案的有效性? 未来的研究重点应该是什么? 下一节将概述某些领域有关假释有效性的结果。这一领域的讨论主题基本上是根据刑事司法中涉及假释的决定流程来进行的,然而,大多数调查结果也适用于缓刑,特别是其中的监管和创新方案。

1. 监狱因素

监狱的几个方面与假释及其有效性有关,例如,监禁时间长短、监狱中的行为、监禁场所的项目和作为释放条件的假释条件。

2. 服刑时长

早期研究检验假释服刑时间的效果一般认为服刑时间越短,成功完成假释的可能性越大(Eichman,1965;Gottfredson et al. ,1977)。

同样,史密斯等人(2002)对监狱文献进行了荟萃分析。结果共包含 27 项比较社区治疗的犯罪者(如缓刑犯)与囚犯的研究,以及 23 项比较长期服

134 刑的囚犯和短期服刑的囚犯的表现。结果表明,被监禁的罪犯的重犯率比社区罪犯高约 7%,服刑期长的犯人的重犯率比刑罚较短的罪犯高 3%。这些结果在图 5-5 有所表示。

百分比

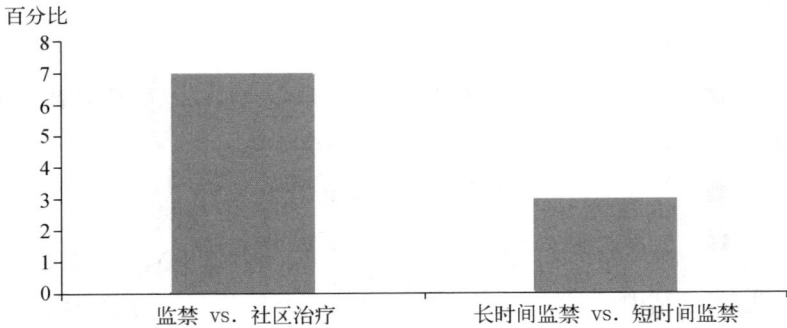

图 5-5   按照刑罚类型的累犯增加百分比

资料来源:Smith, P., Goggin, C., Gendreau, P. (2002). *The Effects of Prison Sentences and Intermediate Sanctions on Recidivism*:*General Effects and Individual Differences*. A Report to the Corrections Research Branch. Ottawa, Ontario:Solicitor General of Canada。

大多数研究人员认为,较长的监禁条件对成功的完成假释有不利影响,这意味着监禁的消极方面似乎随着时间的推移而加剧。例如,维托(Vito,1978)在对震撼性缓刑进行研究后,得出即使短时间的监禁也会产生负面影响的结论。但这项研究尚未回答的问题是:还有哪些在服刑更长时间后产生的囚犯特征与不好的假释后果有关?

3. 监狱项目

参与监狱项目对再犯率有影响吗? 现有的关于监狱项目和监狱行为有效性的研究局限在这个问题上。大多数机构项目的分析都是针对监狱调适、纪律问题以及项目参与度对假释批复过程的影响而进行的。包括假释期在内的一些评估通常显示其对再犯率几乎毫无作用。然而,史密斯和让德罗(Simth & Gendreau,2007)的一项针对加拿大 5 469 名联邦罪犯的研究考察了监狱项目参与与再犯率的关系。结果表明,针对罪因性需求的监狱项目将中度风险罪犯和高度风险罪犯的再犯率分别减少了 9% 和 11%。

德国矫正研究人员评估了 8 个监狱的社会治疗方案的有效性,结果非常相 ¹³⁵ 似(Egg et al.,2000)。通常被称为中度到高度危险的成年囚犯的再犯率平均减少了 12%。

　　大部分监狱行为的研究都没有发现监狱行为与成功完成假释之间的关系(Morris,1978;Von Hirsch & Hanrahan,1979)。然而,葛佛森等人(Gottfredson et al.,1982)的一项研究发现,当控制犯罪记录变量后,假释期间违法和监狱违法行为之间存在一定关系。法兰奇和让德罗(French & Gendreau,2006)也使用荟萃分析技术研究了参与监狱方案与监狱违规行为及假释后再犯率之间的关系。针对犯罪诱因需求的监狱项目减少了 26% 的违规行为及 14% 的释后再犯率(French & Gendreau,2006)。然而,总的来说,监狱项目参与、监狱行为以及假释成功率之间的关系还没有得到研究者们的足够关注。

4. 工作和教育项目

　　受到一定关注的另两个领域是囚犯的工作和教育项目。虽然多年来关于教育项目的文献有着多种不同的研究结果,但证据似乎表明教育项目能够对囚犯行为和再犯情况产生积极影响(Ayers et al,1980;Eskridge & Newbold,1994;Linden & Perry,1982;Roberts & Cheek,1994;Wilson et al.,2000;Aos et al.,2006;Davis et al.,2013)。例如,在几个荟萃分析研究中发现,参加矫正教育项目的犯人的再犯概率减少了 11%(Davis et al.,2000)到最近一个研究揭示的 13%(Wilson et al,2013)。虽然关于矫正教育项目的研究结果大多是正面的,但关于监狱工作项目的研究并没有拿出令人信服的能够证明减少再犯率的证据(Vito,1985b;Zeisel,1982;MacKenzie & Hickman,1998;Bouard et al.,2000;MacKenzie,2012)。即使有一个荟萃分析研究表明监狱产业项目是有效的,但也仅仅是基于三项研究的基础上所得出的结论(Aos,2005);尽管如此,让德罗和罗斯(Gendreau & Ross,1987)确实提供了一些监狱工作项目应遵循的原则:(1)他们(囚犯)必须提高实际技能;(2)发展(囚犯)人际交往能力并尽量减少监狱文化内在化;(3)确保工作项目的实施不是为了单独惩罚的目的。

5. 治疗性社区(therapeutic communities)

近几年来,以监狱为基础的治疗性社区(TCs)已经再度兴起(见专栏5-2)。部分原因是联邦政府投入了更多资金发展此项目。

专栏5-2　治疗性社区

治疗性社区(英文简称 TCs),其本质上体现了一种折中主义,是关注个人整体的一种密集性自助模式。工作人员和罪犯都密切参与治疗的过程。对抗制和问责制是治疗性社区的核心要素。具有恰当行为的罪犯被其他罪犯和工作人员"拔起(pull-ups)"(向积极方面引导强化),而那些从事有损他们自己或他人行为的犯人会面临"剪头(haircuts)"(即对抗他们的不当行为)。外界对治疗性社区的批评之一是他们使用羞辱和其他有辱人格的制裁措施。例如,曾经有一些治疗性社区让罪犯像婴儿一样穿着尿布,长时间坐在椅子上,戴上傻瓜帽,并实施旨在改变参与者行为的惩罚。

虽然不同的治疗性社区的运作方式存在很大差异,但核心要素是遵循一项原则——所有的工作人员和罪犯分享治疗的经验。治疗性社区在监狱中更为常见,但也有许多是在以真正社区为基础的机构中运行,例如中途之家。

一些研究表明,治疗性社区可以对再犯率产生明显的影响,这种影响在那些为犯人提供了出狱后续安置的社区更为明显(参见 Knight et al.,1999;Martin et al.,1999;Wexler et al.,1999)。图5-6展示了一个在特拉华州此类项目运行的效果。

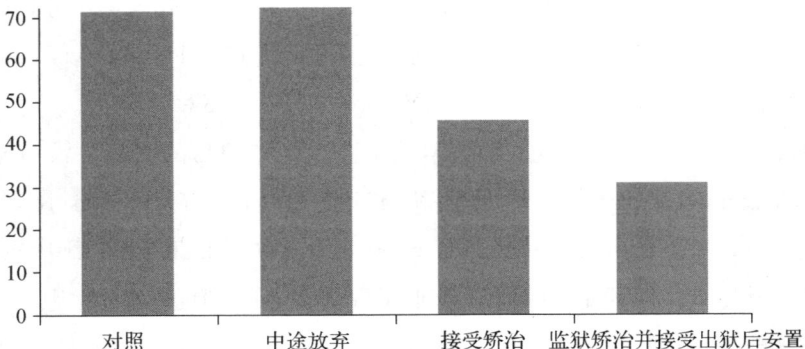

图5-6　治疗性社区的改造:三年跟踪调查后的逮捕率(百分比)

资料来源:Martin, S., Butzin, C., Saum, C., Inciardi, J. (1999). Three-Year Outcomes of Therapeutic Community Treatment for Drug-involved Offenders in Delaware. *The Prison Journal* 79,294-320。

6. 基于信仰的项目

前总统乔治·W. 布什的倡议之一是扩大基于信仰的人力服务项目。尽管基于信仰的项目在社区矫正方面有着悠久的历史，但令人感到惊讶的是，对其有效性进行实证的研究却少之又少，并且（即使有相关研究）结果也好坏参半。监狱中的宗教项目可能有助于犯人应对监狱生活；然而，研究表明，入狱之前应对技能（coping skills）不佳的犯人在监狱中的应对技能仍然很差（Porporino & Zamble，1984）。自 1985 年以来，至少有 23 项研究探讨了一般民众中宗教与越轨行为之间的关系。其中的 18 项研究表明，宗教信仰减少偏常行为（即信仰坚强的人通常比非信徒犯罪更少）；然而，这个研究结果似乎并不能很好地转化到矫正设计中。

两项研究调查了参与宗教活动对监狱生活调适及违规行为的影响。1984 年，约翰逊（Johnson）在佛罗里达州调查了 782 名犯人。结果显示信仰宗教的犯人和不信仰宗教的犯人在违规行为或监狱生活调适方面并无差异。1992 年，克利尔（clear）和他的同事研究了 12 个州 20 个监狱中的 769 名犯人的非随机样本。他们的结论是，犯人参与宗教活动与监狱改造有着显著的正向相关。他们还发现其他因素，例如罪犯的年龄和种族，也有一定的影响。

同样的，有三项研究考察了宗教信仰和囚犯被释放后的行为。1987 年，约翰逊（Johnson）和他的同事们研究了从纽约四座成年男性监狱释放的犯人。一个小组加入了监狱互助会项目（PFP）；另一组没有加入。这项研究的结果表明，参与的程度影响了（犯人的）监狱调适；但是，二者相关的方向并不总是如预期的那样：

（1）监狱互助会项目的积极参与者同较不积极或中等水平的参与者相比，违反监狱规定的可能性更低。

（2）然而，监狱互助会项目积极参与者有更多的严重违规记录。

（3）在释放后的跟进项目中，监狱互助会项目积极参与者出狱后被重新逮捕入狱的可能性明显较低，但这种关联性对于白人罪犯来说是最明显的,但对于非洲裔美国人来说却不甚明显。

杨等人(Young,et al.,1995)跟进调查了一组由180名被训练为监狱自愿管理员的联邦因犯。他们被要求参加特别研讨小组和一个与之相匹配的控制组。总体而言,研讨会组(seminar group)的再犯率明显低于对照组,且保持较高的持续率。研讨小组形式对低风险测试者、白人和女性因犯最有效。

萨姆特(Sumter,1999)的研究深化了克利尔等人(1992)关于因犯的研究。他们发现,"信仰宗教"和"不信仰宗教"的犯人之间的再犯率并无差异;此外,无论他们去过多少次教堂,在价值观方面更倾向宗教信仰的犯人再犯的可能性相对较低。萨姆特还发现,释放后的犯人参加相关宗教活动,则再犯的可能性也较低;然而,在监狱内参加或是在监狱外参加之间并未显示相关联系。当然,参与宗教项目肯定不是万能药:百分之六十的"信仰宗教"的犯人在追踪研究中都经历过一次或多次逮捕。萨姆特认为,宗教作为一种矫正方案具有复杂性和多元性——正如个人的社会性一样——而且在监狱背景之下将变得更加复杂。犯人信奉宗教有几个原因,有些理由听起来是令人振奋的[精神上的信仰和(在监狱内建立更好的)应对机制],有些理由听起来则是玩世不恭(获得零食、增加离开牢房的时间、更多的自由、表现良好以获得假释)。就我们所知,监狱扭曲了一切。宗教信仰看起来更像是单纯为了解决禁闭的问题而寻求表面上的精神觉醒。与此相关的事实是,我们对宗教具体是如何发挥作用的,或者"宗教"的最佳定义是什么这些问题知之甚少(皈依宗教,每周出席做礼拜,圣经学习活动中读到的书籍数量,刑罚与救赎目标,参加诸如去教堂、服务和做自愿活动的频率,奉献十分之一的工资给教堂,祷告的频率,抑或是说服他人转变信仰)。无论基于信仰的矫正项目的研究结果如何,我们大多数人都会同意追求宗教教义是一项基本的人权——应该鼓励那些希望参与精神表达的犯人这样做,无论相关研究怎么显示,这都是事实。但同时这并不意味着基于信仰的项目会对再犯率产生显著的影响。

鉴于研究中存在的这些矛盾,通常很难确定监狱矫治到底对犯人的行为会产生什么影响(如果有的话)。华盛顿州的研究人员进行了一项大型研究(Aos,et al.,1999),该研究调查了所有能找到的相关因素并进行了荟萃分析以确定累犯的效应大小。从图5-7中可以看出,他们发现,有一些矫正项目的确减少了累犯的出现,对年龄在27岁及以上其有补贴性工作的罪犯,再犯率减少了24%。

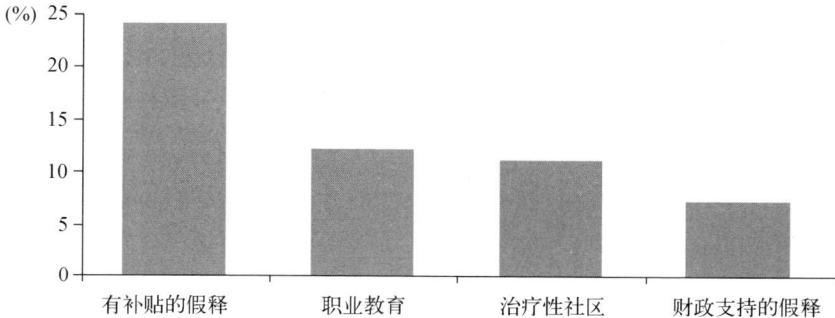

注:这种影响适用于27岁以上的犯人。对更年轻的犯人没有影响。

图5-7 华盛顿州关于监狱项目的平均影响程度的研究(再犯减少程度的平均百分比)

资料来源:Aos,S.,Phipps,P.,Barnoski,R.,Lieb,R.(1999). *The Comparative Costs and Benefits of Programs to Reduce Crime:A Review of National Research Findings with implications for Washington State*. Olympia,WA:Washington State Institute for Public Policy。

7. 假释条件

被准予假释的罪犯必须遵守相应的规则和条件。如果违反的话可能会导致再次被关回监狱。关于强制假释的条件,艾伦和拉特沙(Allen & Latessa,1980)在全国范围内的52个假释监管机构进行的调查中发现,有49个要求住所作为假释的条件,有47个要求就业条件。特拉维斯和拉特沙(Travis & Latessa,1984)的研究发现了类似的结果。在1995年的一次研究中,哈特曼(Hartman)及其同事发现,矫正正在从矫治要求向旨在加强监管和控制的矫正条件发生着显著的转变。在最近的一次调查中,特拉维斯和斯泰西(Travis and Stacey,2010)发现,缓刑条件的数量比哈特曼等人(Hartman et al,1996)报道的要多得多——每个辖区平均有18.6种缓刑条件,从最低的10种到最高的24种。特拉维斯和斯泰西总结说:"现行的假释规则反映了当前的新兴技术(药物测试、禁止警察持有无线电扫描仪等),

和改变中的对犯罪行为和罪犯的看法——包括更加重视犯罪者的财务责任（支付相应费用和赔偿）以及风险控制（报告制度和家访）。"

尽管假释条件普遍存在这样或那样的要求，在现有的文献中只有三项研究直接涉及假释条件和假释有效性。尽管其中两项研究（Beasley，1978；Morgan，1993）表明居住稳定性和假释完成成功率之间存在关联，但由于缺乏这方面的研究，我们很难对这个结果的普遍化做判断。

假释最重要的条件之一是要求定期向假释监管官员报告，并且不得未经许可离开指定区域，如其居住的县。未能报告或者下落不明的罪犯被称为脱逃者。威廉姆斯等人（Williams et al.，2000）的一项研究发现，加利福尼亚州有27％的假释者被列为脱逃者，另一项由施瓦纳（Schwaner，1997）在俄亥俄州进行的研究发现的数据是11％。这些脱逃者大多有酗酒问题，或曾犯有财产犯罪，或是曾有违反假释法规的历史和缺乏合适住所（Buckholtz & Foos，1996）。尽管有这么多的脱逃者，但对这个问题的学术研究却很少。

8. 假释释放

主要是作为对确定刑支持者的一种回应，研究人员越来越将注意力转向评估假释监管的成功与否。

假释监管的批评者主要依靠两个基本论据来支持他们的观点。一是假释监管对于减少再犯而言并无效果（Citizens' Inquiry on Parole and Criminal Justice，1975；Wilson，1977）。第二个观点更多的是从哲学的角度，认为监管不是"正义"（von Hirsh & Hanrahan，1979）。但一个更可信的说法是，研究结果并非一致；假释监管也有效地减少了被假释犯的再犯率（Flanagan，1985）。

有几项研究将一般假释犯与强制性释放（犯人）进行了比较，但他们未能控制两个研究群体之间可能存在的差异性（Martinson & Wilks，1977）。其他有控制差异性的研究显示了期待的结果（Gottfredson，1975；Lerner，1977），尽管也有一些研究报告了不太正面的结果（Jackson，1983；Nuttal et al.，1977；Waller，1974）。在一项研究中，戈特弗雷德逊等人（Gottfredson et al.，1982，p. 292）总结道："资料确实表明了假释监管具有影响，这种影响因罪犯的特征而异，并且该影响似乎不是太大。"在最近的一项研究中，皮尤（Pew，2013）发现，新泽西州的假释犯与服刑完毕最终被释放且不再受监控的人相比，他们的再逮捕率、再定罪率或再监禁率都较低。尽管假释被广泛运用，但实际上关于假释是否减少再犯率的认识却很少。我们只知道的是，大约一半的假释犯成功完成了假释。在 2005 年的一项关于假释的研究中，城市研究所（Urban Institute）认为假释监管对释放囚犯的重新逮捕率几乎没有影响（Solomon et al.，2005）。显然，现有与假释监管有关的研究结果众说纷纭，但对其有效性却没有一个明确的统一说法。

即使是最直言不讳的批评者也承认，负责监管任务的机构往往人手不足，而且他们的管理人员训练不足、工资过低和过度劳累。他们被大量的案件、工作任务和文书所淹没。但社区服务机构既没有空闲也不愿意处理这些假释犯；因此，假释监管官员被寄希望于履行所有的工作。正如第七章所指出的那样，他们有时也要扮演监控警察和康复治疗代理的双重角色。

一些证据表明，通过缩短假释时间，我们可以节省大量的金钱和时间，同时不会严重增加失败的风险。大部分数据似乎都表明，撤销假释大多是发生在假释的最初两年（Flanagan，1982，1980；杜罗斯等，2014），此后数量便大幅下降。还有一些证据显示，更早地将犯人们释放回社区并执行假释不会给社区带来更高的风险，事实上，这在成本考虑方面也是合理的（Holt，1975）。麦肯齐和皮克罗（Mackenzie & Piquero，1994）的研究也重复了这个观点。同样需要注意的是，通过社区居住矫正中心和准假制度让罪犯回到社区对早期的释放程序也有所帮助。社区居住矫正中心的定义和目的以及准假制度分别见专栏 5 - 3 和专栏 5 - 4。

专栏 5 - 3 社区居住矫正中心

社区居住矫正中心（也称为中途之家）是当缓刑犯、准假犯人、假释犯需要进一步有组织的改造时将他们安置的居住设施。中途之家的主要目的是限制犯罪者的自由，同时通过就业、教育、治疗、康复、恢复、培训、经济制裁以及旨在改造罪犯和阻止未来犯罪的其他活动，来鼓励他们重新融入社会（Ohio Community Corrections Organization，1993）。

专栏 5-4　准假制度(Furloughs)

罪犯的准假是为罪犯重新进入社会而设计的,旨在帮助罪犯平稳地从监狱回归社区。罪犯的准假包括有护送地离开监禁或者无护送地离开监禁,用于在正式的刑期结束前罪犯出于特殊目的和时间段需要离开监狱(如葬礼、临终亲属等)。主要用于就业、职业培训或教育的准假制度,实际上扩大了监禁的范围,包括了在刑期的最后几个月内因犯在社区中的暂时居住。准假期的罪犯通常需要入住社区居住矫正中心。准假制度允许假释委员会观察罪犯在社区中的表现,这种制度有助于那些在社区中表现良好的罪犯更快地解除假释监管。由于准假期的服刑在社区中被密切保护和监管,所以其失败的概率看起来很低。例如,在 1992 年的俄亥俄州报告中,只有 9％的准假期的服刑犯重返监狱(Ohio Community Corrections Organization,1993)。

在华盛顿州(1976 年),一项为期 10 年的对假释人员进行追踪的研究发现,假释第一年非常关键,在这段时间内,有超过一半的假释人员重返监狱。在这项研究中,释放后的第二个六个月往往比第一个六个月有更多的假释人员重返监狱。研究同时发现,那些因谋杀和误杀而被定罪的人不太可能重新犯罪,有财产性的犯罪特别是入室盗窃、汽车盗窃和伪造罪的罪犯重新犯罪的概率很高。正如预期的那样,年轻的假释者明显比 40 岁或以上的假释者表现更差。在最初六个月后,黑人的表现比白人稍差,而美洲原住民的表现明显比所有其他族群都差。值得注意的是,许多假释监管失败的犯罪是因为技术性违规行为(TVs),即不遵守假释委员会施加的假释条件。

表 5-3　假释年龄和失败的可能性

释放时的年龄	从监狱释放后多年返回监狱的百分比						
	年						
	1	2	3	4	5	6	7
18—24 岁	21％	34％	41％	45％	48％	49％	50％
25—34 岁	12％	21％	28％	33％	37％	41％	43％
35—44 岁	7％	14％	18％	22％	26％	30％	34％
45＋岁	2％	4％	6％	8％	10％	11％	12％
所有年龄段	14％	23％	29％	34％	37％	40％	42％

资料来源:改编自 Beck,A. (1987). *Recidivism of Young Parolees*. Washington,DC:Bureau of Justice Statistics Special Report。

技术性违规的范围可以从阳性药物检测结果到未按照指示报告。一些州实施新的政策来帮助减少因实际违规而重返监狱。例如,加利福尼亚州 ¹⁴²的新公共安全调整法(realignment law)要求非暴力的假释人员受到当地缓刑部门的监管,并要求违法者被关进看守所,而不是送回州监狱。对犯罪类型如何影响假释成功的研究一再表明,谋杀犯是假释风险最低的(Neilcutt,1972)。人们得出这个结论的理由各不相同;最经常提出的解释是,大多数凶手往往是犯了激情罪的初犯。另一个原因是年龄;因为大多数被定罪的凶手的监禁时间很长,他们通常在被释放时往往年纪更大(更成熟),而18—29 岁是犯罪的高风险时期(见表 5-3)。

　　在一项针对谋杀犯被判死刑然后减刑的案例研究中(Furman v. Georgia),维托等人(Vito et al. ,1991)发现俄亥俄州 43.5% 的死刑囚犯被假释,25% 的人被送回监狱(由于重新犯罪)。这些结果与得克萨斯州的结果非常相似,受 Furman 案影响而释放的死刑犯中,19% 的人重新犯罪(Marquart ＆ Sorensen, 1988),在肯塔基州,这个失败率为 29%(Vito&Wilson,1988)。总的来说,有关谋杀犯的研究显示,调查结果和结论是一致的。

　　奥斯汀(Austin,2001,p.331)研究了囚犯重返社会的重要问题。他总结说:"总的来说,我们不太清楚假释犯是否对公共安全造成像有些人认为的那样大的问题。"

　　作为总结,我们选择了全国假释再犯的研究数据(Beck,1987)。这些数据确认了假释有效性的两个重要方面:(1)再犯率根据再犯的定义而变化;(2)犯罪类型和年龄是决定假释成功的重要因素(表 5-4)。其他发现包括以下内容:

　　　　① 大约 10% 的假释犯占据整个假释犯的逮捕数的 40%。

　　　　② 大约五分之一的假释犯逮捕数发生在初始假释州以外的其他州。

　　　　③ 估计有 37% 的假释人员在假释期间被再次逮捕。 ¹⁴³

　　　　④ 罪犯从监狱释放后头两年的重新犯罪率最高。在一年之内,有32% 的人重新被逮捕;两年内,有 47% 的人被重新逮捕。

　　　　⑤ 男性、黑人和未完成高中的人比女性、白人和高中毕业生的重

新犯罪率更高。

⑥ 因犯有财产型犯罪而被指控的人中,近四分之三的人因严重犯罪而被重新捕获,而犯有暴力型罪的犯罪有三分之二被重新逮捕。

⑦ 大约三分之一的财产型罪犯和暴力型罪犯在监狱释放后因暴力犯罪被重新逮捕。

⑧ 假释犯先前逮捕记录越多,再犯的比率就越高,只有一次犯罪的假释成年犯中有59%的人被再次捕,但有6次或以上成年假释犯中有90%以上的人被再次逮捕。

⑨ 假释犯的第一次成年逮捕越早,再次被捕的可能性越大,在那些未满17岁但作为成年逮捕和起诉的假释犯中有79%的人被再逮捕,而在20岁或以上后第一次被捕的假释犯中则有51%的人被重新逮捕。

⑩ 在监狱服刑的时间对重新犯罪率没有一致性的影响,那些服刑六个月或以下的犯人与服刑两年以上犯罪的人被捕的概率大致相同。

表5-4 保释人员未完成保释率

从监狱释放后六年内的年轻假释人员的百分比			
	重新被捕	重新被判刑	重新被监禁
所有假释犯:	69	53	49
性别:			
男性	70	54	50
女性	52	49	36
种族:			
白种	64	49	45
黑种	76	60	56
西班牙裔	71	50	44
其他种族	75	65	63
教育:			
少于12年	71	55	51
高中毕业生	61	46	43

续表

从监狱释放后六年内的年轻假释人员的百分比			
	重新被捕	重新被判刑	重新被监禁
教育：			
上过大学	48	44	31
假释犯罪类型：			
暴力犯罪	64	43	39
谋杀犯罪	70	25	22
抢劫犯罪	64	45	40
攻击犯罪	72	51	47
财产型犯罪：	73	60	56
入室盗窃	73	60	56
伪造罪	74	59	56
盗窃犯罪	71	61	55
毒品犯罪	49	30	25

资料来源：改编自 Beck，A. (1987). *Recidivism of Young Parolees*. Washington, DC：Bureau of Justice Statistics Special Report。

　　在宾夕法尼亚州，巴克兰和萨亚奇（Bucklen ＆ Zajac，2009）发现，对于 [144] 假释失败或成功而言，罪因性是最重要的决定因素。表 5-5 显示了这项研究的一些主要发现。

表 5-5　宾夕法尼亚州假释研究结果

违规者：
（1）更有可能与有犯罪背景的人待在一起
（2）不太可能与配偶生活在一起
（3）不太可能处于一个稳定的支持关系中
（4）不太可能发现在他们的生活中有经验指导能力的人
（5）不太可能有稳定的工作
（6）不太满意就业
（7）不太可能做低端工作并努力工作
（8）更可能对就业抱有消极态度和不切实际的工作期望
（9）不太可能拥有银行账户
（10）更有可能称他们"几乎没有成功"（相比成功完成假释的群体他们有双倍的中位数债务）

违规者：
（11）更有可能在假释期间使用酒精或其他药物（但先前的药物依赖性评估没有显示差异） （12）压力处理不善是导致再犯罪的主要原因 （13）解决问题或应对技能不佳 （14）没有预见到行为的长期后果 （15）无法利用资源来帮助自己 （16）冲动地采取措施应对眼前的情况 （17）觉得他们没有控制力 （18）更有可能保持反社会态度 （19）将违法视为可接受选项 （20）普遍缺乏同情心 （21）推卸责任或不承担责任 （22）对监狱之外的生活有不切实际的期望

资料来源：改编自 Bucklen, K. B. , Zajac, G. (2009). Success and Failure Deprivation and Thinking Errors as Determinants of Parole but Some of Them Don't Come Back (to Prison!). *Prison Journal* 89，239－264。

145

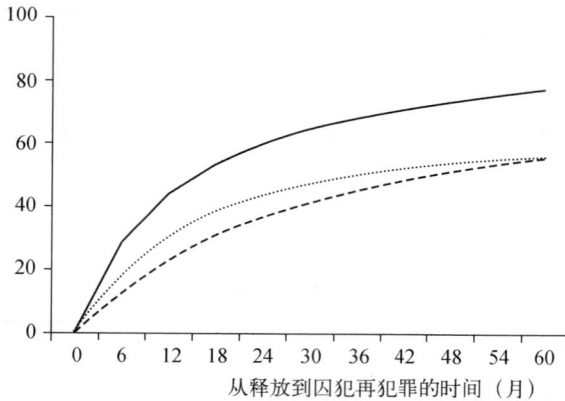

注：曲线依次为逮捕、重返监狱、定罪

图5－8 2005 年在 30 个州发布的假释犯再犯罪研究

资料来源：Durose, M. R. , Cooper, A. D. , Snyder, H. （2014）. *Recidivism of Prisoners Released in* 30 *States in* 2005：*Patterns from* 2005 *to* 2010. Washington, DC：U. S. Department of Justice, Office of Justice Programs, Bureau of Justice Statistics。

这些发现与对罪犯的危险因素和针对犯罪诱因重要性的研究相一致。

毫不奇怪的是，假释犯在寻找住所的困难度和最终获得工作的困难度上没有成功或失败的差异。

2005 年在 30 个州发布的关于假释犯再犯罪的最新研究（Durose et al.，2014）中，司法统计局以逮捕、重返监狱和定罪为衡量标准，发现非常高的失败率。尤其值得注意的是，三年内有将近 68％的人因新犯罪而重新受到逮捕，五年后几乎达到 77％。这项研究包括假释犯和那些从监狱释放后没有被监督的释放人员。图 5-8 说明了这些结果。

三　缓刑有效性

如同假释一样，缓刑研究的质量也存在很多疑问。与假释存在于州和联邦两级不同，缓刑仍然主要是在地方政府的职能范畴内。事实是：（1）缓刑的确存在于地方，州和联邦各级；（2）有市、县缓刑部门；缓刑（与假释一样）经常与其他刑罚和项目（如电子监测、转诊治疗方案、中途之家、每天报到等）相结合使用；（3）缓刑兼顾轻罪和重罪。这些与前面讨论的问题结合起来就使得缓刑研究遇到诸多困难。确实，现实中许多研究仅限于欢迎研究人员的几个缓刑部门。这就更加深了我们对缓刑真实情况极其有限的认知。

与假释一样，缓刑有效性的研究分为若干部分。然而，与我们分析假释不同，缓刑研究可分为五组：（1）比较受替代性处罚的罪犯的表现；（2）简单地衡量缓刑结果，而不与任何其他形式的刑罚进行比较；（3）衡量缓刑结果，然后试图区别倾向于成功和不成功结果的各自特征；（4）审查缓刑的成本效益；（5）与治疗性药物法庭结合考察缓刑。

1. 一般缓刑与替代性社区矫正方式

为了检验一般缓刑与其他社区矫正方式相比的有效性，我们可以看一下以下六项研究。在这其中，三项研究比较了缓刑与被判处监禁的个人重犯率。巴布斯特和曼纳宁（Babst & Mannering，1965）的研究比较了被监禁或被判处缓刑的相似类型的罪犯。该样本包括威斯康星州 7 614 名罪犯，他们在数据上做了以下比较：初始处罚方式、犯罪的城市、犯罪的类型、以前的重罪数量和婚姻状况。在这个研究中，假释犯被跟踪随访两年，而缓刑犯被跟踪随访两年或直到考验期结束(无论哪个期限先到)。违规行为(violations)被定义为新的犯罪或违反缓刑/假释条件的行为。这项研究的调查结果显示,对于以前没有以重罪定罪的罪犯来说,缓刑犯违规率为25%,而假释犯为32.9%。对于曾经犯过一次重罪的罪犯,违规率分别为41.8%和43.9%。对于有两个或两个以上重罪的罪犯,缓刑犯的比例为51.8%,假释犯的比例为48.7%。关于初犯者违规率的差异,巴布斯特和曼纳宁指出,这一发现可能是由于假释犯是一个更难以监管的群体。这同时也显示,至少对于初犯者来说,监禁弊大于利。

威斯康星州另一项研究(Wisconsin Division of Corrections,1965)比较了以前没有被重罪定罪,被判入狱或被判缓刑的入室盗窃犯的表现。虽然这项研究也试图调查缓刑犯和假释犯成功与不成功的特征,但简单来说,对于缓刑期间的入室盗窃犯,违规率为23%(基于两年的跟踪调查,并使用巴布斯特和曼纳宁所描述的违规率定义),而对于被监禁并被假释的窃贼,其违规率为34%。因此,与威斯康星州的研究一样,似乎缓刑比假释更为有效。

宾夕法尼亚州妇女和女孩罪犯项目(The Pennsylvania Program for Women and Girl Offenders,1976)比较了两年期间所有处于州缓刑或假释中女性罪犯的再犯率。再犯被定义为缓刑或假释的技术性违规或任何新的刑事指控。调查结果显示,总体而言,处于缓刑状态的女性的再犯率为35.6%。只有当考虑到没有先前定罪记录的妇女时,缓刑犯的再犯率才降为24%,假释犯的再犯率为23.1%。显然这些比率之间的差异并不显著。

147 维托(Vito,1978)比较了普通监禁囚犯与震慑性缓刑犯(那些在狱中服刑至少30天的罪犯)。他发现震慑性缓刑犯的失败概率比一般监管释放的概率高40%。维托和艾伦(Vito & Allen,1981,p. 16)的结论是:

> 事实是监禁对震慑性缓刑犯的(更不利的)效果有一些未知和不可估量的影响……监禁的负面影响可能会影响震慑性缓刑犯的表现。

尽管这四项研究将缓刑与某些形式的监禁进行了比较,但加利福尼亚州的一项研究(California Department of Justice,1969)比较了直接被判缓刑,被判看守所监禁后的缓刑,以及被判只有看守所监禁的罪犯的违规率。

这项研究调查了三组罪犯在社区一年期间的表现。对于缓刑组,在缓刑期开始时进入观察状态;对于第二组和第三组,从看守所释放日开始进入观察状态。为了评估这些处罚的相对有效性,研究使用了三个违规等级:"没有(none)"或者不知道因技术违规或新的犯罪行为而被逮捕,"轻微(minor)"或至少一次被逮捕,或者可能被定罪导致监禁判刑少于90天或缓刑一年以下;"严重(major)",表示被判处监禁不少于90天或缓刑期超过一年的定罪。由于每个案件只追踪了一年,某个违规的结果偶尔也会发生在一年结束之后。如果可以推断某个处罚或定罪是在观察期一年内逮捕的结果,那么这一行为就被列入违规率。

表5-6显示了这项研究的结果。那些接受看守所刑罚但没有缓刑服务情况的罪犯有着最严重的再犯记录。

表5-6　加利福尼亚州被判刑罪犯的违规等级

判处刑罚	违规		
	没有	轻微	严重
只被判处缓刑	64.7%	23.7%	11.6%
被判处看守所监禁,继而缓刑	50.3%	31.7%	18.0%
只被判处看守所监禁	46.6%	29.5%	23.9%

资料来源:California Department of Justice (1969). *Superior court probation and/or jail sample: one-year follow-up for selected counties*. Sacramento, CA: Division of Law Enforcement, Bureau of Criminal Statistics。

这些研究表明,作为一种处罚罪犯的方式,缓刑似乎比监禁更有效,即便在短时间内也是如此。部分原因可能是缓刑犯可以立即回到社区,回归他们的工作和家庭。

最后,阿拉斯加州的一项研究(Alaska Department of Health and Social Service,1976)利用实验设计将正式接受缓刑监管的轻罪罪犯与正式判处缓刑但不需要向缓刑单位报告的罪犯进行比较。这些小组是通过随机分配给实验组(在监管下)或控制组(无监督)而创建的,随访跟踪时间从两个月到略长于两年不等。结果是通过是否再次犯罪(根据新犯罪行是否定罪)来评估的。研究结果显示,22%的实验组成员和24%的控制组成员在跟踪随访期间由于新的犯罪行为而被定罪。

　　鉴于研究数量的不足和必须谨慎处理累犯数据的考虑,我们不合适也几乎不可能试图从这些研究中得出任何明确的关于缓刑比其他可替代刑罚更有效的结论。尽管如此,从有限的研究中可以得出一些临时性结论。在将缓刑与监禁进行比较的研究中,结果似乎表明缓刑可能会对首次犯罪的罪犯产生重大影响。也可以认为,违规行为的严重程度似乎随着处置的严重程度而增加。结果似乎没有表明有缓刑监管比没有缓刑监管更具有效力。

2. 缓刑结果

　　在对缓刑和其他与监管相结合的社区矫正项目的大规模研究中,洛温坎普等人(Lowenkamp et al.,2006)审查了社区矫正计划,包括强化缓刑监管、日报中心和电子监测项。他们发现针对高风险罪犯并提供治疗与服务的矫正项目比没有提供这些治疗和服务的矫正项目显得更有效。当风险较高的罪犯成为针对性目标并获得更多监管和更多服务时,再犯情况便减少了。表5-7和图5-9清晰表明了这些研究结果。他们研究了矫正项目的质量,发现高质量的监管程序对是否再犯有着最大的影响。图5-10表明,设计不当和糟糕实施的缓刑项目实际上增加了再犯,而高质量、实施良好的项目是最有效的。

　　洛温坎普和他的同事(2010)也研究了缓刑部门实施缓刑的哲学理念(控制导向或服务导向),并发现最有效的缓刑部门是那些具有康复导向的部门。图5-11显示了这些结果。

表5-7　社区监管项目的类型无关紧要:四个因素与结果显著相关

> (1)项目中高风险的罪犯比例(项目中至少有75%的罪犯是中等或高风险的)。
> (2)对高风险罪犯的监管水平(高风险罪犯平均比低风险罪犯的监管时间长)。
> (3)为更高风险的罪犯提供更多的治疗(至少50%的时间用于治疗)。
> (4)为更高风险的罪犯提供更多的转诊服务(对每个低风险的罪犯至少需要三次转诊)。

149

　　资料来源:Lowenkamp, C. T., Pealer J., Smith, P., Latessa., E. J. (2006). Adhering to the risk and need principles: does it matter for super vision-based programs? *Federal Probation* 70(3), pp. 3-8。

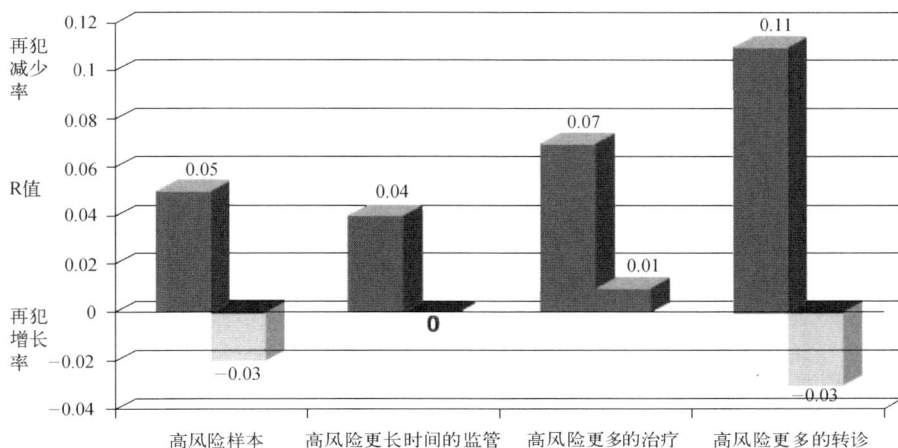

图 5-9 缓刑项目的再犯变化

资料来源：Lowenkamp，C. T.，Pealer J.，Smith，P.，Latessa.，E. J.（2006）. Adhering to the risk and need principles：does it matter for super vision-based programs？ *Federal Probation* 70(3)，pp. 3-8。

一些研究结果仅仅报告了缓刑犯的再犯率。我们对其中13个研究进行了查阅。但必须记住的是，(缓刑)失败的定义、后续跟进阶段以及罪犯类型在不同研究课题中是有显著差异的。表 5-8 可以看到不同研究者有关

150

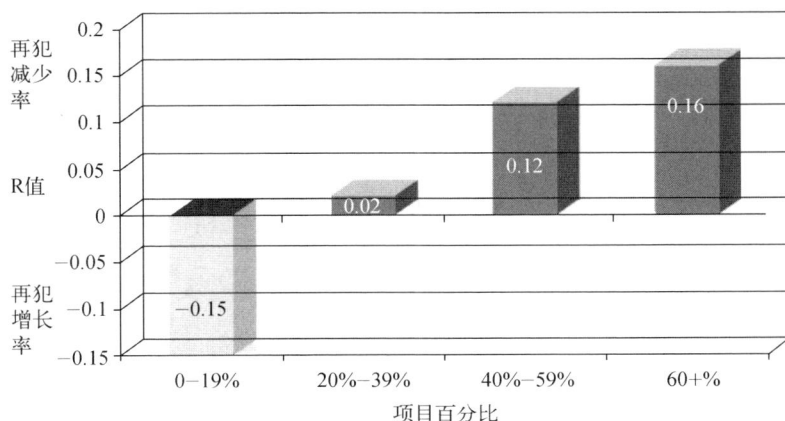

图 5-10 程序完整性——社区监管计划的程序完整性评分与治疗效果之间的关系

资料来源：Lowenkamp，C. T.，Latessa，E. J.（2005）. *Evaluation of Ohio's CCA Programs*. Cincinnati，OH：Center for Criminal Justice Research，University of Cincinnati。

缓刑犯所犯即时罪行的类型、研究中所使用的失败的定义,以及追踪时间的长度和失败率。

这些总结性描述表明了与试图评估缓刑有效性相关的一众问题。构成样本的罪犯类型(以即时犯罪计算)不同,每个研究中用于表明失败的定义也各不相同。有四项研究计算了罪犯在缓刑期间的失败率,而它们的追踪期从几个月到很多年不等。

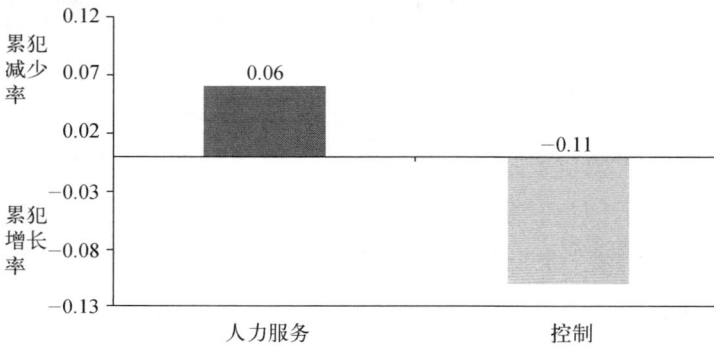

图 5 - 11　缓刑部门哲学理念对再犯变化的影响

资料来源:Lowenkamp, C., Flores, A., Holsinger, H., Makarios, M., Latessa, E. (2010). Intensive supervision programs: Does program philosophy and the principles of effective intervention matter? *Journal of Criminal Justice* 38, pp. 368 - 375。

表 5 - 8　显示缓刑犯再犯的相关研究

研究	即时犯罪	缓刑失败	追踪时段	失败率(%)
Caldwell(1951)	国内税收法律	定罪	缓刑后 5.5—11.5 年	16.4
England(1955)	走私(48%)以及伪造	定罪	缓刑后 6—12 年	17.7
Davis(1955)	盗窃,伪造和支票犯罪	两次或更多的违规(技术性的以及新罪)	到缓刑期终止 4—7 年	30.2
Frease(1964)	不明	缓刑停止通知(Inactive letter)、逮捕证、缓刑撤销	缓刑期间 18—30 个月	20.2

续表

研究	即时犯罪	缓刑失败	追踪时段	失败率（%）
Landis et al(1969)	汽车盗窃、伪造及支票犯罪	缓刑撤销（技术性的以及新罪）	缓刑期终止	52.5
Irish(1972)	盗窃和入室偷窃	逮捕或定罪	缓刑后至少4年	41.5
Missouri Div Probation & Parole (1976)	入室偷窃、盗窃及机动车盗窃	逮捕或定罪	缓刑后6个月—7年	30.0
Kusuda(1976)	财产罪	缓刑撤销	到缓刑期终止1—2年	18.3
Comptroller General(1976)	不明	缓刑撤销及释放后定罪	缓刑后20个月	55.0
Irish(1972)	财产罪	逮捕	缓刑后3—4年	29.6
Petersilla(1985)	重罪缓刑犯	逮捕	追踪超过40个月	65.0
McGaha et al(1987)	重罪缓刑犯	逮捕	追踪超过40个月	22.3
Vito(1986)	重罪缓刑犯（除毒品犯罪）	逮捕	追踪超过40个月	22.0
Maxwell et al (2000)	重罪缓刑犯	缓刑撤销	追踪超过30个月	47.0

资料来源：改编和更新自 Allen, H. , Carlson, E. , Parks, E. (1979). *Critical issues in adult probation*. Washington, DC: National Institute of Law Enforcement and Criminal Justice。

查阅到的大多数研究表明他们的目的是评估"缓刑有效性"，然而与之前 152 考察的五项研究不同，没有一项研究可以明确一个基调（例如比较假释犯和缓刑犯之间的失败率）来支持缓刑对于罪犯康复是一种有效选择的说法。

麦克斯威尔及其同事们（Maxwell et al. ,2000）对密歇根州 1 700 个缓刑者的研究中发现,在 30 个月的跟踪研究期间仅有 24％的缓刑犯无技术性违规。该结果总结在表 5 - 12 中。与矫治有关的违规行为,比如尿检及未参加矫治项目,占到违规行为的较大比重;排在第二的则是罪犯并没有在缓刑指定场所出现。仅 13％的违规行为是由于犯了新罪。

麦肯齐等人(MacKenzie et al.,1999)研究了缓刑对于罪犯犯罪活动的影响。他们得出结论是,缓刑仅对财产和商务型犯罪有影响。缓刑与减少伪造和欺诈等个人犯罪没有显著的相关。作者得出的结论是,"缓刑比之前认为的更为有效"。

在一个更为关键的缓刑有效性的研究中,彼得西利亚(Petersilia,1985)在研究了加利福尼亚州两个县的 1 672 名重罪缓刑犯在 40 个月期间的表现。她发现,超过 67％的人再次被逮捕,51％的人再次被新罪名定罪。彼得西利亚认为,重罪缓刑犯对于社会产生了巨大的威胁。对彼得西利亚研究的批判者很快就指出加利福尼亚州的两个城镇并不能代表其余的州和县。两项重复性研究,一个在肯塔基州(Vito,1986),一个在密苏里州(McGahaetal,1987),发现了截然不同的结果。在肯塔基州和密苏里州,重罪缓刑犯被再次逮捕的比率只为加利福尼亚州的三分之一。

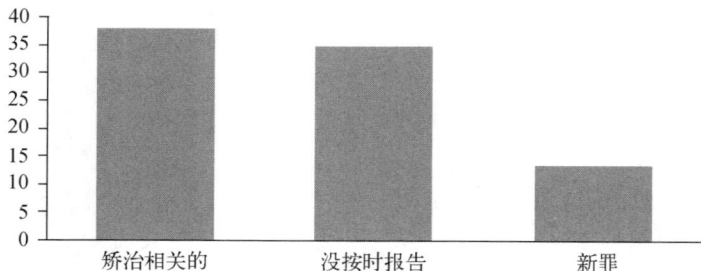

图 5 - 12 密歇根州对缓刑犯的再犯研究(百分比)

资料来源:Maxwell, S., Bynum, T., Gray, M., Combs, T.（2000）. Examining probationer recidivism in Michigan. *Corrections Compendium* 25(12), pp. 1 - 4, 18 - 19。

专栏 5 - 5 三年内犯重罪被再次逮捕的缓刑犯

1986 年,州法院对 17 个州的 32 个县的 7.9 万个重罪犯判处了缓刑。在 3 年内,即缓刑期间内,43％的人因重罪而被再次逮捕。据估计 18％的逮捕是因为暴力犯罪(谋杀、强奸、抢劫、严重殴打),33％是因为毒品犯罪(贩运毒品或持有毒品)。每 100 个被追踪了 3 年的重罪缓刑犯中:

- 26 人去了州监狱;
- 10 人去了看守所;
- 10 人脱逃。

这些调查结果基于一个对重罪缓刑犯的后续调查,是 1986 年占总共 30.6 万被判缓刑的重案犯中四分之一的样本。该调查使用了州刑事记录档案和缓刑文件以获取信息。这个研究并不是一个基于全国的代表性样本,39% 的后续追踪案例来自同一个州(加利福尼亚州)。尽管如此,基于 12 370 个代表了所研究县和州 79 043 名被判缓刑的重罪犯的样本,这个追踪研究是有史以来规模最大的调查。

资料来源:Bureau of Justice Statistics(1996)。

摩根(Mogan,1993)研究了田纳西州 266 名成年重罪缓刑犯来确定有利于缓刑结果和可用来预测结果的有关因素。她调查发现,仅有 27% 的缓刑失败率,而女性已婚的缓刑犯以及受过高等教育者更容易成功完成缓刑。与缓刑失败密切相关的因素包括先前犯过重罪、被判处过缓刑、被机构关押,以及缓刑期间长度(期间越长,越可能失败)。

这些研究表明,对于缓刑的充分评估在近些年进展很小。然而,这些研究者得出的结论似乎预示着不成文的一致性意见或经验法则(rule of thumb)——也就是缓刑一般可以被认为有效,但超过 30% 的失败率则意味着缓刑无效。表 5-9 中各个研究者的结果点评说明了这种趋势。

表 5-9 缓刑有效性的评估

年份	作者	失败率	结果点评
1951	Caldwell	16%	缓刑对于联邦罪犯而言是一种有效的办法……
1955	England	18%	低于五分之一或四分之一再定罪率……对于缓刑服务而言是可接受的现象。
1976	Missouri	30%	在密苏里州缓刑对于大多数罪犯是一种有效和高效的方法。
1976	Comptroller	55%	我们所评估的缓刑体系在保护社会和康复罪犯方面取得的成功较为有限。
1972	Irish	30%	监管体系正在较为高效地完成其目标。
1985	Petersilia	65%	重犯缓刑对于公众安全造成了严重威胁。

年份	作者	失败率	结果点评
1986	Vito	22%	重罪缓刑监督在再犯控制方面看起来相当有效……
1987	McGaha et al	22%	在密苏里州,使用重罪缓刑目前看来对于社会安全没有造成高风险。
1991	Whitehead	40%	要求大幅减少对重罪犯的缓刑使用只有局部在执行。
1993	Morgan	27%	不充分的就业率和失业率是实现缓刑成功调整的主要障碍。
1997	Mortimer & May	18%	电子监控在缓刑中的使用产生了可观的成功率。

资料来源:改编和更新自 Allen et al.（1979），Petersilla（1985），Vito（1986），McGaha et al.（1987），Whitehead（1991），Morgan（1993），and Mortimer and May（1997）。

3. 缓刑结果

除了衡量缓刑的效果,大量的研究也试图寻找其与罪犯康复有关的特征。表 5-10 总结了在每项研究中与失败相关的主要因素。如果还记得研究中不同研究方法所产生的关于失败的定义以及追踪期的不同,与失败最密切相关的特征是缓刑犯之前的犯罪历史。其他被经常引用的因素是缓刑犯的年轻程度、心理状况和是不是已婚、失业与低于 11 年级的教育程度。

就业和教育等因素是与结果相关的动态因素。因为这些因素可以在监管过程中改变,所以可以以积极的态度来合理看待这些问题。而且由于我们十分清楚罪犯的需求,这些问题也可以被相应改进。然而,剩下的问题是缓刑及假释官员是否恰当地处理缓刑犯的需求。当缓刑及假释官员不能满足与缓刑结果紧密相连的罪犯需求时,结果往往是缓刑失败率变得更高。

表 5‑10　缓刑犯再犯因素的相关研究

研究	犯罪前科	年青程度	未婚	无业	低收入（低于400美元）	教育低于11年	毒品或者药物的滥用	财产犯	缓刑期间失调	施加的条件
Caldwell (1951)	显著相关	显著相关	显著相关	显著相关	显著相关	显著相关		_a		
England (1955)	显著相关	显著相关	显著相关	显著相关	显著相关	显著相关		_a		显著相关
Davis (1955)	显著相关	显著相关						显著相关	显著相关	
Frease (1964)	显著相关		显著相关		_b	显著相关	显著相关			显著相关
Landis et al. (1969)	显著相关	显著相关	显著相关	显著相关	显著相关	显著相关	显著相关		显著相关	
Irish (1972)	显著相关	显著相关	显著相关	显著相关	显著相关	显著相关	显著相关	显著相关	_a	
Missouri (1976)	显著相关	显著相关	显著相关	显著相关	_c	显著相关	显著相关	显著相关		
Kusuda (1976)		显著相关	显著相关	显著相关	_b	_c	显著相关	_a		
Comptroller General (1976)								_a		
Irish (1972)	显著相关							_a	显著相关	
Petersilia (1985)	显著相关	显著相关	显著相关	显著相关				显著相关		

续表

研究	犯罪前科	年青程度	未婚	无业	低收入(低于400美元)	教育低于11年	毒品或者药物的滥用	财产犯	缓刑期间失调	施加的条件
Benedict et al (1998)		显著相关	显著相关			显著相关	显著相关		显著相关	显著相关

　　a. 在这些研究中,即时的和缓刑结束后缓刑犯所实施的犯罪主要是"财产"方面犯罪;然而,研究中没有调查财产损害赔偿和再犯之间的相关性。

　　b. 相关性仅限于收入在 100 美元至 400 美元之间;低于 100 美元的人和高于 400 美元的人都有相同的缓刑成功概率。

　　c. 相关性仅限于其 100 美元至 700 美元之间的收入;那些低于 100 美元或高于 700 美元的人都有相同的缓刑成功概率。

　　资料来源:改编自 Allen, H., Carlson, E., Parks, E. (1979). *Critical issues in adult probation*. Washington, DC: National Institute of Law Enforcement and Criminal Justice.

专栏 5 - 6　震撼性缓刑

　　震撼性缓刑［又被称为"刑罚复议(reconsideration of sentence)"或"震撼性疗法(shock therapy)"］是一个允许判刑法官重新考虑罪犯原先的监禁刑罚,并在适当的情形下决定给予适合条件下的社区内缓刑。推定的情况是,短期的监禁会"震慑"罪犯使其放弃犯罪活动及对违法行为的追求。对于那些希望通过威慑和加限裁决以控制缓刑犯行为的判刑法官而言,震慑型缓刑可以被看作一个替代性处罚。它是法官在做如何使罪犯重返社会同时保护公众这个艰难决定时所使用的最后一道工序。就某种程度而言,其成为解决监狱过于拥挤的"前端(front-end)"解决方案。

　　维托(1985b)在许多研究中发现(使用震慑性缓刑的)重新监禁率在 10% 至 26% 间不等。布德里斯和特恩布尔(Boudouris & Turnbull)通过更长期的追踪发现,艾奥瓦州的重新逮捕和撤销缓刑率达到 39%。后者还发现性骚扰和滥用毒品罪犯对于震撼性缓刑是反应最大的,而判处罪犯震撼性缓刑的成本节约也是相当可观的。

四　成本效益

　　虽然公众要求实施更严厉的刑罚,但越来越明显的情况是,由于有更多的监禁,监狱建设的相关成本变成了天文数字。据估计,建造最高安全级别监狱的费用约为每床 10 万美元,而各个州每年维护监狱和安置监狱犯人的费用各不相同,平均每人每年的费用超过 3.1 万美元,成本范围从肯塔基州的 14 603 美元到纽约的 60 076 美元(Henrichson & Delaney,2012)。虽然 20 世纪 90 年代建造监狱的热潮已经大大减缓,但自 1991 年以来,又开了 371 个新的监狱(Camp & Camp,2000)。然而监狱空间仍然是稀缺资源。许多州都重新审视了他们对监禁的爱慕关系(love affair),许多立法者越来越不愿意为新监狱的建设投赞成票。最近,司法援助局(Bureau of Justice Assistance)与皮尤(Pew)和美国州政府理事会(CSG)合作资助了一个司法再投资计划(Justice Reinvestment Initiative)。CSG 将司法再投资计划描述为数据驱动型,旨在改善公共安全,减少矫正及其相关的刑事司法支出,并将节省的资金用于减少犯罪和再犯的策略。参与该进程的州包括:亚拉巴马州、亚利桑那州、康涅狄格州、夏威夷州、爱达荷州、印第安纳州、堪萨斯州、内布拉斯加州、新罕布什尔州、北卡罗来纳州、俄亥俄州、俄克拉何马州、宾夕法尼亚州、罗得岛州、得克萨斯州、佛蒙特州、华盛顿州、西弗吉尼亚州和威斯康星州。由于监禁的成本越来越高,研究人员开始关注替代方式的成本效益。

鉴于这些因素,加上旨在以是否再犯来衡量有效性的研究之外,研究人员还试图证明缓刑的成本有效性。通常,在刑事司法机构中,成本分为三种类型:程序、项目和以缓刑犯为中心的开支。程序的成本包括用于识别和选择进入某个特定项目的个体(罪犯)的支出费用。项目成本是与监禁有关的支出,包括直接成本,如收入损失;间接成本,如异化/监狱化的心理影响、社会耻辱和对婚姻与家庭的其他有害影响(Nelson,1975)。

同样,缓刑所产生的利益可能包括通过转移(diversion)、工资和缓刑参与者创造的税款,以及减少犯罪或重新犯罪率而给社会带来的节省(Vito & Latessa,1979)。另外,还有与缓刑失败相关的成本费用,例如金钱损失、新案件处理的成本以及受害者所经历的痛苦。

专栏 5-7　缓刑作为一种矫正的选择

　　摩根(Morgan)在 1991 年回顾了缓刑的文献,并得出结论:缓刑作为一种矫正方法是有效的。对于已经犯下罪行的罪犯,缓刑失败率从 14% 到 60% 不等;而成功率则从 40% 到 86% 不等。

> 通常与缓刑失败相关的因素包括年龄、性别、婚姻状况、低收入、先前的犯罪记录和就业状况。缓刑最有可能失败的是失业或未充分就业的年轻男性,他们收入低,而且有犯罪记录。再次被定罪的缓刑犯重新犯的罪更可能是轻微的罪行,而非重罪。在缓刑期间,充分就业、结婚后有孩子并在他们的地区居住至少两年的罪犯改造最为成功。
>
> 资料来源:Morgan(1993)。

提供最完善的经济比较的那些研究将成本收益分析作为其主要焦点,并考虑了直接和间接成本与收益的问题。

在对矫正替代方式进行的七项成本效益分析研究的查阅中,威尔士和法灵顿(Welsh & Farrington,2000)发现,花费在法律程序上的每 1 美元,公众在各种不同渠道中获得了 1.13 美元到 7.14 美元的回报。同样,科恩(Cohen,1998)发现挽救一个高危未成年人需要的花费在 170 万美元至 230 万美元之间。在最近一项关于未成年人社区安置所与社区居住监管中心或监禁的比较研究中,拉特沙等人(Latessa,et al.,2014)发现,将一个青年人安置在社区矫正方案并以此取代社区居住监管中心和监禁后,俄亥俄州每花费 1 美元节省了 13.6 美元到 40.4 美元。华盛顿州公共政策研究所(Washington State Institute of Public Policy)或许是成本效益分析的最好例子。多年来,他们审查了各种各样的方案,并根据预期的再犯率下降计算每个项目所能节约的成本(见表 5 - 11)。

表 5 - 11　选定矫正干预的成本效益

项目	收益—成本比(美元)
监狱矫正教育	19.65
监狱职业培训项目	13.23
精神健康法院	6.76
风险,需求,回应性监管(高/中风险罪犯)	3.73
社区性犯罪者的治疗	8.18
对于高、中风险犯罪者的认知行为疗法	24.76
社区的治疗社区	4.76
工作释放	11.20
社区门诊强化毒品治疗	10.87

续表

项目	收益—成本比
强化监管加治疗	1.57
强化监管(仅在监视下)	0.59
毒品法院	1.26
家庭暴力犯罪的治疗	4.61

＊数据表明,每花费1美元都有相应回报。例如,花在心理健康法庭上的每1美元,纳税人都会收到6.76美元。相反,如果每加1美元用于集中监管而不进行治疗,那么纳税人只能收到59美分。

资料来源:改编自 Washington State Institute for Public Policy:www. wsipp. wa. gov/BeneftCost。

五 小结

几个不同作者的矫正治疗荟萃分析都显示相当惊人的结果一致性。这些研究结果被统称为"什么矫治措施有效(what works)"的文献证据,并被归类为对罪犯的"有效干预原则(principles of effective intervention)"。总的来说,这些荟萃分析一直对马丁森(Martinson)等人提出的"矫治无效论" ¹⁶⁰ 原则持批判态度。此外,研究结果并不支持使用中间制裁手段(例如电子监测、软禁、赔偿等)以及其他更加具有惩罚性的措施。与此同时,有一些策略和项目得到文献证据很好的支持。具体而言,将风险、需求和反应框架等要素纳入干预措施的项目(包括缓刑和假释机构)使再犯的平均下降幅度更加明显。

六 问题回顾

1. 矫正研究中使用的一些有效性指标是什么?
2. 列出总结研究结果的三种主要方式。
3. 列出与假释成功结果有关的一些因素。
4. 描述有效干预的原则。
5. 描述什么对罪犯的再犯不起作用。

6. 对于假释和缓刑机构来说，为了能够达到有意义的再犯减少的情况，什么因素是重要的？

七 推荐读物

Andrews，D. A.，Bonta，J. （2010）. *The psychology of criminal conduct*，4th edn. New Providence，NJ：LexisNexis Matthew Bender （Anderson Publishing）.

Latessa，E. J.，Listwan，S.，Koetzle，D. （2014）. *What works （and doesn't） in reducing recidivism*. Boston，MA：Elsevier （Anderson Publishing）.

八 参考文献

Alaska Department of Health and Social Services （1976）. *Misdemeanants probation project*. Juneau，AK：Division of Corrections.

Allen，H.，Latessa，E. （1980）. *Parole effectiveness in the United States：An assessment*. San Jose，CA：San Jose State University Research Foundation.

Allen，H.，Carlson，E.，Parks，E. （1979）. *Critical issues in adult probation*. Washington，DC：National Institute of Law Enforcement and Criminal Justice.

Andrews，D.，Zinger，I.，Hoge，R.，Bonta，J.，Gendreau，P.，Cullen，F. （1990）. Does correctional treatment work? A clinically relevant and psychologically informed meta-analysis. *Criminology* 28，369 - 404.

Antonowicz，D.，Ross，R. （1994）. Essential components of successful rehabilitation programs for offenders. *International Journal of Offender Therapy and Comparative Criminology* 38，97 - 104.

Aos，S. （2005）. *Correctional industries programs for adult offenders in prison：Estimates of benefits and costs*. Olympia，WA：Washington State Institute for Public Policy.

Aos，S.，Miller，M.，Drake，E. （2006）. *Evidence-based adult corrections programs：What works and what does not*. Olympia，WA：Washington State Institute for Public Policy.

Aos，S.，Phipps，P.，Barnoski，R.，Lieb，R. （1999）. *The comparative costs and benefits of programs to reduce crime：a review of national research findings with implications for Washington State*. Olympia，WA：Washington State Institute for

Public Policy.

Applegate, B. , Cullen, F. , Fisher, B. (1997). Public support for correctional treatment: The continuing appeal of the rehabilitative ideal. *Prison Journal* 77, 237 – 258.

Austin, J. (2001). Prisoner reentry: Current trends, practices, and issues. *Crime & Delinquency* 47, 314 – 334.

Ayers, D. , Duguid, S. , Montague, C. , Wolowidnyk, S. (1980). *Effects of the University of Victoria Program: A post-release study*. Ottawa, CN: Ministry of the Solicitor General of Canada.

Babst, D. , Mannering, J. (1965). Probation versus imprisonment for similar types of offenders. *Journal of Research in Crime and Delinquency* 2, 60 – 71.

Beasley, W. (1978). *Unraveling the process of parole: An analysis of the effects of parole residency on parole outcome*. Paper presented at the meeting of the American Society of Criminology, Atlanta, GA.

Beck, A. (1987). *Recidivism of young parolees*. Washington, DC: Bureau of Justice Statistics Special Report.

Benedict, W. , Huff-Corzine, L. , Corzine, J. (1998). 'Clean up and go straight': Effects of drug treatment on recidivism among felony probationers. *American Journal of Criminal Justice* 22(2), 169 – 187.

Bennett, W. , DiIulio, J. Jr. , Walters, J. (1996). *Body count: Moral poverty and how to win America's war against crime and drugs*. New York: Simon and Schuster.

Boudouris, J. , Turnbull, B. (1985). Shock probation in Iowa. *Journal of Offender Counseling, Services and Rehabilitation* 9(4), 53 – 67.

Bouffard, J. , MacKenzie, D. , Hickman, L. J. (2000). Effectiveness of vocational education and employment programs for adult offenders: A methodology-based analysis of the literature. *Journal of Offender Rehabiliation* 31, 1 – 42.

Bucholtz, G. , Foos, R. (1996). *Profiling parole violators at large*. Columbus, OH: Department of Rehabilitation and Correction.

Bucklen, K. B. , Zajac, G. (2009). Success and failure deprivation and thinking errors as determinants of parole but some of them don't come back (to prison!). *Prison Journal* 89, 239 – 264.

Bureau of Justice Statistics (1996). *National update*. Washington, DC: U. S. Department of Justice, p. 10.

Caldwell, M. (1951). Review of a new type of probation study made in Alabama. *Federal Probation* 15(2), 3 – 11.

California Department of Justice (1969). *Superior court probation and/or jail sample: One year follow-up for selected counties*. Sacramento, CA: Division of Law Enforcement, Bureau of Criminal Statistics.

Camp, C. , Camp, G. (2000). *The* 2000 *corrections yearbook*: *Adult corrections*. Middletown, CT: Criminal Justice Institute.

Citizens' Inquiry on Parole and Criminal Justice (1975). *Prison without walls*: *Report on New York parole*. New York: Praeger.

Clear, T. R. , Stout, B. , Kelly, L. , Hardyman, P. , Shapiro, C. (1992). *Prisoners, prisons and religion*: *Final report*. New Jersey: School of Criminal Justice, Rutgers University.

Cohen, M. (1998). The monetary value of saving a high-risk youth. *Quantitative Criminology* 14, 5 – 32.

Comptroller General of the United States (1976). *State and county probation*: *Systems in crisis, report to the congress of the United States*. Washington, DC: U. S. Government Printing Office.

Council of State Governments. http://csgjusticecenter. org/jr.

Cullen, F. , Applegate, B. (1998). *Offender rehabilitation*. Brookfield, MA: Ashgate Dartmouth.

Cullen, F. , Gendreau, P. (1989). The effectiveness of correctional rehabilitation: Reconsidering the "nothing works" debate. In: L. Goodstein, D. MacKenzie (eds.) *American prisons*: *Issues in research and policy*. ; New York: Plenum, pp. 23 – 44.

Currie, E. (1985). *Confronting crime*: *An American dilemma*. New York: Pantheon.

Davis, G. F. (1955). A study of adult probation violation rates by mean of the cohort approach. *Journal of Criminal Law, Criminology and Police Science* 55 (March 1964), 70 – 85.

Davis, L. M. , Bozick, R, Steele, J. L. , Saunders, J. , Miles, J. N. V. (2013). *Evaluating the effectiveness of correctional education*: *A meta-analysis of programs that provide education to incarcerated adults*. Santa Monica, CA: Rand Corporation.

Durose, M. R. , Cooper, A. D. , Snyder, H. (2014). *Recidivism of prisoners released in* 30 *states in* 2005: *Patterns from* 2005 *to* 2010. Washington, DC: U. S. Department of Justice, Office of Justice Programs, Bureau of Justice Statistics.

Egg, R. , Pearson, F. S. , Cleland, C. M. , Lipton, D. S. (2000). Evaluations of correctional treatment programs in Germany: A review and meta-analysis. *Substance Use and Misuse* 35, 1967 – 2009.

Eichman, C. (1965). The impact of the Gideon decision upon crime and sentencing in florida: A study of recidivism and socio-cultural change. Unpublished Master's thesis, Tallahassee, FL: Florida State University.

England, R. (1955). A study of postprobation recidivism among five hundred federal offenders. *Federal Probation* 19(3), 10 - 16.

Eskridge, C. , Newbold, G. (1994). Corrections in New Zealand. *Federal*

162

Probation 57(3)，59 - 66.

Farabee，D.（2005）.*Rethinking rehabilitation：Why can't we reform our criminals?* Washington，DC：AEI Press.

Flanagan，T.（1982）. Risk and the timing of recidivism in three cohorts of prison releasees. *Criminal Justice Review* 7，34 - 45.

Flanagan，T.（1985）. Questioning the "other" parole：The effectiveness of community supervision of offenders. In：L. Travis（ed.）*Probation，parole and community corrections*. Prospect Heights，IL：Waveland，pp. 167 - 184.

Frease，D.（1964）.*Factors related to probation outcome*. Olympia，WA：Washington Department of Institutions，Board of Prison Terms and Paroles.

French，S. A.，Gendreau，P.（2006）. Reducing prison misconducts.*Criminal Justice and Behavior* 33，185 - 218.

Fulton，B.，Latessa，E.，Stichman，A.，Travis，L.（1997）. The state of ISP：Research and policy implications. *Federal Probation* 61(4)，65 - 75.

Gendreau，P.（1996）. The principles of effective intervention with offenders. In：A. Harland（ed.）*Choosing correctional options that work：Defining the demand the evaluating the supply*. Thousand Oaks，CA：Sage.

Gendreau，P.，Andrews，D.（1990）. Tertiary prevention：What the meta-analysis of the offender treatment literature tells us about "what works". *Canadian Journal of Criminology* 32，173 - 184.

Gendreau，P.，Paparozzi，M.（1995）. Examining what works in community corrections.*Corrections Today*（February），28 - 30.

Gendreau，P.，Ross，R.（1987）. Revivification of rehabilitation：Evidence from the 1980s. *Justice Quarterly* 4，349 - 407.

Gendreau，P.，Goggin，C.，Cullen，F.，Andrews，D.（2000）. The effects of community sanctions and incarceration on recidivism. *Forum on Corrections Research* 12，10 - 13.

Gottfredson，D.（1975）.*Some positive changes in the parole process*. Paper presented at the meeting of the American Society of Criminology.

Gottfredson，D.，Gottfredson，M.，Adams，M.（1982）. Prison behavior and release performance. *Law and Policy Quarterly* 4，373 - 391.

Gottfredson，D.，Gottfredson，M.，Garofalo，J.（1977）. Time served in prison and parolee outcomes among parolee risk categories. *Journal of Criminal Justice* 5，1 - 12.

Gottfredson，M.，Mitchell-Herzfeld，S.，Flanagan，T.（1982）. Another look at the effectiveness of parole supervision. *Journal of Research in Crime and Delinquency* 18，277 - 298.

Hartman，J.，Travis，L，Latessa，E.（1996）.*Thirty-nine years of parole rules.*

Paper presented at the annual meeting of the Academy of Criminal Justice Sciences, Las Vegas, NV, March.

Henrichson, C., Delaney, R. (2012). *The price of prisons: What incarceration costs taxpayers*. New York: Vera Institute.

Hoffman, P., Stone-Meierhoefer, B. (1980). Reporting recidivism rates: The criterion and follow-up issues. *Journal of Criminal Justice* 8, 53 – 60.

Holt, N. (1975). *Rational risk taking: Some alternatives to traditional correctional programs*. Proceedings: Second national workshop on corrections and parole administration, Louisville, Kentucky.

Irish, J. (1972). *Probation and its effects on recidivism: An evaluative research study of probation in Nassau County, New York*. New York: Nassau County Probation Department.

Jackson, P. (1983). *The paradox of control: Parole supervision of youthful offenders*. New York: Praeger.

Johnson, B. R. (1984). Hellfire and corrections: A quantitative study of Florida prison inmates. Doctoral dissertation, Florida State University.

Johnson, B. R., Larson, D. B., Pitts, T. C. (1987). Religious programs, institutional adjustment, and recidivism among former inmates in prison fellowship programs. *Justice Quarterly* 14, 501 – 521.

Knight, K., Simpson, D., Hiller, M. (1999). Three-year reincarceration outcomes for in-prison therapeutic community treatment in Texas. *Prison Journal* 79, 337 – 351.

Kusuda, P. (1976). *Probation and parole terminations*. Madison, WI: Wisconsin Division of Corrections.

Lab, S., Whitehead, J. (1988). An analysis of juvenile correctional treatment. *Crime & Delinquency* 28, 60 – 85.

Landis, J., Mercer, J., Wolff, C. (1969). Success and failure of adult probationers in California. *Journal of Research in Crime and Delinquency* 6, 34 – 40.

Latessa, E., Lowenkamp, C. (2006). What works in reducing recidivism. St. *Thomas Law Journal* 3(3).

Latessa, E. J., Moon, M. M. (1992). The effectiveness of acupuncture in an outpatient drug treatment program. *Journal of Contemporary Criminal Justice* 8, 317 – 331.

Latessa, E. J., Lovins, B. K., Lux, J. L. (2014). *Evaluation of Ohio's RECLAIM Programs: Cost benefit analysis supplemental report*. Cincinnati, OH: University of Cincinnati Corrections Institute.

Latessa, E. J., Travis., L. F., Holsinger, A. (1997). *Evaluation of Ohio's Community Corrections Act, programs and community based correctional facilities final report.* University of Cincinnati, OH: Center for Criminal Justice Research.

Lerner, M. （1977）. The effectiveness of a definite sentence parole program. *Criminology* 15, 32 - 40.

Lightfoot, L. (1999). *Treating substance abuse and dependence in offenders: A review of methods and outcome.* In: Latessa, E. J. (ed.) W*hat works strategic solutions: International Community Corrections Association examines substance abuse.* Lanham, MD: American Correctional Association.

Linden, R., Perry, L. （1982）. The effectiveness of prison education programs. *Journal of Offender Counseling, Services and Rehabilitation* 6, 43 - 57.

Lipsey, M. (1999). Can intervention rehabilitate serious delinquents? *Annals of the American Academy of Political and Social Science* 564, 142 - 166.

Lipsey, M., Wilson, D. （1997）. Effective interventions for serious juvenile offenders. In: R. Loeber, D. Farrington (eds) *Serious and violent juvenile offenders: Risk factors and successful interventions.* Thousand Oaks, CA: Sage, pp. 313 - 345.

Logan, C., Gaes, G. (1993). Meta-analysis and the rehabilitation of punishment. *Justice Quarterly* 10, 245 - 263.

Lowenkamp, C. T. (2003). *A program level analysis of the relationship between correctional program integrity and treatment effectiveness.* Doctoral Dissertation. University of Cincinnati.

Lowenkamp, C. T., Latessa, E. J. (2003). *Evaluation of Ohio's halfway houses and community based correctional facilities.* University of Cincinnati, Cincinnati, OH: Center for Criminal Justice Research.

Lowenkamp, C. T., Latessa, E. J. (2005a). *Evaluation of Ohio's CCA Programs.* Cincinnati, OH: Center for Criminal Justice Research, University of Cincinnati.

Lowenkamp, C. T., Latessa, E. J. (2005b). *Evaluation of Ohio's reclaim funded programs, community correctional facilities, and DYS facilities.* Cincinnati, OH: Center for Criminal Justice Research, University of Cincinnati.

Lowenkamp, C. T., Pealer, J., Smith, P, Latessa, E. J. (2006). Adhering to the risk and need principles: Does it matter for supervision-based programs? *Federal Probation* 70(3).

Lowenkamp, C., Flores, A., Holsinger, H., Makarios, M., Latessa, E. (2010). Intensive supervision programs: Does program philosophy and the principles of effective intervention matter? *Journal of Criminal Justice* 38, 368 - 375.

MacKenzie, D. L. （2012）. The effectiveness of corrections-based work and academic and vocational education programs. In: J. Petersilia, K. R. Reitz (eds) *The Oxford Handbook of Sentencing and Corrections.* Oxford: Oxford University Press.

MacKenzie, D., Browning, L., Skroban, S., Smith, D. （1999）. The impact of probation on the criminal activities of offenders. *Journal of Research in Crime and*

Delinquency 36(4), 423 – 453.

MacKenzie, D. , Hickman, L. (1998). *What works in corrections? An examination of the effectiveness of the type of rehabilitation programs offered by Washington State Department of corrections.* Department of Criminology and Criminal Justice, University of Maryland: College Park, MD Report to the State of Washington Legislature Joint Audit and Review Committee.

MacKenzie, D. , Piquero, A. (1994). The impact of shock incarceration programs on prison crowding. *Crime & Delinquency* 40, 222 – 249.

Marquart, J. , Sorensen, J. (1988). Institutional and post-release behavior of furman-commuted inmates in Texas. *Criminology* 26, 667 – 693.

Martin, S. , Butzin, C. , Saum, C. , Inciardi, J. (1999). Three-year outcomes of therapeutic community treatment for drug-involved offenders in Delaware. *Prison Journal* 79, 294 – 320.

Martinson, R. (1974). What works? Questions and answers about prison reform. *The Public Interest*, pp. 22 – 54.

Martinson, R. , Wilks, J. (1977). Save parole supervision. *Federal Probation* 42 (3), 23 – 27.

Maxwell, S. , Bynum, T. , Gray, M. , Combs, T. (2000). Examining probationer recidivism in Michigan. *Corrections Compendium* 25(12), 1 – 4, 18 – 19.

McGaha, J. , Fichter, M. , Hirschburg, P. (1987). Felony probation: A re-examination of public risk. *American Journal of Criminal Justice* 12, 1 – 9.

Missouri Division of Probation and Parole (1976). *Probation in Missouri, July 1, 1968 to June 30, 1970: Characteristics, performance, and criminal reinvolvement.* Missouri: Jefferson City.

Morgan, K. (1993). Factors influencing probation outcome: A review of the literature. *Federal Probation* 57(2), 23 – 29.

Morris, N. (1978). *Conceptual overview and commentary on the movement toward determinacy. Determinate sentencing: Proceedings of the special conference on determinate sentencing.* : Washington, DC: National Institute of Law Enforcement and Criminal Justice.

Mortimer, E. , May, C. (1997). *Electronic monitoring in practice.* London: Home Office.

Neithercutt, M. (1972). Parole violation patterns and commitment offense. *Journal of Research in Crime and Delinquency* 9, 87 – 98.

Nelson, C. W. (1975). Cost-benefit analysis and alternatives to incarceration. *Federal Probation* 39(4), 45 – 50.

Nuttal, C. P. Associates (1977). *Parole in England and Wales. Home Office Research Studies No. 38.* London: Her Majesty's Stationery Office.

Ohio Community Corrections Organization (1993). *Ohio's community corrections bench book*. Columbus, OH: OCCO.

Pennsylvania Program for Women and Girl Offenders, Inc. (1976). *Report on recidivism of women sentenced to state probation and released from SCI Muncy* 1971 – 73. Philadelphia, PA: PPWGW.

Petersilia, J. (1985). Probation and felony offenders. *Federal Probation* 49(2), 4 – 9.

Petersilia, J. (1992). California's prison policy: Causes, costs, and consequences. *Prison Journal* 72, 8 – 36.

Petersilia, J. (1997). Probation in the United States. In: M. Tonry (ed.)*Crime and justice: A review of research*, Vol. 22. Chicago, IL: University of Chicago Press, pp. 149 – 200.

Petersilia, J. , Cullen, F. T. (2014). Liberal but not stupid: Meeting the promise of downsizing prisons. *Stanford Journal of Criminal Law and Policy*, summer.

Pew Charitable Trusts. Pew Center on the States (2012). *Public opinion on sentencing and corrections policy in America. Public safety performance project (Washington, DC). Public opinion strategies (Alexandria, VA); Mellman Group (Washington, DC)*. Washington, DC: Pew.

Pew Charitable Trusts (2013). *The impact of parole in New Jersey*. Washington, DC: Pew.

Porporino, F. , Zamble, E. (1984). Coping with imprisonment. *Canadian Journal of Criminology* 264(4), 403 – 421.

Redondo, S. , Sanchez-Meca, J. , Garrido, V. (1999). The influence of treatment programmes on the recidivism of juvenile and adult offenders: A European meta-analytic review. *Psychology, Crime and Law* 5, 251 – 278.

Roberts, R. , Cheek, E. (1994). Group intervention and reading performance in a medium security prison facility. *Journal of Offender Rehabilitation* 20, 97 – 116.

Schwaner, S. (1997). They can run, but can they hide? A profile of parole violators at large. *Journal of Crime and Justice* 20(2), 19 – 32.

Sherman, L. , Gottfredson, D. , MacKenzie, D. , Eck, J. , Reuter, P. , Bushway, S. (1998). *Preventing crime: What works, what doesn't, what's promising*. Maryland: National Institute of Justice Research in Brief.

Smith, M. O. , Aponte, J. , Bonilla-Rodriquez, R. , Rabinowitz, N. , Cintron, F. , Hernandez, L. (1984). Acupuncture detoxification in a drug and alcohol treatment setting. *American Journal of Acupuncture* 12 (July-September), 251 – 255.

Smith, M. O. , Squires, R. , Aponte, J. , Rabinowitz, N. , Bonilla-Rodriquez, R. (1982). Acupuncture treatment of drug addiction and alcohol abuse. *American Journal of Acupuncture* 10 (April-June), 161 – 163.

Smith, P., Gendreau, P. (2007). The relationship between program participation, institutional misconduct and recidivism among federally sentenced adult male offenders. *Forum on Corrections Research* 19, 6 – 10.

Smith, P., Goggin, C., Gendreau, P. (2002). *The effects of prison sentences and intermediate sanctions on recidivism: General effects and individual differences.* Ottawa, Ontario: Solicitor General of Canada. A Report to the Corrections Research Branch.

Solomon, A. L., Kachnowski, V., Bhati, A. (2005). *Does parole work?* Washington, DC: Urban Institute.

Sperber, K., Latessa, E. J., Makarios, M. D. (2013). Examining the interaction between level of risk and dosage of treatment. *Criminal Justice and Behavior* 40(3), 338 – 348.

Spiegler, M. D., Guevremont, D. C. (2009). *Contemporary behavior therapy*, 5th edn. Belmont, CA: Wadsworth.

Sumter, M. T. (1999). Religiousness and post-release community adjustment. Florida State University: Doctoral Dissertation.

Taxman, F. (2000). Unraveling "what works" for offenders in substance abuse treatment services. *National Drug Court Institute Review* Ⅱ, 2.

Travis, L., Latessa, E. (1984). A summary of parole rules—thirteen years later: Revisited thirteen years later. *Journal of Criminal Justice* 12, 591 – 600.

Travis, L., Stacey, J. (2010). A half century of parole rules: Conditions of parole in the United States. *Journal of Criminal Justice* 38, 604 – 608.

Van Voorhis, P. (1987). Correctional effectiveness: The high cost of ignoring success. *Federal Probation* 51(1), 56 – 62.

Vito, G. (1978). Shock probation in Ohio: A comparison of attributes and outcomes. Ohio State University: Columbus unpublished doctoral dissertation.

Vito, G. (1985a). Developments in shock probation: A review of research findings and policy implications. *Federal Probation* 48(2), 22 – 27.

Vito, G. (1985b). Putting prisoners to work: Policies and problems. *Journal of Offender Counseling Services and Rehabilitation* 9, 21 – 34.

Vito, G. (1986). Felony probation and recidivism: Replication and response. *Federal Probation* 50(4), 17 – 25.

Vito, G., Allen, H. (1981). Shock probation in Ohio: A comparison of outcomes. *International Journal of Offender Therapy and Comparative Criminology* 25, 70 – 75.

Vito, G., Latessa, E. (1979). Cost analysis in probation research: An evaluation synthesis. *Journal of Contemporary Criminal Justice* 1, 3 – 4.

Vito, G., Wilson, D. (1988). Back from the dead: Tracking the progress of

Kentucky's Furman-commuted death row population. *Justice Quarterly* 5, 101 - 111.

Vito, G., Wilson, D., Latessa, E. (1991). Comparison of the dead: Attributes and outcomes of Furman-commuted death row inmates in Kentucky and Ohio. In: R. M. Bohm (ed.) *The death penalty in America: Current research*. Cincinnati, OH: Anderson Publishing Co., pp. 101 - 111.

von Hirsch, A., Hanrahan, K. (1979). *The question of parole: Retention, reform, or abolition*. Cambridge, MA: Ballinger.

Waller, I. (1974). *Men released from prison*. Toronto, CN: University of Toronto Press.

Washington Department of Social and Health Sciences (1976). *Who returns? A study of recidivism for adult offenders in the State of Washington*. Olympia, WA: WDSHS.

Washington State Institute for Public Policy: www. wsipp. wa. gov/BenefitCost.

Welsh, B., Farrington, D. (2000). Correctional intervention programs and cost-benefit analysis. *Criminal Justice and Behavior* 27, 115 - 133.

Wensel, L. (1990). *Acupuncture in medical practice*. Reston, VA: Reston.

Wexler, H., Melnick, G., Lowe, L., Peters, J. (1999). Three-year *168* reincarceration outcomes for amity in-prison therapeutic community and aftercare in California. *Prison Journal* 79, 321 - 337.

Whitehead, J. (1991). The effectiveness of felony probation: Results from an Eastern State. *Justice Quarterly* 8, 525 - 543.

Whitehead, J., Lab, S. (1989). A meta-analysis of juvenile correctional treatment. *Journal of Research in Crime and Delinquency* 26, 276 - 295.

Widahl, E. J., Garland, B, Culhane, S. E., McCarty, W. P. (2011). Utilizing behavioral interventions to improve supervision outcomes in community-based corrections. *Criminal Justice and Behavior* 38(4).

Williams, F., McShane, M., Dolny, H. M. (2000). Predicting parole absconders. *Prison Journal* 80, 24 - 39.

Wilson, D., Gallagher, C. A., MacKenzie, D. L. (2000). A meta-analysis of corrections based education, vocation, and work programs for adult offenders. *Journal of Research in Crime and Delinquency* 37, 347 - 368.

Wilson, D., Gallagher, C., Coggeshall, M., MacKenzie, D. (1999). Corrections-based education, vocation, and work programs. *Corrections Management Quarterly* 3 (4), 8 - 18.

Wilson, R. (1977). Supervision (the other parole) also attacked. *Corrections Magazine* 3(3), 56 - 59.

Wisconsin Division of Corrections (1965). *A comparison of the effects of using probation versus incarceration for burglars with no previous felony convictions.*

Madison，NY：WDC.

Young，M.，Gartner，J.，O'Connor，T.（1995）. Long-term recidivism among federal inmates trained as volunteer prison ministers. *Journal of Offender Rehabilitation* 22(1/2)，97 - 118.

Zeisel，H.（1982）. Disagreement over the evaluation of the controlled experiment. *American Journal of Sociology* 88，378 - 389.

第六章　未成年犯与社区矫正

关键词

去监禁(decaration)

未成年人缓刑官(juvenile probation officers)

去监禁化(deinstitutionalization)

国家亲权(*parens patriae*)

转移(diversion)

选择性失能(selective incapacitation)

毒品法庭(drug courts)

未成年犯(status offender)

未成年人法庭(juvenile court)

豁免(弃权)(waiver)

未成年人缓刑(juvenile probation)

一　未成年犯罪问题

在美国,犯罪的挑战仍然是一个重大的社会问题,会产生严重甚至有时是致命的后果;然而,在过去的 15 年里,随着犯罪性质的改变,问题的规模已经缩小了。例如,据联邦调查局报告(FBI,2013),犯罪率在 1998—2012 年持续下降。

未成年人犯罪率被认为是犯罪问题中的一个方面。尽管 18 岁以下的年轻人在全国所犯最严重罪行中只占 10%,但却占了因纵火罪被捕的近 40% 和因抢劫及财产犯罪被捕的 20%(见图 6-1)。一旦被捕,许多未成年人将通过少年司法体系被进行处理。虽然未成年人犯下的严重罪行一直令人担忧,但好消息是,过去几年来对未成年人的逮捕有了显著的减少。不仅未成年人犯罪率在降低,而且每一种严重犯罪也呈下降趋势。表 6-1 说明了 2008 年至 2012 年间未成年人被捕的百分比变化(Federal Bureau of Investigation,2013)。

170

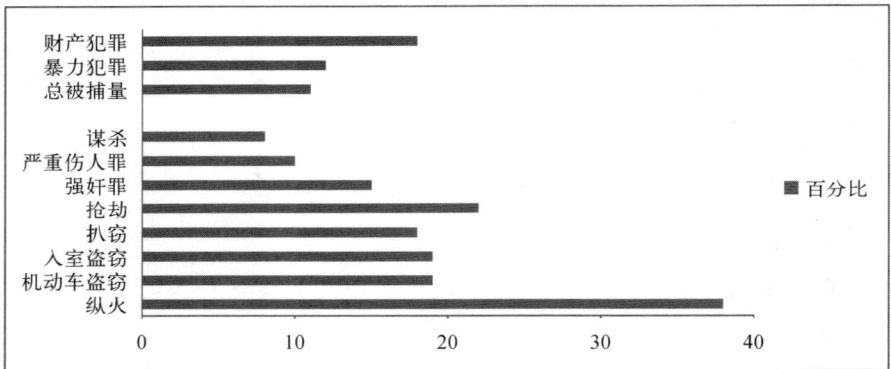

图 6-1　2012 年涉及未成年人的总被捕量

资料来源:Federal Bureau of Investigation (2013). *Crime in the United States 2012* . Washington,DC: U. S. Department of Justice。

表 6-1　2008—2012 年未成年人被捕率的变化

纵火	−33%
机动车盗窃	−46%
入室盗窃	−36%
扒窃	−30%
抢劫	−39%

续表

强奸罪	−22%
严重伤人罪	−35%
谋杀	−44%
总量	−34%
暴力犯罪	−36%
财产犯罪	−32%

资料来源：Federal Bureau of Investigation（2013）. *Crime in the United States*, *2012*. Washington, DC：U. S. Department of Justice。

虽然这些最近的趋势都是积极的，但就在不久前，许多专家认为未成年人犯罪已失去控制。在 20 世纪 80 年代和 90 年代初，未成年人犯罪的大部分原因是作为帮派文化主要方面的可卡因、少年团伙和暴力的出现（Allen & Simonsen,2001）。这些犯罪问题和变化，使社会作为一个整体去重新思考康复（rehabilitation）做法，而去提倡"趋严"（get-tough）做法，去放弃接受未成年人法庭，同时去将未成年人放入成年人法庭中接受审判。幸运的是，未成年人法庭关注的大多数未成年人罪犯会接受治疗和无监护权的处置。成年犯的情况也是如此，社区矫正的发展导致缓刑成为目前最常用的未成年人罪犯处罚。

未成年人罪犯缓刑是指一种由未成年人裁判法庭确立的法律地位。它通常包括如下含义：

1. 一项司法裁决，某孩子的行为已经使他在法庭权限范围内了。 *171*

2. 对他的自由施加强制条件。

3. 提供帮助他满足这些条件的手段，并确定他达到这些条件的程度。

（President's Commission,1967,p. 130）

缓刑不仅意味着随意地给某未成年人"另一个机会"，更重要的是给予他一个在自由社区进行调整的积极援助。

专栏 6 - 1　未成年人缓刑

　　未成年人缓刑是最古老和使用最广泛的一种手段,通过这种手段一系列法庭命令的服务得以落实。缓刑可以用于未成年人司法系统的"前端",如具低风险的初犯或用于作为监禁替代办法的"末端"的更严重的罪犯。在有些情况下,缓刑可以是自愿的,在这种情况下,未成年人同意遵守一段时期的非正式缓刑期来代替正式的裁决。更多的情况是,一旦被正式判决缓刑,未成年人必须服从法院确定的缓刑条例。

　　　　　　资料来源:Office of Juvenile Justice and Delinquency Prevention(1996)。

二　历史背景

　　未成年人缓刑的历史前身已在前面勾勒过。现代未成年人缓刑的法律基础是在中世纪早期的英国建立起来的,根据国家亲权原则:"国王作为一国之父,必须保护儿童的福利。"

　　与成人缓刑一样,约翰·奥古斯塔斯被视为"未成年人缓刑之父",他的许多保释的对象是陷入法律麻烦的女性未成年人。他的工作促进了马萨诸塞州首个探索缓刑代理人制度(1869 年)的发展,并促使通过了首个确定未成年人缓刑的立法(1878 年)。在同一时代,预防虐待儿童协会建立。他们提出的政策和激进主义直接促成了美国第一个未成年人法庭,这个法庭的建立是为专门处理未成年人罪犯的照料、治疗和福利问题,即:1899 年成立的库克县(the Cook County,Chicago,Illinois)未成年人法庭。

　　库克县未成年人法庭在芝加哥一群富有同情心、人道主义和富有女性的推动下产生,她们希望每个孩子都能得到像自己亲生父母本应提供的照料、看护和治疗(Linder & Savarese,1984)一样。未成年人法庭是为实现这些目标而设计的一个项目,[1]并在广泛诊断儿童的个性和需要的基础上运用个性化治疗,由法官担任患者(未成年人)的顾问。人们普遍认为,未成年人法庭会保护假定的超越宪法文本的权利[2](未成年人将接受的不仅仅是他应得的惩罚),并且通过非正式的法庭程序,避免未成年人犯被定罪的污

_172_

---

[1] 芝加哥法院继续创新以处理未成年犯。见美国司法统计局(U.S. bureau of justice statistics, 1994)。关于伊利诺伊州未成年司法制度的批判性观点,参见 Berger(1994)。另见 Getis(2000)。
[2] 批评者认为这并没有发生。见 Feld(1993)和 Getis(2000)。

名,这些非正式的法庭程序基于善意,理解,人道主义干预、殷切关怀,以及再生和恢复性①矫治。为了实现这些目标,美国宪法所保证的程序被搁置,关注点集中在孩子身上,而不是行为本身。专栏 6-2 包含了三项美国宪法中涉及成年人的权利保障的修正案。

专栏 6-2　美国宪法选定修正案

　　第四修正案:人人具有保障人身、住所、文档及财物的安全,不受无理搜查和扣押之权利;此项权利,不得侵犯;除依照充分理由,加上宣誓或誓愿保证,并具体指明必须搜索的地点、必须拘捕的人,或必须扣押的物品,否则一概不得发出搜查证和扣押证。

　　第五修正案:无论何人,未经大陪审团的陈诉或起诉书,不受判处死刑或剥夺公权之罪;唯于战争或社会动乱时期,正在服役的陆军、海军或民兵发生的案件,不在此限。任何人不因同一罪行而受到两次生命或身体的危害;不得在任何刑事案件中被迫自证其罪;非经正当程序,不得被剥夺生命、自由或财产。人民私有财产,如无合理赔偿,不得被征为公用。

　　第六修正案:所有刑事案中,被告人应有权提出下列要求:要求由罪案发生地之州或地区的公正的陪审团予以迅速及公开之审判,并由法律确定其应属之区;要求获悉被控的罪名和理由;要求与原告或证人对质;要求以强制手段促使对被告有利的证人出庭作证;并要求由律师协助辩护。

未成年人法庭诉讼是非正式的,在没有法律顾问的情况下进行,不对公众开放,针对个人优化指导和结果。为保护和服务"儿童的最大利益",记录是保密的。很少有诉讼挑战。在各州、联邦政府,以及波多黎各都迅速建立了未成年人法庭。到 1927 年,除两个州外,其他各州都颁布了建立未成年人法庭和缓刑的授权立法。未成年人缓刑的理论假设是,提供指导、咨询、资源和监管将有助于低风险未成年人适应建设性生活,从而避免监禁的必要性。

缓刑的主要目标是协助未成年人处理个人问题和社会环境。年轻罪犯潜在原因的解决将使他们重新融入社区。有人认为,缓刑而不是监禁应当作为处置的选择,因为:

(1) 缓刑保证了社区安全,同时允许年轻罪犯留在社区重新融入社区。

(2) 监禁会导致监狱化,一种学习监狱生活规范和文化的过程(Clemmer,1940)。这就减少了未成年人在被释放后作为守法公民的能力,

---

① Umbreit(1994). 另见 Umbreit(1995); Umbreit 和 Vos(2000)。

从而导致他们以后作为成年犯的进一步卷入。①

（3）监禁的耻辱是可以避免的（Schur，1971）。

（4）避免被视为罪犯的负面标签效应。

（5）如果使用现有社区资源，年轻人继续参与社会和家庭支持系统互动（家庭、学校、同伴、课外活动、就业、朋友等），重返社会就更有可能。

（6）缓刑比监禁成本更低，而且更为人道，同时至少在减少进一步违法行为和监禁化方面同样有效。②

在这里清楚地看到了未成年人法庭发展的"拯救孩子运动（child-saving movement）"。③

三　未成年犯的法律权利

很明显，未成年人法庭在 20 世纪发展的时候，是根据民事而不是刑事程序对未成年人罪犯进行处理的（民事诉讼处理个人性涉法行为，而刑事诉讼处理涉公众违法行为）。未成年人法庭创始人的最重要目标是为有过失的、依赖性的和被忽视的儿童建立一个单独的法庭系统。根据国家亲权原则，未成年人法庭系统暂停或搁置了宪法上给予所有公民的合法权利，如审判权，反对自证其罪和其他权利。对未成年人来说，宪法权利被认为是不必要的，因为法院将关注并维护民事程序环境下的未成年人的最大利益。许多未成年人法官和未成年人利益倡导者质疑程序公正，并试图为未成年人提供宪法保障。从 20 世纪 60 年代开始，有关未成年人法庭诉讼公平的问题以及未成年人的宪法保障权利被提交给美国最高法院并产生一些重要修改。因此，有必要回顾一下那些对未成年人司法制度，特别是当代未成年人

174

---

① 最近的研究严重挑战了未成年人犯罪与成人犯罪之间的关系。莱尔·香农认为证据不足以确定未成年犯是否最终会成为成年罪犯的准确预测，香农也发现，确实存在的关系在很大程度上可以解释通过未成年人和刑事司法系统内的程序的影响，以及未成年犯的持续违法行为。见 Shannon(1982)。

② 见 Solomon 和 Klein(1983)。

③ 并非所有学者都同意早期未成年法庭背后的动力发展是仁慈的。例如，A. M. 普拉特认为，拯救年轻人的理由是一个更大的社会运动的一部分，该运动试图加强企业资本主义在美国的地位。他辩称，未成年人法庭是保留现有阶级制度的一种手段。参见 Platt(1977)。

缓刑产生重要影响的决定。

1. 肯特案(Kent v. United States)

1966 年,美国最高法院被要求考虑将未成年人转移["弃权(waiver)"]给刑事法院的问题。[①] 主要问题是未成年人法庭程序的立法豁免权(Grisso & Schwartz,2000)。法院这样陈述道:

> 有很多证据表明,一些未成年人法庭缺乏人员、设施和技术,无法充当国家亲权资格的国家代表身份,至少对于被控违法的未成年人是这样。事实上,有证据表明,有理由担心未成年人会遭遇下面两个之中更糟糕的一个:既没有得到成年人的保护,也没得到未成年人的悉心关爱和再生治疗(Kent v. United States,1966)。

> 这个案例预示了法院需要裁定的一些更重要的问题(Merlo et al.,1997)。

2. 高尔德案(In re Gault)

1967 年,法庭裁决了在未成年人法庭程序方面的第一个重大问题。在亚利桑那州,当时十六岁的杰拉尔德·高尔特(Gerald Gault)涉嫌使用淫秽短语和文字打电话给一位女邻居。通过电话使用这种语言违反了亚利桑那州的法令。随后杰拉尔德·高尔德在一个诉讼程序中被判处未成年人犯罪,在这一诉讼程序中,他被剥夺了成年人都有的基本程序保障。这项具有里程碑意义的决定[②]明确地向所有被指控犯有违法行为并可能导致因监管造成严重伤害的未成年人提供了下列权利:

(1)知晓被指控性质为审判做准备的权利;

(2)咨询法律顾问的权利;

(3)反对自证其罪的权利;

(4)对质和盘问控方和证人的权利。

---

① Lee(1994). 另见 Jenson 和 Metzger(1994);和 Merlo 等人(1997)。

② 在 Gault,387 U. S. 1(1967). 另见 Sanborn(1994b);和 Manfredi(1998)。

高尔德(Gault)决议不仅将程序性权利交还给未成年人,还终止了对未成年人法庭不受正当程序保护(due process protection)限制的预设(Sanborn,1994a)。[1]

175 3. 温希普案(In re Winship)

1970 年的这个决定进一步确定了未成年人的权利。用于法院认定的犯罪行为的证据必须遵从未成年人违法的"无可置疑原则"(beyond a reasonable doubt)(Sanborn,1994b),这与刑事审判中用于成年人的标准是一致的。法院明确地认定,未成年人诉讼是非刑事性的,是意在保护未成年人的理由是不具说服力的(In re Winship,1970)。[2] 目前,尽管一些州授予未成年犯陪审团审判的权利,但其他州未成年人法庭的未成年犯没有被陪审团审判的宪法权利(如 McKeiver v. Pennsylvania,1971)。

美国最高法院的这三个重大决定为未成年人法庭创建了正当程序模式。McKeiver 的判决似乎表明,法院正在放弃增加未成年人的权利,但 1975 年,法院在 Breed v. Jones 的案件中裁定,一旦某个未成年人被作为未成年犯审判,此人不能因同一指控再作为成年人接受审判。[3] 如前所述,尽管一些州授予未成年犯陪审团审判的权利,但其他州未成年人法庭的未成年犯没有被陪审团审判的宪法权利(如 McKeiver v. Pennsylvania,1971)。在 1979 年的 Fare v. Michael C. 案件中,法庭就讯问环节裁定,如果没有事先与父母沟通,没有咨询律师,未成年犯不能自愿放弃反对自证其罪的优待。[4] 1984 年的 Schall v. Martin 案裁决,显然偏离了增加未成年人权利的趋势而重新确立了"国家亲权"。正如艾伦和西蒙森(Allen & Simonsen,1998,p. 643)所述:作为最高法院一系列有关案件裁决的结果,未成年人法庭现在基本上是法治法庭……

---

[1] 另见 Sanborn(1994 a);和 Feld(1999)。

[2] 确定伦敦法院(1790—1820 年)未成年起诉增长主要来源的历史数据可以在 King 和 Noel(1994)中找到。

[3] 这将是一个双重危险的严重案件。另见 Sanborn(1994a)。

[4] 在麦克尔案(Fare V. Michael C. ,1979 年),一名未成年谋杀嫌疑人在被剥夺了与他的缓刑官协商的机会后同意审讯。美国最高法院裁定,没有宪法规定允许嫌犯与其缓刑官员交谈。法院指出,初审法院法官应考虑到青年放弃其权利的整体情况。应考虑年龄、成熟度、智力和经验等因素。

到目前为止,法庭诉讼中未成年人犯的程序权利如下:

(1) 知晓被指控的权利;

(2) 律师咨询权及在贫困情况下要求提供律师咨询的权利;

(3) 对质和盘问证人的权利;

(4) 拒绝自证其罪的权利;

(5) 在被移交给成人法庭之前,未成年犯在律师陪伴的情况下获得司法听证的权利;

(6) 在被证有罪前,被视为无罪的权利。

从法庭程序及未成年人法庭的实际操作看,未成年人缓刑目前在这两种模式之间摇摆不定(Rogers & Mays,1987)。一方面,自由派改革者呼吁增加对未成年人的程序和法律保障;另一方面,是关注受害者(Torbert et al.,1996)和犯罪严重性(Clear & Cole,1990)[1]的保守运动。如一位保守派人士所述:"无论是一个 15 岁的孩子还是 25 岁的成年人枪击你,你的结果都是死亡。"[2]

虽然这一论断属实,但法庭在 2005 年的 Roper v. Simmons 案件裁决中还是坚持第八修正案和第十四修正案禁止处决犯罪时未满 18 岁的罪犯的法规(Roper v. Simmons,2005)。

四　对未成年人法庭及国家亲权的质疑

美国律师协会、司法机构、联邦政府、实务工作人员、私人非营利组织、研究人员和志愿组织等均已表达了对国家亲权式未成年人法庭及其程序的批评和不满(Moore & Wakeling,1997)。这些批评及美国最高法院的裁决,使未成年人司法制度发生了重大变化,尤其是在罪犯转移、未成年人罪犯、去犯罪和去监禁等方面的转变。在下面对当代未成年人司法制度和社区矫正中的未成年人的评述中,我们将看到这些变化。

---

[1] Berger(1994).Cohn(1994)更悲观。

[2] 见 Sheley 等(1995)1995;Bastian and Taylor (1994) ;and Rapp-Paglicci and Wodarski(2000)。

五　当代未成年人司法状况

1. 未成年人法庭处置进程

虽然成人与未成年人制度有一些相似之处,但也有一些根本性的差异。图6-2显示了未成年人司法系统案例流程的简化版本。图6-3显示了未成年人被转介到未成年人法庭的年龄。像过去几十年一样,最高的转介比例是16岁,其次是15岁,然后是17岁。极少数是在13岁以下。[①]　图6-4显示男性和女性未成年人罪犯的转介罪行情况。对于所有类型的犯罪,男性持续比女性多,财产犯罪是女性最常见的类型。

图6-5比较了1996年和2009年因逃离而被捕的未成年人人数。因逃离被捕的人中,将近55%是女性,但好消息是多年来逃离的未成年人数量大幅下降,少于原来的一半。违反宵禁和逃离被视为未成年人罪犯的只能是未成年人。

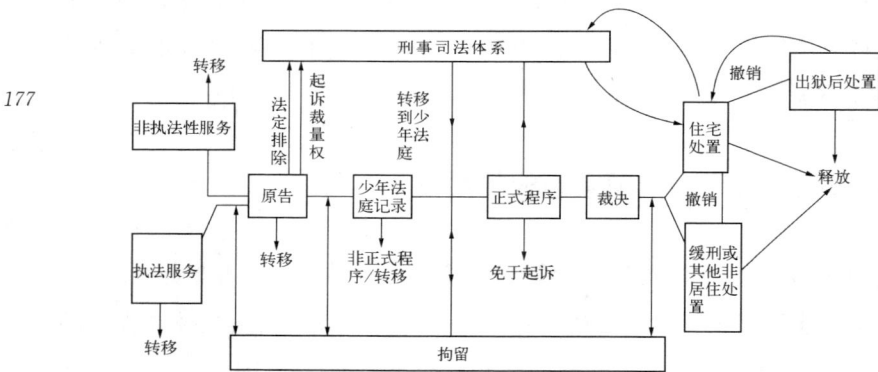

图6-2　未成年人司法系统流程

资料来源:Office of Juvenile Justice and Delinquency Prevention(2001). *Case flow diagram*. Washington, DC: OJJDP。

未成年人法庭处置进程可以通过几种方式来。在接收环节,所涉案件通常由一名接收官筛选,这个接收官可能因缺乏法定充分性而决定驳回案

[①] 未成年人司法与犯罪预防办公室(1998a)。

件或者采取正式或非正式方式解决此事。非正式处置可以包括自愿到社会机构服务、非正式缓刑，或支付罚款或赔偿。正式处理的案件被上诉到未成年人法庭，并安排审判（或豁免）听证会。在提交未成年人法庭的未成年人中，约有 19％的人是在接受阶段被销案，另有 26％的人被采取非正式方式处理。剩余的 56％被转交给未成年人法庭审判，这其中大约五分之一的人是被转送刑事或成人法庭。

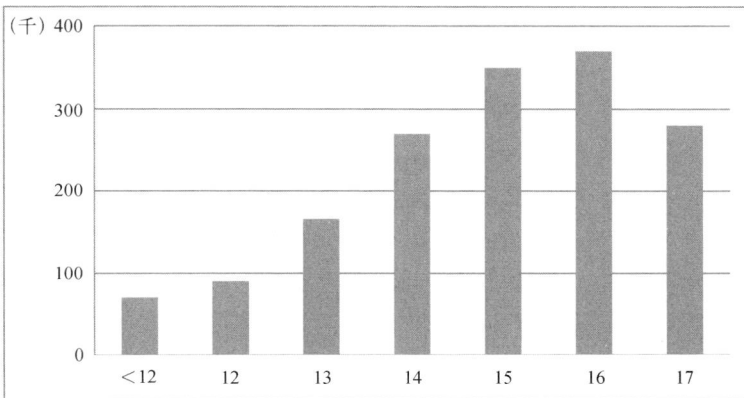

图 6-3 移交到未成年人法庭的年龄

资料来源：Sickmund，M.，Sladky，A.，Kang，W.（2010）. *Easy access to juvenile court statistics：1985—2007*. Washington，DC：Office of Juvenile Justice and Delinquency Prevention。

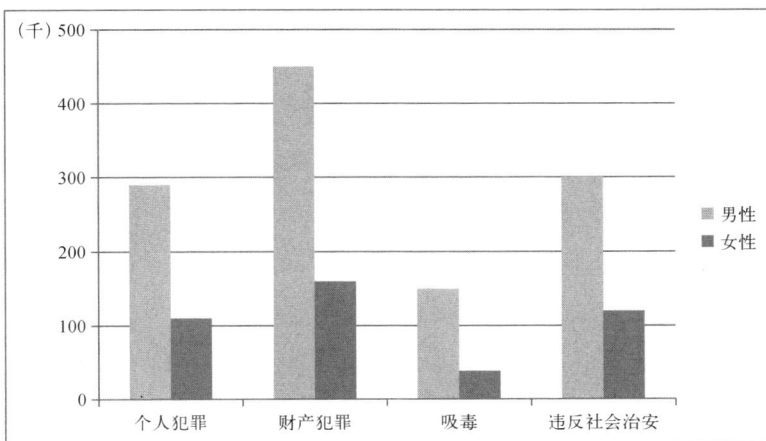

图 6-4 男性和女性的转介罪

资料来源：Sickmund，M.，Sladky，A.，and Kang，W.（2010）. *Easy access to juvenile court statistics：1985—2007*. Washington，DC：Office of Juvenile Justice and Delinquency Prevention。

179

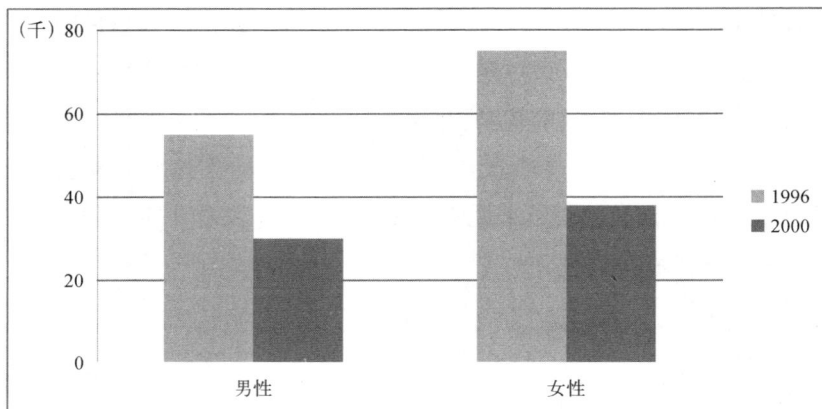

图 6 - 5　逃逸被捕数比较:1999 年和 2009 年

资料来源:Federal Bureau of Investigation (2009). *Crime in the United States*, *2008*. Washington DC: U. S. Department of Justice。

注:从 2010 年开始,联邦调查局停止追踪脱逃犯。

专栏 6 - 3　未成年人犯

　　未成年人犯一般是指因犯下只有未成年人所犯的罪行而被未成年人管制机构处置的未成年人。未成年人违法行为是指只与未成年人相关的犯罪行为(Maxson & Klein,1997)。

专栏 6 - 4　未成年人缓刑官

　　据估计,在美国大约有 1.8 万到 2 万影响到未成年人的生命历程的未成年人缓刑官。这些专业人员中有 85% 的是一线工作人员,负责接收、调查和监管服务,剩余的 15% 涉及缓刑办公室的管理或缓刑工作人员的管理。

　　在处置听证会上,未成年人法庭法官通常在审查了缓刑部门准备的倾向性("审前")报告后,确定更为适当的处罚或一套制裁。法官可用的选择范围很广,通常包括对监禁、安置在某个寄养家庭或集体住所或其他住居性监管场所、缓刑、转介到其他机构、日间治疗或报告中心、精神健康项目、社区矫正中心(中途之家),或罚款、赔偿或社区服务。如图 6 - 6 所示,缓刑是最经常使用的刑罚方式。对于一些年轻人来说,可以进行家庭外的安置。居住监管安置可以是公共场所或私人场所,图 6 - 7 提供了安置接受未成年犯场所的具体资料。1996 年,住宅监管设施中有 10.5 万多名未成年人。

180

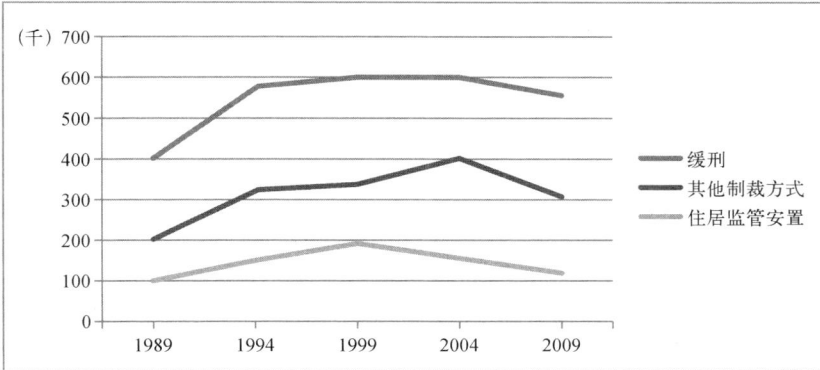

图 6 - 6　未成年人犯安置图 1987—2009 年

资料来源：Livsey，S.（2012）. *Juvenile delinquency probation caseloads*，*2009*. Washington，DC：Office of Juvenile Justice and Delinquency Prevention。

到 2003 年，这个数字已经下降，到 2010 年，该数已降至 70 793。这些未成年人大部分居住在由州或地方政府机构独家经营的公共监管场所。私人场所是指为未成年人罪犯提供服务的各种非政府组织所拥有和经营的设施。应该指出的是，这样一种家庭外安置对未成年人罪犯来说可能是一个非常创伤性的经历，自杀是一个被持续担心的问题。

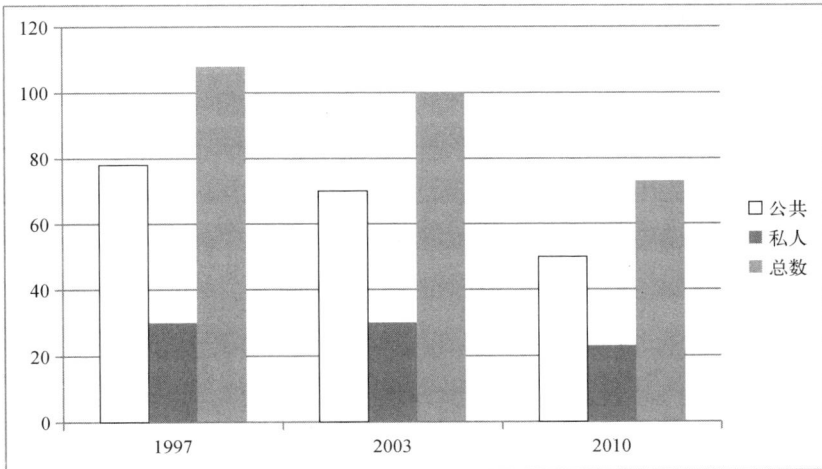

图 6 - 7　未成年犯住居监管安置

资料来源：Hockenberry，S.（2013）. *Juveniles in residential placement*，*2010*. Washington，DC：Office of Juvenile Justice and Delinquency Prevention。

2. 未成年人因免权到刑事法庭

所有的州都规定了未成年人法庭的年龄司法权上限,而且所有州的法律都允许在某些情况下未成年人可被当作成年人一样在刑事法庭受审。这些机制主要发生在 20 世纪末期(Feld,2001),是对以前未成年人法庭诉讼哲学基础的重大改变。

这种变化部分是由 Kent v. United States 案带来的,从此案开始,美国最高法院要求未成年人正当程序免权(due process in juvenile waivers),立法者试图建立一些简单和方便的有关未成年人正当程序免权听证会的替代方案。这些方案包括基于具体年龄或犯罪标准的自动排除,检察官授权直接向刑事法庭提交未成年人,或授权法官直接向成人矫正机构判刑,或先交押成年人监管机构,到一定刑期后转押到未成年人监管机构(Ullman,2000)。未成年人暴力事件增多,未成年人毒品罪犯案件数量增长以及许多被判决的未成年人犯罪分子不可治愈的司法评估是这些变化的部分刺激因素(Snyder et al,2000)。此外,犯罪排除(offence exclusion)为"趋严"的,倡导"严打"不断增长的未成年人犯罪的公职人员提出了一个政治上有吸引力的策略。图 6-8 显示了最新的,从 1994 年到 2009 年间因免权被送到刑事法庭的未成年人数。免权的罪行包括侵犯人身及财产、违反药物法律和公共秩序的罪行。自 1994 年达到顶峰后,免权已普遍下降。

未成年人免权机制的倡导者声称,未成年人法庭的处罚和服务是对掠夺性和精明的年轻罪犯的既非恰当也非高效的回应,刑事起诉将确保更加相称的惩罚,更有效的威慑和更大的限能。他们相信,通过关注犯罪而不是罪犯,公共安全就会得到加强,累犯也会减少。还有人认为,属于帮派、滥用药物和挥舞枪支的惯性暴力未成年人应当被逮捕,被作为成年人指控,并被送进监狱。总之,权力从司法机关转移到检察机关,尽管某些州加强了二者的权力。矫正目标是选择性限能。值得注意的是,自 1994 年以来(Puzzanchera et al.,2010),未成年人被捕数和因免权而被送至刑事法庭的数量有所下降,也反映出未成年人参与犯罪和暴力活动的相似趋势。

有关免权方案的有效性的研究正在进行中,但迄今为止的证据一致表

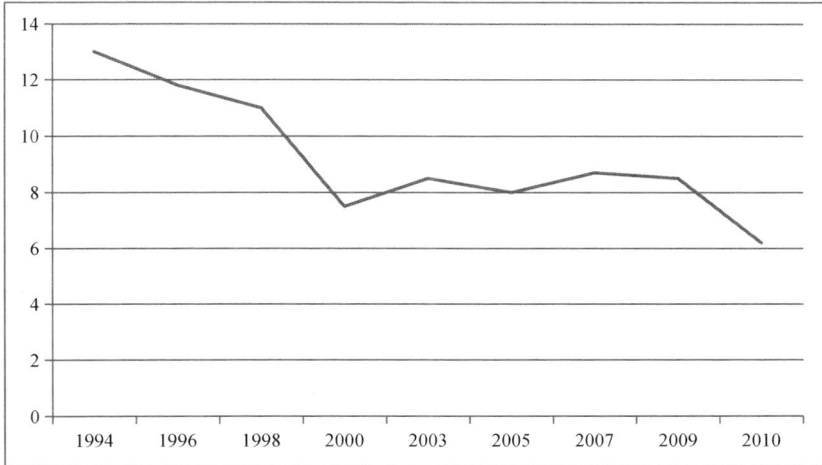

图 6 - 8 1993—2010 年因免权被送到成人法院的未成年人人数

资料来源：Puzzanchera，C.，Addie，S.（2014）. *Delinquency cases waived to criminal court*，*2010*. Washington，DC：U. S. Department of Justice，Office of Juvenile Justice and Delinquency Prevention。

明，因弃免权被送至成人法庭受审的未成年人罪犯比留在未成年人罪犯系统受审的未成年人罪犯有更高的再犯率。里斯勒及其同事们（Risler et al.，1998）研究了佐治亚州免权立法的影响，发现平均逮捕率没有显著下降（无威慑作用），并暗示这样的法律不能减少严重的暴力犯罪。雷丁（Redding，1999）认为，虽然未成年人在刑事法庭上更可能受到更长和更严重的判决，但实际上他们可能比在未成年人服刑机构中实际的服刑时间更短。他发现，刑事法院裁决通常对大多数犯罪者产生了更高的再犯率，在成人监狱中被监禁的未成年人也得到较少的康复医疗、心理健康和教育服务。毕晓普（Bishop，2000）考察了未成年人免权的效果，并得出结论认为，扩张性的转移政策给成年人系统带来了许多轻微的、无威胁的罪犯，加剧了种族差异（McNulty，1996），同时把有特殊和严重需要的青年转移到没有准备好提供治疗的矫正系统中去。毕晓普（Bishop）还认为，可靠的证据表明，成人系统的起诉和惩罚增加了再犯，也使年轻人更易受到伤害，并可能造成破坏性的 *183* 经历和刑罚结果。

专家们已经指出了关于成人法庭审判的未成年人比未成年人法庭审判

的未成年人有更高的再犯率的几个可能的解释(Bazemore & Umbreit, 1995；Myers,2003；Thomas & Bishop,1984；Winner,1997)：

184

1. 将未成年人定为重罪的污名化和其他负面影响。

2. 受到成年人的审判和惩罚而产生的未成年人的怨恨和不公正感。

3. 和同时被监禁的成年罪犯学习刑事习俗和行为。

4. 成人系统对康复和家庭支持的关注度下降。

5. 一些公民权利和优待的丧失进一步减少了就业和重新融入社区的机会(Redding,2003,2010)。

专栏 6-5　选择性限能

　　这种隔离未成年人罪犯或"社会残疾"的信念提出了一种监禁那些犯罪行为如此有害或只有隔离才能阻止再犯的罪犯的政策。这种"别无他法"的取向要求正确识别那些宜于长期监禁的人及转移到其他矫正监管的其他人。因此,我们将能够最大限度地有效利用隔离室(detention cells)这种稀缺资源,以保护社会免于这种危险的重复罪犯的掠夺。

　　当前的矫正技术还不足以让我们准确地识别那些需要限能的罪犯。我们有可能监禁了许多不需要限能的未成年人罪犯["假阳性"(false positive)]。然而,有证据揭示了一些预测量表用于识别低风险未成年人罪犯的早期释放的有效性(Hayes & Geerken,1997;Lovins & Latessa,2013)。这就是选择性"限能!"总体而言,这种限能理念的优势至今还没有在矫正中得到很好的显现。然而,占所有罪犯比例很小的慢性累犯(18 岁以下被逮捕 5 次以上的罪犯)犯罪比例很高。我们需要对生命历程中持续的犯罪行为进行更多的研究。

---

3. 社区矫正

　　显然,未成年人法庭应基于对需求、风险和康复评估作出有关未成年人罪犯的裁决。无论是在最小的未成年人法庭上以非正式方式进行工作,还是在最复杂的、广大的未成年人中使用与临床经验相结合的结构化的预测和精算工具,未成年人司法正在甄别案件,尝试将惩罚与需求和控制相匹配。艾伦和西蒙森(Allen and Simonsen,2001,p. 95)称这个过程是基于罪犯个人需求、社区安全和重新融合而确定惩罚的"过滤"过程。

　　在未成年人法庭,处置决定是基于个人和社会因素、犯罪的严重程度和未成年人的犯罪历史。处置哲学包括显要的康复重点及许多社区服务和住宅矫正服务。处置令可以并经常指向罪犯以外的其他人(特别是家庭成员),而且可能是不确定的,基于达到矫正目标和治疗目标程度的。在某些情况下,未成年人法庭的权力可以延伸到多数年龄段(由各州定义)。

与那些用于犯罪控制的,必不可少的"拘留"和"监禁"可能同样吸引人的是,我们这里关注的重点是预防,各种监禁的替代机制,缓刑以及旨在将未成年人从住宅监禁环境中转移出去的各种方案,并提供社区治疗和控制。

专栏 6-6　拘留

审判期间,未成年人法庭有时将未成年人关押在监控的拘留所。法院可能会决定拘留是必要的,以保护社区免受未成年人罪犯的伤害,同时确保未成年人罪犯在随后的法庭听证会上露面,或者确保未成年人罪犯自己的安全。为了评估未成年人罪犯,也可以责令拘留。大约五分之一的未成年人罪犯被拘留,最小可能被拘留的是财产犯。

---

4. 未成年人缓刑

缓刑是最老和最广泛使用的社区为基础的矫正计划。在缓刑期间,未成年人通常留在社区,可以继续上学或上班等正常活动。为了换取这种自由,未成年人必须遵守一些条件。这种遵守可以是自愿的非正式缓刑,而不是正式的裁决,但也可能是强制性的。如果处罚源于正式的判决和缓刑,则未成年人必须遵守法院规定的缓刑条件。未成年人缓刑处置的一半以上是非正式的(未经正式法院裁决或法院裁定颁布)。

未成年人可能需要定期与缓刑官或主管见面,参加咨询,遵守严格的宵禁时间表,并且/或者完成指定的社区服务时间甚至赔偿。这些法令也意味着法院有权在未成年人违反条件的情况下撤销缓刑。如果有撤销听证会,法院可以重新考虑其原来的处罚,施加附加条件,或施加更严重的替代刑如放置在某个州未成年人监控场所。

在缓刑接收阶段,未成年人经常因他们被确定的"风险"和"需要"分配到不同的监管方案。那些可能成为惯犯的高危未成年人可能被分配到严格监管和特别设计的矫治方案中,包括未成年人家庭参与法庭令的活动(例如父母教子培训班)。矫治方案可能还包括咨询关于酒精和其他药物滥用、精神健康、就业准备和工作安置、社区服务项目,以及放学后计划等。这类计划方案试图通过协调一致的,积极的早期干预和矫治方案来减少长期累犯的数量。

其他未成年人的调查和诊断,通常在接收阶段或者意见报告阶段,可能对精神卫生保健、(未成年人及其家庭)滥用药物行为,或者其他促成未成年人庭前行为的因素的矫治提出建议。一些未成年人被转移到进一步法庭处理以外的方案中,另一些未成年人被安置在居住监控设施中,其中有些居住监控设施由私营机构管理。缓刑官有时需要监督这些未成年人。下面,我们首先考察转移方案,然后讨论离开居住监控场所的未成年人的善后处理("假释")。

5. 未成年人犯的转移

高尔特(Gault)、肯特(Kent)和温西普(Winship)案件确定了必须赋予每个未成年人的宪法保障权利,并构成了前面提到的正当程序模式[①]的基础。这种模式要求遵守最低限度保证的法律程序,一种自愿和帮助的关系,以及对待未成年人所必需的限制最少的环境。这种模式也要求证明拘留[②]的必要性,如果没有这一点,就不应有监禁(del Carmen,1984;del Carmen et al.,1998)。[③]

几个联邦案件已经回答了被监禁未成年人是否有治疗权的问题。其中最为重要的是 1974 年的 Nelson v. Heyne 案,该案在第十四修正案的正当程序条款下维持了对受限未成年人的治疗的绝对权利。上诉法院指出,未成年人法庭的国家亲权原则只有在犯罪未成年人接受治疗的情况下才有根据维持:

> 治疗权包括享有最低可接受的未成年人照顾和治疗标准的权利以及获得个性化照顾和治疗的权利。由于未成年人对康复的需求不同,个别需要治疗的情况将有所不同。当一个州取代一个未成年人的父母

---

① Sanborn(1994a).

② Bazemore(1994).

③ Bazemore(1994).

的地位时,它也承担了父母的义务,对未成年人的看管应该在合理要求
的范围内做合适父母可能做的照料。如果没有个性化处理方案,结果
可能是,未成年人不会被治疗,而是被放在大群中被一般化对待。

　　尽管有一项研究发现,具有不同风险程度的未成年人(经过验证的风险
评估工具即俄亥俄州未成年人评估系统衡量的)对社区监管的反应最好,但
对住居监控(与社区监管比较)似乎没有达成共识(Latessa et al.,2014)。
图6-9显示了这项研究的结果。

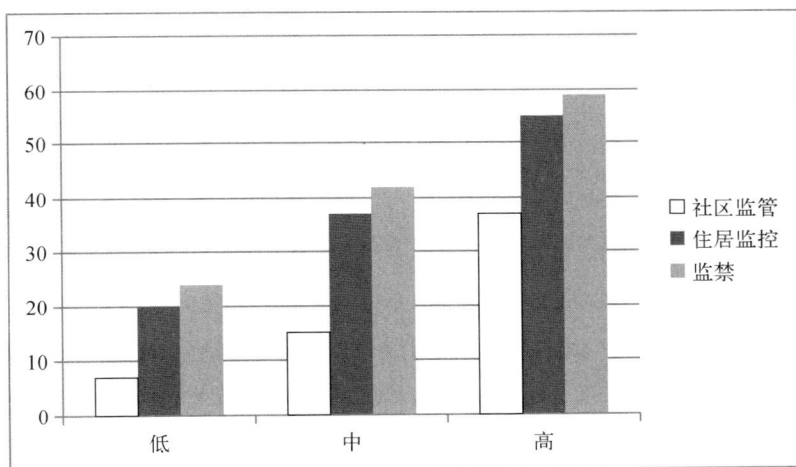

图6-9　RECLAIM计划的评估结果:风险和安置类型的失败率

　　数据来源:Latessa, E., Lovins, B. Lux,J.(2014).*Evaluation of Ohio's RECLAIM programs*. Cincinnati, OH:Center for Criminal Justice Research,University of Cincinnati.

　　正当程序模式和纳尔逊(Nelson)要求对未成年人的转移过程有显著的
贡献。成本是影响转移计划的另一个因素;最近俄亥俄州的一项研究发现,
在一个州监禁设施中监禁一个未成年人犯的成本要超过16.6万美元,而缓
刑只有6 800美元(Lovins & Lux,2014)。

　　艾伦及其同事们(Allen et al.,2007,pp.336-337)对转移给出下面的
定义:

　　　　转移是进入司法系统后在正式的未成年人司法审理过程中的任何

阶段对被指称的罪犯法律诉讼的终止或暂停,并将该犯转介到由非司法机构或私营机构管理的治疗或关怀方案。转介并非总是发生。

转移方案的作用是将未成年人转出未成年人司法系统,鼓励利用现有的矫正设施和机构处理此类罪犯,并避免与未成年人法院的正式接触。这些方案包括补救教育方案[①]、寄养家庭、集体家庭、社区药物治疗[②]、报告中心[③],以及当地咨询场所和中心。这些方案的有效性尚未完全确定,但初步评估报告显示疗效较高。

6. 毒品法庭和转移

187　　倾向性报告也可能发现,未成年人,无论是未成年人罪犯还是一般犯罪者,都在试验、滥用或化学上依赖受管制药物,为他人所开的处方但被未成年人控制的药物,或其他非法药物。在越来越多的司法管辖区,这些青年人可以在未成年人法院获得个人定制的治疗方案。在那里,可以提供一系列的特殊服务,不仅可以解决未成年人问题,而且可以解决家庭、朋友和雇主的问题。不幸的是,未成年人药物法庭的有效性研究结果不完全一致,最近对全国 9 个地点的研究发现,进入毒品法庭的未成年人的再犯率比接受缓刑的未成年人的再犯率高(Sullivan et al.,2014)。研究人员推测,这些负面的发现可能有几个原因,包括:(1)未成年人进行滥用药物治疗的动力不足;(2)对于正在使用酒精和大麻的未成年人,毒品法庭提供了超过实际需求的过多干预;(3)未分开低风险和高风险的未成年人;(4)缺乏循证治疗。在该领域显然需要额外的研究。

专栏 6-7　未成年人毒品法庭

　　未成年人毒品法院是在未成年人法庭内部设立并受其监督的强化治疗方案,为符合条件的吸毒青年及其家属提供专门服务。根据当地官员制定的标准,将案件分配到未成年人毒品案庭审,以执行毒品法院方案的目的。

---

① 这方面的一个例子是圣何塞州立大学的 Project READ。
② Mauser 等(1994);又见 Sarre(1999)。
③ McDevitt 等(1997)。

未成年人毒品法院提供：(1)对涉及未成年人滥用药物的犯罪和未成年人犯罪案件进行密集和持续的监督；(2)在司法系统内，协调和监督提供一系列必要的支持服务，以解决有助于未成年人参与司法的问题。服务领域包括药物滥用治疗，心理健康，一般健康检查，家庭和教育。自 1995 年以来，美国已经建立了超过 439 个未成年人毒品法庭。

资料来源：National Drug Court Institute。

7. 去监禁化

去监禁化的概念，也被称为非监禁化，这是最近的定义；它的概念是 1969 年确立的。那一年，杰罗姆·米勒(Jerome Miller)开始在马萨诸塞州对被监禁的未成年人罪犯进行去监禁化。这可以被看作是大型矫正设施监禁未成年人罪犯的时代的结束，并且已经开始了一个更加人道、适当和社区基础的关怀罪犯的时代，米勒关闭了主要的未成年人监禁场所。未成年人罪犯被安置在小型家庭，使用已经存在的社区为基础的矫正方案和服务(Sherrill，1975a，1975b)。

尽管还没有其他州完全效仿马萨诸塞州的领导，但其中一些州已经开发出更小、更加以社区为本的设施。例如，犹他州关闭了一个有 350 个床位的培训学校，并将这 290 名青年放在以马萨诸塞州计划为蓝本的社区项目中。强有力的证据表明，与过去的矫正实践相比，犹他州节省了大量开支(Krisberg et al.，1987)。密苏里州也关闭了许多较大型的设施，支持分散在全州范围内的小型"集体"房屋，以便青年人离家更近。其他州把这种"密苏里模式"看作在一个大型监禁场所之外未成年人如何得到高质量照顾的范例。大多数研究得出结论，没有证据表明公共安全因上述变化受到威胁。

1995 年，俄亥俄州开启了一个名为 RECLAIM Ohio 的计划(RECLAIM 意为为未成年人的监禁提供合理且公平的社区和地方选择方案)。这个全州范围的首创举措旨在帮助各县向被判决的未成年人罪犯提供社区服务。因为此计划，地方未成年人法院获得用于社区为本的替代方案的资金。反过来，他们必须从分配资源中支付给大多数被监禁在州监禁机构的青年。

189　　　2009 年开始实施有针对性的 RECLAIM 方案,初始方案集中在那些积极参与度最高的县。除积极参与度之外,每个选中实施 RECLAIM 方案的县都要求开发循证矫治方案。研究结果表明,RECLAIM 方案正在成功降低未成年人在州监禁场所的数量。图 6 - 10 显示了 RECLAIM 方案及后来的中选 RECLAIM 方案实施之前和之后未成年人被送进监狱的数量。如图所示,进入未成年人服务局的州监禁场所的人数明显降低。开支节省也效果明显,在 RECLAIM 方案上每花费 1 美元就节省了 40 多美元。RECLAIM 方案还加强了当地的未成年人法庭;私营部门的服务提供者增加了参与;同时检察官、法院和法院服务部门之间的合作也增加了。失败率并不是特别高,参加 RECLAIM 方案的未成年人最终进入州监禁场所的比例一直很低。RECLAIM 方案是一个协调并使用社区矫正避免将未成年人送进监禁场所的战略决策的建设性例证(Lowenkamp & Latessa,2005; Latessa et al.,2014)。

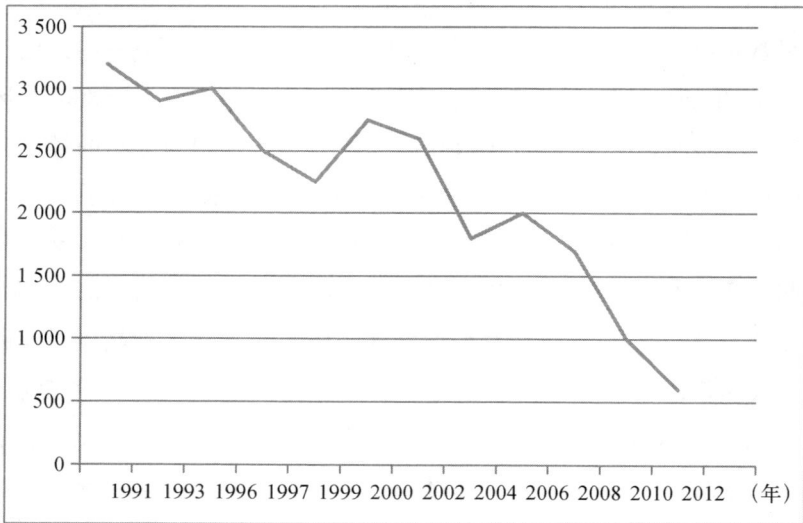

图 6 - 10　1991 年—2012 年间未成年人服务局重罪接受数

资料来源:Ohio Department of Youth Services(2014). *DYS admissions*. Ohio: Ohio Department of Youth Services, 1991—2007。

　　那些支持将未成年人送进监禁场所的人以公众对未成年人暴力犯罪的恐惧作为支持监禁未成年人罪犯的理由。他们还辩称,"让那些暴徒远离街

头"可防止进一步的犯罪(选择性限能),提供治疗和教育方案(康复)所必需
的设施和控制,并阻止其他未成年人犯严重罪行(一般威慑作用)。去监禁 190
化的人持相反意见,他们认为,许多被监禁的未成年犯并未犯下严重的暴力
罪行,监禁化代价昂贵,威慑证据几乎不存在,在矫正监禁机构的有效康复
的证据薄弱,而且,作为替代方案的社区矫正同样有效。最后,反对监禁的
人认为,社区与未成年人保护倡导者一起可以大大减少对州未成年人监禁
机构的依赖。[1]

专栏6-8　早期儿童干预的成本和收益

　　一系列小规模项目试图评估早期幼儿(从产前到4岁)干预的成本和收益,询问针
对弱势儿童的早期干预是否有利于参与儿童及其家庭,可能政府资金在儿童生命早期
的投入可以从政府后期支出的减少中得到补偿。

　　彼得·格林伍德(Peter Greenwood)考察了五个针对年幼儿童严格设计的项目;每
个项目有一个匹配的对照组,该组是在项目开始时随机分配的。格林伍德发现:

■　项目参与者和对照组成员之间的智商差异在项目结束时达到或超过了
10分。

■　15岁时的特殊教育和年级保留率的差异超过了20%(初学者项目)。

■　与对照组儿童相比,参与儿童在4岁及以下的急诊室访问次数减少了33%
(纽约Elmira产前/早期婴儿项目)。

■　在Elmira项目中,母亲的福利依赖减少了33%。

■　参加(佩里学期项目Perry Preschool Program)培训的学员27岁时的收入高
出了60%。

■　收益超过了成本,每个参加佩里项目的家庭收益2.5万美元,成本是1.2万
美元,每个参与Elmira项目的高风险家庭的收益是2.4万美元,成本是6 000美元。

　　此外,项目参与者(相对于对照组)的其他收益是减少了犯罪活动,改善了教育成
果,也改善了与健康有关的指标,如虐待儿童,改善孕产妇生殖健康和减少药物滥
用等。

　　仔细设计的,针对儿童早期干预的措施可以产生可衡量的效益,其中一些好处可
以在项目结束后的一段时间内持续下去。

　　资料来源:Greenwood(1999)。See https://www.ncjrs.gov/pdffilesl/fs9994.pdf。

---

8. 狱后安置和社区矫正

　　大多数被置于州政府管理的居住监禁机构和训练学校的未成年人是严

---

[1] Macallair(1994)．另见 Macallair(1993)。

重的惯犯。他们最终将通过假释和安置被释放到社区。以前的研究表明，
未成年人假释犯的再犯率高得令人难以接受，从53%到75%不等(Krisberg
et al.，1991；Ohio Department of Youth Service，2014)。很大一部分以前被
监禁的未成年人罪犯在成年后继续犯罪。问题的一个主要部分是，未能利
用循证方案的未成年人矫正和狱后系统会继续面临被该系统忽视或淘汰的
那些未成年人：严重的惯犯。这个人群需要的是有效的干预措施、强化的监
督和服务，监禁中对重新融合的关注，以及利用社区资源和社会网络的逐步
过渡过程。这包括狱后安置计划、监狱拘役阶段与假释官的联系以及社区
服务机构与居住矫正监管的合作。后者可能包括更密切地与家人合作、制
定认知行为治疗方案、有监管的社区参观、晚间或周末回家通行证、药物滥
用矫治服务和精神卫生治疗。弗吉尼亚州、科罗拉多州和内华达州正在实
施这样的努力(Office of Juvenile Justice and Delinquency Prevention，
2000)。

六　未成年人缓刑及社区矫正的未来发展

　　通过对当前趋势和发展的回顾，可以提出一些结论。显而易见的是，未
成年人司法和未成年人缓刑正处于一个快速变化的时期，而未成年人政策
在老的国家亲权模式与新的正当程序模式之间摇摆不定。更进一步来看，
未成年人缓刑官的角色和职能正在发生变化和扩大。各州的未成年人系统
和司法管辖区正在更多地使用转移，通过免权将未成年犯送到刑事司法审
判，从未成年人法院管辖权中移除未成年犯，以及未成年人的去监禁化。另
外，由于受到各种法律约束，对监禁未成年人罪犯的治疗要求以及未成年犯
监管机构的高成本，缓刑官正面临新兴的和不同的诉求。最后，为了转移未
成年人到社会服务，必须增加社区和私营服务项目和机构，为未成年人提供
更多的社区服务。各个州可以通过补贴和立法鼓励这些发展，增强地方和
县社区矫正的服务能力(Harris，1996)。当然，许多用于成年罪犯的计划和
实践也可用于未成年犯。本书其他章节探讨了服务私有化、监管(电子监
控、分类设备、专业服务提供者等)的技术，以及监管策略，如住宅软禁、日报

中心、强化性监管缓刑以及专业化案件等。在全国范围内正在实施融合性和恢复性方法,包括赔偿、受害者与罪犯调解、补偿和社区工作,其中许多方 *192* 法已成功用于未成年人。

由于作为未成年犯法院监督的代理人的未成年人缓刑服务取决于未成年人法庭、法庭管理人员和转介机构的理念,一个由临时性程序、反应和项目构成的混合方案正在兴起。一些联邦资金的协调努力表明,有可能实施密集的社区为基础的善后方案。但几乎每个法庭都面临资源短缺的问题,因此需要进行创新和战略规划。未成年人缓刑和矫正的困境并不是能快速解决的,我们在总结这一部分时指出,新的要求将会不断出现。

专栏 6-9　与家庭一起工作

社区监管的有效实践(EPICS)

EPICS 模式的目的是教导未成年人缓刑和假释官如何将未成年人有效干预的一些核心原则应用于社区监管。教导未成年人假释官增加对高风险未成年人的监管;同时继续关注包括反社会思想、态度和信仰在内的罪因性需求;在对罪犯进行干预时使用社会学习、认知行为方法。

根据 EPICS 模式,社区监管人员在与罪犯会面时严格遵从模式程序(有关该模型的更多信息,请参阅第九章)。

家庭 EPICS

自 2006 年以来,EPICS 模式已被用于培训和指导整个俄亥俄州和其他几个州的未成年人缓刑和假释官,而且他们现在正在实践这种模式。EPICS 的家庭干预延伸部分与 EPICS 的组成部分结合,供未成年人的家长和监护人在社区监管中使用。

家庭干预采用与 EPICS 相同的方式与社区监管官和家长/监护人一起进行程式化的登记、审核、干预、排练和家庭作业。每个课程都是在家长/监护人感到适宜且可以专注于学技能的地点进行,大约 30 到 50 分钟。家庭干预培训可以在家庭、社区监管办公室或其他双方同意的地点进行。

七　小结

193

我们对未成年人缓刑发展的考察揭示了 19 和 20 世纪的历史事件,这些事件首先促成了未成年人法庭的发展,然后对未成年人的合法权利进行了重新考察。从芝加哥的第一个未成年人法庭(1899 年)开始,未成年人的宪法保障权利因考虑为每个孩子提供像亲生父母应该提供的照顾、治疗和福利的仁慈而被忽略。

　　到 20 世纪 60 年代,儿童权益倡导者和有关组织开始质疑,未成年人法院在其对未成年人的指控中粗暴地忽略他们的权利,同时不兑现其对未成年犯承诺的关照。美国最高法院的一系列判决最终重申了未成年犯的宪法权利,包括审判权、沉默权、自我作证权、质疑和挑战控告证据权,以及其他许多成年人拥有的权利。

　　主要有三大变化。首先,许多司法管辖区进行了去监禁化,将他们的指控从州控制的监禁机构转移到社区矫正。其次,未成年人毒贩的出现和暴力的增加导致了更多惩罚的要求,比如免权到成人法庭接受成年般受审,接受更严厉的惩罚。最后,越来越多的形成一个协调性的社会和治疗方案网络的有效努力为未成年人及其家属提供康复和重返社会的服务。研究结果及证据表明,这种协调一致的方案可以大大减少未成年人犯罪、暴力和再犯。上述三大变化仍在继续,也许对未来的未成年人缓刑方向的最佳预测是,变化的速度和强度将加强。还有很多防止犯罪和增加公共安全的工作要做,但幸运的是,已经出现了转机,我们比以前较少地注重监禁和惩罚性制裁。

八　问题回顾

1. 为什么在全国范围内为未成年犯建立缓刑比成年犯更早?

2. 为什么缓刑应该是未成年犯的选择?

3. 确定并描述三起影响未成年人的重大案件。

4. 什么是去监禁化,哪个州在这个运动中领先?

5. 将严重的未成年犯作为成年人指控的理由。反对这种做法的理由。

6. 如何在关照未成年人的同时加强公共安全?

7. 确定未成年人社区矫正的五大创新。

8. 儿童早期干预能否减少未成年人犯罪?

9. 毒品法庭是否减少再犯?

10. 未成年缓刑在过去十年如何变化?

11. RECLAIM 项目对俄亥俄州未成年人的监禁率已产生了什么影响?你为什么认为这种影响已经发生了?

九　推荐读物

Howell，J. C. （2008）. *Preventing and reducing juvenile* [195] *delinquency*：*A comprehensive framework*，2nd edn. Thousand Oaks，CA：Sage.

Howell，J. C. ，Lipsey，M. W. ，Wilson，J. J. （2014）. *A handbook for evidence-based juvenile justice systems*. Lanham，MD：Lexington Books.

十　参考文献

Abt Associates （1994）. *Conditions of confinement*：*Juvenile detention and corrections facilities*. Washington，DC：Office of Juvenile Justice and Delinquency Prevention.

Allen，H. ，Simonsen，C. （1998）. *Corrections in America*. Upper Saddle River，NJ：Prentice Hall.

Allen，H. ，Simonsen，C. （2001）. *Corrections in America*. Upper Saddle River，NJ：Prentice Hall.

Allen，H. ，Latessa，E. ，Ponder，B. ，Simonsen，C. （2007）. *Corrections in America*. Upper Saddle River，NJ：Prentice Hall.

American Correctional Association （1986）. *Directory of juvenile and adult correctional departments*，*institutions*，*agencies and paroling authorities*. College Park，MD：ACA.

American Correctional Association （1997）. *Directory of juvenile and adult correctional departments*，*institutions*，*agencies and paroling authorities*. Lanham，MD：ACA.

American Correctional Association （2001）. *Directory of juvenile and adult correctional departments*，*institutions*，*agencies and paroling authorities*. Lanham，MD：ACA.

Bastian，L. ，Taylor，B. （1994）. *Young black male victims*. Washington，DC：Bureau of Justice Statistics.

Bazemore，G. （1994）. Understanding the response to reform limiting discretion：Judges' views on restrictions on detention intake. *Justice Quarterly* 11(2)，429 – 452.

Bazemore，G. ，Umbreit，M. （1995）. Rethinking the sentencing function in juvenile

196 court: Retributive or restorative response to youth crime. *Crime & Delinquency* 41(3), 296 – 316.

Berger, R. (1994). Illinois juvenile justice: An emerging dual system. *Crime & Delinquency* 40(1), 54 – 68.

Bishop, D. (2000). Juvenile offenders in the adult criminal justice system. In: M. Tonry (ed.) *Criminal and justice: A review of research*, vol. 27. Chicago, IL: University of Chicago Press, pp. 81 – 167.

Breed v. Jones, 421 U. S. 519 (1975).

Clear, T. R., Cole, G. F. (1990). *American corrections*. Pacific Grove, CA: Brooks/Cole.

Clemmer, D. (1940). *The prison community*. New York: Rinehart and Company.

Cohn, A. (1994). The future of juvenile justice administration: Evolution v. revolution. *Juvenile and Family Court Journal* 45(3), 51 – 63.

del Carmen, R. (1984). *Legal issues and liabilities in community corrections*. Paper presented at the annual meeting of the Academy of Criminal Justice Sciences, Chicago, IL.

del Carmen, R., Parker, M., Reddington, F. (1998). *Briefs of leading cases in juvenile justice*. Cincinnati, OH: Anderson.

Dembo, R., Seeberger, W., Shemwell, M., Klein, L., Rollie, M., Pacheco, K., Schmeidler, J., Hartsfield, A., Wothke, W. (2000). Psychological functioning among juvenile offenders 12 months after family empowerment intervention. *Journal of Offender Rehabilitation* 32(1/2), 1 – 56.

Fare v. *Michael C.*, 442 U. S. 707 (1979).

Federal Bureau of Investigation (2009). *Crime in the United States*, 2008. Washington, DC: U. S. Department of Justice.

Federal Bureau of Investigation (2013). *Crime in the United States*, 2012. Washington, DC: U. S. Department of Justice.

Feld, B. (1993). Criminalizing the American juvenile court. In: M. Tonry (ed.) *Crime and justice: A review of research*. Chicago, IL: University of Chicago Press, pp. 197 – 280.

Feld, B. (1999). *Bad kids: Race and the transformation of the juvenile court*. New York: Oxford University Press.

Feld, B. (2001). Race, youth violence, and the changing jurisprudence of waiver. *Behavioral Sciences & The Law* 19, 3 – 22.

Getis, V. (2000). *The juvenile court and the progressives*. Chicago, IL: University of Chicago Press.

Gottfredson, D., Barton, W. (1993). Deinstitutionalization of juvenile offenders. *Criminology* 31(4), 591 – 610.

Government Accounting Office (1994). *Residential care: Some high risk youth benefit but more study is needed*. Washington, DC: U. S. Government Accounting Office.

Greenwood, P. (1999). *Costs and benefits of early childhood intervention*. Factsheet 94. Washington, DC: Office of Juvenile Justice and Delinquency Prevention.

Grisso, T., Schwartz, R. (2000). *Youth on trial: A developmental perspective on juvenile justice*. ; Chicago, IL: University of Chicago Press.

Harris, K. (1996). Key differences among community corrections acts in the United States: An overview. *Prison Journal* 76(2), 192 – 238.

Haumschilt, G. (2001). The responsibility to the public in parole. *CYA Today* 2 (1), 4.

Hayes, H., Geerken, M. (1997). The idea of selective release. *Justice Quarterly* 14(2), 353 – 370.

Hockenberry, S. (2013). *Juveniles in residential placement*, 2010. Washington, DC: Office of Juvenile Justice and Delinquency Prevention.

In re Gault, 1967 387 U. S. 1 (1967).

In re Winship, 397 U. S. 358 (1970).

Jenson, E., Metzger, L. (1994). A test of the deterrent effect of legislative waiver on violent juvenile crime. *Crime & Delinquency* 40(1), 96 – 104.

Kent v. United States, 383 U. S. 54 (1966).

King, P., Noel, J. (1994). The origins of the problem of juvenile delinquency: The growth of juvenile prosecution in London. In: L. Knafla (ed.) *Criminal justice history: An international volume*. Westport, CT: Greenwood Press, pp. 17 – 41.

Koetzel-Shaffer, D. (2006). Reconsidering drug court effectiveness: A meta-analytic review. University of Cincinnati: Doctoral dissertation.

Krisberg, B., Austin, J., Steele, P. (1991). *Unlocking juvenile corrections*. San Francisco, CA: National Council on Crime and Delinquency.

Krisberg, B., Austin, J., Joe, K., Steele, P. (1987). *The impact of court sanctions*. San Francisco, CA: National Council on Crime and Delinquency.

Latessa, E., Lovins, B., Lux, J. (2014). *Evaluation of Ohio's RECLAIM programs*. Cincinnati, OH: Center for Criminal Justice Research, University of Cincinnati.

Latessa, E., Moon, M., Applegate, B. (1995). *Preliminary evaluation of the Ohio department of youth services RECLAIM Ohio Pilot Project*. Cincinnati, OH: University of Cincinnati.

Latessa, E., Shaffer, D., Lowenkamp, C. (2002). *Outcome evaluation of Ohio's drug court efforts: Final report*. Cincinnati, OH: Center for Criminal Justice Research, University of Cincinnati.

Lee, L. (1994). Factors determining waiver to a juvenile court. *Journal of Criminal Justice* 22(4), 329 – 340.

Lindner, C. , Savarese, M. (1984). The evolution of probation: Early salaries, qualifications and hiring practices. *Federal Probation* 48(1), 3 – 9.

Livsey, S. (2012). *Juvenile delinquency probation caseloads*, 2009. Washington, DC: Office of Juvenile Justice and Delinquency Prevention.

Lovins, B. , Latessa, E. J. (2013). Creation and validation of the Ohio Youth Assessment System (OYAS) and strategies for successful implementation. *Justice Research and Policy* 15, 67 – 93.

Lovins, B. , Lux, J. (2014). *Cost benefit analysis of Ohio's RECLAIM, CCF and DYS programs and facilities*. Cincinnati, OH: Center for Criminal Justice Research, University of Cincinnati.

Lowenkamp, C. , Latessa, E. (2005). *Evaluation of Ohio's RECLAIM funded programs, community corrections facilities, and DYS facilities*. Cincinnati, OH: University of Cincinnati, Center for Criminal Justice Research.

Macallair, D. (1993). Reaffirming rehabilitation in juvenile justice. *Youth and Society* 25(1), 104 – 125.

Macallair, D. (1994). Disposition case advocacy in San Francisco juvenile justice system: A new approach to deinstitutionalization. *Crime & Delinquency* 40(1), 84 – 95.

Manfredi, C. (1998). *The Supreme Court and Juvenile Justice*. Lawrence, KS: University Press of Kansas.

Mauser, E. , Van Stelle, K. , Moberg, P. (1994). The economic impacts of diverting substance-abusing offenders into treatment. *Crime & Delinquency* 40(4), 568 – 588.

Maxson, C. , Klein, M. (1997). *Responding to troubled youth*. New York: Oxford University Press.

McCord, J. , Sanchez, J. (1983). The treatment of deviant children: A twenty-five year follow-up study. *Crime & Delinquency* 29(2), 238 – 253.

McDevitt, J. , Domino, M. , Brown, K. (1997). *Metropolitan day reporting center: An evaluation*. Boston, MA: Center for Criminal Justice Policy Research, Northeastern University.

McKeiver v. Pennsylvania, 403 U. S. 528 (1971).

McNulty, E. (1996). *Arizona juvenile transfer study*. Phoenix, AZ: Administrative Office of the Courts, Arizona Supreme Court.

Merlo, A. , Benekos, P. , Cook, W. (1997). "Getting tough" with youth: Legislative waiver as crime control. *Juvenile and Family Court Journal* 48(3), 1 – 15.

Moore, M. , Wakeling, S. (1997). Juvenile justice: Shoring up the foundations. In: M. Tonry (ed.)*Crime and justice: A review of research*. Chicago, IL: University of Chicago Press，pp. 253 - 301.

Myers，D. L. (2003). The recidivism of violent youths in juvenile and adult court：A consideration of selection bias. *Youth Violence and Juvenile Justice* 1 (79)，101. Nelson v. Heyne，491 F. 2d 352 (7th Cir.) (1974).

Office of Juvenile Justice and Delinquency Prevention (1996). *Juvenile probation：The workhorse of the juvenile justice system*. Washington，DC：OJJDP. www. ncjrs. org/pdffiles/workhors. pdf.

Office of Juvenile Justice and Delinquency Prevention (1998a). *The youngest offenders*. 1996. Washington，DC：OJJDP.

Office of Juvenile Justice and Delinquency Prevention (1998b). *What about girls?* Washington，DC：OJJDP.

Office of Juvenile Justice and Delinquency Prevention (1999). *Costs and benefits of early childhood intervention*. Washington，DC：OJJDP.

Office of Juvenile Justice and Delinquency Prevention (2000). *Implementation of the intensive community-based aftercare program*. Washington，DC：OJJDP.

Office of Juvenile Justice and Delinquency Prevention (2001a). *Caseflow diagram*. Washington，DC：OJJP.

Office of Juvenile Justice and Delinquency Prevention (2001b). *Juvenile court statistics*，2005. Washington，DC：OJJDP.

Office of Juvenile Justice and Delinquency Prevention (2001c). *The 8% solution*. Washington，DC：OJJDP.

Ohio Department of Youth Services (2014). *DYS admissions*. Ohio：Ohio Department of Youth Services，1991 - 2007.

Orange County Probation Office (2001). *8% problem study findings*. Orange County：OCPO.

Platt，A. (1977). *The child savers：The invention of delinquency*. Chicago，IL：University of Chicago Press.

Podkopacz，M. R. ，Feld，B. C. (2001). The back-door to prison：Waiver reform，"blended sentencing" and the law of unintended consequences. *Journal of Criminal Law and Criminology* 91，997 - 1071.

President's Commission on Law Enforcement and Administration of Justice (1967). *Juvenile delinquency and youth crime*. Washington，DC：U. S. Government Printing Office.

Puzzanchera，C. (2013) *Juvenile arrests* 2011. Washington，DC：U. S. Dept. of Justice，Office of Juvenile Justice and Delinquency Prevention.

Puzzanchera，C. ，Adams，B. ，Sickmund，M. (2010). *Juvenile court statistics*，2006—2007. Pittsburgh：National Center for Juvenile Justice.

Puzzanchera，C. ，Addie，S. (2014). *Delinquency cases waived to criminal court*，

2010. Washington, DC: U. S. Dept. of Justice, Office of Juvenile Justice and Delinquency Prevention.

Rapp-Paglicci, L. , Wodarski, J. (2000), Antecedent behaviors of male youth victimization. *Deviant Behavior* 21(6), 519 – 536.

Rausch, S. , Logan, C. (1982). *Diversion from juvenile court: Panacea or Pandora's box?* Paper presented at the annual meeting of the American Society of Criminology, Toronto, Canada.

Redding, R. E. (1999). Juvenile offenders in criminal court and adult prison. *Juvenile and Family Court Journal* 50(1), 1 – 20.

Redding, R. E. (2003). The effects of adjudication and sentencing juveniles as adults: Research and policy implications. *Youth Violence and Juvenile Justice* 1, 128 – 155.

Redding, R. E. (2010). *Juvenile transfer laws: An effective deterrent to delinquency?* *Juvenile Justice Bulletin*. Washington, DC: Office of Juvenile Justice and Delinquency Prevention.

Risler, E. , Sweatman, T. , Nackerud, L. (1998). Evaluating the Georgia legislative waiver's effectiveness in deterring juvenile crime. *Research on Social Work Practice* 8(6), 657 – 667.

Rogers, J. , Mays, G. (1987). *Juvenile delinquency and juvenile justice.* New York: John Wiley.

Roper v. Simmons, 543 U. S. 551 (2005).

Sanborn, J. (1994a). Constitutional problems of juvenile delinquency trials. *Judicature* 78(2), 81 – 88.

Sanborn, J. (1994b). Remnants of parens patriae in the adjudicatory hearing. *Crime & Delinquency* 40(4), 599 – 615.

Sarre, R. (1999). Destructuring and criminal justice reform. *Current Issues in Criminal Justice* 10(3), 259 – 272.

Schall v. Martin, 467 U. S. 253 (1984).

Schumaker, M. , Kurtz, G. (2000). *The 8% solution.* Thousand Oaks, CA: Sage.

Schur, E. (1971). *Labeling deviant behavior: Its sociological implications.* New York: Harper and Row.

Shannon, L. (1982). *Assessing the relationship of adult career criminals to juvenile careers.* Washington, DC: U. S. Government Printing Office.

Sheley, J. , McGee, Z. , Wright, J. (1995). *Weapons-related victimization in selected inner-city high school samples.* Washington, DC: Bureau of Justice Statistics.

Sherrill, M. (1975a). Jerome Miller: Does he have the answers……? *Corrections Magazine* 1(2), 24 – 28.

Sherrill, M. (1975b). Harvard recidivism study. *Corrections Magazine* 1(2),

21－23.

Sickmund, M. , Sladky, A. , Kang, W. (2008). *Census of juveniles in residential placement databook.* Washington, DC: Office of Juvenile Justice and Delinquency Prevention.

Sickmund, M. , Sladky, A. , Kang, W. (2010). *Easy access to juvenile court statistics*: 1985—2007. Washington, DC: Office of Juvenile Justice and Delinquency Prevention.

Snyder, H. (2005). *Juvenile arrests* 2003. Washington, DC: U. S. Office of Juvenile Justice and Delinquency Prevention.

Snyder, H. , Sickmund, M. , Poe-Yamagata, E. (2000). *Juvenile transfers to criminal court in the* 1990s. Washington, DC: Office of Juvenile Justice and Delinquency Prevention.

Snyder, H. , Sickmund, M. , Yamagata, E. (1996). *Juvenile offenders and victims.* Washington, DC: U. S. Office of Juvenile Justice and Delinquency Prevention.

Solomon, K. , Klein, M. (1983). *National evaluation of the deinstitutionalization of status offender programs.* Washington, DC: Office of Juvenile Justice and Delinquency Prevention, U. S. Department of Justice.

Sourcebook of Criminal Justice Statistics. *Criminal Justice Statistics* 2003 (31st edn). Online. www. albany. edu/sourcebook.

Sullivan, C. , Blair, L. , Latessa, E. J. , Sullivan, C. C. (2014). Juvenile drug courts and recidivism: Results from a multisite outcome study. *Justice Quarterly.* Published online May 2014.

Thomas, C. W. , Bishop, D. M. (1984). The impact of legal sanctions on delinquency: Alongitudinal comparison of labeling and deterrence theories. Journal of Criminal *Law and Criminology* 75, 1225－1245.

Torbert, P. , Gable, R. , Hurst, H. (1996). *State responses to serious and violent juvenile crime.* Washington, DC: U. S. Office of Juvenile Justice and Delinquency Prevention.

Ullman, R. P. (2000). Federal juvenile waiver practices: A contextual approach to the consideration of prior delinquency records. *Fordham Law Review* 68, 1329－1369.

Umbreit, M. (1994). *Victim meets offender*: *The impact of restorative justice and mediation.* Monsey, NY: Criminal Justice Press.

Umbreit, M. (1995). The development and impact of victim-offender mediation in the United States. *Mediation Quarterly* 12, 263－276.

Umbreit, M. , Vos, B. (2000). Homicide survivors meet the offenders prior to execution. *Homicide Studies* 4(1), 63－87.

U. S. Bureau of Justice Assistance (1994). *Drug night courts.* Washington, DC: USBJS.

U. S. Bureau of Justice Statistics (1994). *Night drug courts: The Cook County Experience*. Washington, DC: USBJS.

Winner, L., Lanza-Kaduce, L., Bishop, D. M., Frazier, C. E. (1997). The transfer of juveniles to criminal court: Reexamining recidivism over the long term. *Crime and Delinquency* 43, 548 – 563.

Wu, B. (2000). Determinants of public opinion toward juvenile waiver decisions. *Juvenile and Family Court Journal* 50(1), 9 – 20.

第七章　缓刑及假释官的角色

关键词

具体需求咨询服务（concrete needs counseling）

惩罚型官员（punitive officer）

情感需求咨询服务（emotional needs counseling）

监管（supervision）

调查（investigation）

监督（surveillance）

防护官（protective officer）

福利型官员（welfare officer）

如福格尔（Fogel）（McCleary，1978）指出的那样，缓刑和假释官（PO）[1]的角色在传统意义上一直存在着分歧（美国矫正协会，1995）。其监管角色不仅包括为罪犯提供咨询、康复、整合上的帮助性和治疗性服务，而且涉及基于社会保护的一种持续性的监督。事实上，在实际监管的过程中，存在着

---

[1] 在本章中，PO指缓刑及假释官。就其角色和面临的困境而言，缓刑及假释官两者的观点紧紧联系在一起，PO这个缩写不会曲解学者们的观点、发现和结论。

这样的冲突：到底哪一个角色最适合缓刑和假释官呢？社区矫正官最合适的角色是哪一个主要取决于他们在工作过程中所起的作用。尽管美国刑事司法体系长时间呼吁转变缓刑官、假释官的监管角色，但是上述角色冲突仍可能继续存在（Smith et al.，2012；Bonta et al.，2008；Reinventing Probation Council，2001；Taxman & Byrne，2001；Trotter，1999）。本章描述和概括了过去缓刑和假释官的监管角色冲突及其冲突的边界，与此冲突相关的问题，以及缓刑机构及假释机构的职责。

一　缓刑及假释机构的职责

202

首先，厘清缓刑及假释机构的职责是有必要的。奥利里（O'Leary，1974）认为，缓刑和假释在众多方面有相似性。两部门都需要收集信息并呈报给决策权威（法官或者假释委员会）。该权威有权对罪犯处以缓刑，或者释放假释犯。决策的结果是罪犯的自由受到一些条件限制。如果罪犯违背这些条件，他们很可能重新被判刑或重回监狱。

然而，假释和缓刑也有明显的区别。假释犯的一部分刑期是在监禁机构完成的。假释通常是假释评委会作出的一种行政性决定，而准予缓刑的判决则完全取决于法院。正如华莱士（Wallace，1974，p.950）所述："缓刑不仅仅是一个过程，它意味着规划一个组织一个服务机构协助法院，并在刑事司法实施中履行一些特殊的职能。"

尽管有上述区别，但缓刑及假释机构共同拥有一个特殊的、重要的功能，即在社区内对罪犯进行监管。基本的问题依然是：监管的目的何在？从社会工作视角出发，华莱士（Wallace）认为，监管的功能基于社会工作的个案工作模型。监管是矫治的基本要素。缓刑和假释官充分利用罪犯所有的信息，对其进行需求分析，并制定矫治计划。美国总统执法和司法委员会（President's Commission on Law Enforcement and Administration of Justice，1967，p.30）首次提出为缓刑犯提供重新与社会整合的矫治计划就是这样一个例证：培养罪犯对诸如学校、商业、教会等主要社会机构的有效参与，可以为其成功矫正提供有效途径。

但是,提供治疗只是监管的一方面。此外,缓刑和假释官需要保持对罪犯的监督。

美国国家假释会议(Studt,1978,p. 65)对监督做出了经典的定义:

监督是这样一种活动,假释官对假释者的某些行为进行观察、核实和确认,不管这种活动是否有助于发展与假释犯关系。

尽管上述陈述表明,缓刑官和假释官的治疗和监督角色几乎完全互斥,但是许多学者指出,作为缓刑及假释机构职责的一部分,两种角色可同时共存。事实上,卡尔森(Carlson)和帕克斯(Parks,1979,pp. 155 - 157)列出了 *203* 缓刑机构或假释机构共有的四种主要职责。

(1) 监督:"监督"一词通常指治安情境下的简单地"监视",但是需要指出的是它还包含一种帮助的目的。当监督得到合理执行,矫正委托人将对一系列行为可能产生的结果有持续性的认识,这些行为在过去使他们处于脆弱而易受伤害的境遇。正如一个试图改变自己生活的酗酒者或瘾君子得到了支持一样,这种支持源于与他人频繁地沟通,这些人可以帮助酗酒者或者瘾君子成功解决问题,因此,通过与缓刑官频繁地互动,许多矫正对象可取得有益的结果。

(2) 调查:调查功能包括报告违规行为或者缓刑犯的实际违法行为、收集罪犯的犯罪事实、向监管者报告其嫌疑。

(3) 具体需求咨询服务:该类型的服务包括以下方面:就业、教育、培训、住房、衣着、收入、医疗、口腔、法律、交通。

(4) 情感需求咨询服务:该项服务需要缓刑官根据其服务的矫正对象的需求提供。这些需求包括婚姻/家庭关系、陪伴、情绪稳定、酒精和药物滥用、心理能力、性行为。

二 缓刑官及假释官的分类

针对官员类型的最初研究,奥林等人(Ohlin et al. ,1956,pp. 211 - 225)对缓刑官及假释官进行了如下分类。

惩罚性官员:将自身视为中产阶级道德的护卫者;通过威胁和惩罚的方

式,迫使罪犯改造与整合;强调社区对罪犯的控制和保护;强调社区对处于监督下的罪犯保持全方位的怀疑态度。

保护性官员:就是既要保护罪犯,也要保护社区的人;其工作手段包括提供直接性的帮助、训导、有选择性的赞赏和谴责。保护性官员被视为一个矛盾体,在情感上,一方面他要为罪犯的改造考虑,另一方面,他要为社区安全考虑,游离于二者之间。

福利性官员:这类官员的终极目标是通过帮助矫正对象在其有限的个人能力方面做出调整和改变,以改善其福利。该类官员认为,社区保护唯一真正需要的保证是矫正对象的个人调整,因为表面性遵守是暂时性的,且从长远来看,表面性遵守可能使矫正对象的成功调整变得更为困难。情感中立贯穿于整个专业关系之中。福利官所运用的诊断方式和治疗技巧是基于矫正对象的需要和能力的评估。该评估是客观且有理论依据的。

格拉泽(Glaser,1969)随后在此基础上,提出了消极性官员,将分类拓展至四类。消极性官员将工作视为闲职,认为只需稍微努力即可。例如,埃里克森(Erikson,1977,p. 37)讽刺那些抱有试图蒙混过关、理想化和简单化社工实务想法的官员:

> "我太忙了,没有时间。"使用这种策略的确也需要一定的准备和技巧。确保你的桌面上堆满了工作的文件、消息、备忘录、未读邮件、专业文献等。与你的秘书保持联系,同时让其安排好行程。在一段时间的等待后,当缓刑犯最终出现在你面前时,让他对你的工作量印象深刻等。与矫正对象的交流过程中,一直在记录,不停地接打电话。为了其他的重要事情而打断与矫正对象的谈话,比如,获取来自妻子的日常购物清单、安排汽车保养。因为这些必要的打断而反复不停地向矫正对象道歉,这将使其注意力分散、精神疲劳和轻微错乱。缓刑犯经历这样的全部遭遇后,他将不可能再与你讨论任何重要的问题,甚至会为你比为他自己感到更为抱歉。因此,如果矫正对象确实有所诉求,你应该能够以不涉及个人情感的方式处理。

图 7-1 呈现了完整的类型划分。在该图中,监管者对监管目的的个人

看法是类型划分的主要区分点。缓刑和假释官的个人偏好和动机往往决定了其采用的监管方式。

		强调控制	
		高	低
强调帮助	高	保护性官员	福利性官员
	低	惩罚性官员	消极性官员

图 7 - 1　缓刑官的监管类型划分

资料来源：Jordan，F.，Sasfy，J.（1974）. *National impact program evaluation：A review of selected issues and research findings related to probation and parole.* Washington，DC：Mitre Corp。

基于矫正官的工作哲学，克洛卡斯（Klockars，1972）深化了一种相似的类型划分。第一类是"法律执行者"。该类官员主要受到以下驱使：（1）法院判决；（2）缓刑及假释决策部门；（3）基于公共安全官员的社会责任；（4）警察工作——缓刑官及假释官就是矫正机构的警察。

第二类是"时间服役者"。该类官员认为，直到退休，该份工作都有其明确的要求——"我不制定规则，我仅在这里工作。"第三类是"治疗代理者"（therapeutic agent），该类监管者认可其自身作为治疗的管理者角色（通常是个案导向）去帮助罪犯。

最后是"综合管理者"。通过"将家长制、权威、法制与治疗相结合"的方式，该类官员尝试着融合治疗者和法律执行者元素。综合管理者达到解决迈尔斯（Miles）（1965a）称之的刑事司法（罪犯是违法的，他需为自身行为负责）和治疗（个案工作，罪犯是病态的）的双重目标。总之，克洛卡斯的类型划分研究了奥林等人（Ohlin et al.，1956）发展的原始方案，通过提供案例的方式，在该示例中，缓刑官和假释官可整合每一个可能的最佳角色。[1]

柴可夫斯基（Czajkoski，1973）概述了缓刑官的准司法性角色，扩展了官员的法律执行角色。他的研究基于五条线索分析。第一条线是检视辩诉交

205

---

[1] 没有哪个地方能够比未成年人和成人缓刑官更能明显地区分恢复案例和监督控制。未成年人缓刑官大力支持前者，但是，重罪缓刑官尤其是男性缓刑官更倾向于支持法律执行者角色。见 Sluder & Reddington，1993；Brown & Pratt，2000。

易,柴可夫斯基引用了布隆伯格(Blumberg,1974)的观点,即在辩诉交易的信任博弈中,缓刑官确保被告意识到认罪是明智的。在这个过程中,缓刑官支持辩诉交易,然而这也严重破坏了缓刑官的帮助性或咨询性角色。

第二条线是缓刑官的准司法职能的准入程度问题。例如,在未成年人层面,缓刑官经常被问及哪种情况适合司法处理。像检察官一样,这种职能使缓刑官对法院的案件取舍有一定的控制作用。

第三条线是缓刑官对缓刑条件的设定权,这种设定权通常是法官授予缓刑官的。然而,这往往会造成自由裁量权的滥用,因为不确定的条件(就罪犯的行为而言,通常是涉及道德的或条件模糊的)会成为缓刑官维持道德现状的工具。另外,缓刑条件能够代替甚至取代某些正式的司法程序。例如,缓刑犯的金钱债务①(比如支持未成年子女)由缓刑官强制执行,而不是由专门设置用于处理此类事件的法院来执行(Schneider et al.,1982)。

第四条线是准司法性角色对缓刑违规程序的关注。柴可夫斯基(Czajkoski)认为,这种程序具有极强的自主性,尤其是在缓刑条件模糊而宽泛的情况下。直到缓刑官有充分的理由相信缓刑犯参与了犯罪活动,该程序才会得到实施。皮特西莉亚(Petersilia)和特纳(Turner)(1993)指出,强化的监督不仅增加了项目和法院的成本,而且提高了技术犯罪(Marciniak,2000)和监禁的发生率。

最后是缓刑官对行政惩罚权的关注。因为缓刑官极大可能会以不同的方式限制缓刑犯控诉的自由,这其实等同于惩罚。在此方式下,柴可夫斯基(Czajkoski)强调缓刑官采取一定的措施,这些措施与其准司法角色职能相近;他阐述了多种限制方式,在这些方式中,缓刑官可以通过司法的形式来使用其自由裁量权。

托马伊诺(Tomaino,1975)也尝试着揭示缓刑官某些潜在的职能。*206* 图7-2总结了托马伊诺的类型划分。同样,关注控制与关注康复形成了对比。托马伊诺认为,缓刑官的主要角色是"使其工作合情合理"方面。该角色试图整合社会保护与罪犯改造这两者之间的长期冲突性关注。相应地,

---

① 多数缓刑犯按照法院要求履行金钱债务(Allen & Treger,1994)。

托马伊诺建议,缓刑官应强调"通过一种促使矫正对象的行为符合社会期望
的合作性关系组织合法化选择"的目的,而不是矫正对象的个性特征。也
许,正如林德(Linder,1975)所暗示的那样,缓刑官可以为罪犯创造一个学
习的环境,并引起罪犯改变的欲望。

9	1/9 方面 帮助缓刑犯理解				9/9 方面 合情合理			
8	一旦缓刑犯真正地认识了自身的情 况,他们就会想要遵守规则。与缓刑 犯的关系中,缓刑官应该是支持性的、 热情的、非批判性的。				缓刑犯遵守规则得到认可,他便会继续 该行为,因为这可更好满足其需要。缓 刑官应该是开放的、坚定的且聚焦于与 缓刑犯关系的内容上。			
7								
6	5/5 方面 使缓刑犯自我认知							
5	如果缓刑犯认可并喜欢其缓刑官及其价值,他便会继续遵 守规则。与缓刑犯的关系中,缓刑官必须做出切实的妥协。							
4								
3	1/1 方面 缓刑犯自决				9/1 方面 使缓刑犯行动			
2								
1	缓刑犯应该知道自己必须做什么,以 及不做的后果,这些均取决于其自身 表现。				只有当缓刑官采取强硬态度,施加密切 监督,保持完全的客观,缓刑犯才会遵 守规则。			
1	2	3	4	5	6	7	8	9

图 7-2　缓刑监管的五个方面

资料来源:Tomaino,L.(1975).The five faces of probation. *Federal Probation* 39
(4),pp.41-46。

　　总之,以上学者的观点均表明,就所采取的监管类型和整个缓刑或假释
过程中所要达成的终极目标而言,缓刑及假释官有大量的选择权。这里强
调的是将控制需求与心理咨询需求有机地结合起来。缓刑及假释官必须根
据个性化的矫正对象(罪行的严重程度、接受治疗的能力)和问题的本质,来
选择合适的角色类型。缓刑官和假释官显然具有执行法律(即监管条件)或 *207*
者提供帮助和治疗的自由裁量权。毫无疑问,在此判决过程中,缓刑官和假
释官的看法也起着关键的作用。

三 有效改造官的特征

何谓有效改造官的特征？让德罗、安德鲁斯（Gendreau & Andrews，2001）以及其他学者的研究表明，大多数有效改造官有其自身的特征。第一，有效改造官能够与罪犯建立起高度的合作关系。热情、真诚、灵活变通是这种合作关系的特征。第二，有效改造官是坚定且又公正的、具有幽默感、相信罪犯能够改变。第三，有效改造官可以通过具体且生动的形式来规范罪犯的行为。第四，有效改造官不仅仅实施惩罚，而且支持积极的行为表现。第五，有效改造官明确、强烈地反对消极的态度和行为。表 7 - 1 显示了有效改造官的核心矫正实践。

表 7 - 1 核心矫正实践

1. 有效强化
2. 有效反对
3. 有效权威的使用
4. 人际关系质量
5. 认知重塑
6. 反犯罪模式
7. 结构化的学习或技巧构造
8. 问题解决技术

资料来源：Andrews，D. A.，Kiessling，J. J. (1980). Program structure and effective correctional practice：A summary of the research. In R. R. Ross and P. Gendreau(eds)，*Effective correctional treatment*. Toronto：Butterworth，pp. 441 - 463。

不幸的是，正如希科尔（Shichor，1978，p. 37）所指出的，上述特点与当前缓刑及矫正的实践形成了鲜明的对比。当前的实践做法更多地倾向于"人的处理"而不是"人的改变。"其研究也证实了许多有效改造官并没有考虑委托人的主要需求（比如反社会态度和对犯罪的支持网络），也未能使用诸如亲社会模式化和有效强化等专业技能帮助罪犯促进其长期行为的改变（Bonta et al.，2008）。

最近，一项训练课程已在司法管辖的众多领域试点，该课程的目的是，在与罪犯面对面互动过程中，指导社区监督官员如何运用核心矫正实践

（Bonta et al.，2008；Robinson et al.，2011；Latessa et al.，2013；Smith et [208]
al.，2012；Trotter，1999）。邦塔及其同事（Bonta et al.，2008）的研究表明，
由于采用传统的方法，罪犯与官员间的互动通常是无效的。表7-2总结了
他们的研究发现。幸运的是，大量研究表明，与未受训的官员相比，受训的
官员能有效减少大量的再犯罪行为（Bonta et al.，2010；Robinson et al.，
2011；Linder et al.，2013）。图7-3和7-4显示来自加拿大和俄亥俄州的
研究结果。

表 7 - 2　传统罪犯与官员间的互动

传统的罪犯与矫正官间的互动通常是无效的，原因如下： ■互动过于简单，并无实际作用； ■对话几乎完全集中在监视法规遵从条件上（因此，对话强调对外在行为的控制而不是培养亲社会行为的内在原理）； ■互动关系的冲突性和权威性，在本质上多过互动的帮助性； ■互动集中的方面并非总是基于评估； ■其他探讨的导致无效的原因。

　　资料来源：Bonta，J.，Rugge，T.，Scott，T.，Bourgon，G.，Yessine，A. K.（2008）.
Exploring the black box of community supervision. *Journal of offender Rehabilitation*
47，pp. 248 - 270。

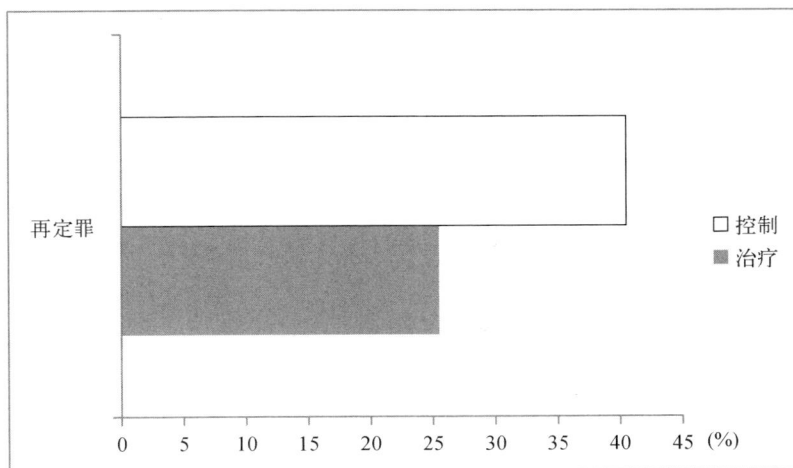

图 7 - 3　加拿大两年再犯罪研究：缓刑官使用核心矫正实践

　　资料来源：Bonta，J.，Bourgon，G.，Rugge，T.，Scott，T.，Yessine，A. K.，Gutierrez，
L.，Li，J（2010）. *The strategic training initiative in community supervision*：*Risk-need-responsivity in the real world*. Ottawa：Public Safety Canada。

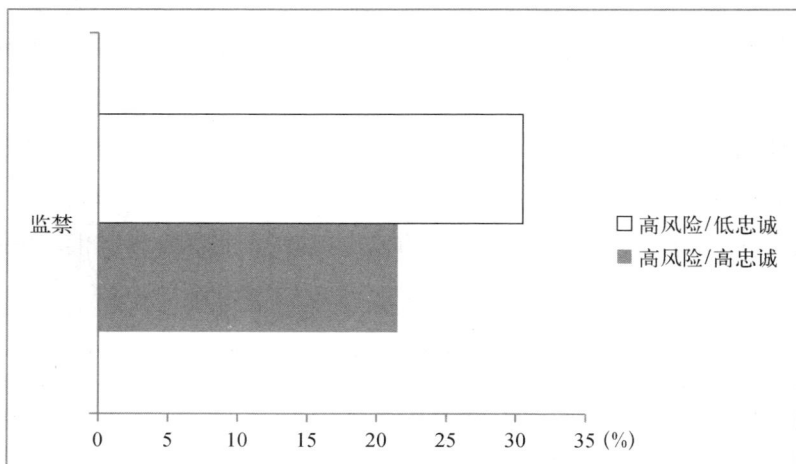

图 7-4　俄亥俄州关于在使用核心矫正实践情况下,审视忠诚度和高风险罪犯(成年人和未成年人)的再犯罪研究

资料来源:Latessa, E. , Smith, P. , Schweitzer, M. , Labrecque, R. (2013). *Evalution of the Effective Pracice in Community Supervision Model*(*EPICS*) *in Ohio*. Cincinnati,OH; School of Criminal Justice, University of Cincinnati.

关于该主题的其他研究还在继续,并且将有助于我们理解作为有效改造代理人的缓刑官和假释官是如何发挥作用的。

四　缓刑官及假释官的自我形象

缓刑官和假释官如何看待自身及其工作的呢? 多年来,许多研究都集中在收集矫正官认为的什么是恰当的监管目的的看法上,以及在刑事司法体系中他们的忠诚在哪里的看法上。

专栏 7-2　所有人的一切

对于较大的缓刑部门,专业化已经变得更加普遍。有现场调查单位、评估单位、逃犯和逮捕单位、监察人员和专案组。在农村地区,让每个假释官执行所有这些任务仍然很常见。

在一项早期的研究中,迈尔斯(Miles,1965b)问卷调查了威斯康星州某天 116 名值班的缓刑官和假释官。此外,还对 48 名矫正官进行了实地访

谈。基于以上数据,迈尔斯发现,大多数官员基本认同矫正领域(61.5%)。在与法官(81%)、社会机构(69%)以及潜在的缓刑犯雇主(79%)互动时,绝 *210* 大多数人将其自身视为缓刑官。这些官员强调其自身对矫正工作的认同,而且不希望牵扯到其他领域(如社会工作)。该调查也揭示了在缓刑主要目的方面的基本困境——罪犯改造还是社会保护。

在一项关于缓刑官工作任务的研究中,科利及其同事们(Colley et al.,1987)在伊利诺斯州调查了 70 名未成年人缓刑官。表 7-3 显示了样本中至少 40%的被访者执行任务的情况。尽管现有的对缓刑官的大多数研究集中在城镇领域,但厘清城乡缓刑官的角色和任务执行情况的区别尤为重要。科利及其同事们的研究表明,相比城镇官员,农村矫正官面临着更广泛范围的工作任务,但其专业化程度却相对更低(Colley et al.,1986)。

表 7-3　40%的被访者每周或每日的工作状况

技能(skills)	百分比
法庭	
陪同委托人出席其法庭听证会	58.6
记录委托人的法庭诉讼	47.2
与州检察官商讨案件	64.2
监管—个案管理	
在办公室、家中以及学校与未成年人见面	57.1
听取控诉和问题	72.9
向未成年人询问常见的问题和困扰	56.5
寻求警方帮助	44.3
咨询老师、治疗专家、重要干系人、社区服务机构	44.3
危机干预	42.9
咨询父母	47.8
与学生工作官员、学校辅导员交谈	47.8
个案记录	
整个个案的历史记录	65.7
每月数据	

续表

技能(skills)	百分比
所有接收、转移及终止等文件	44.9
人员安排	
以非正式的方式与其他同事协商个案	60.8

211

资料来源：Colley, L., Culbertson, R., Linder, E.（1987）. Juvenile probation officers：A job analysis. *Juvenile and Family Court Journal* 38(3),pp. 1 - 12。

总的来说，现有的研究表明，就监管类型而言，缓刑及假释官已经意识到了监管和治疗两者存在的分歧。许多因素(年龄、教育、工作经验)直接关系着或者影响着缓刑官和假释官的类型以及监管的方式。但是，一般情况下，对于哪一种监管类型该占主导地位，仍缺乏清晰的共识。

社会工作或法律执行?

治疗和监督之间的分歧已经引起了广泛的关注，但是关于这种分歧的实证研究是极其缺乏的。多数学者将这种角色冲突视为悲剧性的、棘手的、压倒性的。最普遍提倡的解决办法是一种角色取向凌驾于其他所有角色之上(Gettinger,1981)。简而言之，这是缓刑官或者假释官的角色，还是帮助者抑或是警察的角色?①

角色冲突的根源会导致三种主要监管职责的不一致：执行法律监管要求("执法者"角色)；帮助罪犯实现成功的社区适应("社会工作者"角色)；执行监管机构的政策("官僚主义者"角色)。角色冲突的存在被视为员工懈怠的主要原因(Lindquist & Whitehead,1986；Whitehead,1989)。有人曾建议抛弃其中一种角色，要么社会工作角色(Barkdull,1976)，要么执法者角色(Stanley,1976)。有趣的是，似乎没有人相信官僚主义者角色能够被彻底清除(Lipsky,1980；Rosecrance,1987；Takagi,1967)。

康拉德(Conrad,1979，p. 21)曾这样批判监督：

在监督模式下，我们几乎不能证明假释服务的合法性。如果应该

---

① 关于法律执行者作为整合性监管代理人的讨论见 Guarino-Ghezzi(1994)。

做某个方面的话,警察能比假释官做得更好。摁下门铃、"接触"记录、每月报告都导致了昂贵的虚假服务。最好的情况是,这些虚假服务造成高代价但无用的活动热潮。但是我怀疑,更为常见的是,这些虚假服务会侵害或者羞辱假释犯而未起到如何控制的作用。

克利尔和林德(Clear & Linder,1993,p. 442)认为,对于大多数职业来说,角色冲突是司空见惯的。

> 大学教授面临着教学和科研不能兼顾这样的世纪难题;律师面临的是尊重当事人意见还是坚持代理案件;甚至神父也必须思量他们是代表神的旨意还是满足无助之人的需要。

当然,缓刑官和假释官的角色冲突并非完全不可调和。许多人认为,真正的"专业性"可以找到一种合适的方式,这是一种综合不同角色期待的方式,是一种可以平衡角色期望的方式,是一种权衡不同角色表现适当性的方式。甚至有证据表明,"社会工作者"和"法律执行者"两种角色是可以兼容的,组织政策对缓刑官及假释官的态度和行为可以产生直接的影响(Clear & Linder,1993)。

缓刑官及假释官工作的一个最新发展状况是,被矫正对象攻击倾向的程度不断攀升,这种上升导致了对缓刑官及假释官配置装备的需求增加(North Carolina Department of Corrections News,1999)。攻击事件的确切数目不详,因为没有哪个州的联邦信息库能追踪缓刑官和假释官,甚至审前人员所面临的危险。然而,一项在明尼苏达州的缓刑官及假释官调查(Arola & Lawrence,1999)发现,在缓刑官及假释官的职业生涯中,有19%的人遭受过一次或者多次的肢体攻击,74%的人曾遭遇至少一次的语言或者肢体威胁。1999年,在佛罗里达州的一项相似的研究发现,一年中,20个缓刑官及假释官中就有一个被攻击(Florida Corrections Commission,2000)。伴随着社区矫正范围内强调监督和监管的出现,潜在危机也将增加。另一项对社区矫正人员收攻击程度的研究(Bigger,1993)发现,自1980年以来,有1 818起攻击事件,这可能只是冰山一角。Camp和Camp(2003)报告,2002年超过16 400起监狱惩教人员攻击事件,其中,1/4的事件导致就医。一项全民研究表明,在 1988 年,14％的未成年人司法机构工作人员曾遭遇攻击(Office of Juvenile Justice and Delinquency Prevention,1998)。

不仅需要一个可以追踪危险事件的信息中心数据库,而且需要一种可以减少原始危险的在职培训或引导。布朗(Brown,1993)认为,通过身体训练或者学习应对危机的技能可以提升缓刑官及假释官的安全,包括降低危险技术、理解武器暴力的连续性以及如何有效利用权威。也许,在未来不会与武器告别,管理人员也许会实施培训课程以降低事故危害性,保护假释官(Janes,1993;Chavaria,1994；National Institute of Corrections,2001)。

专栏 7-2　激励罪犯

最近,许多缓刑部门开始对官员们进行激励性面谈的培训。激励性面谈最初是由米勒(Miller)和罗尔尼克(Rollnick)(1991)基于普罗查斯卡(Prochaska)和迪克莱门特(DiClemente)的改变程序而提出的。激励性面谈是一种用于帮助罪犯改变其生活方式的技术。官员们可以学到技能,这些技能可以用于克服罪犯对治疗的抵制,并鼓励罪犯思考改变消极态度和行为的有益之处。

---

213 五　缓刑官及假释官的教育及培训

在过去的 40 年里,几个国家委员会和研究都建议把正规教育作为改善司法公正的重要手段(American Bar Association,1970；National Advisory Commission, 1973；National Manpower Survey of the Criminal Justice System, 1978；President's Commission on Law Enforcement and Administration of Justice,1967；Sherman,1978)。近些来年,大力提倡为缓刑官及假释官提供研究生教育和持续在职培训的呼声此起彼伏。现在要求把本科教育作为高质量缓刑及假释服务的先决条件,而持续在职培训则成为维持和提高服务与技能的手段(Loughery, 1975；National Advisory Commission, 1973；President's Commission on Law Enforcement and Administration of Justice,1967；Senna,1976)。

自 1959 年以来,全国缓刑及假释协会(National Probation and Parole Association)就一直倡导,所有的缓刑官及假释官至少应该有学士学位,辅之以一年以上的研究生学习或者全职工作经验。该建议的潜在假设是,受过教育的官员更有能力、更加成熟,因此可以更有效地发挥其职能。然而,直到 1967 年美国总统执法和司法委员会的报告才催生了法律执行教育计划,该计划为司法系统人员的高等教育支出提供了联邦资金,其中包括为缓刑官和假释官提供的大学教育支出。1970 年,美国律师协会(the American Bar Association)重申了全国缓刑及假释协会的最低标准,并认为缓刑官及假释官应该有硕士学位。另一个重要的发展是,1981 年,美国缓刑及假释认证准则矫正协会(American Correctional Association Accreditation Guidelines for Probation and Parole,1981)要求初级缓刑官及假释官至少有学士学位。他们认为这是一个重要的资格准入指南。

现在,美国大多数的司法管辖区要求,学士学位是获得缓刑官及假释官职位的最低要求。另外,有些管辖区不仅要求全方位的培训和经验,而且要求专业领域的大学学习。社会上对于所需要的教育水平(学士学位)达成了某些共识。然而,本科学习的确切内容仍然饱受争议。但是,通常情况下,有抱负的缓刑官及假释官会通过选修各种刑事司法、社会学、社会工作、心理学的课程,为自己进入机构做好准备。也有一些证据表明,综合培训和发展的方法可以有效地给官员灌输监管的态度,这种态度非常有利于促进罪犯改变(Stichman et al.,1997)。

六　小结

214

综上所述,咨询服务和监督之间的冲突是缓刑及假释官工作的一部分;在刑事司法体系中,这种角色的二重性使得缓刑官及假释官的位置尤为重要、独特和必要。尽管有些人认为,角色冲突是导致其部分工作不突出的原因,但另一些人认为,该职业可以找到一种整合与平衡各种角色期望的方式。

缓刑及假释机构的职责多种多样,从调查违法行为到协助罪犯就业。相应地,缓刑官所要求具备的技能和教育往往是多样的。对缓刑官及假释官需要有大学学历的要求已经被倡导了许多年,也正在变成现实。大众广泛接受,把正规教育作为高质量缓刑及假释服务的先决条件,把在职培训作为维持和提高服务的手段。上述要求得到了众多官方委员会、组织、研究者及评论员的认同和支持。未来十年,硕士层次的教育可能会成为矫正官入职的要求。

最后,尽管在该行业起步时,缓刑官及假释官在许多方面履行相同的基本职责,但是许多人认为改变已在进行中。当前的研究清楚地表明,当官员使用某些核心矫正实践理念时,他们可以成为有效的改造官,并且对减少再犯罪有重要的影响。

七 问题回顾

1. 缓刑或假释机构的四种主要职责是什么?
2. 缓刑官的准司法角色是什么?
3. 缓刑官及假释官如何践行法律执行者角色? 社会工作者角色?
4. 列出缓刑官及假释官帮助和管控罪犯的工作任务。
5. 列出在 von Langingham 研究中由缓刑官排序的七种任务。
6. 根据安德鲁斯(Andrews),什么是有效改造官的特征?
7. 当缓刑官及假释官使用核心矫正实践时,研究揭示了什么?

215 八 推荐读物

Conrad, J. (1979). Who needs a doorbell pusher? *Prison Journal* 59 (1), 17 – 26. [Building upon his experience as a probation officer, a noted scholar gives his opinions on the role of supervision.]

Ditton, J. , Ford, R. (1994). *The reality of probation*: *A formal ethnography of process and practice*. Aldershot, UK: Avebury.

McCleary, R. (1978). *Dangerous men*: *The sociology of parole*. Beverly Hills, CA: Sage. [Based on participant observation, this is an in-depth examination of a parole agency and the supervision styles of its officers.]

Parent, D. , Wentworth, D. , Burke, P. (1994). *Responding to probation and parole violators*. Washington, DC: U. S. National Institute of Justice.

Ward, R. , Webb, V. (1981). *Quest for quality*. New York: University Publications. [This is the report of the Joint Commission on Criminology and Criminal Justice Education and Standards. It examines the issues surrounding the education of criminal justice professionals.]

九　参考文献

Allen, G. , Treger, H. (1994). Fines and restitution orders: Probations' perceptions. *Federal Probation* 58(2), 34 – 40.

American Bar Association (1970). *Standards relating to probation*. New York: American Bar Association.

American Correctional Association Accreditation Guidelines for Probation and Parole (1981). *Standards for adult probation and parole field services*. Rockville, MD: Commission on Accreditation for Corrections, ACA.

American Correctional Association (1995). *Field officer resources guide*. Laurel, MD: ACA.

American Correctional Association (2008). *Directory of adult and juvenile correctional departments, institutions, agencies, and probation authorities*. Alexandria, VA: ACA. [Before 1996, agencies combining probation and parole caseloads were not separated.]

Arola, T. , Lawrence, R. (1999). Assessing probation officer assaults and responding to officer safety concerns. *Perspectives* 23(3), 32 – 35.

Barkdull, W. (1976). Probation: Call it control and mean it. *Federal Probation* 40 (4), 3 – 8.

Bigger, P. (1993). Officers in danger. *APPA Perspectives* 17(4), 14 – 20.

Blumberg, A. (1974). *Criminal justice*. New York: New Viewpoints.

Bonta, J. , Rugge, T. , Scott, T. , Bourgon, G. , Yessine, A. K. (2008). Exploring the black box of community supervision. *Journal of Offender Rehabilitation* 47, 248 – 270.

Bonta, J. , Bourgon, G. , Rugge, T. , Scott, T. , Yessine, A. K. , Gutierrez, L. , Li, J. (2010). *The strategic training initiative in community suopervision: Risk-need-responsivity in the real world*. Toronto, ONT: Public Safety Canada.

Brown, M. , Pratt, J. (eds) (2000). Dangerous offenders: Punishment and social order 2000. London: Routledge.

216

Brown, P. (1993). Probation officer safety and mental conditioning. *Federal Probation* 57(4), 17 – 21.

Camp, C., Camp, G. (2003). *The corrections yearbook: Adult corrections* 2002. Middletown, CT: The Criminal Justice Institute.

Carlson, E., Parks, E. (1979). *Critical issues in adult probation*. Washington, DC: National Institute of Law Enforcement and Criminal Justice.

Chavaria, F. (1994). Building synergy in probation. *Federal Probation* 58(3), 18 – 22.

Clarkson, C. (2000). Corporate risk-taking and killing. *Risk Management* 2(1), 7 – 16.

Clear, T., Latessa, E. (1993). Probation officer roles in intensive supervision: Surveillance versus treatment. *Justice Quarterly* 10, 441 – 462.

Colley, L., Culbertson, R., Latessa, E. (1986). Probation officer job analysis: Rural-urban differences. *Federal Probation* 50(4), 67 – 71.

Colley, L., Culbertson, R., Latessa, E. (1987). Juvenile probation officers: A job analysis. *Juvenile and Family Court Journal* 38(3), 1 – 12.

Conrad, J. (1979). Who needs a door bell pusher? *Prison Journal* 59, 17 – 26.

Czajkoski, E. (1973). Exposing the quasi-judicial role of the probation officer. *Federal Probation* 37(2), 9 – 13.

Erickson, C. (1977). Faking it: Principles of expediency as applied to probation. *Federal Probation* 41(3), 36 – 39.

Florida Corrections Commission (2000). *Special risk for correctional probation officers*. Florida: FCC.

Gendreau, P., Andrews, D. A. (2001). *The Correctional Program Assessment Inventory-2000 (CPAI 2000)*. Saint John: University of New Brunswick.

Gettinger, S. (1981). Separating the cop from the counselor. *Corrections Magazine* 7, 34 – 41.

Glaser, D. (1969). *The effectiveness of a prison and parole system*. Indianapolis, IN: Bobbs-Merrill.

Guarino-Ghezzi, S. (1994). Reintegrative police surveillance of juvenile offenders: Forging an urban model. *Crime & Delinquency* 40, 131 – 153.

Janes, R. (1993). Total quality management: Can it work in federal probation? *Federal Probation* 57(4), 28 – 33.

Jordan, F., Sasfy, J. (1974). *National impact program evaluation: A review of selected issues and research findings related to probation and parole*. Washington, DC: Mitre Corp.

Klockars, C. (1972). A theory of probation supervision. *Journal of Criminal Law, Criminology and Police Science* 63, 550 – 557.

Latessa, E. , Smith, P. , Schweitzer, M. , Labrecque, R. (2013). *Evaluation of the Effective Practices in Community Supervision Model* (*EPICS*) *in Ohio.* Cincinnati, OH: School of Criminal Justice, University of Cincinnati.

217

Lindner, C. (1975). The juvenile offender's right to bail. *Probation and Parole* 7 (3), 64 – 68.

Lindquist, C. , Whitehead, J. (1986). Correctional officers as parole officers: An examination of a community supervision sanction. *Criminal Justice and Behavior* 13, 197 – 222.

Lipsky, M. (1980). *Street level bureaucracy.* New York: Russell-Sage.

Loughery, D. (1975). College education: A must for probation officers? *Crime and Corrections* 3, 1 – 7.

McCleary, R. (1978). *Dangerous men: The sociology of parole.* Beverly Hills, CA: Sage.

Marciniak, L. (2000). The addition of day reporting to intensive supervision probation. *Federal Probation* 64(2), 34 – 39.

Miles, A. (1965a). The reality of the probation officer's dilemma. *Federal Probation* 29(1), 18 – 22.

Miles, A. (1965b). Wisconsin studies the function of probation and parole. *American Journal of Corrections* 25, 21 – 32.

Miller, W. , Rollnick, S. (1991). *Motivational interviewing: Preparing for change.* New York: Guilford Press.

National Advisory Commission on Criminal Justice Standard and Goals (1973) . *Criminal justice system.* Washington, DC: U. S. Government Printing Office National Institute of Corrections (2001). *Topics in community corrections: Collaboration an essential strategy.* Washington, DC: National Institute of Corrections.

National Manpower Survey of the Criminal Justice System (1978). Washington, DC: U. S. Government Printing Office.

North Carolina Department of Corrections News (1999). *Officer and staff safety a top priority for Department of Corrections.* www. doc. state. nc. us/NEWS/1999/ 9909news/dcc. htm1999.

Office of Juvenile Justice and Delinquency Prevention (1998). *Youth gangs: An overview.* Washington, DC: OJJDP.

Ohlin, L. , Piven, H. , Pappenfort, M. (1956). Major dilemmas of the social worker in probation and parole. *National Probation and Parole Association Journal* 2, 21 – 25.

O'Leary, V. (1974). Parole administration. In: D. Glaser (ed.) *Handbook of criminology.* New York: Rand McNally, pp. 909 – 948.

Petersilia, J. , Turner, S. (1993). Intensive probation and parole. *Crime and*

Justice: A Review of Research 17, 281 – 336.

President's Commission on Law Enforcement and Administration of Justice (1967). *Task force report: Corrections.* Washington, DC: U. S. Government Printing Office.

Prochaska, J. , DiClemente, C. (1983). Stages and processes of self-change in smoking: Toward an integrative model of change. *Journal of Consulting and Clinical Psychology* 51(3), 390 – 395.

Reinventing Probation Council (2001). *Transforming probation through leadership: The "Broken Windows" model.* www. manhattan-institute. org/html/ broken_windows. htm.

Robinson, C. R. , Van Benschoten, S. W. , Alexander, M. , Lowenkamp, C. T. (2011). A random (almost) study of staff training aimed at reducing re-arrest (STARR): Reducing recidivism through intentional design. *Federal Probation* 7 (2): 57 – 63.

Rosecrance, J. (1987). Getting rid of the prima donnas: The bureaucratization of a probation department. *Criminal Justice and Behavior* 14, 138 – 155.

Schneider, P. , Griffith, W. , Schneider, A. (1982). Juvenile restitution as a sole sanction or condition of probation: An empirical analysis. *Journal of Research in Crime & Delinquency* 19, 47 – 65.

Senna, J. (1976). The need for professional education in probation and parole. *Crime & Delinquency* 22, 67 – 74.

Sherman, L. (1978). *The quality of police education.* San Francisco, CA: Jossey-Bass.

Shichor, D. (1978). The people changing versus people processing organizational perspective: The case of correctional institutions. *LAE-Journal of the American Criminal Justice Association* 4(3), 37 – 44.

Sluder, R. , Reddington, F. (1993). An empirical examination of work ideologies of juvenile and adult probation officers. *Journal of Offender Rehabilitation* 22, 115 – 137.

Smith, P. , Schweitzer, M. , Labreque, R. , Latessa, E. J. (2012). Improving probation officers' skills: An evaluation of the EPICS model. *Journal of Crime and Justice* 35(2).

Stanley, D. (1976). *Prisoners among us: The problem of parole.* Washington, DC: Brookings Institute.

Stichman, A. , Fulton, B. , Latessa, E. , Travis, F. (1997). *From preference to performance: Exploring the relationship between role definition and role performance among probation officers.* Paper presented at the Academy of Criminal Justice Sciences, Louisville, KY.

Studt, E. (1978). *Surveillance and service in parole.* Washington, DC: U. S.

Department of Justice: National Institute of Corrections.

Takagi, P. (1967). *Evaluation and adaptations in a formal organization.* Berkeley, CA: University of California.

Taxman, F., Bryne, J. (2001). Fixing broken windows: Probation. *Perspectives* 25(2), 23 - 29.

Tomaino, L. (1975). The five faces of probation. *Federal Probation* 39 (4), 41 - 46.

Trotter, C. (1999). *Working with involuntary clients: A guide to practice.* Thousand Oaks, CA: Sage.

Wallace, J. (1974). Probation administration. In: D. Glaser (ed.) *Handbook of criminology.* New York: Rand McNally, pp. 949 - 969.

Whitehead, J. (1989). *Burnout in probation and corrections.* New York: Praeger.

第八章　社区服刑人员评估

关键词

精确预估（actuarial prediction）　　　信度/可靠性（reliability）

临床预估（clinical prediction）　　　反应（responsivity）

动态风险预测因素（dynamic risk predictors）

风险（risk）　　　　　　　　　　　假阴性（false negatives）

风险管理（risk management）　　　　假阳性（false positives）

静态风险评估（static risk predictors）

主要的风险因素（major risk factors）　降低风险（risk reduction）

需求（need）　　　　　　　　　　效度/有效性（validity）

重新评估（reassessment）

一　导言

多年来，对服刑人员的评估从使用"直觉"到测量量表，该量表从关注服刑人员之前的行为（静态评估指标）发展到了现在的第四代评估工具。为了提供更准确的风险预测，最新的测量量表综合考虑了动态和静态的因素，研究人员识别了导致犯罪的需求,这些需求同时也被当作矫正治疗项目的焦点。

二 评估及分类的重要性

在社区矫正中对服刑人员进行分类和评估是十分重要的。第一,评估和分类可以帮助指导决策并为社区矫正工作人员及矫正官提供诸如假释释放之类决策的重要信息。第二,它通过消除对法律外因素如性别和种族的考虑来减少偏见。第三,评估和分类系统允许法院和矫正机构去判定、识别高风险服刑人员,从而保障公众安全。第四,它以一种更有效的方式对服刑人员进行管理。这使得机构可以围绕风险和需求去开展个案工作以及其他相关工作,将有限的资源分配给最需要帮助的人。第五,使用风险与需求评 *220* 估工具可以帮助应对法律挑战。相比根据"直觉"分级(或者通过所谓的"专家意见"),我们更容易证明一个过程严谨的决定的合理性。之所以对服刑人员进行准确评估,最重要的原因可能是它能提高矫正方案的有效性。这一点通过有效介入的原则可以得到最好的证明。

专栏 8‑1 静态或动态风险预测指标

静态风险预估指的是那些服刑人员无法改变的因素或特点,如犯罪历史。之前被逮捕的次数、第一次被逮捕的年龄、坐牢几次等都是很好的静态预估指标。这些资料一旦记录在案,就再也无法更改。动态风险预估则会对服刑人员的风险等级因素或特点产生影响,它们是可变的,如:同伴合作、药物滥用、有犯罪念头、失业等。这些因素还可以帮助我们预测服刑人员的再犯率,并为缓刑官或假释官提供信息,以及告知应该重点关注服刑人员的哪些方面。值得注意的是,动态因素也分为两种:活跃的和稳定的。活跃的风险因素容易发生变化,如就业状况;但稳定的风险因素发生改变则需要更多的时间,如态度和价值观。

三 服刑人员分类的一般原则

通过众多研究人员的研究成果,我们对服刑人员分级和评估的理解逐步加深,而且它在社区矫正所起的作用也越来越显而易见(Andrews,1982,1989;Bonta,2002;Bonta & Motiuk,1985;Gendreau et.al.,1996;Kennedy & Serin,1997;Latessa & Lovins,2010)。

对矫正文献的荟萃分析(或定量评价)的主要发现已经形成了一个"有效介入原则"的大致框架。现在,让我们来对这些原则做更细致的回顾。

(1) 风险原则:谁应当成为介入的目标。高风险的服刑人员有更大的罪因性需求;使用准确可靠的方法去评估服刑人员的风险;对高风险的服刑人员进行治疗。

(2) 需求原则:介入过程应当关注什么。使服刑人员和针对其罪因性需求的治疗方案相匹配,更多地关注他们的罪因性需求。

(3) 反应原则:我们应怎样聚焦服刑人员的问题行为(包括反社会行为和犯罪行为)。使用有效的行为改变策略(如社会学习理论、认知行为疗法);使用与服刑人员自身能力及学习风格相一致的介入手段;识别服刑人员对于哪些工作人员更容易做出反应。

(4) 专业判断原则:在考虑了风险、需求、反应等多种原则之后,针对当前环境做出的决定就会更加准确。

1. 风险原则

根据我们的假设,风险指的是一个服刑人员重新犯罪的可能性。因此,相比低风险的服刑人员,高风险服刑人员更有可能重新犯罪。应当记住,犯罪类型的严重性通常就意味着"风险"。也就是说,暴力犯罪的人可能会被监禁,即使他们重新犯罪的可能性很小。

风险原则还包括预测未来可能发生的行为,以及根据服刑人员不同的风险等级采取相应的介入和监管策略。这一原则说明介入应当主要集中于高风险的服刑人员。原因很简单:他们重新犯罪的可能性最大。除此之外,为什么我们还要关注那些犯罪可能性较小的服刑人员呢? 也许我们应该换一个角度去思考这个问题。假设有一半的服刑人员,他们出狱之后再也不会重新犯罪,我们还有必要担心他们吗? 当然不需要像另一半那样担心。我们着重关心并投入大量精力的关注对象应当是那些有重新犯罪可能性的人。根据这一原则,弄清楚哪些人是高风险的服刑人员是十分必要的,而且识别过程应遵循着一套有效且可靠的评估程序。这不仅仅是资源分配的问题,同时也是资源分配有效性的问题。大量研究显示:当把低风险的服刑人员放到强化监管方案中时,强化实际上增加了重新犯罪率。

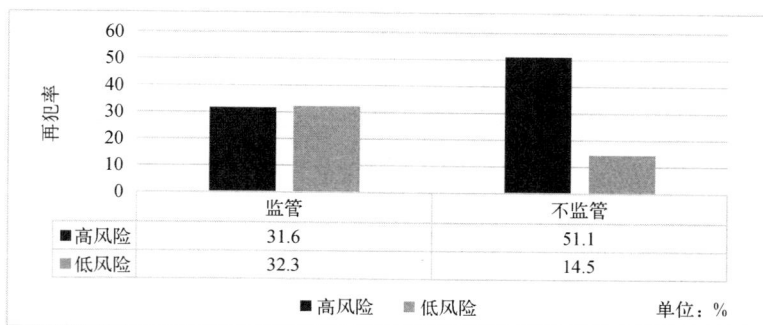

图 8-1 加拿大强化康复监管的研究结果

资料来源:Bonta, J., Wallace Capretta, S., Rooney, J. (2000). A quasi-experimental evaluation of an intensive rehabilitation supervision program. *Criminal Justice and Behaviour* 27(3), 312-329。

图 8-1 展示了加拿大强化康复监管的研究结果。数据显示,经过两年的跟踪研究,参与强化康复监管计划的高风险服刑人员中,有 32% 的人会重新犯罪;未参加强化缓刑计划的再犯罪率则高达 51%,强化监管缓刑方案减少了 19% 的高风险服刑人员再犯罪率。然而,在参与计划的低风险服刑人员当中,他们的再犯罪率则和高风险服刑人员相差无几。相反,那些未参加计划的低风险服刑人员,再犯罪率则下降了将近 20%。简而言之,强化康复监管方案对降低高风险服刑人员再犯罪率来说十分有效,但却增加了低风险服刑人员的再犯率。

拉特沙(Latessa)等人在俄亥俄州的研究中也体现了风险原则。这项研究旨在研究 44 所中途之家及 20 家社区矫正机构的有效性,该研究考察了超过 2 万名的服刑人员。图 8-2 显示了不同风险等级的服刑人员平均重新犯罪率的变化。低风险服刑人员的重新犯罪率有所增加,而高风险服刑人员的重新犯罪率则有所下降。

相关的问题是:为什么强化监管缓刑计划对高风险服刑人员有如此正面积极的影响,而对低风险服刑人员的影响却如此负面呢? 首先,将高风险和低风险服刑人员放在一起本就不妥。打比方说,如果你的子女遇到麻烦,你希望把他们和高风险的孩子放在一起吗? 你当然不希望。其次,当我们考虑低风险人员的时候,他们相对来说是支持社会的(如果他们不是支持社会的,他们的风险等级也不会是低),若将他们放在高度结构化的、限制性的的方案中,实际上,我们就破坏了他们的低风险等级因素。举例来说,如果你参加一个矫正治疗项目,时间长达六个月,你会因此丢掉工作或者不得不辍学吗?你的家庭会因此破裂吗?在你回来的时候,你的邻居会因此为你举办一个"欢迎从矫正项目回家"的聚会吗?换句话说,刑事司法体系很有可能在无意间破坏那些保护性因素的时候,增加了服刑人员的风险等级。因此,风险原则指明谁是更适合强化监管缓刑的服刑人员。

低风险	↑	再犯罪率增加了 3%
中度风险	↓	再犯罪率下降了 6%
高风险	↓	再犯罪率下降了 14%

图 8-2　不同风险的"中途之家"服刑人员的平均再犯罪率差异

资料来源: Latessa, E. J., Lovins, L. B., Smith, P. (2010). *Following-up evaluation of Ohio's community based correctional facility and halfway house programs-outcome study*. Cincinnati, OH: School of Criminal Justice, University of Cincinnati。

2. 需求原则

第二条原则就是需求原则,它关注的是干预什么。需求原则是指干预方法和项目方案应当关注罪因性风险因素,这些因素和犯罪行为紧密相关。

犯罪行为的相关因素

有哪些因素和犯罪行为紧密相关呢?这个问题很重要,自犯罪学发展以来就有许多犯罪学家在思考。第一位从科学角度研究罪犯的人就是西泽尔·隆布罗索(Cesare Lombroso),他在 1876 年出版了《犯罪之人》(*Criminal Man*)。隆布罗索亲自研究了超过 5 000 名意大利罪犯,基于他的研究,隆布罗索相信,大约三分之一的罪犯是"天生的"犯人,或者是他称作的返祖特征。隆布罗索坚信:通过一些特征,如毛发浓密、前额凸出、有文身、掌部只有一条线,人们可以识别出那些天生的罪犯。尽管这个理论名噪一时,但是他的结论是不正确的且漏洞百出。这项研究之所以重要,是因为隆布罗索是第一位试图科学系统地研究罪犯的研究者。自他之后,对这一主题的研究层出不穷。当然,这也只是问题的一部分。阅读这些文献可能会花费数年时间,看完之后,你还可能会像刚开始阅读那样,依然疑惑不已。对任何一项研究而言,有人说 *223* 某个事物是一项风险因素,就一定有人说不是。那么我们到底应该相信谁呢? 幸运的是,通过荟萃分析,研究人员可以考察大量研究的综合结果并据此决定 影响力(在预测风险时,某些因素到底产生了多大的影响)。

过去多年里,吉恩德鲁(Gendreau,1996)、西蒙德和安德鲁斯(Simourd & Andrews,1994)以及安德鲁斯和邦塔(Andrews & Bonta,1996)的研究 确认了与犯罪行为有关的一些主要风险因素。表8-1展示了八个主要的 风险因素,或犯罪行为相关因素,包括反社会态度、亲犯罪态度、价值观、信 念以及认知情感(如生气或愤怒)。

表8-1 主要的风险因素

1. 反社会或亲犯罪态度、价值观、信念以及认知情感
2. 有亲犯罪的同伙或者疏离反犯罪人员
3. 与犯罪行为相关的情绪特点及性格因素,包括:
   - 精神病
   - 弱社会化
   - 易冲动
   - 焦虑不安或有攻击倾向
   - 自我中心主义
   - 低于平均水平的表达智力
   - 喜欢冒险
   - 解决问题能力和自我管理能力较差
4. 反社会行为的历史
   - 年轻时的反社会行为
   - 各种情景下的反社会行为
   - 大量且多样的反社会行为
5. 包括来源于家庭的犯罪及各种心理方案的家庭因素,包括:
   - 感情淡漠、关心较少、凝聚力不足
   - 父母监督较少、自律性差
   - 完全的忽视或虐待
6. 低水平的个人教育、职业或经济基础
7. 较少参与亲社会的娱乐休闲活动
   - 与反社会的同伴沟通交流
   - 罪犯有闲散时间
   - 罪犯用反社会行为代替亲社会行为
8. 酗酒或吸毒滥用
   - 吸毒本身是违法的
   - 和反社会人员交往
   - 影响社交能力

224

反社会、亲犯罪态度、价值观、信念以及认知情感等多方面都以不同的方式显现了其自身的风险性,如:对法律的消极态度、不相信一般社会机构、不相信自我行为的管理能力、对他人缺乏同理心及应有关注。除此之外,罪犯通常将自身的行为中性化。中性化是一套这样的表达:在特殊的场合下违法是无可厚非的(Sykes & Matza,1957)。中性化的技巧包括不承担责任——出现犯罪行为,是因为个人无法控制那些风险因素("我喝醉了";"一些纨绔子弟告诉我可以借用他们的车");否认构成伤害——一些罪犯承认自己应当对某些行为负责,但他们通常将自己所造成的伤害最小化,或者直接否认构成了任何伤害("是的,我打了他,但他只是简单住院而已,而且他还可以领取失业救济");不承认有受害者——颠倒肇事者和受害者之间的关系,甚至责怪受害者("她应该知道不要唠叨我,我才是真正的受害者");抨击制度系统——那些不赞成罪犯某些行为的人就被认为是不道德的、伪善的,或者他们自身就是犯罪人员("每个人都吸毒,不过只有我被抓到了而已");呼吁更高的忠诚——罪犯们有一套独特的生活规范,一般社会被眼前的忠诚取代("你们不懂,我和我的同伴们有一套完全不同的价值体系")。

第二个风险因素是罪犯都有亲犯罪的朋友,缺乏亲社会的朋友或熟人。就像所有母亲都知道的那样,和谁交往十分重要。朋友通常会是你的行为榜样,朋友提供犯罪行为的环境,强化犯罪行为。

第三个风险因素在评估时通常会被忽视,那就是脾气和性格特点。它包括行为冲动、社会化程度低、高风险偏好,危机制造者,缺乏合作精神和解决问题的技能。自我中心主义和风险紧密相关。许多罪犯都以自我为中心,还有自我膨胀倾向(与传统的认为罪犯自尊感较低的观念不同)。研究表明,在人际交往过程中,罪犯更容易表现出消极情绪或者敌对倾向、没有同情心、缺乏自我控制能力。然而,个人性格特点又很容易与同伴群体或者态度等风险因素相关联。仅仅是以自我为中心不会使一个人做出高风险犯罪行为。不然的话,我们就不得不禁闭这个国家的大多数法官和教授。

第四个风险因素最常使用,那就是罪犯的历史背景。它包括犯罪历史及其他一些反社会的行为。尽管过去的经验是对未来可能发生行为的重要参照,但有其局限性。第一点不足之处是它们并不能展现动态的变化过程,尽管对预测未来很有帮助,但是它无法提供足够的信息去对未来可能发生的变化进行预测。另一点不足之处是,一个人得有过去的犯罪经历才能用来对未来的行为进行预测。比如说:一个有四五次酒后驾驶情节的人,一定有酗酒的陋习,以后也依然可能会酒后驾驶,这很容易预测。但有时候,有些人可能只有一次酒驾经历(这时他们的犯罪行为就难以预测)。毫无疑问,他们可能有一系列的其他风险因素;但是,如果他们没有任何酒后驾驶的经历,主要依靠历史做预测的做法就会使我们没有基础对未来的行为做出预判。需再一次强调,这里并不是说,犯罪历史不是未来行为的一个重要预测指标(如果不是最重要的话)。生命历程理论指出:在日后有严重犯罪行为的人员当中,有将近 40% 的人从 12 岁就开始了他们的第一次犯罪行为,而在 14 岁时,这一数字则高达 85%。

第五个风险因素是家庭因素,包括直系亲属的犯罪行为,以及一些其他的问题,如感情淡漠、父母监督较少、完全的忽视或放任等。

排在第六位的风险因素是低水平的个人教育状况、职业状况以及经济地位——工作和教育与风险是相关的,其相关性排在前六。考虑到规划时间、使罪犯和亲社会的人多交往、帮助他们养家糊口这些方面,帮助服刑人员找到工作或者接受教育是十分重要的。但如果罪犯认为只有傻子才会去工作,并且上班老是迟到,甚至和老板或者同事吵架,他们能工作多长时间呢?现在你知道为什么态度和价值观念在识别和降低风险方面如此重要了吗?他们至关重要,会决定我们的行为。

最后,第七和第八项风险因素是缺乏亲社会的娱乐休闲活动和兴趣以及药物滥用。当然,这二者促使罪犯与反社会伙伴之间的互动,至于吸毒,其行为本身违法的。

另外,一组次要的风险因素包括下层阶级特征,如有害的邻里环境及一些个人的压力因素——焦虑、抑郁、精神障碍。最后,一些生物学和神经心理学的因素也与犯罪行为有一定的关联。然而,这不是主要的风险因素,不是改变犯罪行为所需要重点关注的因素。比如说:使某个罪犯自我感觉良好但不改变其反社会的态度和价值观的做法仅仅只会使他更快乐一点而已。许多研究人员认为:大部分次要的风险因素与前四位因素一起影响罪犯的行为,这四个主要因素是态度、价值观和信仰、同伙群、个人性格,以及历史因素。安德鲁斯和邦塔(Andrews & Bonta,2010)将它们称作"四大风险因素"。

宾夕法尼亚州矫正部的一些研究人员一直在寻找和假释失败有关的风险因素。如表8-2所示,许多风险因素都与态度、同伙以及性格有直接关系。

226

表8-2 宾夕法尼亚州假释失败研究结果

```
社会网络及生活安排
假释失败者通常:
    ■更容易与那些有犯罪背景的人打交道
    ■较少与配偶生活在一起
    ■很少有稳定、支持性的关系网络
    ■缺乏识别对他们在生活中有正面引导能力的人的能力

工作和经济状况
假释失败者通常:
    ■更容易抱怨找工作难
    ■工作不稳定
    ■对工作的满意度较低
    ■不太愿意从事低端工作并且工作不太努力
    ■对待工作态度消极,并且有不切实际的工作期待
    ■几乎不可能拥有银行账户
    ■更倾向于说他们几乎很少成功

酒精或者其他药物使用状况
假释失败者通常:
    ■在假释期间更容易沾染酒精或者其他药物(但在药物依赖性问题的事前评估中
    并未显示明显差别)
    ■抗压能力差是导致再犯罪的一重大诱因

假释期间的生活
假释失败者通常:
    ■对狱外生活经常有不切实际的期待
    ■解决问题能力差,不善于合作
        —无法预期行为会产生的长远后果
    ■不善于利用资源来帮助自己
        —对突发状况的反应十分冲动
        —经常感到失控
    ■更容易产生反社会的想法
        —将违法行为看作是对环境所做反应的一种可接受的选择
        —通常缺乏同情心
        —推卸责任或者不承担责任
```

> 成功者或失败者在释放之后开始新生活的难度上没有差异。
> 成功者或失败者在最终是否找到工作这一方面没有差异。

　　虽然一些非犯罪导因的风险因素如：缺乏创新能力、身体状况、医疗需求、焦虑、低自尊感并没有与犯罪行为高度相关，且也不应该成为矫正方案的焦点，但犯罪导因风险因素应该是矫正方案和介入过程的主要关注点。

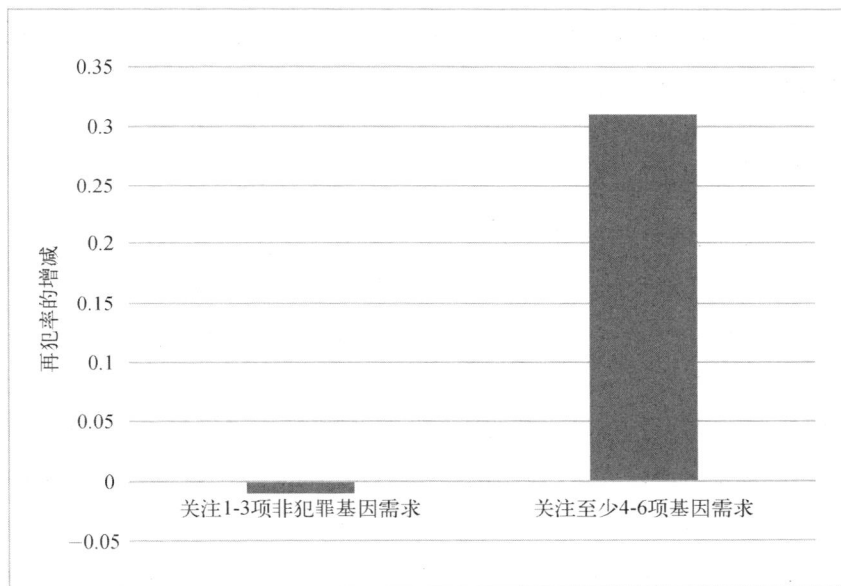

图 8 - 3　关注罪因性需求：基于荟萃分析的结果

　　资料来源：Gendreau, P., French, S. A., Taylor, A.（2002）. *What works（what doesn't work）revised 2002*. Invited submission to the International Community Corrections Association Monograph Series Project。

　　图 8 - 3 显示了荟萃分析的结果，该研究比较了集中罪因性需求和非罪因性需求的矫治项目的结果。如图所示，那些至少关注了四到六项罪因性需求的项目降低了 31％ 再犯罪率，而那些只关注了一到两项非罪因性需求的项目则对再犯罪率没有任何影响。这些数据显示了评估和关注那些与犯罪行为紧密相关的动态风险因素的重要性。它同样显示了关注罪因性需求密集程度的重要性。比如说：许多高风险服刑人员的风险因素是复杂多样的，而不是单一的，那么，只关注一到两个风险因素的项目可能无法产生明

显效果。求职就是很好的例子。对于很多缓刑犯或假释犯而言,待业在家就是一个风险因素,但这对你而言,会是风险因素吗？如果你失业了,你就会去抢劫或者贩毒吗？大多数人是不会的,我们只会去重新找工作。换句话说,仅是失业并不构成风险因素,除非你的想法是"通过贩毒一夜暴富,比大多数人一个月挣的都多",或者你仅仅就是想与那些不工作的人交往等。在这种情况下,失业就会成为风险因素,因为还有很多其他重要的风险因素与之伴随,并且你还有很多从事犯罪行为的空闲时间。仅关注就业状况而不考虑其他风险因素(如态度)的项目将不产生明显的效果。

3. 反应原则

服刑人员分类的第三个原则就是反应原则,它由两部分组成:一般反应和特殊反应。一般反应指那些对大多数罪犯介入有效(例如,使重新犯罪率得到极大的降低)的基本方法。研究发现,基于认知理论、行为理论以及社会学习理论的介入方法是最有效的。在随后的章节中,我们会详细探讨这些理论。特殊反应则指基于罪犯不同的学习风格和学习能力,为他们制定相应的矫治方案及介入手段。反应因素包括与罪犯学习能力以及方案参与程度相关的特征。设计一个方案(案例)通常会考虑到其动机或改变的意愿、对其改变的社会支持程度、理解能力、心理的发展成熟等因素,这些都会对罪犯的项目参与程度有影响,但这些因素在评估过程中经常被忽视。假设你已经判定罪犯的风险等级以及需求程度,但其自身功能性较差,那么他不会在矫治方案中做得很好,因为这个矫治方案要求罪犯有正常的功能性能力,所以,在为罪犯设计相关的矫治方案或者个案工作、小组工作时,需要考虑他的正常功能性能力。

4. 专业判断原则

服刑人员分类的最后一个原则就是专业判断原则。从根本上来说,在考虑了风险、需求、反应等多方面因素之后,参与评估的人对于再犯罪风险的最终决策应当包括他自己的专业判断。请记住,风险和需求评估是帮助我们去作出最后决定的,而非决定本身。与此同时,超出风险评估的专业判

228

断要慎用、少用(例如不超过 10％)。

四　服刑人员分类的演进

如何决定罪犯的风险等级?毫无疑问这个问题十分重要,因为它直接影响着公众保护及社区监管罪犯的方式(或甚至罪犯是否应该释放到社区)。

第一代刑事司法系统的风险评估是根据"直觉"对罪犯的风险等级做判断。在这种模式下,通常以采访或者文件考察的方式去收集罪犯的信息,然后对相关信息进行审阅并做出一个大致的评估或一个总体性的推断——"从我的专业角度来说……",这种评估有很多问题。下面是翁(Wong,1997)和肯尼迪(Kennedy,1998)总结:

■预测受到个人偏见的影响

■预测通常是主观的,并且未加证实

■看不到做决定的依据

■很难确定风险等级

■有些信息会被忽视或者过分强调

第二代正式的分类量表是由布鲁斯(Bruce)和他的同事在 1928 年提出来的。因伊利诺伊州假释委员会要求以信息为基础决定是否假释,一个客观的、标准化的分级系统得以发展。布鲁斯及其同事查看了将近 6 000 名罪犯的记录资料。表 8-3 展示了布鲁斯等人提出的风险预估工具中的评估因素。也许其中有些分类在现在看来已经过时了,但在发展一个精算的工具去预测罪犯的风险系数方面,伯吉斯测度(Burgess scale)仍是最初的尝试之一。这个方法存在着一些优点和不足。

优点:

■它是客观的、可理解的

■它考虑了重要的历史风险因素

■它便于使用并且十分可靠

■它能分辨再犯罪的不同危险等级

不足：

■它主要是一些静态的预测指标(不常发生变化的因素)

■没能识别目标行为

■不适用于测量罪犯的变化

第二代风险预估量表认识到：风险因素远不只是简单的静态评估指标。威斯康星州案例管理分类系统就是最好的证明。该州在 1975 年第一次发展并使用罪犯分类管理系统，该系统设计的初衷是为了帮助识别不同案件的监管级别，同时满足罪犯的需求以及满足这些需求所必需的各种资源。通过恰当的分级，有限的资源可以被集中应用于最紧要的高风险案件之中(Wright et al. ,1984)。随着威斯康星州案例管理分类系统的不断发展，美国国家司法部(1983)将其作为一个范式体系在全国范围内推广。许多司法管辖区对该分类系统相当满意，其中包括得克萨斯州的奥斯汀。

表 8-3　Bruce,Harno,Burgess 和 Landesco 量表的相关因素

常规的犯罪类型(如：诈骗、抢劫、性犯罪、杀人)
父母地位及婚姻状况(父母在世、罪犯已婚)
罪犯类型(初犯、偶犯、惯犯、职业罪犯)
社会类型(如：农民、歹徒、流浪汉、游手好闲者、酒鬼)
社区因素(居住地)
审判长及检察官的声明(建议或反对宽大处理)
案底
工作记录(如：无工作记录、无固定工作、有固定工作)
监狱服刑记录
假释前监禁时长
智商
假释时的年龄
精神病诊断
精神病的个人性格特征(自我中心主义、缺乏社交、情绪不稳定)

资料来源：Bruce,A. , Harno,A. , Buegess,E. ,Landesco,J. (1928). *The working of the intermediate-sentence law and the parole system in Illinois* .Illinois：State of Illinois。

案例管理分类系统的基础是由每位缓刑犯在一个固定的时间区间内完成的风险或需求量表。案件根据风险和需求程度不同而分为高、中、低三个等级。分类级别的不同，对应的监管级别也会有所不同。图 8-4 和图 8-5

230

展示了威斯康星州案例管理分类系统中各项风险和需求评估要素。

如果服刑人员根据威斯康星州案例管理分类系统而被分级的话，那么他将接受罪犯特征分析访谈以期对案件做出一个帮助判定社区矫正官和服刑人员之间关系的更细致的评估。由各个要素所共同构成的威斯康星州的这个系统就被称作案例管理分类系统，它由四个独立的矫治模式（treatment modalities）所构成。

选择性介入（selective intervention）。这个矫治模式是为那些享受相对稳定、拥有亲社会生活方式的服刑人员所设计的（如：他们有正式工作、在社区生活、犯罪记录也很少）。这些服刑人员曾经经历过孤独的、压力很大的事件，或者是有一些神经方面的问题。通过有效的介入，他们很有可能避免未来会面对的困难。对这些服刑人员的治疗目标包括发展他们对突发事件或问题作出恰当反应的能力，并恢复健康的生活模式。

环境结构（environmental structure）。这个小组中服刑人员主要的特点是缺乏社交技巧、职业技能及智力水平低下。他们的大部分问题都是因为个人能力不足，无法胜任工作或者在社会环境中不适应——缺乏社交技巧和才智不足。对这组服刑人员的矫治目标包括：（1）发展基本的工作能力和社交技巧；（2）选择无犯罪倾向的伙伴交往；（3）提高社交能力，学会控制冲动。

个案工作/控制（casework/control）。这组服刑人员工作失败的经验以及家庭问题显示，他们的生活有明显的不稳定性。没有明确的人生目标，有酗酒或吸毒问题。尽管他们有就业的工作技能，但还是有明显的犯罪类型，包括多次被逮捕的行为。他们有动荡的童年生活、家庭压力和经济困难。适合这个组服刑人员的矫治目标包括提升服刑人员专业技能和家庭努力的稳定性，进一步开发个人潜能，消除自我挫败行为并减少情绪或者心理方面的问题。

限制性设置（limit setting）。这组的服刑人员因长期从事犯罪活动通常被认为有一个"成功"的犯罪生涯。他们通常享受"击败防控系统"过程，频繁的犯罪行动是为了获得物质上的满足，并且很少产生悔意或者内疚情绪。他们的价值体系使其容易适应监狱环境，并且在释放之后重新犯罪。对于这类服刑人员的矫治目标是富有挑战的,但应当包括改变服刑人员的基本态度并在社区内密切监管他们的行为。

　　案件分类管理系统的信息是建立在对服刑人员的一次结构性访谈基础之上的。案件分级后,针对个人的矫治方案就得以发展。从案件分类管理系统得出的结论显示,将近 40％的缓刑案件采用了选择性介入,15％使用了环境结构方法,30％使用的是个案控制方法,还有 15％运用的是有限设置方法。

231

案主姓名:＿＿＿＿＿＿＿　　　　案件号:＿＿＿＿＿＿＿

社区矫正官:＿＿＿＿＿＿　　　　单位地址:＿＿＿＿＿＿

社会保险号:＿＿＿＿＿＿　　　　日　期:＿＿＿＿＿＿

1. 现有拘捕之前的 5 年以内的拘捕状况(不包括交通)

　　0　没有　　**4**　有

2. 之前被州政府或联邦政府监禁的次数

　　0　从未有过　**3**　1—2 次　**6**　3 次及以上

3. 之前被判处缓刑或假释的次数

　　0　从未有过　**4**　一次及以上

4. 之前因缓刑或假释取消而导致监禁的次数

　　0　从未有过　**4**　一次及以上

5. 最近一年的工作时长

　　0　超过 7 个月　**1**　5—7 个月　**2**　少于 5 个月　**0**　此问不适合回答

6. 之前的重罪判决次数(或未成年人判刑)

　　0　没有　**2**　一次　**2**　两次及以上

　　0　没有　**3**　一次　**6**　两次及以上　**7**　三次及以上

7. 第一次因逮捕至重罪判决的年龄(或未成年人判刑)

　　0　24 岁及以上　**2**　20—23 岁　**4**　19 岁及以下

8. 因当前犯罪而被判以监禁或判处缓刑的年龄

　　0　30 岁及以上　**3**　18—29 岁　**6**　17 岁及以下

　　0　30 岁及以上　**3**　18—29 岁　**7**　17 岁及以下

自上次再评估以后,对如下因素进行排序

1. 酒精使用问题

　　0　对言行没有影响　**2**　偶尔滥用;对言行有一定影响　**4**　经常滥用;对言行造成严重影响;需要进行治疗

　　0　对言行没有影响　**2**　偶尔滥用;对言行有一定影响　**3**　经常滥用;对言行造成严重影响;需要进行治疗

2. 其他药物使用问题

　　0　对言行没有影响　**2**　偶尔滥用;对言行有一定影响　**4**　经常滥用;对言行造成严重影响;需要进行治疗

0 对言行没有影响 **1** 偶尔滥用;对言行有一定影响 **2** 经常滥用;对言行造成严重影响;需要进行治疗

3. 社交群

    0 主要是无犯罪行为的个人 **5** 主要是态度消极的个人

4. 逮捕类型(支持最严重的情况,不包括交通)

    0 从未有过 **2** 只有技术性缓刑违规 **4** 轻罪逮捕 **8** 重罪逮捕

5. 态度

    0 无逆反情绪,倾向改变 **2** 有阶段性困难/不合作/依赖性 **5** 经常有敌对或消极情绪/犯罪导向

分值范围:最大 17分及以上

           中度 9—16分

           最小 8分及以下

                                      总分:＿＿＿＿＿

图8-4 威斯康星州风险评估

案主姓名:＿＿＿＿＿＿ 案件号:＿＿＿＿＿＿

社区矫正官:＿＿＿＿＿ 单位地址:＿＿＿＿＿

社会保险号:＿＿＿＿＿ 日期:＿＿＿＿＿＿

1. 情绪及心理稳定程度

    0 没有情绪或心理不稳定症状

    2 有一些症状,但不会影响正常功能

    3 有影响正常功能的症状,或出现法院或董事会强加缓刑条件的情况

    8 症状严重,需要持续观察,呈爆发性,有一定威胁,对他人和自己有潜在危险

2. 家庭关系

    0 稳定、积极

    3 有时会有压力或出现失序,但存在进步的可能

    7 经常失序或者压力较大

3. 交往群

    0 无不良人际交往

    2 有不良人际交往并偶尔伴有不良结果

    4 有不良人际交往并常伴有不良结果

    6 有不良人际交往并总伴有不良结果

4. 药物滥用

    0 未影响正常功能

    2 偶尔会药物滥用,有时会影响正常功能发挥

    7 经常药物滥用,严重影响正常功能,需要治疗

5. 酗酒

    0 未影响正常功能

    2 偶尔会酗酒,有时会影响正常功能或附加缓刑或假释条件

    7 经常酗酒,严重影响正常功能,需要治疗

232

6. 就业状况
   0 对工作满意,没什么困难,或家庭主妇、学生、退休或残疾
   2 未就业
   4 对工作不太满意,或者未就业但有适当的工作技能和动机
   5 未就业或者说无法就业,需要就业动机或培训

7. 学术技能、职业培训
   0 有适当的技能,能够处理日常事务
   2 技能水平较低,会出现一些适应性问题
   6 没有合适的技能,技能水平很低,会出现严重的适应性问题

8. 财务管理
   0 目前没有问题
   1 有一点问题
   5 长期的、严重的问题

9. 态度
   0 没什么困难,有改变的动力
   1 有阶段性困难,不合作,依赖性强
   4 经常有敌对或消极情绪,有犯罪倾向

10. 居住状况
   0 有合适的地方居住
   2 有暂时的庇护所
   4 居无定所

11. 心理能力
   0 能独立发挥正常功能
   1 有时需要帮助,或适当调整
   3 能力不足导致无法正常发挥功能

12. 健康
   0 身体健康,很少生病
   1 残障或疾病,需要多次治疗
   2 严重残障或有慢性疾病,需要经常性医务治疗

13. 性行为
   0 没有明显的功能障碍
   2 有一点小问题
   6 有慢性或严重问题

14. 矫正官对矫正对象的需求程度的评价
   0 不太需要
   3 中度
   5 非常需要

分值范围:最大   26 分及以上
         中度   13—25 分
         最小   12 分及以下

总分:_____

图 8 - 5 威斯康星州服刑人员需求的风险评估

专栏 8 - 2　精确预测和临床预测

精确预测,或称统计预测,是指对一组服刑人员进行评估,识别他们身上与再犯罪可能相关的风险因素(或者对结果进行测量)。通过统计学预测,有某一类性格特点的服刑人员更有可能再犯罪或者不再犯罪。举例来说,假设我们现在有 100 名服刑人员,我们的分级工具显示有 75% 的高风险服刑人员有再犯罪的可能,那么我们就差不多可以确定将有 75 名服刑人员以后仍会犯罪(假设不进行任何介入的情况下)。当然,我们是针对小组进行预测的,而非针对个人,所以我们并不清楚,会再犯罪的具体会是哪 75 个人。通过临床预测,训练有素的专家会收集各方信息,然后运用他的专业经验去判断每位服刑人员有多大可能再犯罪。有相当强有力的证据证明:精确预测或统计预测比临床预估要更准确。实际上,为了更准确地进行风险分级,最近出版的几篇文章都对动态需求进行独立测量,进而预测风险(参见 Baird,2009),但这一方法的合理性至今仍存在争议。

尽管威斯康星州案件分类管理系统有诸多优点,但依然存在一些不足。其中一个就是风险和需求总是被分开进行单独评估,而非将二者充分结合起来。系统的另一个问题是它需要评分,然而操作起来很耗费时间。在实际操作过程中,许多缓刑部门更多地依赖系统的风险原则来作出决策,然而风险因素主要由静态因素组成。

第三版评估量表成功地将风险原则和需求原则相结合且相对说来容易使用。其中一种量表是由 1995 年由安德鲁和邦塔设计提出的修订版服务等级量表(LSI-R),这个量表在北美洲被广泛使用并且被证明切实有效。LSI-R 有 10 个层面的问题,总共分为 54 个小项。主要通过结构化的访谈过程来收集信息。该量表被认为是预测再犯罪率最有效的工具之一。

最近,LSI-R 中最初的 10 个问题被重新编排,将原来的风险因素和需求因素分成了一般的和特殊的风险及需求因素,这一评估工具被称作第四代评估工具,也被称作服务水平或案例管理量表,简称 LS 或 CMI(Andrew et al,2004)。它是在之前所有版本上的重大进步,因为它强调评估与案件管理之间的关联性。除识别风险和需求因素之外,这个量表还承认服刑人员配合治疗过程中的个人优点及特殊的反应因素。图 8 - 6 是应用案例管理量表所测量的 561 名缓刑人员再犯罪率的研究结果(参见 Andrew&Bonta,2006)。再犯罪率与测量分明显正相关,图 8 - 7 展示了该量表的一些分类。

234

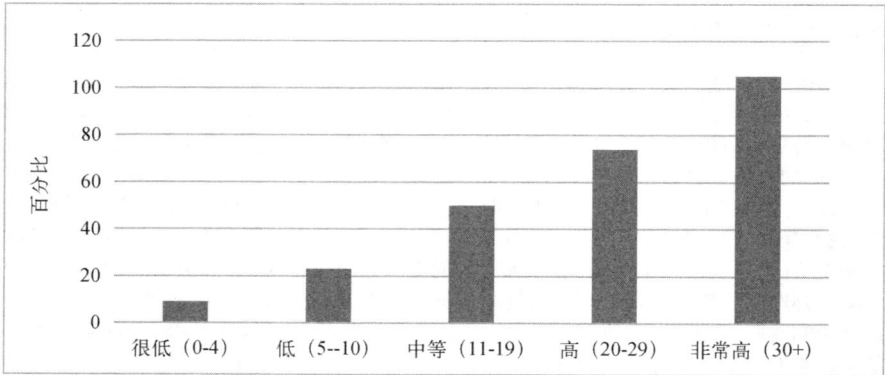

图 8-6 服务等级/个案管理量表测量分和再犯率

资料来源：Adapted from Andrews，D. A. ，Bonta，J. (2006). *The psychology of criminal conduct*，4th edn. Newark，NJ：LexisNexis Matthew Bender（Anderson Publishing）。

　　第四代评估工具另一个测量表是最新发展的俄亥俄州风险评估系统（ORAS）(Latessa et al. ,2006)。与之前的研究工具不同的是，通过监测服刑人员不同的决定，俄亥俄州风险评估系统在刑事司法体系中不同决策阶段都有量表并受到效度检验。现在主要有四种评估量表：审前量表、社区监管量表、监狱接收量表以及重新融入社会（re-entry）量表。每一种量表在刑事司法系统的不同阶段对服刑人员进行评估。

　　这种分类测量的一个主要优点是：它为跨越司法系统不同阶段的案例管理建立了共同的语言。进一步说，不同的评估量表还有一些相同的条目，特别是那些对静态因素进行评估的条目。因此，这些相同的条目可以减少完成后续量表评估的时间。

第 1 部分：一般性风险和需求因素 犯罪历史	第 5 部分：特殊反应考虑
教育背景、工作情况 　家庭状况、婚姻状况 　娱乐休闲活动 　同伴关系 　酗酒或吸毒问题 　亲犯罪态度或倾向 　反社会行为模式	障碍性动机 　女性、特定性别 　低智商 　反社会人格/精神病 第 9 部分：案例管理计划 　方案目标及介入计划
	犯罪导因性

235

第 2 部分：特殊的风险和需求因素	需求	目标	介入
与犯罪导因相关的个人问题 精神病诊断 低愤怒情绪控制能力 缺乏社交技巧 低成就	1.		
犯罪历史 性侵犯、家庭外的，儿童/青年/女性受害者 身体攻击（家外成年受害者） 帮伙参与（Gang participation）	2.		

图 8-7　服务等级或案例管理量表的适用领域

资料来源：Adapted from Andrews，D. A.，Bonta，J.（2006）．*The Psychology of Criminal Conduct*，4 th edn. Newark，NJ：LexisNexis Mattew Bender（Anderson Publishing）。

图 8-8 提供了一个与第四代评估工具连接的案例管理计划的例子。值得说明的是，通过彼此相关的目标和策略，罪因性需求（如动态风险因素）可以转化为与相关目的和战略关联的目标（长期的行为改变）。

问题/需求：大麻的使用		需求方面风险等级： 中度风险	
优势：亲社会的家庭支持		障碍：缺乏动机	
目标：消除使用大麻			
目的	策略	开始日期	完成日期
在 10 月 1 日前参与药物滥用评估	参考药物滥用评估	2005.9.10	2006.9.29
下次见面之前，列出参加治疗的好处以及不遵守治疗的负面效果	成本—收益分析	2006.10.1	2006.10.15
下两个月要出席并积极参与的药物滥用治疗活动后	参考服务量表 毒品监控 治疗提供者及服刑人员 状况更新	2006.11.1	

236

图 8-8　案件管理项目样本

五　未成年犯危险度及需求评估工具

一直以来都缺少专为未成年人罪犯设计的精确评估工具。然而最近，相关工具却层出不穷。其中，俄亥俄州未成年人评估系统(OYAS)、未成年人服务等级或案例管理量表、未成年人评估及监控工具(YASI)以及未成年人 COMPAS 等都是近来用于未成年人的风险及需求评估的典例。这些评估系统在本质上和最新版的成年人犯评估工具十分相近。图 8-9 呈现的是一份来自俄亥俄州未成年人评估系统的素质评估的报告例证。这个评估工具由七个部分构成，它给予法官有关未成年犯的风险因素的总分以及他们在每个部分的得分。

237

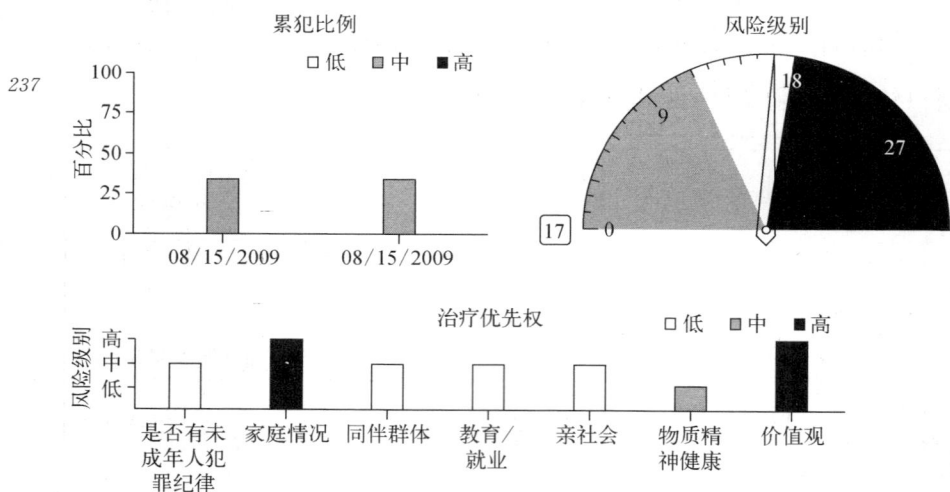

以上图表设计来源于 www.advsofteng.com

图 8-9　俄亥俄州未成年人犯评估系统报告:素质量表

六　专门化的评估工具

有一些分级系统是专为那些特定类型的服刑人员或其特殊需求情况所设计的,如精神紊乱、性犯罪者、药物滥用人员。这些评估工具中,有的可以对服刑人员分级产生帮助,有的则是对介入程度提出相应建议。图 8-10

是全美专门化评估工具的使用状况。

　　精确的风险和需求评估工具的一个主要优点是它们标准化而且客观，可以帮助识别不同的风险或需求等级。因为它们基于统计分析，同时还减少了不公平、假阳性（false positive）或者假阴性（false negative）的比率（Holsinger et al.，2001）。

　　在一项关于全国假释和缓刑机构使用和实践围绕类别分类的调查研究中，霍巴德等人（Hubbard et al.，2001）的研究发现，绝大多数机构都在一定程度上使用了精算量表对服刑人员进行评估和分级。下面就是对他们研究成果的总结。

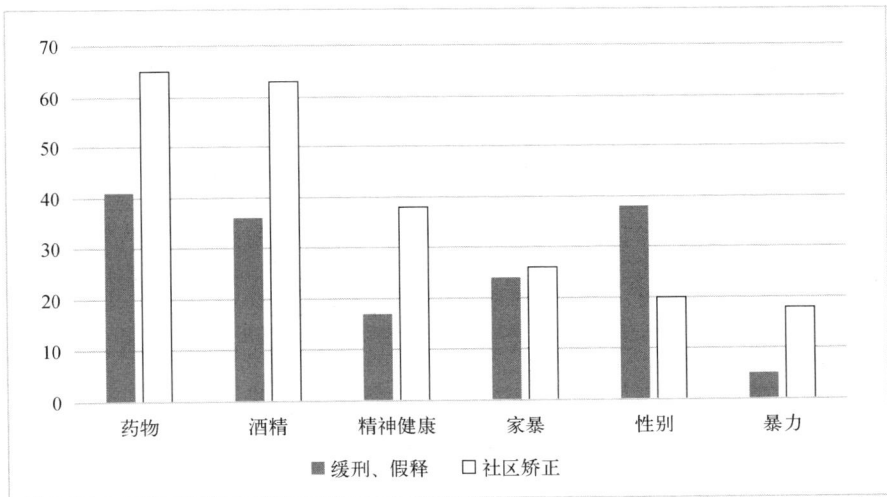

图 8 - 10　缓刑、假释、社区矫正服务提供者等部门使用专门化评估量表的状况

　　资料来源：Hubbard，D. J.，Travis，L.，Latessa，E.（2010）. *Case Classification in community corrections：A national survey of the state of the art*. Washington，DC：National Institute of Justice，U. S. Department of Justice。

　　将近 75％的缓刑和假释机构以及 56％的社区矫正服务提供者使用了标准化和客观的评估工具对服刑人员进行分级。相比小型机构而言，大型机构更倾向于对社区矫正对象进行评估分级。

　　超过 83％的被访人员认为，对服刑人员的风险等级分类是"绝对需要的"或者"完全必要的"，有 66％的被访者也支持根据需求等级对服刑人员进行分类。威斯康星州风险和需求评估工具依然是最普遍使用的评估工具,LSI 是第二普遍使用的评估工具。

几乎所有的调查对象都认为案件分级系统使他们的工作变得更容易,服刑人员自身也受益,它创设了一个更加专业化的环境,使相关管理者可以更快作出决定,增强了服务提供的有效性和决策过程的公平性。

有 75% 的社区矫正官、54% 的职员在工作时会使用该项分类工具,还有 47% 的专业化的个案工作以及 20% 的量刑使用该分类量表。

将近 80% 的机构使用不同的评估工具对服刑人员进行重新评估。

七 对现有评估工具的批评

罪犯分级系统也伴随着很多批评。有些人认为这个分级工具也没什么特别之处,不过是"据理推测"(educated guesses)而已(Smykla, 1986, p. 127),另外一些人则更关注分类工具的适当使用和准确性(Greenwood & Zimring, 1985; Wilbank, 1985)。有些批评者如贝尔德等认为,风险因素和需求因素不应当结合起来,因为二者相差甚远。然而,其他人则认为,大多数所谓的"需求"因素实际上就是"风险"因素(药物滥用、同伴合作、态度、价值观等),所以二者可以在评估工具中结合起来考虑。另一个主要的担心是,在某个司法管辖区使用的风险工具需要检验其在另一个管辖区的有效性问题。在一个司法管辖区的准确度并不能担保在另一个管辖区的准确度(Collins, 1990; Kratcoski, 1985; Sigler & Williams, 1994; Wright et al., 1984)。正如特拉维斯(Travis, 1989)所说:"在理想情况下,应当基于服务的对象来构建风险分级系统。"然而很多的研究者却认为:尽管分级划分点因司法管辖区而异,风险因素在不同的罪犯人群及不同的司法管辖区中还是相同的。

专栏 8-3　假阳性和假阴性

当罪犯被预测要失败但却成功时,这就是假阳性;当罪犯被预测要成功但却失败时,这就是假阴性。假阴性的潜在成本是很高的,因此,许多分级战略对预测错误都持保守的做法。

> 大多数评估和分级过程的最终目标是尽最大可能减少假阳性和假阴性的出现。一些关于临床评估的研究发现,临床医师对三个案例中的两个会有过度预估暴力发生的可能。

八 现有评估工具的优点

尽管存在各种担忧,许多人依然认为,在服刑人员管理与治疗方面,使用准确而有效的评估工具是一个长足的进步。举例来说,克莱尔(Clear)认为使用这些评估工具有以下两个主要优点。

首先,它们提高了与服刑人员相关决定的可靠性——从某种意义上来说,这些评估工具使社区矫正官的评估更加有据可循。其次,评估工具为社区矫正人员公开地为单个决定和决策性政策提出合理化解释的基础。在上述两种情况下,评估工具的优点都是基于科学决策的力量。

除上述提到的那些优点之外,基于动态因素的评估工具为重新评估服刑人员并判断他们的风险度是否降低提供了可能。这种评估工具使一个机构从风险管理转向降低风险这一社区矫正的最终目标成为可能。图 8-11 是根据那些被判处缓刑的未成年犯样本所得出的初次评估和再评估的分数对比。如图所示,这些数据可以帮助缓刑部门将资源和相关政策集中在更需要的地方。

总分

初始分数＝19.4

再评估分数＝16.98

图 8-12 展示了对俄亥俄州一所社区矫正机构内服刑人员再评估的结果。这些机构的目的是为仍有重返监禁可能的重罪服刑人员提供半年以内的保护性或结构性的治疗。研究结果显示,那些风险最高的服刑人员的风险度降低的程度最为明显,而低风险服刑人员的再评估风险分数则有所上升。一般而言,治疗会降低服刑人员再犯罪的可能。这些数据也证明了风险原则的可靠性,它说明我们应当对高风险服刑人员进行强化监管治疗。从这些数据中不难看出,当低风险服刑人员参与严管介入方案时,结果通常

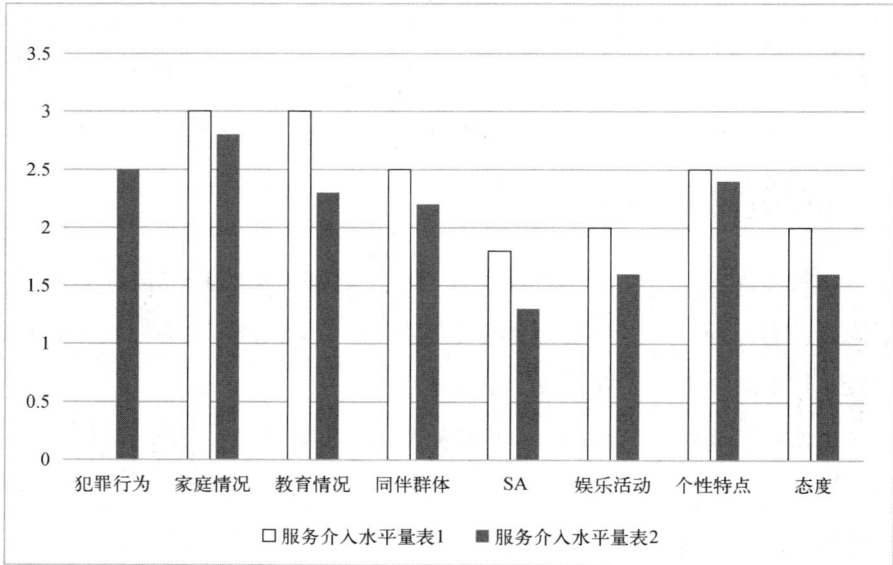

图 8-11　未成年犯 LSI 量表：评估和再评估共计 84 位未成年人参与了再评估

资料来源：Latessa，E. J.，Taylor，C.（2001）.*Using the youthful level of service inventory/case management in a large urban court*. Cincinnati，OH：Center for Criminal Justice Research，University of Cincinnati。

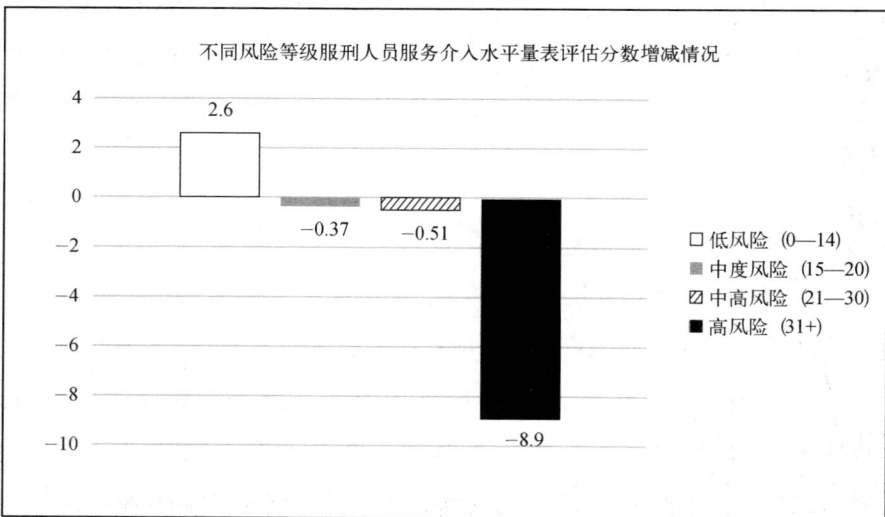

图 8-12　以 LSI-R 测量分的变化为量度的治疗结果(N=559)

资料来源：Latessa，E. J.，Lowenkamp，C.（2001）. *Testing the LSI-R in community-based correctional facilities*.Cincinnati，OH：Center for Criminal Justice Research，University of Cincinnati。

不理想。导致这一现象产生的原因有两方面：其一可能是由于那些风险相对较高的服刑人员影响到了更加亲社会的低风险服刑人员；其二可能是因为那些低风险服刑人员之前所拥有的亲社会网络和其他社会支持系统（否则，他们就不会是低危险群！）的中断。例如，参加这样的严管介入方案通常会导致服刑人员失去工作或者家庭破裂。

1. 信度与效度（reliability and validity）

但凡与风险需求评估进程相关的一些重要决定，都应当慎重考虑。使用这个工具并且用来评分到底难不难？需要多久才能完成评估？具体包括多少训练？包括系统访谈吗？如果包括的话，你如何考证收集到的信息呢？成本多少？这些都是选择风险需求评估工具时所要考虑的问题。因此评估工具的信度和效度就显得尤为重要。

信度是指评估工具的一致性。举例来说，如果两位缓刑执行官准备使用服务介入等级量表对同一位服刑人员进行评估，那么评估结果会有多大的相似性呢？这是评分者彼此的一致性程度，这可能是更多动态性指标量表的一个问题。另一个重要的标准是效度，即评估工具在预测我们应该预测的东西的准确性。这两点都十分重要。如果没人愿意相信它的评估结果，仅仅拥有一个准确的评估工具是没什么用的。同样地，如果评估工具都不能预估出我们想要的东西，无论人们多么同意评估结果，这个工具照样没什么实际价值。作为一个一般性的标准，大部分优秀的评估工具的准确程度都在80%左右。通过有效性研究，我们可以建立评估分数和结果之间的关系（评估结果通常也都是对再犯罪率进行测量）——二者相关性越强，分数就越能准确预测再犯罪。有两个重要因素可以增强评估结果的效度：对职员进行评估工具培训以及经常性使用评估工具（Flores et al.，2006）。

2. 关于"优秀"评估工具的几个要点

关于分类和评估工具，有几个要点不得不提。第一，没有放之四海而皆准的评估工具。不同的机构以及做出司法裁判时都会有不同的要求。打比方说，如果操作一个审前担保释放项目，我们的担心之一是"被担保释放着可能不按时出现在法庭",但这种担心对保护性的住居监管项目来说可能是不重要的。对一个综合的评估项目而言,没有哪一种工具能提供评估需要的所有信息。评估通常是一个灵活机变的过程,会根据实际需要而有所拓展。第二,必须验证评估量表以确保评估的准确性并确定预测不同结果的程度。例如,如果某家机构对预测性犯罪行为感兴趣,他们就必须确保自己所使用的工具能准确预测性犯罪。第三,分类和评估并不是"一锤子买卖"。风险度随时随地都可能发生改变。服刑人员刚开始可能无业、酗酒、和不良群体打交道,但是服刑六个月之后他找到工作了,也不酗酒,并且承担家庭责任,那么他的风险度就比被监管初期有所降低。第四,统计预估比临床预估要更为准确。专为服刑人员设计的、准确的评估工具能够更精准地预估结果,这一点连最好的临床预估工具都比不上。相比临床预测,基于标准化要素的分类系统更为可靠,耗时短且花费少。最后,正如前文所提到的那样,基于客观标准做出的决定在面对法律挑战时不易受到冲击。

3. 评估工具的一些其他问题

尽管用于预测人类行为的评估工具的发展、标准化和验证等方面存在一些显而易见的问题,但是在服刑人员评估方面同样有一些其他不足。

许多机构都会对服刑人员进行评估,但是他们都忽略了一些影响评估的重要因素。有的评估机构就依赖那种动态风险评估工具,将焦点集中在服刑人员的犯罪历史上。即使某位服刑人员有许多其他重要的风险性因素,但只要他犯罪历史不长,就极有可能被认为是低风险性的。还有些机构可能会主要关注药物滥用,因而忽视服刑人员的反社会态度、反社会的朋友以及其他一些犯罪导因性的风险要素。还有一个在服刑人员评估时存在的共性问题,那就是评估时无法给出具体的分数或者评定不同的等级。究其本质,这些评估过程都是准临床评估手段。服务方案或缓刑部门会收集大量和服刑人员有关的信息,以叙事形式记录下来,但是最终也无法给出确切的风险或需求等级。第三个问题是,一些项目和矫正机构先评估服刑人员,然后又不用其信息,无论评估结果如何,服刑人员都在接受相同的治疗或者介入手法。第四个问题是,有一些服务方案开始使用评估工具,但是却没有

242

对参与使用评估工具或者进行介入的职员进行充分培训。这无疑影响了评估工具的信度与效度，同时还会暴露大量的其他问题。最后，还有一些针对服刑人员所使用的评估工具没有标准化或经过服刑人群验证。由于缺乏这些基本信息，评估工具的准确性不得而知。

尽管存在这些担心，但是最新版的分类工具仍为缓刑和假释部门提供了一种相对简单有效的工具来对服刑人员进行分类和管理。在协助社区矫正机构和社区矫正官管理案件时，CMC 或 LSI-R 等都是十分重要且实用的工具。但是，这些评估工具既不能解决缓刑或假释机构面临的所有问题，也无法取代那些公正合理的判决或者替代那些训练有素的缓刑、假释官的经验（Klein，1989；Schumacher，1985）。

专栏 8 - 4　罪因性需求及希望达成的目标

　　罪因性需求指的是那些导致犯罪行为的因素。新版风险评估工具对这些需求进行了测量。研究人员应当准确识别一些有望达成的需求因素，包括如下几点：

- ■改变反社会态度
- ■改变反社会想法
- ■减少与反社会同伙的交往频次
- ■增强家庭责任感、促进沟通
- ■增强家庭看管
- ■增强自我控制能力及解决问题的能力
- ■减轻药物依赖

九　分类标准

特拉维斯和拉特沙（1996）概括了 10 个有效的分类和评估的要素，他们分别是：

目的性。一般来说，分类和评估的目的是确保不同情况的服刑人员能接受不同的治疗模式，这样可以保障安全、进行适当治疗，并促进彼此之间相互理解。

组织匹配性。不同组织和机构在特点、能力及需求方面都有所不同。

准确性。这些评估工具所评估出来的结果准确性到底如何？服刑人员有被放在评估系统的恰当位置上吗？从根本上来说，信度和效度会对准确性产生重要影响。格里克和他的同事们(1998,p.73)这样解释信度和效度:信度可以理解为每一次都打中靶的同一点。如果一个系统是可靠的但并不有效,就意味着每次都能中靶,但不是想要的那一点。

简约性。这是指容易使用,经济节约,用最少的要素获得准确性。换句话说,评估工具要短小精悍。

分布。评估系统能在多大程度上将案件分为不同的等级? 如果所有的服刑人员被划分到同一等级,那就相当于没有进行等级划分。

动态性。评估工具所测量的动态风险因素容易发生变化吗? 动态因素通常需要对服刑人员的整个生命过程以及过程中的变化进行监测。这种监测对于再次分类也有帮助。

实用性。高效的分类系统一定是实用的。这就意味着相关职员实现了分类目标并且完成了机构目的。

操作性。和使用分类系统紧密相关的就是其操作过程。这个评估系统必须是可操作的、能实施的。无论评估过程准确性有多高,但只要没办法在机构中实施,就同样无济于事。同样的,一个容易使用,但无法准确判断的系统也没有任何价值。

公正性。一个有效的分类和评估过程产生出公正的结果。服刑人员的安排和服务应当基于服刑人员的真实的、可测量的异质性,不管主观印象如何,这些安排和服务应该产生一致性的结果。

敏感性。敏感性是分类过程真正想实现的目标。如果所有的要素都能得到满足,那么最有效的分级和评估过程应当对服刑人员发生的变化十分敏感。如果敏感等级达到最高,就意味着需要开展个案治疗项目。

专栏 8-5 反应因素(responsivity factors)

评估反应的一部分是关注影响服刑人员参与治疗及学习能力的不同特点。一个好的项目计划旨在克服这些影响服刑人员参与治疗及学习能力的障碍因素。与反应相关的要素包括以下几方面:

一般人群	服刑人员的普遍特点
■焦虑	■缺乏社交技巧
■自尊	■缺乏解决问题的能力

■沮丧	■具体问题导向思维
■心理疾病	■口头表达能力差
■年龄	■依赖社会服务支持
■智商	
■性别	
■种族/民族	
■动机	

十 分类及女性服刑人员

许多学者并不赞成用评估男性反社会行为的风险因素去评估女性服刑人员(Chesney-Lind,1989,1997;Funk,1999;Mazerolle,1998)。无论是理论发展还是矫正介入,忽视女性服刑人员这一点一直受到许多犯罪学和刑事司法研究的批评(Belknap & Holsinger,1998;Chesney-Lind & Sheldon,1992;Funk,1999)。而且,未将男性和女性服刑人员进行区分,是当前的风险需求评估工具所存在的主要问题(Funk,1999)。这些批评主要集中在两方面:(1)对女性进行风险评估的时候可能需要考虑一些其他因素;(2)风险因素可能大都相似,但在面对这些风险因素时,男性和女性的表现会有所不同(Chesney-Lind,1989;Funk,1999;Gilligan & Wiggins,1998)。

毫无疑问,与男性服刑人员的研究相比,对女性服刑人员的研究少之又少。然而,对风险和性别的研究发现,诸如 LSI 之类的量表可用于女性服刑人员的评估和分类(Andrew,1982;Bonta & Motiuk,1985;Coulson et al.,1996;Hoge & Andrews,1996;Motiuk,1993;Shield & Simourd,1991;Smith et al.,2009)。在一项测量男性和女性服刑人员的风险预估中,罗文坎普(Lowenkamp,2001)和他的同事们研究了 317 名男性服刑人员和 125 名女性服刑人员。该研究发现,对于女性服刑人员而言,LSI - R 是一个十分精确的预测工具。该研究还发现,尽管许多女性服刑人员遭受过性虐待或身体虐待,但这并不会直接影响她们的风险和需求评估结果。罗文坎普和他的同事们(Lowenkamp et al.，2009)对女性服刑人员使用 LSI 的情况进行了荟萃分析。通过对 14 737 名服刑人员的研究，他们得出结论，LSI-R 是研究女性服刑人员的有效工具。尽管分类工具是否有效的争论会一直持续，但是实际上，无论是男性还是女性服刑人员，我们都可以用 LSI 来对他们进行评估。

专栏 8-6　风险管理和风险降低

风险管理：包括确定服刑人员的风险等级，进行适当的处罚或监管。

风险降低：包括确定服刑人员的风险等级，通过有效的介入以及适当的监管来减少风险因素。

十一　小结

这一章主要探讨了社区矫正的一个重要方面——服刑人员评估。在社区对服刑人员进行监管的时候，最值得注意的一个方面就是要确定服刑人员的风险和需求等级。多年来，评估和分级工具一直在不断进步，从刚开始的仅凭猜测去判定服刑人员是否有再犯罪的可能，到发展出更为科学的方法对动态和静态因素进行检测。评估工具可以帮助社区矫正专家确定应当将哪些人作为关注焦点以及重点关注什么，以便满足保护公众这一最终目标。尽管对于服刑人员进行评估的工具一直存在着质疑，但大部分社区矫正机构都在使用评估工具，这也就意味着它必须要准确地对服刑人员的风险等级进行分类、识别服刑人员那些容易发生改变的特征。

十二　问题回顾

1. 在缓刑中，如何使用风险、需求评估工具？

2. 与犯罪行为主要相关的因素有哪些？"最重要的四点"分别指的是什么？

3. 什么是第一代精确风险评估量表？该量表有哪些主要缺陷？

4. 威斯康星州的风险需求评估工具和 LSI 相比有什么不同之处？

5. 什么是优质分类的十大标准？

6. 分类的四原则是什么？

7. 给出三个反应特征例证并讨论用他们阻止服刑人员再犯。

8. 动态和静态预测因素之间有什么区别？

9. 增加评估工具有效性的两种方式是什么？

10. 对评估工具存在哪些批评？

11. 相比临床预估，精确预估真的更加准确可靠吗？为什么？

十三　推荐读物

Van Voorhis, P. （1994）. *Psychological classification of the adult male prison inmate*. Albany, NY：State University of New York Press.

十四　参考文献

Andrews, D. （1982）. The level of services inventory （LSI）：*The first follow-u*p. Toronto：Ontario Ministry of Correctional Services.

Andrews, D. （1989）. Recidivism is predictable and can be influenced：Using risk assessments to reduce recidivism. *Forum on Correctional Research* 1（2）, 11 - 17.

Andrews, D. , Bonta, J. （1995）. *LSI-R the level of service inventory—Revised*. Toronto：Multi-Health Systems, Inc.

Andrews, D. , Bonta, J. , Hoge, R. （1990）. Classification for effective rehabilitation rediscovering psychology. *Criminal Justice and Behavior* 17, 19 - 52.

Andrews, D. A. （1983）. The assessment of outcome in correctional samples. In：M. Lambert, E. Christensen, S. DeJulio （eds）*The measurement of psychotherapy outcome in research and evaluation*. New York：Wiley, pp. 160 - 201.

Andrews, D. A. , Bonta, J. （1996）. *The psychology of criminal conduct*. Cincinnati, OH：Anderson Publishing.

Andrews, D. A. , Bonta, J. （2006）. *The psychology of criminal conduct*, 4th edn. Newark, NJ：LexisNexis Matthew Bender Anderson Publishing.

Andrews, D. A. , Bonta, J. （2010）. *The psychology of criminal conduct*, 5th edn. New Providence, NJ：LexisNexis Matthew Bender Anderson Publishing.

Andrews, D. A. , Bonta, J. , Wormith, S. J. （2004）. *The level of service/case management inventory*. Toronto：Multi-Health Systems, Inc.

Baird, C. (2009). *A question of evidence: A critique of risk assessment models used in the justice system*. Madison, WI: National Council on Crime and Delinquency.

Belknap, J., Holsinger, K. (1998). An overview of delinquent girls: How theory and practice have failed and the need for innovative changes. In: R. T. Zaplin (ed.) *Female crime and delinquency: Critical perspectives and effective interventions*. Aspen: Gaithersburg, MD, pp. 31 – 64.

Bonta, J. (2002). Offender risk assessment: Guidelines for selection and use. *Criminal Justice and Behavior* 29(4), 355 – 379.

Bonta, J., Andrews, D. (1993). The level of supervision inventory: An overview. *IARCA Journal* 5(4), 6 – 8.

Bonta, J., Motiuk, L. (1985). Utilization of an interview-based classification instrument: A study of correctional halfway houses. *Criminal Justice and Behavior* 12, 333 – 352.

Bonta, J., Wallace-Capretta, S., Rooney, J. (2000). A quasi-experimental evaluation of an intensive rehabilitation supervision program. *Criminal Justice and Behavior* 27(3), 312 – 329.

Bruce, A., Harno, A., Burgess, E., Landesco, J. (1928). *The workings of the intermediate-sentence law and the parole system in Illinois*. Illinois: State of Illinois.

Bucklen, K. B., Zajac, G. (2009). But some of them don't come back (to prison!) Resource deprivation and thinking errors as determinants of parole success and failure. *Prison Journal* 89(3), 239 – 264.

Chesney-Lind, M. (1989). Girls' crime and women's place: Toward a feminist model of female delinquency. *Crime & Delinquency* 35, 5 – 29.

Chesney-Lind, M. (1997). *The female offender*. Thousand Oaks, CA: Sage.

Chesney-Lind, M., Sheldon, R. (1992). *Girls, delinquency, and juvenile justice*. Belmont, CA: Wadsworth.

Clear, T. (1988). Statistical prediction in corrections. *Research in Corrections* 1, 1 – 39.

Collins, P. (1990). Risk classification and assessment in probation: A study of misdemeanants. University of Cincinnati, Cincinnati, OH: Unpublished master's thesis.

Coulson, G., Ilacqua, G., Nutbrown, V., Giulekas, D., Cudjoe, F. (1996). Predictive utility of the LSI for incarcerated female offenders. *Criminal Justice and Behavior* 23, 427 – 439.

Flores, A., Lowenkamp, C. T., Holsinger, A., Latessa, E. (2006). Predicting outcome with the level of service inventory-revised: The importance of implementation integrity. *Journal of Criminal Justice* 34(4), 523 – 529.

Funk, S. (1999). Risk assessment for juveniles on probation. *Criminal Justice and*

247

Behavior 26, 44 – 68.

Gendreau, P. (1996). The principles of effective intervention with offenders. In: A. T. Harland (ed.) Choosing correctional options that work: *Defining the demand and evaluating the supply*. Thousand Oaks, CA: Sage, pp. 117 – 130.

Gendreau, P., French, S. A., Taylor, A. (2002). *What works (what doesn't work) revised* 2002. Invited submission to the International Community Corrections Association Monograph Series Project.

Gendreau, P., Goggin, C., Little, T. (1996). *Predicting adult offender recidivism*: *What works?* Ottawa, CN: Solicitor General Canada.

Gilligan, C., Wiggins, G. (1988). The origins of morality in early childhood relationships. In: C. Gilligan, J. Ward, J. Taylor (eds)*Mapping the moral domain*: *A contribution of women's thinking to psychological theory and education*. Cambridge, MA: Harvard University Press, pp. 111 – 138.

Glick, B., Sturgeon, W., Venator-Santiago, C. V. (1998). *No time to play*: *Youthful offenders in the adult correctional system*. Lantham, MD: American Correctional Association.

Greenwood, P., Zimring, F. (1985). One more chance: *The pursuit of promising intervention strategies for chronic juvenile offenders*. Santa Monica, CA: The Rand Corporation.

Harris, P. (1994). Client management classification and prediction of probation outcome. *Crime & Delinquency* 40, 154 – 174.

Hoge, R., Andrews, D. (1996). *Assessing the youthful offender*: *Issues and techniques*. New York: Plenum Press.

Holsinger, A., Lurigio, A., Latessa, E. (2001). Practitioner's guide to understanding the basis of assessing offender risk. *Federal Probation* 64(2), 46 – 50.

Hubbard, D. J., Travis, L., Latessa, E. (2001). *Case classification in community corrections*: *A national survey of the state of the art*. Washington, DC: National Institute of Justice, U. S. Department of Justice.

Jones, P. (1996). Risk prediction in criminal justice. In: A. T. Harlan (ed.) Choosing correctional options that work: *Defining the demand and evaluating the supply*. Thousand Oaks, CA: Sage, pp. 33 – 68.

Kennedy, S. (1998). *Effective interventions with higher risk offenders*. Longmont, CO: National Institute of Corrections.

Kennedy, S., Serin, R. (1997). Treatment responsivity: Contributing to effective correctional programming. *The ICCA Journal on Community Corrections* 7(4), 46 – 52.

Klein, A. (1989). The curse of caseload management. *Perspectives Gerontological Nursing Association Canada* 13, 27 – 28.

Kratcoski, P. (1985). The functions of classification models in probation and parole: Control or treatment-rehabilitation? *Federal Probation* 49(4), 49 - 56.

Latessa, E. J., Lovins, B. (2010). The role of offender risk assessment: A policy maker guide. *Victims and offenders* 5(1), 203 - 219.

Latessa, E. J., Lowenkamp, C. (2001). *Testing the LSI-R in community-based correc*

　　　tional facilities. Cincinnati, OH: Center for Criminal Justice Research, University of Cincinnati.

Latessa, E. J., Taylor, C. (2001). *Using the youthful level of service inventory/ case management in a large urban court*. Cincinnati, OH: Center for Criminal Justice Research, University of Cincinnati.

Latessa, E. J., Lemke, R., Makarios, M., Smith, P., Lowenkamp, C. T. (2010a). The creation and validation of the Ohio risk assessment system (ORAS). *Federal Probation* 74(1), 16 - 22.

Latessa, E. J., Lovins, L. B., Smith, P. (2010b). *Follow-up evaluation of Ohio's community based correctional facility and halfway house programs—Outcome study*. Cincinnati, OH: School of Criminal Justice, University of Cincinnati.

Lowenkamp, C., Holsinger, A., Latessa, E. (2001). Risk/need assessment, offender classification, and the role of childhood abuse. *Criminal Justice and Behavior* 28 (5), 543 - 563.

Mazerolle, P. (1998). Gender, general strain, and delinquency: An empirical examination. *Justice Quarterly* 15(1), 65 - 91.

Motiuk, L. (1993). Where are we in our ability to assess risk? *Forum on Correctional Research* 5(1), 14 - 18.

National Institute of Justice (1983). *Classification in probation and parole: A model systems approach*. Available from: www. nicic. gov/library/000936.

Proctor, J. (1994). Evaluating a modified version of the federal prison system's classification model: An assessment of objectivity and predictive validity. *Criminal Justice and Behavior* 21, 256 - 272.

Schumacher, M. (1985). Implementation of a client classification and case management system: A practitioner's view. *Crime & Delinquency* 31, 445 - 455.

Shields, I., Simourd, D. (1991). Predicting predatory behavior in a population of incarcerated young offenders. *Criminal Justice and Behavior* 18, 180 - 194.

Sigler, R., Williams, J. (1994). A study of the outcomes of probation officers and risk-screening instrument classifications. *Journal of Criminal Justice* 22, 495 - 502.

Simourd, D. J., Andrews, D. A. (1994). Correlates of delinquency: A look at gender differences. *Forum on Corrections Research* 6(1), 26 - 31.

Smith, P., Cullen, F. T., Latessa, E. J. (2009). Can 14,737 women be wrong? A meta-analysis of the LSI-R and recidivism for female offenders. *Criminology and Public*

Policy 8(1)，183 – 208.

Smykla，J. (1986). Critique concerning prediction in probation and parole: Some alternative suggestions. *International Journal of Offender Therapy and Comparative Criminology* 30 – 31，125 – 139.

Sykes，G. M. ，Matza，D. (1957). Techniques of neutralization: A theory of delinquency. *American Sociological Review* 22(6)，664 – 670.

Travis，L. (1989). *Risk classification in probation and parole*. Cincinnati，OH: Risk Classification Project，University of Cincinnati.

Travis，L. ，Latessa，E. (1996) . Classification and needs assessment module. *Managing violent youthful offenders in adult institutions curriculum*. Longmont，CO: National Institute of Corrections.

Wilbanks，W. (1985). Predicting failure on parole. In: D. Farrington，R. Tarling (eds) *Prediction in criminology*. Albany，NY: State University of New York Press，pp. 78 – 94.

Wong，S. (1997). Risk: Assessing the risk of violent recidivism. *Presentation at the American Probation and Parole Association*，Boston，MA.

Wright，K. ，Clear，T. ，Dickson，P. (1984). Universal applicability of probation risk assessment instruments. *Criminology* 22，113 – 134.

第九章　管理与服务服刑人员的战略

关键词

经纪业务(brokerage)

解决问题 (problem solving)

个案工作(case work)

使案件数量模型与众不同的因素(single-factor specialized caseload model)

契约(contracting)

技巧 (skills)

传统或大众模型 (conventional model)

监管计划 (supervision planning)

数字游戏模型 (numbers game model)

思想—行为链 (thought-behavior link)

一　导言

为了社区的安全,缓行或假释机构最重要的责任是监管罪犯。在这个责任框架下的是保护社区和帮助罪犯的双重目标。正如我们已经认识到的那样，这对双重目标并不总是兼容的。

因司法管辖区不同，缓行或假释服刑犯可能包括各种不同的犯罪类型，也可能涵盖初犯到职业罪犯。处于缓行或假释的罪犯的数量也将随着时间的变迁而发生显著变化，这种变化取决于司法管辖区的政治和财政状况、现有法规、监狱过剩人口的规模，以及盛行的缓行和假释哲学。

主要的缓行和假释犯都在一般监管之下，大约八分之一的接受其他类型的监管，比如强化性监管、电子监控、住宅软禁，或者一些其他的特殊项目（camp & camp, 2003）。随时间推移而产生的两个趋势是增长的服刑人员和不断增长的非常规监管方式。下面讨论这些监管策略的意义。

另外，法院或假释委员会对缓刑犯和假释犯施加的条件的类型和范围　*251*可能存在差异。最后，被监管的服刑犯个人所面对的问题的类型（家庭困难、教育或雇佣需要、精神疾病、酒精或其他药物滥用）也会存在很大差异（见表9-1）。像缓行和假释机构的其他主要责任一样，监管需要有这样一种组织结构，这种结构能有效地保护社区并为服刑人员提供帮助。

表 9 - 1　服刑人员面对的问题示例

矫正对象群体	物质滥用			
	酒精	药物	精神疾病	以前报告的精神或身体虐待
缓刑犯	40%	14%	16%	16%
看守所犯人 *	41	36	11	16
州监狱犯人	37	33	10	19

＊看守所犯人的药物滥用指在犯罪时受到了药物或酒精的影响。

资料来源：Compiled from Harlow, C. (1999). *Prior abuse reported by inmates and probations*. Washington, DC: Bureau of Justice Statistics; Mumola, C. (1999). *Substance abuse and treatment, states and federal prisoners, 1997*. Washington, DC: U. S. Bureau of Justice Statistics; and Maruschak, L., Beck, A. (2001). *Medical problems of inmates*. Washington, DC: U. S. Bureau of Justice。

考虑到履行这些职责的复杂性，很明显的是，社区矫正机构会面临大量的关键性管理问题和替代方案。许多已被分别讨论的问题，实际上是密切关联的。他们不是二选一的简单命题。事实上，许多策略可以有各种各样的组合。

　　这一章讨论矫正服务的各个方面及缓行和假释机构监管服刑人员的各种方式。具体内容包括,矫正哲学模型、监管的计划过程、监管人数、监管者与被监管者互动方面的发展,以及服务的外包和社区资源的管理。

二　案件数量分配模型

　　罪犯被法院判去一个缓刑部门,被假释委员会送去一个假释部,或被法院和假释委员会判去其他社区矫正机构,如中途之家。① 因为绝大多数社区服刑人员首先被置于缓行和假释,我们将考察罪犯被分配给缓行或假释矫正官的方式。

252 　　每个具体案件如何被分配到缓行官和假释官手中会因司法辖区而异。卡特和威尔金斯(Carter and Wilkins,1976)发展了一种包括主要分配策略变化的有效的工作量分配模型。他们的模型假定,罪犯群体在相关特征上会有显著差异 (Sigler & Williams,1994)。

　　第一个模型被称作传统模型(the conventional model),它忽视了犯罪者之间的不同点和相似之处;服刑人员被随意地分配到缓行官或假释官。因为这种随机分配方式,每个矫正官需要监管的对象是一个包含各种个人特征的罪犯总体的微型复合体。因此,在这种分配模式下,缓行官和假释官必须能够监管各种类型的服刑犯。

　　与传统模型紧密相关的是数字游戏模型(the numbers game model)。这个类型可能也忽视罪犯的不同和相似之处。这个模型的目的是部门内部的案件数值平衡。因为数字游戏模型采用下面两种分配方式,这种平衡可以考虑到罪犯的个人特征。首先,被监管的案件数量可以根据部门里可供选择的矫正官数量来简单划分。例如,如果一个缓刑部门有 10 个缓刑矫正官和 800 个缓刑犯,每个矫正官将监管的工作量为 80。另一种分配方法是,缓刑部门为每一种案件之数量选择一个"理想案件数",然后用总服刑人数

---

① 一个假释裁决委员会指的是所有的机构(委员会、慈善机构委员会、刑期机构委员会等),它们的职责是基于监督的情形下,在原刑期届满之前,释放囚犯到社区。来源:www.appa-net.org。

除以理想案件数，得出所需矫正官的人数。按照这种方法，如果一个部门有 800 个缓刑犯，而且选择了 50 作为它理想案件数，那么它必须提供 16 个缓刑矫正官。不同的数字游戏模型也可能与其稍后讨论的其他模型一起使用。

第三个分配模型被称作考虑到地理因素的传统模型（the conventional model with geographic consideration）。这个区别于传统模型最重要的一个方面是：监管对象仅限某一个地理区域（城市、城市郊区或农村）的住居者。因监管农村服刑人员所需要的行程时间，农村矫正官的案件数量一般小于城市郊区或城市的案件数量。然而，这样的案件数量分配除了考虑地理差异，未考虑服刑人员的个人性格特征。在一个大的城市区域，缓行和假释部门可能有分设办公处。如果是这样的话，地理差异考量可能基于服刑人员居住地。

另外两个分配模型考量了服刑人员的相似点和不同点的重要性。这两个模型的基础是单一因素决定的案件数量分配模式（the single-factor specialized caseload model）。即被分配在一起监管的罪犯都具有某个共同的特征。例子包括酒精和其他药物滥用、发展障碍、性别、年龄、犯罪的类型，以及高潜在危险的暴力行为（"风险"）。尽管存在一个共同特征，用这种方式被分配在一起监管的罪犯可能在其他特征上存在极大的差异。比如，仅限于 18 岁至 21 岁之间罪犯群中可能仍然包括在犯罪类型或对社区潜在风险等变量方面差异很大的矫正对象。

最后，最复杂的分配模型是垂直分类模型（the vertical model）。这种分配模型将根据两个及以上的因素或特点对服刑人员分类。通常，这个分类使用众多预测服刑人员成功或失败可能性模型中的某个模型划分矫正对象。这些预测模型考量到许多个人特征并强调个体间的相似性。一旦矫正机构中所有的矫正对象被基于其成功概率进行筛选，那么这种分类框架就可以用来创建由成功或失败概率几乎相同的罪犯所组成的矫正对象群。这个模型被称作垂直分类是因为它将罪犯的特征范围划分为成不同的垂直分片以便建立不同的矫正对象群。

案件数量（caseload size）可以根据单一因素和多种因素分类而变化。

例如,当采用垂直分配模型时,案件数量通常是多变的,高失败风险罪犯的案件数量可以降低,而低风险罪犯的案件数量可以增加。

　　目前,许多缓刑和假释部门采用工作量公式决定案件数量。这个计算公式考虑到矫正对象的差异,某些罪犯比另一些罪犯需要更多的精力去监管。例如,高危矫正对象通常有服务和监管附加要求(包括他们每月必须与矫正官见面的次数)。此外,高危矫正对象有高失败率,这意味着,报告违规违法案件等需要更多的时间。矫正对象需要根据许多因素如风险度等进行筛选分类。图9-1显示了来自蒙哥马利县成人缓刑部门(戴顿,俄亥俄州)的一个月的工时总账的例子。在这个缓刑部,一个标准的工作量基于每月107.5可用小时推出的250工时单位。一个高风险的案件,等于4个工时单位,然而判前调查(PSI)等于14个工时单位。每个类型的案件和行为给予权重,基于一段时间研究,以用作他们公式的基础。这是考虑到罪犯特征及某些行为而适合与不同缓刑机构平等分配工作量的一个很棒的例子。

＿＿＿＿＿(团队)		＿＿＿＿＿(月/年)
监管分类	调查	工作单位
缓刑官 MAX MED MIN NEW ITS UNS CURT TLC INS INC PATH PSI SHCK MISC		
....		
....		
....		
....		
....		
共计		
MAX——最严监管	4个工时单位	
INS——县际转介	1个工时单位	
MED——中等监管	2个工时单位	
PATH——支付通过	1个工时单位	
MIN——最低监管	1个工时单位	
PSI——保释或看守所	14个工时单位	
共计		

NEW——未分类	5 个工时单位
SHCK——威慑报道	2 个工时单位
ITS——强化治疗	8 个工时单位
UNS——无监管——法院	1/2 个工时单位
MISC——宣誓书,受害者	1 个工时单位
CURT——替代性监管	1 个工时单位
TLC——代替量刑的治疗	1 个工时单位
	_____ 团队主管

图 9-1 工时单位月度分类账目概要

　　另一个显示缓刑部如何处理案件数量的创造性范例是卢卡斯县成人缓刑部(托莱多,俄亥俄州)。这里,所有矫正对象都根据风险(高、中、低)筛选分类。另外,这类筛选分类工具被用作识别酒精药物滥用者,性犯罪以及具有高度精神健康需求的罪犯。一个缓刑矫正官,和一群缓刑志愿者监管所有的低风险服刑人员。不需要专家帮助的高风险服刑人员被"高风险单位"监管。这些有特殊需要的服刑人员被放置于四个专治机构之一(如酒精,精神健康)。高风险和专治机构的案件数量明显低于一般案件数量。没有这些特殊需要而被分成中等风险种类的罪犯由普通矫正官监管。另外,缓刑部还有一个强化监管单位,该单位监管州监狱转来的各种罪犯。心理技能量表(PSIs)被一个单独的单位操作。运用这一体制,卢卡斯县能转移大量的低风险、低监管的矫正对象案件,并集中监管那些需要更多特殊矫治或强化监管的罪犯。

　　当管理罪犯的一般性策略建立起来时,矫正官必须为他们的矫正对象传送所需的服务。本章剩下部分讨论缓刑和假释机构传送这些服务的各种策略。尽管这些策略被分别地讨论,但它们并不互相排斥,实际上,"纯粹"的类型很少在监管的实践中被发现。

三　个案工作型监管与经纪业务型监管

　　两种主要的监管方式是个案工作型和经纪业务型监管。本章考察每一种监管方式,每种方式背后的假设,它的优点和缺点,以及主要的操作关注。当我们讨论"纯粹"类型时,好像不同结果方式是互相排斥的,好像一个部门要么接受个案工作型监管,要么接受经纪业务型监管,不能结合任何两者的特征。实际上,这两个方式是兼而用之的,我们很难找到两个监管机构采用完全一样的监管方式。大多数矫正机构所采用的监管方式都介乎于上述两种监管模型之间。

1. 个案工作型监管

传统的对缓刑和假释的监管方式是个案工作型监管。个案工作不是"社会工作"术语的同义词;相反,它只是社会工作的三大专长之一(另外两个是社区组织和小组工作)。有许多个案工作和社会个案工作的定义。鲍尔斯(Bowers,1950,p. 127)的下列定义常被引用:

> 社会个案工作是这样的一个领域,在这个领域中,人际关系科学和关系技能的知识被用于调动个人能力和社区资源去实现委托人与其所处环境间的更好调适。

米克(Meeker,1948,pp. 51－52)进一步解释:

> 现代社会个案工作的重点在于,发现个人积极的潜力,帮助他们挖掘自己的能力,同时发现有助于他们承担成熟个体的职责的社会和经济环境中的外部资源。

很显然的是,个案工作中的基础元素是个案工作者和陷入困境的个体之间的关系性质。从这些定义可以看出,个案工作强调通过发展一对一的支持性关系改变服刑人员的行为。由于这种密切关系,个案工作型监管将个案工作看作是唯一的,或者至少是主要的矫治委托人的代理人。

遵循个案工作的路径意味着监管矫正官也将遵循社会工作的基本假设。特雷克(Trecker,1955,pp. 8－9)将这些假设划分为四个类别:人、行为问题、社会工作者,以及社会与罪犯的关系。众多有关罪犯的假设之一是,"当人在正确的时间被给予正确的、适量的帮助时,他们能够并做出行为的

改变"①。关于行为问题的假设是,由于行为问题是复杂的且与整体生存情 *256*
况盘缠错节,治疗这些问题必须具有个人特色。主要的治疗代理人是社工,
他或她最重要的治疗手段是与委托人创造的关系的质量。最后的假设是,
委托人必须有参加治疗的过程的动力;因此,社会工作者与委托人工作关系
的一个关键的元素,必须通过发展委托人渴望改变他或她行为的方式实现。

　　一个贯穿这些假设的基本点是,罪犯必须自愿进入个案工作关系中,或
者至少是愿意的。然而,包含在矫正监管中的这种关系,通常并不依赖于罪
犯的自愿性参与,而是依赖于缓刑官或假释官的权威。因此,在个案工作型
监管中,重要的是解决罪犯的自愿自主和矫正官职位内在的权威之间的
冲突。

　　许多作者将缓刑官或假释官的权威描绘成一个可以在治疗过程中使用
的重要工具。曼格姆(Mangrum,1975,p.219)提及"强制个案工作"的使用,
并陈述,"尽管有效的个案工作不是为委托人做什么,而是和他一起去做,另
外,有时就是吸引他注意力或者支撑他足够久的行动,以使他明白自己从中
获得动力"。斯图特(Studt,1954,p.24)认为,重要的是让矫正对象认识到,
"权威是帮助的力量,也是限制的力量"。哈德曼(Hardman,1959)感到,如
果这种权威被缓刑官适当地使用的话,就可以成为一种在社会服务中极其
有力量的工具。他相信,所有的个体,包括缓刑犯在内,对权威都有积极和
消极的态度,而且个案工作者的一个主要职责是帮助委托人理解和接受这
些矛盾的感受并学习控制和表达它们的新方法。

　　个案工作在缓刑和假释监管领域使用得如此广阔,以至于它被认为是
服务规定策略的"规范"。它基本上遵循了矫正的医疗模式,即监管矫正官
通过一对一的关系,对犯罪者们进行诊断,系统阐述一个治疗策略,并实施
这一策略,最终,根据治疗结果评估罪犯。

　　然而,实际上,监管矫正官没有时间或精力去全心全意地做个案工作。
也许,对个案工作路径最基本的批评是缓刑或假释矫正官尝试为所有的人

---

① 这个观点是由卡伦(Cullen,1994)雄辩地提出的。也参见斯科特和沃尔夫(Scott & Wolfe,
2000)。

做所有的事,因此不能恰当地动员社区和它的支持系统。另外,大量的待处理案件、员工短缺,以及无止境的报告撰写,都使得监管矫正官无法去履行个案工作所要求的所有职责。随着医疗模式主导地位的逐步丧失,缓刑和假释的管理者们已启用经纪业务处理方式和社区资源管理团队方式。

2. 经纪业务型监管

与个案工作方式大为不同的是经纪业务方式。这种方式主要的不是理解和改变罪犯的行为,而是评估缓刑犯或假释犯的具体的个体需求并安排他们去接受直接地处理他们需求的服务。因为矫正官不被看作是主要的治疗或改变行为的官员,所以相当明显的是较少强调矫正官和犯罪者之间紧密的一对一的关系。在经纪业务方式中,监管矫正官主要是已有资源和社会服务的管理者或经纪人。缓刑或假释矫正官的主要任务是,评估罪犯的服务需求,寻找满足这些需求的社会服务机构,把社区服刑人员推荐到适当的服务机构,并定期查询这些服务机构是否为服刑人员提供了他们所需的服务。在经纪业务方式中,矫正官与社区服务机构的关系比矫正官与个体服刑人员的关系更为重要。在经纪业务方式和个案工作方式中,服刑人员参与制定他们自己的监管计划也是重要的一部分。

国际刑事司法标准和目标咨询委员会(1973,p. 320)建议,缓刑系统应当"重新定义缓刑官从个案工作者到社区资源管理者的角色"。委员会报告(1973,pp. 322 - 323)描述了社区资源管理者的特征:

> 为了扛起作为社区资源管理者的责任,缓刑官必须执行几个功能。在帮助一个缓刑犯获得所需服务中,缓刑官将必须评估服刑人员需求,知道可用的资源,联结合适的资源,协助缓刑犯获取所需服务,并跟进个案。当缓刑犯遭遇所需服务困难时,缓刑官将探索造成困难的原因,并采取适当的步伐帮助服刑人员获得所需服务。缓刑官必须监控和评估缓刑犯是否得到所需服务。

> 委员会还回答了有关缓刑官提供的服务可能已在其他服务机构提供的问题。他们鼓励(1973,p. 32)缓刑部门信赖其他社会服务机构并

建议：缓刑系统不应企图去复制已经被法律创造的并适合所有人的服务。这个系统及其员工的责任应当是帮助缓刑犯克服各种阻碍，接受 *258* 来自所有社会机构提供的服务。

由于对社区资源管理的强调，经纪业务方式要求对社区服务及每一种服务的条件都要有深入的了解。要求每个矫正官去积累和使用所有社区服务资源的大量信息可能是不切实际的。因此，这一点常被建议，如果个体缓刑或假释矫正官专注于获取某个或某类提供相关服务的机构的话，社区服务的经纪业务方式可能更容易操纵。例如，某个矫正官可能对所有为药物相关问题的个体提供服务的社区机构极其了解，另一个矫正官可能专注于为未就业或未充分就业个体服务的机构。不管矫正官们决定去专注于某个或某类服务机构或更喜欢去处理各种类型的社区机构，经纪业务方式的基本要求是，监管矫正官需要建立有关社区可用资源的综合知识并使用这些资源去最大限度地服务于社区服刑人员。

与经纪业务方式紧密相关的是倡导者角色。一些学者最近强调缓刑矫正官的倡导者角色。[①] 这些学者知道，并非服刑人员的所有需求服务都已在社区存在，因此他们建议，缓刑和假释矫正官应当专注于与社区的机构一起工作去发展这些必需的服务，而不是他们自己去独立发展。这将确保这些服务不仅可能服务于缓刑犯和假释犯，而且可能服务于社区中需要它们的其他人。[②]

缓刑和假释经纪业务方式最基本的任务是，管理社区内可用资源和使用这些服务去满足社区服刑人员的需求。这里几乎没有对矫正官和犯罪者们之间关系的质量的强调，更多强调的是矫正官和社区社会服务机构的员工间的亲密工作关系。缓刑和假释矫正官的咨询和引导被看作是不适当的行为，没有改变罪犯行为的要求。矫正官的主要功能是评估每一个犯罪者的实际需要并将他们介绍到适当的社区服务机构。如果所需的服务在社区

---

① 一个关于缓刑和假释主张的很好例子，参见德尔等人（Dell'Apa et al., 1976）和曼格姆（Mangrum, 1975）。
② 关于主张的讨论，参见麦卡伦（Macallair, 1994）。

中不存在的话,矫正官应该鼓励这种服务的发展。

与医疗模式对比,经纪业务方式是基于重新整合模型,即强调矫正委托人的具体服务的需求,这种需求最好能够由已建立的社区服务机构得以满足。经纪业务方式只是替代医疗模式的一种康复机制。经纪业务方式的任务是评估服刑人员需求并介绍他们到适当的社区服务机构。很明显,一个纯粹的经纪业务方式有其自身的缺点。除缺乏缓刑官和假释官与服刑人员的密切关系外,社区服务可能不一定已经存在。这在更多的农村社区是常见的案例,而且即使这些服务机构是存在的,它们也可能不愿意去接受社区服刑人员。通常,社区服刑人员的特殊矫治需求往往多于已有的服务范围。政府资金的减少已经导致了更少的服务项目。这种减少导致一个问题:"如果服务项目不存在的话,那么缓刑或假释矫正官该如何成为一名经纪人呢?"

四 监管的整合模型

最近更多的尝试力图将之前的不同矫正模式进行整合,既强调个案工作监管,也强调经纪业务方式的社区监管(see Smith et al.,2012;Taxman et al.,2004)。个案工作方式和经纪业务方式整合的讨论——缓行和假释监管及服务的主要倾向——突出每一个方式的基本任务并强调他们的差异。

五 改进社区监管

有这样一个问题待回答:在矫正官平均监管人数高且缓刑和假释机构责任众多的情况下,缓刑和假释矫正官仍可以改变犯罪者行为吗? 来自加拿大(Bonta et al.,2008;Bourgon et al.,2010)、美国(Smith et al.,2012)和澳大利亚(Trotter,1996)培训机构的初步证据揭示了一些积极的结果。

尽管假设社区矫正比监禁更有利于罪犯的改造,但最近基于社区监管效力的实证证据挑战了这个假设。例如,邦塔和同事利用荟萃分析对社区监管效力文献进行了考察。1980 年到 2006 年间出版的 15 个研究揭示了26 个效力评估。这 15 个研究的平均追踪时期为 17 个月,平均效力大约为0,表明社区监管和再犯率之间没有统计学意义上的显著相关。

很不幸,尽管结合社区监管和"有效监管"文献的重要性已经被广泛认同,但几乎没有考察矫正官如何影响罪犯行为改变的研究。邦塔及其同仁最近做了一个有关的开创性研究(Bonta,2008,2010)。他们通过对 62 个缓刑矫正官和他们监管的服刑犯的录音采访发现,监管实践中遵从有效介入的一些基本原则的程度较低。对大部分服刑犯而言,缓刑矫正官在执行监管层面花费了太多的时间(即监视服刑人员遵从法庭矫正条件状况),而对于服务输送角色的监管则花费时间过少。主要的罪因性需要,比如反社会的态度和对犯罪的社会支持,基本被忽视,而且缓刑官几乎没采用太多的改变服刑犯行为的技能(如亲社会导向、区别性强化)。这个研究导致了已经在加拿大的一些地方得以实施的,战略性的培训机构的发展。目前有证据表明,受训过的矫正官有更高的监管案件保留率(即较少的技术违规、新逮捕或脱逃)。

　　在过去的十年中,一些研究通过在社区监管实践实施 RNR 和一些其他的研究为基础的方案,做过一些提高社区监管的效率的尝试(Bourgon et al.,2010;Robinson et al.,2012;Smith et al.,2012;Trotter,1996,2006)。特罗特(Trotter,1996)的研究也支持了社区监管中核心矫正实践的作用。他认为,"精确的角色定义,与服刑犯一起解决问题和落实被确定目标,同时进行建模和增强亲社会的价值"是综合实践模型的必要组成部分。他的研究也强调了委托人—工作者之间关系、案件计划、社区资源的使用以及训练家庭去支持行为的改变等的重要性(Trotter,1996)。

　　关于有效介入原则与最新的针对社区监管相结合的研究为辛辛那提大学的一个新的模型的发展提供了动力:社区监管的有效实践(EPICS)。这个模型综合了加拿大和澳大利亚的研究内容。EPICS 模型的目的是教授缓刑和假释官如何在社区监管实践中应用有效介入的原则(特别是核心矫正实践,包括关系技巧等)。EPICS 模型已经在印第安纳州和俄亥俄州得以测试,结果显示,受训过的矫正官比未受训过的矫正官使用有效技能的比率更高。

　　根据 EPICS 模型,缓刑官依据一个结构性的要求方式与服刑人员互动。具体地说,每一个培训方案包括四个组成部分:(1) 登记,在这一部分,矫正官需要确定服刑人员是否有任何危险或急切需要、与服刑人员建立密切关系并讨论遵从社区矫正要求的问题。(2)回顾,这一部分聚焦于先前培训中讨论过的技巧、应用这些技巧,并在使用这些技巧中去发现并解决问题。(3)介入,在这一部分,缓刑官需要识别还有哪些需求,及罪犯所经历的问题的趋势,教授相关技巧,解决有关问题性思维。(4)家庭作业和排练,当服刑犯被给一个机会去看缓刑官所讲到的模型时,他们就被给予机会去角色扮演,完成分配的家庭作业,并得到下一次家访前应该遵循的行动指南。

> **专栏 9 - 1　问题解决**
>
> 　　问题是某人为了有效地发挥作用而必须回应的一种特殊情境或者是一系列相关的情境。一个有问题的情境是,当此人遇到该情境时,没有有效的回应替代供选择。在 EPICS 模型的技巧中强调的是指导服刑犯如何解决问题,主要包括以下几步:
> 1. 停下来去思考和识别问题
> 2. 澄清目标
> 3. 生成替代的解决方案
> 4. 评估
> 5. 实施计划
> 6. 评估计划

> **专栏 9 - 2　社区监管有效实践的步骤**
>
> 第一步:登记
> 第二步:回顾反思
> 第三步:干预介入
> 第四步:排练和家庭作业

> **专栏 9 - 3　认知—行为的连接**
>
> 　　这是关于我们思考什么与如何表现之间的联系。比如,我们经常超速驾驶(行为)是因为我们的认知(例如,"我是个安全的司机""每个人都这样做""我只是超速了10英里""我赶时间")。

　　专栏 9 - 2 说明了 EPICS 的达成步骤。EPICS 模型旨在结合监视、转介和面对面互动并为服刑犯提供足够"剂量"的介入治疗,最优化的运用时间去发展一种合作性的工作关系。EPICS 模型帮助将 RNR 用于监管实践。缓刑官被指导为高风险的服刑犯增加足够的介入治疗,保持对罪因性需求的关注,尤其是思考—行为的连接,将社会学习,认知—行为模式运用到他们的互动中。EPIC 模型不是为了替代其他项目和服务,而旨在更充分利用缓刑官作为改变推动者的作用,结合个案工作和经纪业务的最好元素。对俄亥俄州和印第安纳州的研究已经表明,实施这一模型与再犯率下降有关,这样关系对高风险服刑犯和严格使用培训技能的矫正官尤为明显(Smith et al.,2012)。这一模型最新发展已将 EPICS 和个案管理、鼓励性访谈相结合。

六 契约服务

如前所述,最近的发展已经要求缓刑和假释官角色的改变。除监管层面的监管需求增长外,这个领域的其他改变已经转变为加强缓刑官和矫正官角色的社会服务层面。利用各种合同承包是这种发展的一个方面。

262

合同承包各种各样的委托人和管理活动是社区矫正独特的职责(Jensen,1987)。这些承包包括以下几点:

(1)住宅项目(包括中途之家、住宅软禁、赔偿中心和未成年人监管场所,比如群体或寄养之家)。

(2)为一般服刑群体及特殊服刑犯,如药物或酒精成瘾的罪犯服务的咨询和治疗项目。

(3)数据处理、登录、评估等行政服务。

(4)为犯罪的受害者提供的项目和危机介入。这些可能包括传统咨询服务以及为帮助受害者与刑事司法系统抗争以及为受害者办理赔偿金手续。

(5)从事私人的判决前调查及为罪犯提供替代性量刑的项目服务。

(6)纠纷解决、调解项目以及审前服务。

(7)检验,包括雇佣/教育到为酒精或其他药物滥用验尿等。

严厉的惩罚已将"新"的罪犯带入刑事司法系统,比如酒驾、虐待配偶以及未按时支付抚养费者。拥挤的看守所设施经常不能处理这些犯罪者的类别,而且不太可能在未来给这类人提供关押空间。结果,许多司法管辖区不得不将这类"特殊的"人群协约给私营机构监管。

协约可以成为提供服务的一种有效方式。例如,许多缓行和假释的机构与地方的中途之家为床位而缔约。这比建立并运营一个中途之家要节省得多。协约还给了机构在服务与预期不符或不再需要时终止合同的灵活性。

许多这样的项目表现出一种尝试——以一种非传统的方式去矫治一些罪犯,并给他们和社区提供紧密的联系。当用在一种特殊类型的委托人(比如精神混乱的罪犯或喝醉的司机)时,这种创新能帮助罪犯并解除大量的压在缓刑部门的案件重担。它们的使用也可以允许一个缓刑部门去以更有效的方式使用自己的资源。

七　与委托人签约

另一种类型的协约直接关注服刑人员和监管机构完整清楚地签署监管期间的每一个部分的义务和职责。就像安克施密特(Ankersmit, 1976)定义的那样,建立协约仅仅意味着与服刑人员就其监管期间实现的目标达成一致。采用这种协约的基本想法是用这种手段作为计划进程中的一个中心要点,特别 *263* 是在这个进程中包括缓刑犯。这个协约是监管矫正官和服刑者之间的。服刑人员可能同意去寻求雇佣,支付抚养费以及争取一个与高中文凭等同的教育学位。监管矫正官同意帮助服刑者实现他或她的目标,同时提供所需的帮助和支持。这种"协约"实际上是一种缓刑或假释条件的扩展,还可以在个案计划中成为一个有用的工具。尽管不知道有多少缓刑和假释机构使用与服刑犯的"行为"协约,斯科特(Scott)已提出这种协约的两大优点:

1. 缓刑犯在监管进程的开始就密切参与到监管计划中。结果是,量刑法官有了额外的有关监管计划和罪犯改造动力的信息。

2. 缓刑犯有清楚、具体的改造目标,包括提前解矫的可能性。另外,缓刑官也有了明确的、具体的监管目标,同时对如何实施监管计划有着更好的想法。希望是,协约项目将为缓刑管理提供一个更有效率的路径。

简而言之,协约似乎为建立一种体制提供了机会,这种体制加强并超出传统的、标准化的监管条件。这种协约能够为服刑人员和监管部门提供一些有益之处,还能引导有效的社区监管的管理。

八 监管计划

不管某个监管机构采用什么样的方式提供服务,成功监管的一个必需的要素是计划(Ellsworth,1988)。这个监管计划包括识别罪犯的需求和问题,识别社会资源的来源并为服刑人员提供安置,同时评估监管活动的有效性。如今在监管下的缓刑犯和假释犯与 20 年前那些被监管的已有所不同。不仅是我们看到的因解压监狱和看守所拥挤而假释的高危服刑犯,而且还有服刑群体的年龄增长(Burnett & Kitchen,1989;McCarthy & Langworthy,1987)。这些改变带来一个需求,即提高我们实际的监管任务计划。一个有效的监管计划需考虑评估过程中的 RNR 因素,并发展一个去针对或减少这些因素的计划或策略。一旦监管优先顺序建立,测量服刑犯进程的计量标准也随之发展。

表 9 - 2　监管问题:一个例子

监管问题
健康:这个罪犯有七年前的海洛因成瘾历史纪录,有两段先前为了支撑每天一百美元的爱好而贩卖毒品被定罪的记录。 家庭:最近与妻子及两个孩子分离,但是愿意重新和他们在一起。有一些虐待妻子的报道。 雇佣状况:无业——偶尔当建筑工人。 针对每一个监管问题,一个相对应的监督目标被建立。 监管目标:戒除药物成瘾,稳固夫妻间关系,帮助服刑者保持就业。

264

表 9 - 2 是一个来自 LSI 的案例计划发展的例子。这个表格表明了经过评估阶段后一个个案工作者如何识别问题的区域、目标以及针对风险因素的策略。这个例子也允许识别责任、时间框架、完成状态和优势。

在问题和目标被确定后,监督矫正官形成一个计划去现这些目标。计划选定的方法要基于如下考量,比如问题的性质、矫正官的能力和专长、有效社区资源的可用性、服刑者的态度以及确保服刑者参加的权威。

一个考虑完好的初始监管计划是监管活动的基础。这个计划不需要过长,但是应该详细说明监管矫正官将做出的行动,服刑犯的责任和社区资源的作用。

除发展监管或个案计划外,许多机构要求周期性的评估。这个评估应该包括一个对随着时间推移而出现的服刑犯监管问题的动态考察。该评估还应包括实现已立目的和目标的程度。最后,矫正官识别新问题并修正监管计划以适应现实情况。

不幸的是,监管计划在机构间各不相同,而且矫正官间常常也不相同;然而,不管进程或形式如何,监管计划的共同因素应包括:识别问题、选择目标、发展策略、实施策略,最后,评估整个进程的有效性。

九　志愿者的使用

265　社区矫正项目在重新回归社会的基础哲学指导下进行运作:为服刑犯提供合法机会和奖励,帮助他们回归社会。显而易见,不管现有资源多少,没有支持,矫正系统不可能实现这个重新融入目标。重新融入需要社区的帮助和支持。社区矫正机构的一个重要资源是志愿者的使用。如果使用恰当,这些志愿者可以为社区矫正机构提供有价值的服务。

志愿者当然不是一个新概念。约翰·霍华德(John Howard)协会、奥斯本(Osborne)协会以及其他的犯人协助社团已经提供志愿矫正服务许多年了。志愿者活动在18世纪20年代初就已经在美国发展了,当时一个叫减轻公共监狱苦难的费城协会开始监管被刑事机构释放的犯人活动。这个志愿服务稍后被一个波士顿鞋商约翰·奥古斯塔斯采纳,他一生中协助过2 000多名轻型罪犯。

志愿服务仍然存在并很适用于矫正。[①] 密歇根州罗亚尔奥克(Royal Oak)市法庭的基思·利恩浩特斯(Keith Leenhouts)法官在大概30年前复苏了这一概念,且仍是这种当今在一定程度上接受并继续发展的服务的一

---

① 美国矫正协会(American Correctional Association,1993)。也参见美国矫正协会(American Correctional Association,1987),以及塞林斯卡(Celinska,2000)。

个强劲推动者。除许多地方志愿服务项目存在之外，还有一些国际项目支持志愿服务，比如 VISTO（为犯罪者服务的志愿者协会），VIP（缓刑服务志愿者协会）以及赞助全国自愿服务协助组织的美国律师协会。尽管不知道准确的数量，但保守地说，有上千家的志愿服务组织服务了世界范围内多于 3 000 个的司法管辖区。

志愿者概念的支持者认为它是最有前途的创新领域之一，声称它能帮助减轻缓行和假释案件，并为罪犯康复和重新融入社会的目标做贡献（Greenberg，1988；Latessa et al.，1983）。卢卡斯县是有效使用志愿者的一个成功案例（位于俄亥俄州托莱多市）。这里，缓刑犯因其风险度被分类。所有的"低风险"缓刑犯被分配到一个缓刑矫正官，该矫正官在志愿者的帮助下监管超过 1 000 名服刑犯。

志愿者可以涵盖从实习学员到有时间贡献的老人。一些志愿者是有特殊技能或才艺可贡献的人，另一些志愿者贡献他们的时间和建议。

服务适用范围

志愿服务一般指市民在司法系统中贡献他们的才艺、智慧、技能、时间以及资源而不计经济报酬。志愿项目基于这个假设，即某些类型的罪犯可以从志愿者提供的服务得到帮助，而且这些服务可以花费最小的纳税钱并导致明显的开支节省。 *266*

通过利用志愿者的时间、才艺以及能力去提供服务协助，社区监管矫正官可以提供更广阔的服务。任何社区都有一些掌握不同的技能并通过志愿者项目提供有效服务的人。据全国法庭志愿者中心报道，志愿者在不同的司法管辖区扮演了 155 种不同的角色。沙伊尔（Scheier，1970）列出了一个超过 200 个潜在的志愿者服务清单，它们包括：

吸毒服务项目志愿者	登录志愿者
案件助理	新闻编辑
法庭的助理书记	判前调查员
诊断所志愿者	娱乐所志愿者

　　教育助理　　　　　　　　检查管理和记分员

　　寄养父母　　　　　　　　假期服务助理

　　资金募集　　　　　　　　志愿咨询者

　　除了直接服务,志愿者也可以提供一系列支持性服务(Lucas,1987)。志愿者经常从行政方面协助项目的运营。例如,一个全职的志愿者有相当一段时间管理密歇根州知名的罗亚尔奥克项目。在加利福尼亚州洛杉矶县的VISTO项目同样地使用志愿者去填补一些它的办事员需要的职位,比如采购日常用品、复印、回答招聘事宜、例行办公联系以及参加一些研究项目。此外,许多志愿者在咨询委员会服务。许多非营利组织,比如中途之家,依靠志愿者去为董事会服务。毫无疑问的是,志愿者可以为服刑人员提供更多的时间服务、增加注意力以及服务类型。然而,同样重要的是,一个机构不能过度依赖志愿者以致达到他们不去雇佣足够的专业矫正官和员工的程度。

十　小结

　　这一章主要讨论了缓刑和假释最重要的层面之一:对罪犯的监管。我们已经介绍了一些将服刑犯分配给缓刑官或假释官的模式。一些服刑犯被随意地分配,另一些服刑犯的分配基于地理或特殊的问题,其他一些服刑犯通过使用预测量表进行分类监管。

　　一旦分配完成,监管的哲理或方式通常集中于个案工作和经纪业务。个案工作遵循一个信条,即监管矫正官应是主要的改造代理人,因此"承担对所有人的全面负责"。经纪业务方式假设,矫治最好的地方是社区,缓刑和假释官的主要任务是安排和管理社区资源。尽管个案工作是常态,事实上大多数缓刑和假释官以及机构都使用个案工作和经纪业务两种模式。

267　　最近,一个新的服刑犯与缓刑官互动模型已经兴起,这种模式力图重构一种监管方式,即缓刑和假释官们通过关注罪因性需求、技能缺陷和思考与行为的关联帮助服刑犯改造。希望通过与有效介入的结合,降低再犯率。

　　最后,志愿者的使用并不是一个新概念。志愿者在社区矫正中扮演一个重要的角色,如果使用恰当,可以成为社区矫正机构的宝贵财富。

十一　问题回顾

1. 个案工作方式的假设和经纪业务方式的假设是什么？
2. 缓刑中个案工作的局限是什么？
3. 列举三种分配服刑犯的方式。
4. EPICS 模型中的四个步骤是什么？它与传统路径有什么不同？
5. 在缓刑中如何使用志愿者？

十二　推荐读物

Auerbach，B. J.，Castellano，T. C. （1998）. Successful community sanctions and services for special offenders. *Proceedings of the* 1994 *Conference of the International Community Corrections Association.* Lantham，MD：American Correctional Association.

十三　参考文献

American Correctional Association （1987）. *Standards for administration of correctional agencies.* Laurel，MD：ACA.

American Correctional Association （1993）. *Community partnerships in action.* Laurel，MD：ACA.

Ankersmit，E. （1976）. Setting the contract in probation. *Federal Probation* 41(2)，28 - 33.

Bonta，J.，Rugge，T.，Scott，T. L.，Bourgon，G.，Yessine，A. K. （2008）. Exploring the "Black Box" of supervision. *Journal of Offender Rehabilitation* 47(3)，248 - 270.

Bonta，J.，Bourgon，G.，Rugge，T.，Scott，T. Y.，Yessine，A. K.，Gutierrez，L.，Li，J. （2010）. *Corrections research report：User report on the strategic training initiative in community supervision：Risk-need-responsivity in the real world.* Toronto：Public Safety Canada.

Bourgon，G.，Bonta，J.，Rugge，T.，Scott，T. L.，Yessine，A. K. （2010）. Program design，implementation，and evaluation in "Real World" community supervision. *Federal Probation* 74(1)，1 - 10.

Bowers, S. (1950). The nature and definition of social casework. In: C. Kasius (ed.) *Principles and techniques in social casework.* New York: Family Services Association of America, pp. 126 - 139.

Burnett, C. , Kitchen, A. (1989). More than a case number: Older offenders on probation. *Journal of Offender Counseling , Services and Rehabilitation* 13, 149 - 160.

Camp, C. , Camp, G. (2003). *The corrections yearbook* 2003. South Salem, NY: The

Criminal Justice Institute.

Carter, R. , Wilkins, L. (1976). Caseloads: Some conceptual models. In: R. M. Carter, L. T. Wilkins (eds) *Probation, parole and community corrections.* New York: John Wiley and Sons, pp. 391 - 401.

Celinska, K. (2000). Volunteer involvement in ex-offenders' readjustment. *Journal of Offender Rehabilitation* 30(3/4), 99 - 116.

Cullen, F. T (1994). Social support as an organizing concept for criminology. *Justice Quarterly* 11, 527 - 560.

Dell'Apa, F. , Adams, W. , Jorgensen, J. , Sigurdson, H. (1976). Advocacy, brokerage, community: The ABCs of probation and parole. *Federal Probation* 40(4), 37 - 44.

Ellsworth, T. (1988). Case supervision planning: The forgotten component of intensive probation supervision. *Federal Probation* 52(4), 28 - 32.

Greenberg, N. (1988). The discovery program: A way to use volunteers in the treatment process. *Federal Probation* 52(4), 39 - 45.

Hardman, D. (1959). *Authority in casework : A bread-and-butter theory.* National Probation and Parole Association Journal 5, 249 - 255.

Harlow, C. (1999). *Prior abuse reported by inmates and probationers.* Washington, DC: Bureau of Justice Statistics.

Jensen, C. (1987). *Contracting for community corrections services.* Washington, DC: U. S. Department of Justice, National Institute of Corrections.

Latessa, E. , Travis, L. , Allen, H. (1983). Volunteers and paraprofessionals in parole: Current practices. *Journal of Offender Counseling Services and Rehabilitation* 8, 91 - 105.

Lucas, W. (1987). Perceptions of the volunteer role. *Journal of Offender Counseling , Services and Rehabilitation* 12, 141 - 146.

Macallair, D. (1993). Reaffirming rehabilitation in juvenile justice. *Youth and Society* 25, 104 - 125.

Macallair, D. (1994). Disposition case advocacy in San Francisco's juvenile justice system: A new approach to deinstitutionalization. *Crime & Delinquency* 40, 84 - 95.

Mangrum, C. (1975). *The professional practitioner in probation.* Springfield, IL: Charles C Thomas.

269

Maruschak, L. , Beck, A. (2001). *Medical problems of inmates*. Washington, DC: U. S. Bureau of Justice.

McCarthy, B. , Langworthy, R. (1987). Older offenders on probation and parole. *Journal of Offender Counseling, Services and Rehabilitation* 12, 7 - 25.

Meeker, B. (1948). Probation is casework. *Federal Probation* 12(2), 51 - 52.

Mumola, C. (1999). *Substance abuse and treatment, states and federal prisoners*, 1997. Washington, DC: U. S. Bureau of Justice Statistics.

National Advisory Commission on Criminal Justice Standards and Goals (1973). *Corrections*. Washington, DC: U. S. Government Printing Office.

Robinson, C. R. , Lowenkamp, C. T. , Holsinger, A. M. , Van Benschoten, S. W. , Alexander, M. , Oleson, J. C. (2012). A random study of Staff Training Aimed at Reducing Re-arrest (STARR): Using core correctional practices in probation interactions. *Journal of Crime and Justice* 35(2), 167 - 188.

Scheier, I. (1970). The professional and the volunteer: An emerging relationship. *Federal Probation* 34(2), 8 - 12.

Scott, K. , Wolfe, D. (2000). Change among batterers: Examining men's success stories. *Journal of Interpersonal Violence* 15(8), 827 - 842.

Sigler, R. , Williams, J. (1994). A study of the outcomes of probation officers and risk-screening instrument classifications. *Journal of Criminal Justice* 22, 495 - 502.

Smith, P. , Schweitzer, M. , Labrecque, R. M. , Latessa, E. J. (2012). Improving probation officers' supervision skills: An evaluation of the EPICS model. *Journal of Crime and Justice* 35(2), 189 - 199.

Studt, E. (1954). Casework in the correctional field. *Federal Probation* 17(3), 17 - 24.

Taxman, F. S. (2002). Supervision—exploring the dimensions of effectiveness. *Federal Probation* 66(2), 14 - 27.

Taxman, F. S. , Shepardson, E. , Byrne, J. (2004). *Tools of the trade: A guide to incorporating science into practice*. Maryland: National Institute of Corrections, Maryland Division of Probation and Parole.

Trecker, H. (1955). Social work principles in probation. *Federal Probation* 19(1), 8 - 9.

Trotter, C. (1996). The impact of different supervision practices in community corrections: Cause for optimism. *Australian and New Zealand Journal of Criminology* 29, 1 - 18.

Trotter, C. (2006). *Working with involuntary clients: A Guide to pratice*. London: Sage.

第十章　中间刑

关键词

军事化训练营（boot camp）

全球定位系统（glocal positioning system）

社区服务（community service）　　住宅软禁（home detention）

日报中心（day-reporting centers）　强化监管（intensive supervision）

转移（diversion）　　　　　　　　中间刑（intermediate sanctions）

电子监控（electronic monitoring）　网络扩张（net-widening）

增强（enhancement）　　　　　　　震慑性监禁（shock incarceration）

一　中间刑

如果不考虑中间刑罚的发展和应用，就不可能完成对当代缓刑问题的讨论。面对拥挤的监狱和看守所体系，刑事司法专业人员和决策者被迫寻求替代方式来处罚和控制罪犯。

一系列旨在矫治犯罪分子的中间刑惩罚措施已得以发展和实施。本章描述的中间惩罚包括电子监视、住宅软禁、社区服务、日报中心、强化监管、毒品法庭和军事化训练营(以下简称训练营)。这些中介干预的目的是提供监禁的替代机制。

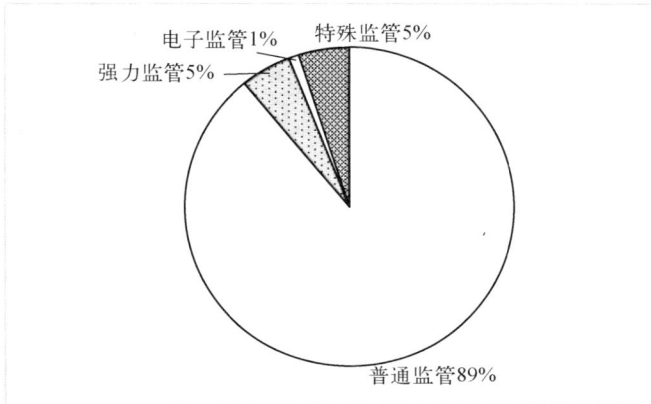

图 10 - 1　不同监管类型下的缓刑犯和假释犯

资料来源:Camp,C.,Camp,G.(2003). *The corrections yearbook adult corrections 2002*. Middletown,CT: The Criminal Justice Institute.

　　美国司法部(The U. S. Department of Justice,1990,p. 3)将中间刑惩罚定义为"介乎于传统缓刑和传统监禁连续链之间的惩罚选择"。中间刑惩罚主要是为了缓解监狱拥挤,①并满足公众对新的惩罚方案的要求。因此,政策制定者开始试验在社区惩罚、控制和改造罪犯的方案。图 10 - 1 显示了几种不同类型监管的百分比。超过 10% 的服刑犯接受非传统缓刑的监管。中间刑惩罚面临的两个主要问题是罪犯转移和公共安全。

专栏 10 - 1　中间刑

　　中间刑惩罚,从罚款到"训练营"的严重程度不等,其目的都是填补监狱和一般缓刑之间的量刑上的缺陷。长期的监禁可能不适合一些罪犯;对于其他一些罪犯来说,缓刑可能太无关痛痒而无法提供必要的监管以确保公共安全。通过扩大量刑选择,中间刑惩罚使得刑事司法系统能够更加恰当地处理犯罪和犯罪的性质。惩罚的适当范围使得该制度可以使罪犯严格对其行为负责。

资料来源:Gowdy(1993)。

---

① 布鲁姆斯坦认为,迄今为止,国家还未能要求追加监狱来摆脱监舍拥挤的危机(Blumstein,1995),参见 Garland(2001)。

二 中间刑的需求

由于监狱和看守所人数创下历史新高,大多数州已经承认,他们将无法摆脱危机。还应该指出的是,一个囚犯的全国年度监禁费用平均超过3万美元(Henrichson & Delaney,2012)。此外,超过76％的监禁机构达到或超过负荷,在不久的将来不可能有太多改善。因此,替代长期的监禁是必要的。

尽管监禁成本不断增加,替代性惩罚仍有必要获得公众、立法和司法支持(Finn,1991)。为了获得足够的支持,监禁的选择必须"被认为是合理安全的;通过社区控制、无薪劳动、偿还受害者来满足公众对惩罚的愿望,并通过提供治疗和就业技能为积极改造提供机会"(American Correctional Association,1990,p. 2)。

三 强化监管

试图达到上述标准的,最广泛使用的,基于社区的中间刑是强化监管。强化监管通常被视为监禁的替代方法。被判强化监管的违法者,应该是那些在没有严密监管的情况下就会被判处监禁的罪犯。但是,强化监管不是一个新的想法。以前的强化监管方案具有维护公共安全的共同目标,但与强化监管计划的"新一代"有很大的不同(Latessa,1986)。

早期版本的强化监管基于这样一种观点:增加服刑犯联系可以加强康复,同时获得更好的服刑犯控制。例如,20 世纪 50 年代加利福尼亚特别强化假释单位的试验和 20 世纪 60 年代的旧金山计划都是强化监管,但它们强调康复是主要目标。后来,由于仍以康复为主要目标,各种实验仍用于确定社区监管的"最佳"案件量,尽管找到这种想象的"最佳"案件量不可能(McCarthy,1987,p. 33)。这些实验的失败所产生的结果是引发了约 20 年的对社区监管方法的冷嘲热讽。

伯克哈特(Burkhart,1986)和皮尔逊(Pearson,1987)认为,今天的强化监管,既重视康复,也强调惩罚罪犯、控制罪犯。此外,当前的强化监管方案旨在达到缓解监狱过度拥挤负担的首要目标。

273

专栏 10－2　强化监管的类型

　　强化监管计划通常分为监狱转移、强化的缓刑和强化的假释。每种类型都有一个不同的目标。

　　转移通常被称为"前门"计划,因为其目的是限制犯罪者进入监狱的数量。监狱转移方案通常确定即将进入监狱的低风险犯人参加社区中的一项强化监管,以作为监禁刑的替代。

　　加强计划通常选择已被判刑的缓刑犯和假释者,并在社区中接受更严密的监管,而不是一般性的缓刑或假释。被置于强化缓刑或强化假释计划的罪犯是那些已有常规监管失败证据的罪犯,也可能是那些犯有严重的违法行为而不适于一般监管或大数量监管的罪犯。

　　强化监管方案中的治疗和服务包括戒毒咨询、就业、社区服务和赔付。在这些众多的措施中,强化监管的服刑犯的参与多于被监控。此类项目的参与有利于减少再犯。

资料来源:Petersilia and Turner(1993)。

图 10－2 显示了强化监管最初的实验与"新一代"计划之间的目标差异。早期的模型在较小的监管案件量和提供更多的联系和服务方面是成功的;然而,再犯的减少从来没有实现。同样,最近的方案减少了监管案件数量,大大增加了控制和监管,但对监狱人数没有直接的影响。①

早期的强化监管模式:
较少的案例──→更多的联系──→改善治疗和服务──→减少再犯
新生代强化监管模式:
较少的案例──→更多的联系──→更多的监控──→减少监狱人数

图 10－2　强化监管模式

　　今天,没有两个司法管辖区以完全相同的方式界定强化监管。然而,所有强化监管方案的特点之一是,它们提供了非常严格的缓刑要求。琼斯(Jones,1991,p. 1)指出:"它们的共同特点是对罪犯施加的控制比在该司法管辖区的一般缓刑更为严格,而且这些额外的控制机制往往涉及限制行动自由、强制治疗计划、就业义务,或三者兼而有之。"这种强化的控制程度常

---

① 并不是所有的新强化监管项目都放弃了中间刑。参见《Clear and Latessa》(1993)。美国缓刑和假释协会正在与几个州合作,将他们的强化监督程序从一个控制/监视导向转化成更专注治疗方法(www. appa-net. org)

274 常是通过减少监管案件数量,增加联系数量,以及为参与罪犯开展的一系列必要活动来实现的,这些活动可以包括受害者赔偿、社区服务、就业、药物滥用随机测试、电子监测和支付缓刑监管费等。

强化监管方案在每月的联系数量和联系类型、监管数量、监视类型和提供的服务等方面都有所不同。此外,根据是否有经过专门培训的工作人员或一般缓刑工作人员,以及是否采用矫正官"团队"方式,强化监管方案也不尽相同。

伯恩(Byrne,1986)对美国使用强化监管进行的调查发现,"要求的直接接触个人的次数,从每月两次到每周七次不等。有些方案没有规定宵禁检查,而其他方案则指定每周进行三次宵禁检查"(Pearson,1987,p. 15)。理想的情况是,每个工作人员的监管数量减少到 15 人左右。然而,大多数工作人员的监管数量近 25 个。罪犯进入强化监管方案可能源于判刑法官、假释委员会、监狱释放委员会或缓刑机构的决定。

表 10-1 显示了所选取的部分强化监管方案的差异。监管对象的类型、每个月的联系次数,以及再犯率在不同的项目中都有很大的不同。

许多强化监管方案显示,与被判处其他惩罚的罪犯相比,服强化监管刑的犯人的技术违规行为有所增加,但新的犯罪率没有显著增加(Erwin,1987;Petersilia & Turner,1993;Wagner & Baird,1993)。然而,大多数评估表明,仅仅增加联系本身并不能在整体再犯率方面起作用。在俄亥俄州的强化监管方案的研究中,拉塔斯及其同事们(Latessa et al. ,1997)发现,在其他形式的矫正监管下,强化监管的服刑犯比其他监管形式的服刑犯有更低的被捕可能性。然而,他们更有可能被监禁。研究人员把这个较高的失败率归因于缓刑违规行为的撤销。拉塔斯和他的同事还得出结论说,俄亥俄州的强化监管与监禁相比节省了州的开支。

按照目前的设计,许多强化监管无法大幅减少累犯,或缓解监狱过度拥挤的情况。然而,较高的治疗方案参与率和较低的失败率之间似乎存在相关性(John & Stipak,1992;Paparozzi,n. d. ;Pearson,1987;Petersilia & Turner,1993)。这是强化监管面临的许多重要考量之一。在一篇总结强化监管方案的文章中,富尔顿等人(Fulton et al. ,1997,p. 72)得出以下结论:

■强化监督方案未能缓解监狱拥挤。 *278*

■大多数强化监管方案的研究发现,强化监管服刑犯的再犯率与对比组的再犯率没有显著差异。

■似乎存在较高治疗和就业计划参与率与较低的累犯率之间的关系。

■强化监管计划似乎比常规监管或监狱监管更能有效地满足罪犯的需求。

■反映某些有效干预原则的强化监管计划与较低的再犯率有关。

■强化监管计划提供中间刑惩罚。

■虽然强化监管比监狱监禁便宜,但比原先想象的要贵。

表 10-1 强化监管的缓刑/假释 *275*

作者和年份	地址	样本	控制组	联系次数或时间	再犯率
乔琳、斯蒂帕克(Jolin & Stipak, 1991)	俄勒冈	样本＝70 名吸毒者	100 名电子监控者 100 名工作释放犯 根据风险匹配的分层随机样本	每周做 5 次咨询和 3 次自我疗法,再加上宵禁和电子监控	强化监管47% 电子监管32% 工作释放型监管 33%
欧文(Erwin, 1987)	乔治亚州	样本＝200 名强化监管方案中随机抽取的犯人	样本＝200 名缓刑犯 样本＝97 监狱释放犯 匹配的样本	强化监管:每周 5 次	强化监管40% 缓刑35.5% 监狱释放犯 57.8%
皮尔逊(Pearson, 1987)	新泽西	样本＝554 假释犯	样本＝510	每个月 20 次	强化监管24.7% 控制组 34.6%
伯恩、凯利(Byrne & Kelly, 1989)	马萨诸塞州	样本＝227 高危缓刑犯	样本＝834 名适于强化监管的罪犯,所有受监管者中抽取 35% 的随机抽样(样本＝2543)	强化监管:10 个月 一般缓刑:2 个月	强化监管56.6% 一般缓刑60.9%

续表

作者和年份	地址	样本	控制组	联系次数或时间	再犯率
拉塔斯(Latessa，1993)	俄亥俄州	在专门化强化监管的所有罪犯酗酒=140吸毒=121性犯罪=64精神疾病=76	样本=424名随机抽取的一般缓刑犯	酗酒和吸毒治疗:6个月性瘾治疗和精神治疗:4.5月的对比组:1个月	酗酒42%吸毒59%性犯罪22%精神病犯罪27%一般缓刑46%
拉塔斯(Latessa，1992a)	俄亥俄州	样本=82名随机抽取的强化监管犯	样本=101从普通缓刑犯中随机抽取的犯人	强化监管:7.5个月一般缓刑:2.2月	强化监管28%一般缓刑21%
拉塔斯(Latessa，1993b)	俄亥俄州	样本=3171名强化监管犯样本=502高危强化监管犯	样本=424名从普通缓刑犯中随机抽取的犯人	强化监管:4个月高危监管:3个月一般缓刑:2个月	强化监管35%高危监管43%一般缓刑34%
法伦等(Fallen et al.，1981)	华盛顿	样本=289低危假释犯	样本=102名匹配的假释犯	4个月	强化监管:32.9%控制组:46.9%
皮特尔斯连、特纳(Petersilia & Turner，1993)	孔特拉科斯塔	样本=170	随机抽取的监狱里的、假释的、缓刑的罪犯	每个月12次	强化监管:29%控制组:27%
皮特尔斯连、特纳(Petersilia & Turner，1993)	洛杉矶	样本=152	随机抽取的监狱里的、假释的、缓刑的罪犯	每个月24次	强化监管:32%控制组:30%

276

续表

作者和年份	地址	样本	控制组	联系次数或时间	再犯率
皮特尔斯连、特纳(Petersilia &. Turner, 1993)	西雅图	样本=173	随机抽取的监狱里的、假释的、缓刑的罪犯	每个月 12 次	强化监管:46% 控制组:36%
皮特尔斯连、特纳(Petersilia &. Turner, 1993)	文图拉	样本=166	随机抽取的监狱里的、假释的、缓刑的罪犯	每个月 24 次	强化监管:32% 控制组:53%
皮特尔斯连、特纳(Petersilia 和 Turner, 1993)	亚特兰大	样本=50	随机抽取的监狱里的、假释的、缓刑的罪犯	每个月 20 次	强化监管:12% 控制组:4%
皮特尔斯连、特纳(Petersilia &. Turner, 1993)	梅肯	样本=50	随机抽取的监狱里的、假释的、缓刑的罪犯	每个月 20 次	强化监管:42% 控制组:38%
皮特尔斯连、特纳(Petersilia &. Turner, 1993)	圣达菲	样本=58	随机抽取的监狱里的、假释的、缓刑的罪犯	每个月 20 次	强化监管:48% 控制组:28%
皮特尔斯连、特纳(Petersilia &. Turner, 1993)	达拉斯	样本 = 221 名假释犯	随机抽取的监狱里的、假释的、缓刑的罪犯	每个月 16 次	强化监管:39% 控制组:30%

作者 和年份	地址	样本	控制组	联系次数 或时间	再犯率
皮特尔 斯连、特纳 (Petersilia D & Turner, 1993)	休斯顿	样本＝458 名假释犯	随机抽取的监 狱里的、假释 的、缓刑的罪犯	每个月10次	强化监管:44% 控制组:40%
拉塔斯 等(Latessa et al., 1998)	洛瓦和 东北部 的州	样本＝401	从城市和乡村 随机抽取的假 释和缓刑犯	多样化	强化监管:39% 控制组:40%
罗宾逊等 (Robertson et al., 2001)	密西西 比州	样本＝153	来自强化缓刑、 普通缓刑,或咨 询和认知—行 为理疗的服 刑犯	12个月	接受认知—行 为理疗的受试 者的收益—成 本比率几乎是 强化监管和普 通监控的两倍

资料来源：Compiled by authors.

强化监管中的问题

作为加强对社区服刑犯的控制(从而降低风险)的一种技术,强化监管已经广泛流行。[1] 到1990年为止,所有的州,加上联邦,都有一些强化监管程序。这种广泛的接受为各州提供了所需的量刑方案,以便罪犯对其罪行负责,同时维护公共安全。强化监管的普及已经引起了很多研究,从而引发了一些问题。

目前的问题主要围绕强化监管的有效性展开。然而,有效的衡量标准取决于每个计划所规定的既定目标和目的。[2] 例如,以治疗为导向的计划的目标与强调罪犯惩罚和控制的计划的目标不同。但是,有必要指出两个最近引起了一些问题的强化监管方案的重要主题。首先,"强化缓刑监管是

---

[1] Byrne 和 Taxman(1994)。另见卡伦(Cullen)等人(1996)。
[2] Fulton 等人(1994)。另见 Cullen 和 Gendreau(2001)。

希望将罪犯从监禁中转移出来以缓解监狱过度拥挤,①避免建造和维持监狱的昂贵费用并防止监禁的愚钝化和污名化的影响"(Byrne et al.,1989,p. 10)。其次,强化缓刑监管旨在通过监控策略促进公共安全,同时通过缓刑费、赔偿和社区服务活动来提高服刑人员的责任感(Byrne et al.,1989)。这些目标导致了一些有关通过强化监管方案减少再犯,降低监狱拥挤及确保公共安全的能力的思考。

在关于强化监管方案的一项研究中,洛温坎普及其同事(Lowenkamp et al.,2010)考察了强化监管方案的理念和它的累犯率。他们发现,"威慑"或"控制导向"的强化监管项目实际上增加了累犯率,而面向服务的项目则减少了累犯率。这些结果如图 10-3 所示。

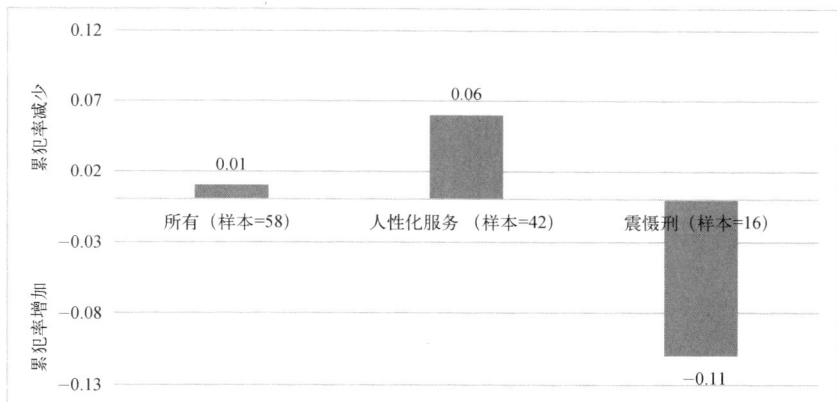

图 10-3　不同哲学理念视角下的强化监管方案中累犯的平均变化

资料来源: Lowenkamp, C., Flores, A., Holsinger, A., Makarios, M., Latessa, E. (2010). Intensive supervision programs: Does program philosophy and the principles of effective intervention matter? *Journal of Criminal Justice* 38, 368-375.

关于控制与治疗的争论已经持续多年了。近年来,美国缓刑和假释协会发起一项运动,目的是发展更为均衡的强化监管(Fulton et al.,1994,1996)。这种方法继续支持严格的监管条件和实践,但前提是服务类型更多

---

① 例如,Whitehead 等人发现(1995),田纳西州的严苛缓刑导致了罪犯分流和网络扩张。他们认为,如果认为分流是严苛缓刑的唯一目标,那么这可能是被误导了。参见 Whitehead 等人(1995)。另见 Bonta 等(2000)。

且治疗环境质量更高。事实上,如果强化监管方案要履行其初衷,就必须开发一种新的模式。

四 日报中心

与其他许多中间刑不同的是,施行日报告的时期较短。在英国,日报中心被使用得早一些,美国的首例日报项目于 1986 年在马萨诸塞州创立(McDevitt,1988)。实行这个计划是为了提前释放囚犯,并让他们早日进入假释或那些接近假释或刑满释放的罪犯转移到看守所。该项目的参与者被要求每天向中心报告(因此得名"day reporting"),为第二天的活动准备一份日程安排,并在一天内通过电话向中心报告(Larivee,1990)。到 1992 年,马萨诸塞州有 6 个日报中心,平均每天有 30 到 100 多名罪犯参与日报项目。

帕伦特(Parent,1990 年)报告,到 20 世纪 80 年代后期,有 6 个州的日报项目开始运作,还有更多的州正在考虑这个选择。这些项目的特点和他们接收的服刑人员的差异很大。麦克德维特和米利安(McDevitt & Miliano,1992,P. 153)指出,"尽管所有的中心都有类似的元素,比如与服刑人员经常性的联系、业已模式化的日程安排和药物测试,但是不同的日报中心的操作是非常不同的。因此,很难明确定义日报中心是什么;每个中心都是独一无二的特征"。

> **专栏 10 - 3 日报中心**
>
> 在审前释放、缓刑或假释的人必须经常出现在日报中心,以便参加中心或其他社区机构组织的服务或活动。如果没有报告或参与,可能会导致撤销有条件的释放或社区监管。
>
> 报告指出,这些项目的罪犯不仅必须每天向他们的中心报告,还必须提供计划活动的时间表,并参加指定的活动。此外,服刑人员必须全天打电话给中心;在白天和家里的宵禁检查之后,中心的工作人员还可能进行随机的电话检查。在一些项目中,罪犯必须每周与他们各自的中心联系 60 次,以及随机的药物测试。
>
> 资料来源:Gowdy(1993)。

在描述马萨诸塞州的日报中心的发展时,拉维(Larivee,1990)指出,这些中心是为了将罪犯从当地监狱中分离出来而设立的。服刑犯住在家里,但每天必须到中心报告 1 次,并且每天与中心联系 4 次。到 1990 年,有 7

个中心服务于 8 个县和州矫正局。对马萨诸塞州的日报中心的评估报告显示,超过 2/3 的服刑犯成功完成了项目,只有 2％ 的人因犯新罪或脱逃而被送回监狱或看守所(Curtin,1990)。早前对 Hampden 县中心(第一个创立)的评估报告显示,超过 80％ 的人成功完成了该项目,只有 1％ 的人在项目中因新犯罪而被捕。拉维(Larivee)在马萨诸塞州的日报中心的总结中这样写道,"日报中心的每个服刑犯都可能被监禁;此外,服刑犯在中心被监管的时间比他们可能在看守所将被押的时间更短……仅有 4％ 的服刑犯因为新的犯罪或逃跑而被逮捕,无人犯暴力罪"。

帕伦特(Parent,1990)报告了对 1989 年运作的 14 个日报中心的评估。其中只有三个中心是由公共机构运营的,其余的 11 个由私人、非盈利组织管理。这些中心可收纳受矫人员限额从 10 人到 150 人不等,其中大多数能够容纳 50 人或 50 人以下。对这些中心的一项调查显示,项目的完成率在不同中心和不同类型的服刑犯之间差别很大。缓刑和假释违规罪犯和那些曾被自由裁量拒绝过的假释犯约有 1/3 或更少的成功完成率,然而,那些参与监狱工作假释计划或从看守所转出的罪犯的完成率超过 2/3(Parent,1990)。该调查报告还说,当时中心的费用从每天不足 8 美元到每天 50 余美元不等,每天平均耗费 15 美元。

281

1993 年,帕伦特等人(Parent et al. ,1995)重复了这项调查,这一次他们接洽了 22 个州在营的 114 个日报中心。其中 54 个中心做出了回复。据大多数回复的中心表示,它们都在 1991 年之后创立。大多数中心仍由私人的非盈利组织运营,在服务、项目方案和报告要求等方面仍然有很大的不同。然而,较新的中心比建立较长时间的中心更有可能是由公共机构运营的。

当被要求确定他们的日报中心的目的时,调查对象指出了 4 个。受访者称,最重要的目的是为罪犯提供服务。其次是降低监狱与看守所拥挤程度。除此之外的目的还包括,为该项目提供政治支持和提供监管/公共安全。

这项调查揭示了日报中心在组织、可容纳服刑人员数、运行成本和成功性之间的巨大差异。大多数中心是由隶属于法院的地方机构管理的。较新的日报中心可能会为入狱前的罪犯提供服务,而较老的中心主要是监管从监禁中释放出来的罪犯。日报中心的被监管人员包括预审释放人员、从监狱转移的罪犯、缓刑和假释的违规者,以及新释放的监狱和看守所犯人。正如帕伦特和其同事所观察到的(Parent et al. ,1995,p. 22),"所有此类项目的平均负终止率(negative termination rate)为 50%,分布范围从 14% 到 86% 不等"。他们发现,日报中心的特征与较高的负终止率相关。该调查并没有提供任何关于中心服刑人员重新遭捕率的信息。"负终止"指的是违反矫正规则而离开社区矫正的服刑犯,其中包括犯新罪的犯人。

由私人机构运营的中心比公共机构运营的中心更有可能出现高的负终止率。那些提供更多服务的中心和使用宵禁的中心有较高的负终止率。最后,违反中心规则的政策制定情况与负终止率有关。正如预期的那样,那些政策更加严格的中心和替代方案较少的中心的负终止率可能更高。也可能是日报中心被监管人员的变化,包括各种罪犯的类型,以及对这些罪犯的期望和条件的增加(药物测试、强制治疗出席、社区服务、宵禁等)等,增加了项目失败的可能性。最后一个与较高的负终止率相关的是一线员工流动率。有较高员工流失率的项目也有较高的负终止率。然而如帕伦特等人所述(Parent et al. ,1995,p. 22),"不清楚哪一个特征会影响另一个"。

专栏 10 - 4 社区服务

社区服务要求罪犯完成一些帮助社区的任务。它被认为是一种用劳动而非金钱补偿的形式。普通的工作包括清洁社区、在养老院工作、粉刷学校、为老人做各种杂务。社区服务本身可以包含刑罚或就是一种刑罚,它也可以包含其他的惩罚,比如缓刑。

日报中心为服刑者提供了各种各样的服务。大多数中心提供工作技能、药物滥用教育、群体和个人咨询、就业安置、教育、生活技能培训和药物治疗。大多数服务都是在家里提供的,但通常情况下,药物治疗是由非日报中心的机构施行的。在调查中发现的一种趋势是,更新的公共项目倾向于将社会服务项目与日报中心相结合。最常见的家庭项目(在超过 3/4 的中心提供的)是求职技巧、群体咨询和生活技能培训。

这些服务的费用通常由日报中心支付。对于一些项目,其他机构支付诸如药物治疗、过渡性住房、教育和就业安置援助等服务的费用。被监管人员很少被要求支付服务费用。服务费用从每人每天 10 美元到 100 美元以上不等,平均每人每天的费用略高于 35 美元。公营中心的日常运营成本普遍较低,而且随着监视/监管要求的趋严,成本也随之增加。日报中心的费用超过了强化缓刑监管,但低于居住矫治或监禁。

专栏 10‑5　塔尔伯特(Talbert)日报中心

塔尔伯特股份有限机构是一家私营的非盈利性组织,负责管理俄亥俄州辛辛那提市的一个日报中心。该项目始于 1994 年。该项目的目的是为面临撤销缓刑的犯人提供一种替代性处置,该处置结合高强度监管和服务。该项目的理念强调监控和遵守缓刑监管要求。该项目有七个特点或组成部分:

1. 每周每日报告。
2. 日常行程的制定和监控。
3. 电子监控。
4. 定期随机尿检。
5. 呼吸测试。
6. 密切监测收入,确保法院要求的支付。
7. 通过汉密尔顿(Hamilton)县缓刑部门开展社区服务工作。

该项目有三名员工,包括两名个案工作人员和一名管理者。每日报告被要求作为所有转移犯的缓刑条件。该计划将那些有滥用药物历史的人、重复暴力犯罪或攻击性行为的人、对未成年人实施性犯罪的人、有组织犯罪的同伙,或者被判定纵火罪的人排除在外,此外,被监管者在被中心接受前必须同意接受矫治。转移到中心的被监管者有风险/需求评估。他们必须每周向中心报告七天,按要求提供尿液和呼吸测试,而且,如果失业,就必须参加找工作的活动。被监管者每天下午与中心工作人员会面,参加项目活动至下午五点,之后他们结束回家或去其他治疗活动。根据司法规定,被监管者在日报项目呆一至六个月。该项目目前每天服务约十名罪犯。中心提供居家治疗,包括由适当的持牌/注册员工进行个人和群体咨询。其他服务包括化学依赖、病例管理、匿名戒酒互助会和匿名戒毒、生活技能教育、艾滋病毒教育、预算和营养。罪犯可享受的其他服务包括教育、养育子女、财务管理、社区服务、心理健康服务和休闲。
项目的目标如下:

1. 为缓刑犯提供社区服刑选择。
2. 识别可能导致犯罪的罪犯所面临的问题。
3. 提供现场或社区转诊来治疗这些问题。
4. 通过强化监管、追责和惩罚,为公共安全提供保障。

283

不幸的是,没有很多关于日报中心的实证研究。拉塔斯和他的同事(Latessa et al.,1998)研究了俄亥俄州的五个试点日报中心。他们将日报中心的罪犯与被判了常规缓刑、接受强化监管和从监狱里释放出来的罪犯进行了比较。图 10‑4 和 10‑5 展示了各类矫治项目的再逮捕和监禁率。每日报告组的再捕率略高于其他组。以监禁率为标准,日报中心的罪犯表

现略好于在强化监管下的罪犯,但比普通缓刑犯更糟糕,和监狱释放的罪犯类似。值得注意的是,作者们还发现,在这项研究中,五所日报中心提供的矫治质量被认为是糟糕的。

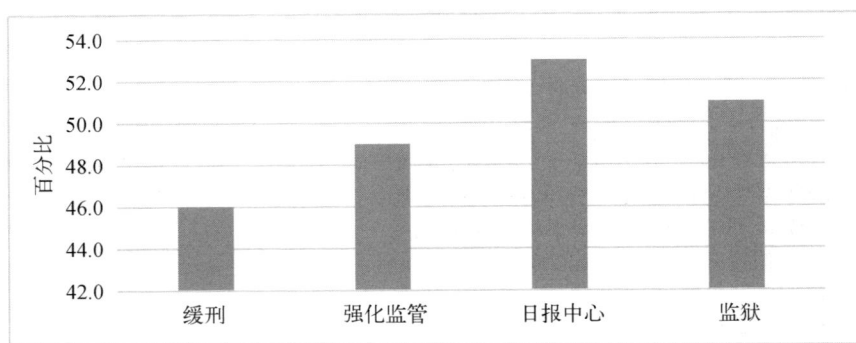

图 10 - 4　俄亥俄日报中心研究:再捕率

资料来源:Latessa, E., Travis, L., Holsinger, A., Hartman, J. (1998). *Evaluation of Ohio's pilot day reporting program final report*. Cincinnati, OH: Divisionof Criminal Justice, University of Cincinnati。

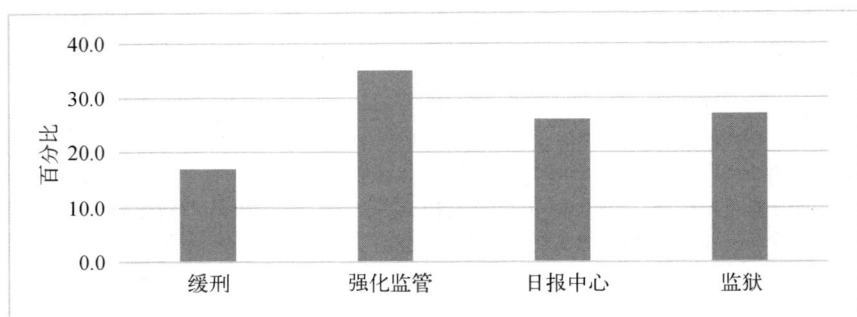

图 10 - 5　俄亥俄州日报中心研究:监禁率

资料来源:Latessa, E., Travis, L., Holsinger, A., Hartman, J. (1998). *Evaluation of Ohio's pilot day reporting program final report*. Cincinnati, OH: Division of Criminal Justice, University of Cincinnati。

五　住宅监控

通常与政治控制和法西斯镇压的形象相关联的住宅软禁,在这个国家是法院下令的住宅监控(home detention),将罪犯监禁在他们的家中服刑

（Meecham，1986）。1984 年在佛罗里达州推出的住宅监控在全国范围内迅速蔓延，它是监禁的惩罚性、安全和监控的替代方案（Maxfield 和 Baumer，1990）。这种刑通常与缓刑结合，但也可能是由法院裁定的一个单独的惩罚（如在佛罗里达州）。佛罗里达州的社区控制计划（FCCP）旨在提供安全的 _285_ 替代方案，并帮助解决监狱人口膨胀和相关的高成本问题（Flynn，1986）。

　　参与者可能需要赔偿受害者，进行社区工作服务、支付缓刑费、进行酒精或其他药物测试，并在某些情况下，佩戴电子监测设备，以核实他们确实在住所内。（在某些司法管辖区，住宅监控是在审前的基础上，[1]作为一种单独的刑罚，或与缓刑或假释一并使用，具有一种如教育或工作离监的释前状态。）住宅监控只允许罪犯在法院或是监管官批准的情况下，为了特定目的离开住所一段时间，没有批准的离开是违背社区矫正规定的，可能会导致再次被收监（Government Accounting Office，1990）。

　　住宅监控是一种惩罚性的刑罚，在大多数情况下是为了缓解监狱过度拥挤而设计的。对许多罪犯来说，这是他们逃避监狱的"最后机会"。除对罪犯进行监管之外，住宅监控被视为一种成本规避计划，是监狱过度拥挤的"前端"解决办法，也是某些罪犯（例如直到分娩期间怀孕的罪犯）的灵活替代办法。稍后讨论的"电子监测"的使用，可以显著增强对罪犯的矫正监管。

　　反对住宅监控的最重要的批评性论据[2]是，由于采用这种非监禁的控制机制，许多犯轻罪而最适合转移、罚款或为其提供精神卫生服务的罪犯被判处这类矫正。一般来说，这种包容性增强的行为被视为"网络扩张"（net-widening），即那些可能会被判更轻的刑罚或甚至不被判刑的罪犯被判处社区矫正。

　　全国犯罪委员会对佛罗里达州的社区控制计划进行了评估，得出的结论是该计划对监狱拥挤状况，罪犯行为和州矫正成本都有积极影响。尽管有因网络扩张及近 10％的佛罗里达州的社区控制计划参与者因违规而受到惩罚的影响，但由于 54％的监狱转移率，社区控制还是经济有效的。此

---

① Goldkamp（1993）对这些问题进行了讨论。另见罗森（1993）；McCann 和 Weber（1993）。
② 特别参见 Rackmill（1994）。Stanz 和 Tewksbury（2000）提出了一个经验分析。

外,社区控制项目参与者的新犯罪率要低于那些被判入狱后再被释放的无监控罪犯。从监狱中每转移出来 100 个服刑犯,佛罗里达州就节省了 25 万多美元(Wagner & Baird,1993)。

　　住宅监控是多年来被广泛应用于未成年犯的一种选择,他们通常被还押给父母看管。它也用于非暴力的成年罪犯,如前所述,这种矫正经常与电子监测一起使用。

电子监控

　　住宅监控作为一种刑事处罚有着悠久的历史,但它在矫正部门的普及是由于电子监控的出现,这是一种使惩罚既实用又负担得起的技术手段(见图 10-6)。

286

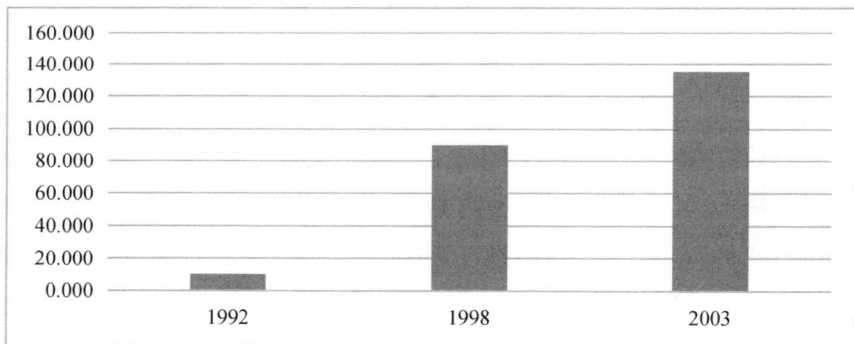

图 10-6　电子监控使用量

　　资料来源:National Law Enforcement and Corrections Technology Center (1999). *Keeping track of electronic monitoring*, Washington. DC:NLECTC. Data for 2003 estimated.

　　电子监控的概念并不是新概念,1964 年施维特贝尔和他的同事提出了"电子假释",最初用于监测精神病人的位置。[1] 第一次在住宅监控中使用电子监控的研究始于 1986 年,到 1992 年初,至少有 4 万个电子监视器在使用(Gowdy,1993)。逮捕后的司法系统流程中对电子监控的使用随处可见(见图 10-7)。

------

[1] Schwitzgebel 等人(1964)。另见 Gable(1986)和 Lilly 等人(1986)。

| 逮捕 | → | 初步提审 | → | 审前羁押 | → | 审判/量刑 | → | 监禁 | → | 假释释放 |

	释放到电子监控	转移到带有电子监控的社区住宅矫正。	直接判到电子监控	前端电子监测替代刑	电子监控作为假释条件
			电子监控作为缓刑条件	释前中心的电子监控	电子监控作为因违反假释条件而返回中途之家的条件
			电子监控作为因违反缓刑条件而返回中途之家的条件	后端电子监控的替代刑	

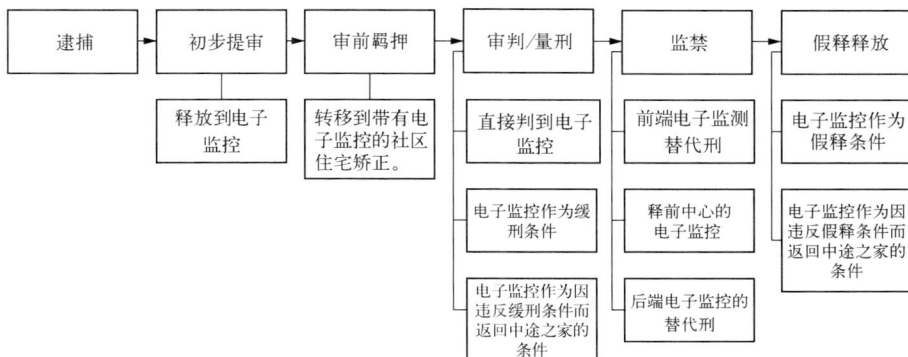

图 10 - 7　使用电子监控的关键决策点

资料来源：Bureau of Justice Assistance（1989）. *Electronic monitoring in intensive probation and parole programs*. Washington, DC：U. S. Department of Justice。

根据司法援助局（Bureau of Justice Assistance，1989，p. 3）的规定，电子监测的目的是：

（1）根据具体的项目标准为违法者提供经济有效的社区监管手段。

（2）根据罪行的严重性给予适当的惩罚。

（3）通过提供违法者的危险程度和需求所显示的监管和风险控制策略来促进公共安全。

（4）增加立法、司法的信心，下放当局在强化监禁设计中的权力，以此作为可行的判决选择。

电子监控可以是主动或被动的。在主动监控中，罪犯被要求待在家的时间内，连接在他们手腕或脚踝的发射器通过家庭电话将信号发送到监管办公室。在被动监测下，在指定的住宅监禁的时间里，一个计算机程序被用来随机呼叫罪犯。罪犯将腕带或脚镯插入验证器以确认其在住所中。在被动或主动系统中，再犯情况似乎没有任何区别。只有三分之一的住宅监控的犯人佩戴监控设备（Petersilia，1987）。

全国调查表明，电子监控最初（1987 年）是用于被判缓刑的财产犯，但时至今日，它的监控范围更广了（1989 年）。监控已经扩大到不仅包括缓刑犯,还包括监禁后的犯人,用以控制社区矫正对象、监控审判或判决前的犯罪嫌疑人。

专栏 10-6 佛罗里达州全球定位系统监控

1997年,全球定位系统技术在佛罗里达州开始实施,它利用全球定位卫星"实时"追踪罪犯的位置。使用电子监控系统进行监控的犯人必须佩戴脚踝镯,这些镯子始终与犯罪分子随身携带的大型设备进行通信,称为监控跟踪设备。监控跟踪设备与卫星通信,通过手机向监控中心发送信号。监控跟踪设备有一个液晶显示屏,向监管人员显示信息。监管人员可以在电脑屏幕上追踪罪犯的确切位置,以确定他们是否违反了监管条件,进入了禁区。目前,在佛罗里达州有超过14 300名罪犯使用电子监控,包括缓刑、社区控制和监禁释放后的罪犯。其中,约有2 200人在佩戴更先进的定位跟踪系统设备。

数据来源:Bales et al.(2010)。

---

²⁸⁸ 1989年一项关于电子监控的调查发现:

(1)大多数使用电子监控的司法管辖区对一些罪犯进行了毒品测试,而且很多司法管辖区都进行了例行的测试。一些管辖区收取测试费用;66%以上的犯罪分子至少支付了租赁监控设备的部分费用。

(2)1989年的平均监控期限是79天,监控时间越长,成功的概率就越高。监控终止的概率不因犯罪类型而异,一个例外是,犯下重大交通违法行为的人有较少的技术违规和新犯罪。

(3)在缓刑犯、假释犯或社区矫正犯方面,最后的成功终止率没有显著差异。最终成功终止率一般在74%至86%之间(佛罗里达州西棕榈滩1992年成功终止率为97%)。

(4)违反规定的行为导致再监禁,住宅矫正机构的短暂监禁、更密集地向中心报告,以及更严格的宵禁或增加的社区服务(Gowdy,1993)。

最近在俄克拉何马州、佛罗里达州、洛杉矶、加利福尼亚州、英格兰和威尔士、[①]莱克县、伊利诺斯州[②]和得克萨斯州的评估显示,电子监控项目取得

---

① Mair(1989)。另见 Lilly(1990);国家保护罪犯和预防犯罪协会(1989)。
② Enor 等人 (1992)。

了一些成功,而其他的一些(Courtright at el.,1997)项目几乎没有发现有证据表明电子监控对再犯率的影响。图10-8显示了在俄亥俄州克利夫兰市运行的电子监控项目的终止情况(Latessa,1992)。该项目还给方案参与者一个离开项目前的调查。表10-2显示罪犯对选定问题的回答。

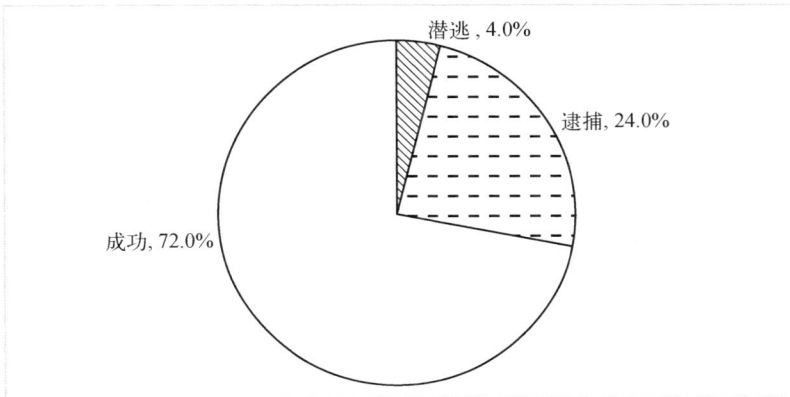

图10-8 电子监控程序的后续结果

资料来源:Latessa,E.(1992). *A preliminary evaluation of the Montgomery County Adult Probation Department's Intensive Supervision Program*. Cincinnati, OH:Department of Criminal Justice,University of Cincinnati。

表10-2 电子监控参与者离开时的采访结果

在此之前,你曾在监狱或看守所服刑吗?
否 44%
是 56%
你认为这个项目比在看守所更好还是更糟?
更糟 5%
既没有更好也没有更糟 13%
更好 82%
您在多大程度上觉得发送器穿着舒适或不舒服?
不舒适 25%
既没有舒适也没有不舒适 44%
舒适 31%
当你在监控项目中时,你的钱比以前多了吗?

续表

钱更少了 30%	
大概差不多 33%	
钱更多了 37%	
自从加入监控项目,你的朋友越来越少了吗?	
越来越少 42%	
和以前差不多 50%	
越来越多 8%	
你现在的朋友和你开始监控项目的时候一样吗?	
一样 65%	
不一样 35%	
你觉得监控程序比你想象的好还是坏?	
更好 44%	
和我设想的差不多一样 48%	
更差 8%	
有人问过发送器是什么吗?	
没有 30%	
有 70%	
你是否能够在违反程监管规则的情况下不被监视设备和/或缓刑监管官发现?	
否 87%	
是 13%	

资料来源:Latessa, E.(1992). *A preliminary evaluation of the Montgomery County Adult Probation Department's Intensive Supervision Program*. Cincinnati,OH: Department of Criminal Justice,University of Cincinnati。

尽管电子监测得到广泛使用,并得到了一些人的支持,但实证研究结果并不那么正面。包括对电子监测研究的一项荟萃分析发现,平均效应量为0.05,表明平均而言,电子监测比对照组增加了约5%的再犯率(Gendreau et al.,2000)(见图 10-9)。值得注意的是,作者还研究了"直面震慑"项目,并发现平均而言,它们的累犯率增加了约 7%。

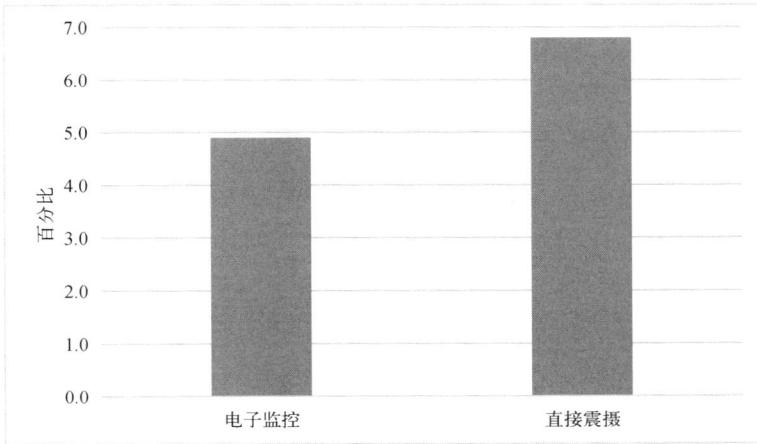

图 10-9 电子监控和直面震慑项目研究的平均效应:累犯率百分比的增加

资料来源:Adapted from Gendreau,P.,Goggin,C.,Cullen,F.,Andrews,D. (2000). The effects of community sanctions and incarceration on recidivism. *Forum* 12 (2),10-13。

也许最有趣的电子监控研究在加拿大(Bonta et al.,2000b)。在这项研

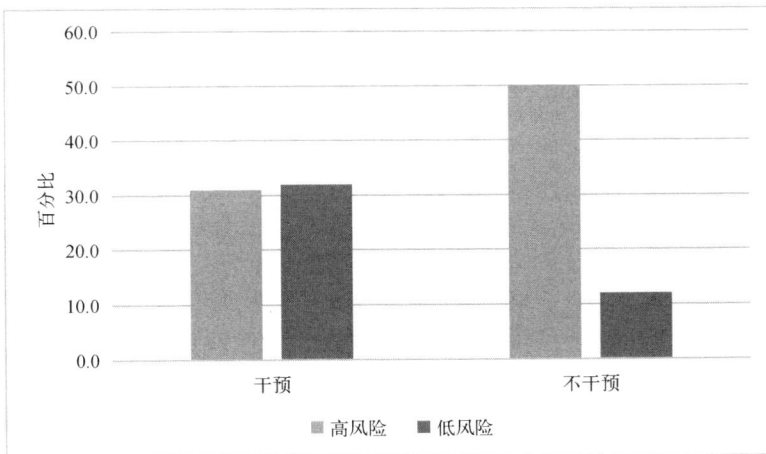

图 10-10 加拿大的强化康复监管

资料来源:Bonta,J.,Wallace-Capretta,S.,Rooney,j.(2000). A quasi-experimental evaluation of an intensive rehabilitation supervision program. *Criminal Justice and Behavior* 27,312-329。

究中,首先使用监管水平测量表(LSI)对罪犯的风险和需求因素进行评估,这些罪犯除了电子监控,还需要加入强化矫治计划。该研究结果如图10-10所示。电子监测和强化矫治服务的结合,使高危罪犯的再犯率降低了约20%,但对低风险犯罪者的再犯率增加了一倍多。毫无疑问,这是用强化矫治和监管伤害低风险罪犯的另一个例证。

六　震慑性监禁

从技术上讲,震慑性监禁,或"训练营",就像它们众所周知的那样,是监禁型的惩戒项目,而不是以社区为基础的项目。然而,他们被认为是中间刑,与震慑缓刑项目有着千丝万缕的关联。[①] 最近的震慑监禁项目由佐治亚(Georgia,1983)和俄克拉何马(Oklahoma,1984年)最先进行。这个项目得到迅速传播,在2000年,在41个州的矫正管辖区开设了54个训练营项目,2000年监管了2.1万多名罪犯(Camp,2000),除许多在市县已发展的项目外,还有一些在准备中,包括未成年人的项目(Gover et al.,2000)。

虽然被看成相对较新的创新,但新训练营的基本要素是1876年在埃尔迈拉(Elmira)感化院中出现的,由泽布龙·里德·布罗克威(Zebulon Reed Brockway)设计。在目前的发展中,训练营结合了军事基础训练和传统矫正理念,特别是康复的元素。尽管因为个体训练的形式和目标各不相同而没有通用的训练营,典型的训练营针对的是年轻的、非暴力的罪犯。[②] 一旦进入营地,参与者将接受(1)军事和纪律训练,(2)体育锻炼,(3)艰苦的体力劳动,(4)专业的教育和培训,(5)对药物滥用和成瘾者的咨询和治疗。

大多数训练营的项目要求罪犯自愿参加,给他们提供的奖励是几个月的训练营监禁,相比之下,比可能待在监狱的时间和缓刑期要短得多。一般情况下,接受过训练营的犯人会被转为假释,被分到强化监管项目、住所监

[①] "震慑监禁"起源于1965年的俄亥俄州,最初是为了让年轻的成年罪犯"尝尝蹲监狱的感觉"。罪犯被判处监禁,然后在30—120天内缓刑释放。人们认为监狱生活的身心痛苦会直接"震慑"罪犯。

[②] 以下部分大部分来自政府统计办公室(1993)。监狱集训营。华盛顿特区:美国司法部。

291

管项目或某种类型的社区矫正中去。

监狱训练营背后的理念很简单。在犯下重大罪行之前回头是岸的罪犯，可以有改善自己所面临的局面的机会，过上不受监禁的生活。

据训练营倡导者介绍，入狱风险最大的人群是受教育程度低、来自低收入背景、没有适当的榜样或纪律、工作技能很低或者没有工作能力的年轻成年人，这些人普遍受到吸毒和贩毒的环境的影响。由于许多被误导的年轻人在接受了军事训练后成效显著，训练营努力为那些仍然有机会从犯罪和监禁生活中转移出来的人提供同样的纪律和指导。

专栏 10-7 震慑监禁

研究表明，虽然在这些方案中有军事演习和重纪律的共同核心，但是他们的行动、活动、服役时间、服役数量、释放程序和善后工作也有很大的差异。严格的体育锻炼、军事训练和纪律，以及居住的营房等非监禁特征，将矫正训练营与传统监狱和看守所区别开来。

迈克尔·拉塞尔（Michael Russell），国家司法研究所代理所长，1993 年。

训练营的概念对司法系统的不同组成部分都有一定的吸引力。对犯罪者来说，它提供了第二次机会。犯人通常会在更短的时间内返回社区，而免受被监禁的耻辱。对于法官来说，这是一个量刑选项，它的惩罚比缓刑更严格，但比传统监狱更宽松一些。对于矫正系统而言，它允许将罪犯安置在传统监狱环境之外，并在较短时间内通过系统将人员移出，从而来降低监管成本和拥挤程度。

社会上对训练营的概念褒贬不一。对于那些认为矫正应该更多地关注康复的人来说，在训练营里可以找到更短的刑罚、结构化的环境、释放后的监管以及对训练和治疗的重视。对于那些认为监狱应该起到惩罚和威慑作用的人来说，训练营中存在严纪律性的环境、军事演习、体育锻炼和劳教。虽然训练营通常与监狱有关，但缓刑和假释机构也会开办训练营。根据坎普（Camp）2000 年调查的数据，有 19 个缓刑和假释机构开办 32 个训练营，每年接收近 3 000 名罪犯。

研究结果表明，训练营项目在减少累犯率方面的效果并不乐观。一些项目已经放弃了军事化培训，并将教育、荒野训练、就业和工业部分纳入其中(Gowdy,1993)。得克萨斯州(1999 年)的一项研究比较了四种不同类型的社区矫正项目的重新逮捕率:训练营、治疗中心、中间刑(用于缓刑犯)和药物滥用治疗所。结果如图 10-11 所示。

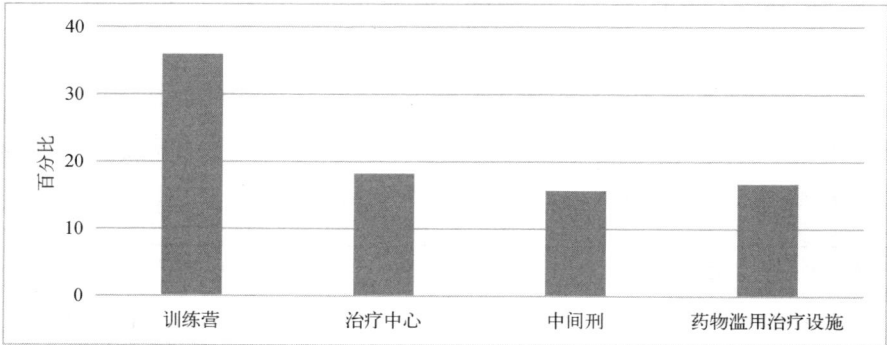

图 10-11　得克萨斯州社区居住监管场所释放的罪犯的重新逮捕率:两年追踪

资料来源:Community Corrections Facilities Outcome Study,Texas Department of Criminal Justice,January 1999。

训练营的再捕率几乎是其他项目的两倍。还应该注意的是,当对所有四个项目的犯罪人员的风险和需求得分进行比较时,仅有的差异是需求分,训练营里的高需求犯人少于其他项目。最后,华盛顿州的研究人员进行的一项荟萃分析(Aos et al.,1999)发现,平均而言,未成年犯训练营将累犯率增加了约 11%。下面是对训练营评估的一些其他发现和结论:

(1)低度或中度风险的未成年人和成年罪犯受到高强度的监管(训练营)实际上比传统的缓刑(Altschuler & Armstrong,1994)更糟糕。

(2)训练营中有高比例的少数种族青年:训练营模式未能与这些人真正联系起来。

(3)一些证据表明,在成年人的训练营项目中,每天花费 3 个小时或更多的时间进行治疗,并进行某种类型的善后处理的罪犯的重新犯罪率下降(MacKenzie & Souryal,1994)。

(4)总的来说,研究发现,那些完成了训练营的罪犯,以及那些在监狱里呆了很长一段时间的罪犯有类似的再犯率。

最近对训练营的评估也对其减少再犯的成功率不持正面结论 (Bottcher & Ezell,,2005;Weis et al.,2005)。

尽管他们持续流行,但几个原因使训练营不能如期望般的减少再犯率。训练营倾向于:

(1) 将过失群和犯罪群捆绑在一起;

(2) 针对的是非罪因性的需求,如身体条件、演习和仪式,以及自尊;

(3) 未区分低、中、高危险的罪犯;

(4) 采用攻击性模式。

七　中间刑的有效性

使用中间刑作为监禁的替代方法有许多理由。但是,鉴于许多司法管辖区和州在这些选择方面所做的投资,如何有效地减少再犯是一个重要的议题。在国家司法研究所的有关什么项目有效的研究中,谢尔曼等人 (Sherman et al.,1998)列举了一些尚未证明有效的中间刑罚。其中包括矫正训练营、震慑型缓刑、住所电子监管拘留,以及未成年人罪犯荒野训练等项目。在对中间制裁的荟萃分析中,吉卓等人(Gendreau et al.,1996)考察了中间刑的有效性问题。他们审查了 44 个强化监禁项目、16 个康复项目、13 个训练营、13 个直面震慑项目、9 个药物测试项目和 6 个电子监控项目的研究结果。他们发现这些项目对再犯实际上没有什么影响,仅有的一点影响是,其中一些惩罚略微增加了再犯。他们得出的结论是,"以减少再犯为准的话,'趋严'战略是一个不幸的失败"。

在过去一些年里发展起来的诸多"中间刑"只是一些未能达到期望目标特别是减少累犯率方面的例证(Latessa et al.,1997;Petersilia,1997)。出现这些结果往往因为那些把监控和监督置于治疗和服务之上的政策 (Fulton et al.,1997)。虽然诸如训练营,直面震慑刑和其他"智能惩戒"的方案仍然流行,但没什么实质性的证据证明它们是否能够减少再犯率。不幸的是,证据似乎表明,在某些情况下,这些所谓的"智能惩戒"的方案实际上增加了再犯率。

谢尔曼和他的同事们(Sherman et al.,1998)在由国家司法研究所资助的一项研究中总结了在减少再犯方面无效的项目。

(1)采用传统军事化基础训练矫正的训练营;

(2)聚焦于安抚恐惧、照顾自尊心、重塑胆量等情感诉求的毒品预防课程;

(3)基于学校的充实空余时间的项目;

(4)未成年人罪犯探访成人监狱的"直面震慑"项目;

(5)震慑缓刑、震慑假释和增加缓刑期或假释时间的分离刑;

(6)带电子监控的住所拘留;

(7)强化监管;

(8)使用模糊的非结构化咨询的康复方案;

(9)在农村对未成年人罪犯使用富有挑战性的住居矫正方案。

八 小结

中间刑已成为当代矫正的一个重要部分。两个变化促使人们寻求兼具创新性和成本效益的方案:监狱人满为患、新技术飞速发展,例如电子监测和随手可得的药物测试。不仅监狱人满为患,缓刑、假释和社区矫正也受到依法逮捕的罪犯的浪潮的影响。

我们对中间刑的考察不仅提供了解释罪犯规模的原因,同时也提出了对需要不同的治疗和监管的、不同类型罪犯的风险进行管理的方案和应对策略。尽管有关中间刑有效性的调查结果喜忧参半,但中间刑仍将继续施行下去。关键的问题是,我们是否能够从已经证明减少再犯的方案中学到东西,并将其应用于那些无效的方案中。日报中心、毒品法庭和其他治疗方案,为我们现在可以预见的为社区犯罪者提供有效的干预和服务提供了最好的希望。变革在持续进行。这是矫正领域振奋人心的发展阶段,对于希望推进罪犯改造和维护社区安全的人来说也是利好时期。

九 问题回顾

1. 定义中间刑。
2. 为什么训练营如此受公众欢迎?
3. 什么是"强化监管"?
4. 电子监控的两种基本类型是什么?
5. 电子监控有哪些局限性?
6. 我们对强化监管计划的有效性了解多少?
7. 为什么日报中心越来越受欢迎?
8. 训练营失败的原因有哪些?

十 推荐读物

Latessa, E. J., Listwan, S., Koetzle, D. (2014). *What works (and doesn't) in reducing recidivism*. Boston, MA: Elsevier (Anderson Publishing).

Marciniak, L. (2000). The addition of day reporting to intensive supervised probation. *Federal Probation* 64 (2), 34 – 39.

Morris, N., Tonry, M. (1990). *Between prison and probation: Intermediate punishments in a rational sentencing system*. Oxford: Oxford University Press.

Sherman, L., Gottfredson, D., MacKenzie, D., Eck, J., Reuter, P., Bushway, S. (1998). *Preventing crime: What works, what doesn't, what's promising*. Washington, DC National Institute of Justice, Research in Brief: U. S. Department of Justice.

十一 参考文献

Altschuler, D., Armstrong, T. (1994). *Intensive aftercare for high-risk juveniles*: *A community care model*. Washington, DC: Program summary, Office of Juvenile Justice and Delinquency Prevention, Office of Justice Programs, U. S. Dept. of Justice.

American Correctional Association (1990). *Intermediate punishment*: *Community-based sanctions*. Baltimore, MD: United Book Press

Aos, S. , Phipps, P. , Barnoski, R. , Lieb, R. (1999). *The comparative costs and benefits of programs to reduce crime*: *A review of the National Research findings with implications for Washington State*. Olympia, WA: Washington State Institute for Public Policy.

Bales, W. , Mann, K. , Bloomberg, T. , McManus, B. , Dhungana, K. (2010). Electronic monitoring in Florida. *The Journal of Electronic Monitoring* 22(2), 5 - 12.

Blumstein, A. (1995). Prisons. In: J. Wilson, J. Petersilia (eds) *Crime*. San Francisco, CA: Institute for Contemporary Studies, pp. 387 - 419.

Bonta, J. , Wallace-Capretta, S. , Rooney, J. (2000a). A quasi-experimental evaluation of an intensive rehabilitation supervision program. *Criminal Justice and Behavior* 27, 312 - 329.

Bonta, J. , Wallace-Capretta. S. , Rooney, J. (2000b). Can electronic monitoring make a difference? *Crime and Delinquency* 46(1), 61 - 75.

Bottcher, J. , Ezell, M. E. (2005). Examining the effectiveness of boot camps: A randomized experiment with a long-term follow-up. *Journal of Research in Crime and Delinquency* 42, 309 - 332.

Bureau of Justice Assistance (1989). *Electronic monitoring in intensive probation and parole programs*. Washington, DC: U. S. Department of Justice.

Burkhart, W. (1986). Intensive probation supervision: An agenda for research and evaluation. *Federal Probation* 50(2), 75 - 77.

Byrne, J. (1986). The control controversy: A preliminary examination of intensive probation supervision programs in the United States. *Federal Probation* , June.

Byrne, J. , Kelly, L. (1989). *Restructuring probation as an intermediate sanction*: *An evaluation of the Massachusetts intensive probation supervision program*. Washington, DC: U. S. Department of Justice, Final Report to the National Institute of Justice.

Byrne, J. , Taxman, F. (1994). Crime control policy and community corrections practice. *Evaluation and Program Planning* 17, 227 - 233.

Byrne, J. , Lurigio, A. , Baird, C. (1989). The effectiveness of the new intensive supervision programs. *Research in Corrections* 2, 64 - 75.

Byrne, J. , Lurigio, A. , Petersilia, J. (1993). *Smart sentencing*. Beverly Hills, CA: Sage.

Camp, C. , Camp, G. (1997). *The corrections yearbook* 1997. South Salem, NY:

Criminal Justice Institute.

Camp, C. , Camp, G. (2000). *The* 2000 *corrections yearbook*: *Adult Corrections*. Middletown, CT: Criminal Justice Institute.

Clear, T. , Latessa, E. (1993). Probation office's roles in intensive supervision versus treatment. *Justice Quarterly* 10, 441 – 462.

Courtright, K. , Berg, B. , Mutchnick, R. (1997). Effects of house arrest with electronic monitoring on DUI offenders. *Journal of Offender Rehabilitation* 24(3/4), 35 – 51.

Cullen, F. , Gendreau, P. (2001). From nothing works to what works: Changing professional ideology in the 21st century. *Prison Journal* 81(3), 313 – 338.

Cullen, F. , Van Voorhis, P. , Sundt, J. (1996). Prisons in crisis: The American experience.

In: R. Matthews, P. Francis (eds) *Prisons* 2000: *An international perspective on the current state and future of imprisonment*. New York: Macmillan.

Curtin, E. (1990). Day reporting centers. In: A. Travisino (ed.) *Intermediate punishment*: *Community-based sanctions*. Laurel, MD: American Correctional Association, pp. 72 – 73.

Enor, R. , Block, C. , Quinn, J. (1992). *Alternative sentencing*: *Electronically-monitored correctional supervision*. Bristol, IN: Wyndham Hall.

Erwin, B. (1987). *Final report*: *Evaluation of intensive probation supervision in Georgia*. Atlanta, GA: Georgia Department of Corrections.

Fallen, D. , Apperson, C. , Holt-Milligan, J. , Roe, J. (1981). *Intensive parole supervision*. Olympia, WA: Department of Social and Health Services, Analysis and Information Service Division, Office of Research.

Finn, P. (1991). State-by-state guide to enforcement of civil protection orders. *Response to the Victimization of Women & Children* 14(78), 3 – 12.

Flynn, L. (1986). House arrest. *Corrections Today* 48(5), 64 – 68.

Fulton, B. , Gendreau, P. , Paparozzi, M. (1996). APPA's prototypical intensive supervision program: ISP as it was meant to be. *Perspectives* 19(2), 25 – 41.

Fulton, B. , Stone, S. , Gendreau, P. (1994). *Restructuring intensive supervision programs*: *Applying what works*. Lexington, KY: American Probation and Parole Association.

Fulton, B. , Latessa, E. , Stichman, A. , Travis, L. F. (1997). The state of ISP: Research and policy implications. *Federal Probation* 61(4), 65 – 75.

Gable, R. (1986). Application of personal telemonitoring to current problems in corrections. *Journal of Criminal Justice* 14, 173 – 182.

Garland, D. (2001). Special issue on mass imprisonment in the USA. *Punishment and Society* 3(1), 5 – 199.

Gendreau, P. , Goggin, C. , Fulton, B. (1996). Intensive supervision in probation and parole. In: C. Hollin (ed.) *Handbook of offender assessment and treatment*. Chichester, UK: John Wiley and Son.

Gendreau, P. , Goggin, C. , Cullen, F. , Andrews, D. (2000). The effects of community

sanctions and incarceration on recidivism. *Forum* 12(2), 10 – 13.

Goldkamp, J. (1993). Judicial responsibility for pretrial release decisionmaking and the information role of pretrial services. *Federal Probation* 57(1), 28 – 34.

Gordon, M. , Glaser, D. (1991). The use and effects of financial penalties in municipal courts.*Criminology* 29, 651 – 676.

Gover, A. , MacKenzie, D. , Styve, G. (2000). Boot camps and traditional facilities for juveniles. *Journal of Criminal Justice* 28(1), 53 – 68.

Government Accounting Office (1990). *Intermediate sanctions*. Washington, DC: USGAO.

Government Accounting Office (1993). *Prison boot camps*. Washington, DC: U. S. Department of Justice.

Gowdy, V. (1993). *Intermediate sanctions*. Washington, DC: U. S. Department of Justice.

Henrichson, C. , Delaney, R. (2012).*The price of prisons: What incarceration costs taxpayers*. New York: Vera Institute of Justice.

Jolin, A. , Stipak, B. (1991).*Clackamas county community corrections intensive drug program: Program evaluation report*. Oregon City, OR: Clackamas County Community Corrections Division.

Jolin, A. , Stipak, B. (1992). Drug treatment and electronically monitored home confinement: An evaluation of a community-based sentencing option. *Crime & Delinquency* 38, 158 – 170.

Jones, M. (1991). Intensive probation supervision in Georgia, Massachusetts, and New Jersey. *Criminal Justice Research Bulletin* 6(1), 1 – 9.

Larivee, J. (1990). Day reporting centers: Making their way from the U. K. to the U. S. *Corrections Today* (October), 86 – 89.

Latessa, E. (1986). Cost effectiveness of intensive supervision. *Federal Probation* 50(2), 70 – 74.

Latessa, E. (1992).*A preliminary evaluation of the Montgomery County Adult Probation Department's Intensive Supervision Program*. Cincinnati, OH: Department of Criminal Justice, University of Cincinnati.

Latessa, E. (1993a).*An evaluation of the Lucas County Adult Probation Department's IDU and high risk groups*. Cincinnati, OH: Department of Criminal Justice, University of Cincinnati.

Latessa, E. (1993b). *Profile of the special units of the Lucas County Adult Probation Department*. Cincinnati, OH: Department of Criminal Justice, University of Cincinnati.

Latessa, E. (2000). Incorporating electronic monitoring into the principles of effective interventions. *Journal of Offender Monitoring* 13(4), 5 – 6.

Latessa, E., Travis, L., Holsinger, A. (1997). *Evaluation of Ohio's community corrections act programs and community based correctional facilities final report*. Cincinnati, OH: Division of Criminal Justice, University of Cincinnati.

Latessa, E., Travis, L., Fulton, B., Stichman, A. (1998). *Evaluating the prototypical ISP: Results from Iowa and Connecticut*. Cincinnati, OH: Division of Criminal Justice, University of Cincinnati.

Latessa, E., Travis, L., Holsinger, A., Hartman, J. (1998). *Evaluation of Ohio's pilot day reporting program final report*. Cincinnati, OH: Division of Criminal Justice, University of Cincinnati.

Lilly, J. (1990). Tagging revisited. *The Howard Journal* 29, 229 – 245. *299*

Lilly, J., Ball, R., Lotz, R. (1986). Electronic jail revisited. *Justice Quarterly* 3, 353 – 361.

Lowenkamp, C., Flores, A., Holsinger, A., Makarios, M., Latessa, E. (2010). Intensive supervision programs: Does program philosophy and the principles of effective intervention matter? *Journal of Criminal Justice* 38, 368 – 375.

MacKenzie, D., Souryal, C. (1994). *Multisite evaluation of shock incarceration*. Washington, DC: National Institute of Justice, Office of Justice Programs, U. S. Department of Justice.

Mair, G. (1989). *Evaluating electronic monitoring in England and Wales*. Paper presented at the annual meeting of the American Society of Criminology, San Francisco, CA.

Maxfield, M., Baumer, T. (1990). Home detention with electronic monitoring: Comparing pretrial and postconviction programs. *Crime & Delinquency* 36, 521 – 536.

McCann, E., Weber, D. (1993). Pretrial services: A prosecutor's view. *Federal Probation* 57(1), 18 – 22.

McCarthy, B. (1987). Intermediate punishment. In: McCarthy, B. (ed.) *Intermediate punishments: Intensive supervision, home confinement, and electronic surveillance*. Monsey, NY: Willow Tree Press, pp. 181 – 187.

McDevitt, J. (1988). *Evaluation of the Hampton County Day Reporting Center*. Boston, MA: Crime and Justice Foundation.

McDevitt, J., Miliano, R. (1992). Day reporting centers: An innovative concept in intermediate sanctions. In: J. Byrne (ed.) *Smart sentencing*. Newbury Park, CA: Sage, pp. 153 – 165.

Meecham, L. (1986). House arrest: The Oklahoma experience. *Corrections Today* 48, 102 – 110.

National Association for the Care of Offenders and the Prevention of Crime (1989). *The electronic monitoring of offenders*. London: NACRO.

National Law Enforcement and Corrections Technology Center (1999). *Keeping track of electronic monitoring*. Washington, DC: NLECTC.

Paparozzi, M. Paparozzi, M. (n. d.). *An evaluation of the New Jersey board of parole's intensive supervision program*. Unpublished report.

Parent, D. (1990). *Day reporting centers for criminal offenders—A descriptive analysis of existing programs*. Washington, DC: National Institute of Justice.

Parent, D. , Byrne, J. , Tsarfaty, V. , Valade, L. , Esselman, J. (1995). *Day reporting centers: Volume 1*. Washington, DC: National Institute of Justice.

Pearson, F. (1987). *Research on New Jersey's intensive supervision program*. New Brunswick, NJ: Administrative Office of the Courts.

Petersilia, J. (1987). *Expanding options for criminal sentencing*. Santa Monica, CA: Rand Publications.

Petersilia, J. (1997). Probation in the United States. In: M. Tonry (ed.)*Crime and justice: A review of research*, *Vol.* 22. Chicago, IL: University of Chicago Press, pp. 149 – 200.

Petersilia, J. , Turner, A. S. (1993). *Evaluating intensive supervised probation/ parole results of a nationwide experiment*. Washington, DC: U. S. Department of Justice.

Rackmill, S. (1994). Prisoner handbook, Camp Reams Shock incarceration program: An analysis of home confinement as a sanction. *Federal Probation* 58(1), 45 – 52.

Robertson, A. A. , Grimes, P. W. , Rogers, K. E. (2001). A short-run cost – benefit analysis of community-based interventions for juvenile offenders. *Crime & Delinquency* 47(2), 265 – 284.

Rosen, J. (1993). Pretrial services—A magistrate judge's perspective. *Federal Probation* 57(1), 15 – 17.

Schwitzgebel, R. , Schwitzgebel, R. , Pahnke, W. , Hurd, W. (1964). A program of research in behavioral electronics. *Behavioral Scientist* 9, 233 – 238.

Sherman, L. , Gottfredson, D. , MacKenzie, D. , Eck, J. , Reuter, P. , Bushway, S. (1998). *Preventing crime: What works, what doesn't, what's promising*. Washington, DC: U. S. Department of Justice: National Institute of Justice, Research in Brief.

Stanz, R. , Tewksbury, R. (2000). Predictors of success and recidivism in home incarceration programs. *Prison Journal* 80(3), 326 – 344.

U. S. Department of Justice (1990). *Survey of intermediate sanctions*. Washington, DC: U. S. Government Printing Office.

Wagner, D., Baird, C. (1993). *Evaluation of the Florida Community Control Program*. Washington, DC: U. S. Department of Justice.

Weis, R., Whitemarsh, S. M., Wilson, N. L. (2005). Military-style residential treatment for disruptive adolescents: Effective for some girls, all girls, when, and why? *Psychological Services* 2, 102 - 122.

Whitehead, J., Miller, L., Myers, L. (1995). The diversionary effectiveness of intensive supervision and community corrections programs. In: J. Smykla, W. Selke (eds) *Intermediate sanctions: Sentencing in the* 1990s. Cincinnati, OH: Anderson Publishing, pp. 135 - 151.

第十一章 社区居住矫正项目

关键词

社区矫正设施（community-based correctional facilities）

中途之家（halfway house）

社区治疗中心（community-based treatment centers）

社区住居监管中心（community residential centers）

重返社会/重新整合（reintegration）

日报中心（day-reporting centers）

居住型社区矫正项目（residential community corrections programs）

双诊断罪犯（dual-diagnosed offenders）

赔偿中心（restitution centers）

工作准假中心（work furlough centers）

在美国，针对罪犯的社区矫正项目有着悠久的历史（Hartmann et al.，1994；Latessa & Travis，1992）。直到最近，典型的住居社区矫正设施被称为"中途之家"，才是罪犯的过渡性居所（Wilson，1985）。

专栏 11 - 1　中途之家

中途之家是一个以社区为基础的,用于监管即将被释放出狱的罪犯,或刚刚释放并回归社会初级阶段的罪犯的居住场所。在过去的 30 年中,一些中途之家被设计为看守所或监狱监禁的替代刑,主要服务于缓刑犯。"中途"的意思可能是入狱前或出狱后的半途之中。

本章在社区矫正的大背景下讨论这些方案,解释造成中途之家风潮出现的历史因素;中途之家的模型;以及他们目前的运营和实践、可行性、成本和前景。我们首先探讨中途之家的发展。

一　美国中途之家的历史沿革

在 19 世纪早期,英格兰和爱尔兰首先提起中途之家的概念,为罪犯提 *302* 供过渡性居所。中途之家在 1817 年迅速传播到美国,当时马萨诸塞州监狱委员会建议在罪犯刑满出狱后,为其建立临时居所,使贫穷犯罪者有所庇护(Cohn,1973,p. 2):

> 社会对他们想当然的偏见是如此强烈,以至于他们很难找到工作。他们被迫在最简陋的地方寻求居所;如果他们本人有过新生活的心愿,那么就很容易被劝服离开简陋的生活;而且为生活所迫要去实施新的犯罪。如果他们愿意接受的话,这个临时住所的目的,就是为那些在监狱里服刑态度良好,而被释放的犯人提供临时住所,但须遵守指导认可的规定。在这里刑满释放犯以低廉的价格从监狱得到住宿、配给和……他们将有办法谋生供养自己,直到获得能让自己过可靠生活的居所。这样的避难所,对这个贫困阶级来说,也许是人道的和政治的。

委员会提出这一建议,认为出狱后的罪犯必须立即接受过渡时期的住房,并提供支持性的环境,以协助他们创建一个守法和独立的生活。这也是出于减少新释放的犯人过高的再犯率的目的(Seiter & Carlson,1977)。不幸的是,马萨诸塞州的立法机构担心,刑满释放犯如果住在一起,可能会"污染"彼此,从而抵消他们新近在监狱里被灌输的负罪感。

　　不过,这一概念在其他地方和私人赞助下找到了发展的沃土。1845年,纽约的艾萨克·T.霍普(Isaac T. Hooper)在教友会(Quakers)的主持下开业,如今成为女性监狱协会和霍普之家,为女性服刑人员服务。也许早期最出名的中途之家项目是1896年由布思·莫德(Maud Booth)和布思·柏林顿(Ballington Booth)在纽约市建立的希望之家(Hope House)。美国志愿者协会在经济上和道义上的支持促使希望之家在全国铺开(芝加哥、旧金山、新奥尔良等)。

　　早期的风潮和希望之家项目没有繁荣发展下去。在20世纪初期,假释作为一种控制和帮助出狱后的刑满释放犯的手段,被广泛采纳和实施。但303假释人员可能互相污染的看法仍然存在。经济大萧条削弱了本已资金不足的私营假释机构的财经支持。中途之家发展的第一阶段不久之后就结束了,直到20世纪50年代才得以恢复。

　　中途之家的重生,部分原因是人们日益认识到监禁矫正的无效性。高再犯率被看作把监狱作为康复场所的无效性的指标。对监狱的不满日益增加,有新证据表明,假释人员在从监禁到社会的过渡中面临着种种问题,他们在过渡到社区生活中需要支持性服务。1954年,在美国、英格兰和加拿大开设了许多中途之家[如在莱瑟·查尔斯·迪斯姆(Lather Charles Dismas)的指导下开办的洛杉矶的克伦肖之家和圣路易斯的迪姆斯之家]。私人和宗教团体在中途之家创始阶段和复兴阶段都起到先锋作用。

　　在复兴阶段早期,大多数中途之家采用了个性化治疗、咨询、就业转介和药物滥用咨询,这些也反映了监狱内的常规矫正理念:医疗模式。当时的司法部长罗伯特·肯尼迪(Robert Kennedy)在1961年提出,将联邦基金用来为未成年人和未成年人罪犯建立公共管理的中途之家,从而促成1965年的《囚犯康复法案》(*Prisoner Rehabilitation Act of 1965*)的制定。这项立法授权监狱管理局(BOP)为成年和年轻的刑满释放者建立社区住所,并将联邦囚犯转移到私人资助的中途之家。1968年,执法援助局开始为建立非联邦监管机构提供大量资金,这一举措一直持续到1980年。

专栏 11 - 2 联邦囚犯康复法

　　司法部长在相信因犯不会辜负信任的条件下可以扩大他们监禁的地点并在规定的条件下允许他们：

　　1. 去指定的地点,期限不超过 30 天,之后需返回原来的监狱或其他类似的监禁机构。所谓监禁地域的扩大仅限于：允许因犯看望去世的亲友、参加亲属的葬礼、获得监狱内无法提供的医疗服务、未来雇员的联系,或其他与公共利益一致的令人信服的理由。

　　2. 在自愿的基础上从事有偿就业或参加社区的培训项目,同时继续作为他所在监狱的因犯。

　　也许第二阶段最重要的事件是 1964 年国际中途之家协会(IHHA)的发展。[①] 由于缺乏州和地方对中途之家的支持,一个由中途之家管理人员自愿组成的专业组织得以成立(Wilson,1985)。IHHA(现在称为国际社区矫正协会)举办了多次培训研讨会、赞助培训计划和会议,并隶属于美国矫正协会。[②] 该组织从 1966 年的 40 个项目发展到 1982 年[③]的 1 800 多个项目,现在每年召开一次年会,讨论矫正干预中的"什么矫治措施有效(what works)"。由于这些以及相关的努力,很少有市县开办了自己的住居矫治中心,运营中途之家的州政府项目通常与私营的、非营利性的中途之家签订合同,提供服务。

专栏 11 - 3 社区监管中心的类型

日报中心

　　在这些社区监管中心,成年犯,有时未成年犯,以频繁的汇报代替监禁或作为缓刑的条件。这些中心还可以提供各种社区或住居项目,包括个人和团体咨询、工作准备训练、匿名戒酒协会(AA) 12 步计划、药物滥用教育等。参与者通常在晚上回到各自的家中。

赔偿中心(restitution centers)

　　这些社区居住中心监管由法院指令的向受害人支付经济款项的罪犯。作为一种缓刑条件罪犯也可能被还押。罪犯必须找到工作,让受害者得到赔偿,偿还中心的食宿费用,并留出余钱用于释放后使用。中心通常会宵禁,严格施行戒酒、戒毒、社区或居家项目。

---

① 这个组织现在被称为国际社区矫正协会；出版 ICCA 期刊；并赞助中途之家和社区替代刑相关的地方、州、地区和国家,以及国际会议和培训计划。有关更多信息,请访问 www. iccaweb. org/。

② 美国社区矫正机构,华盛顿大街,亚历山大,弗吉尼亚州 22314(www. aca. org/)。

③ 国家矫正研究所在其 1989 年的美国社区矫正目录中列出了 1 200 多个项目。该目录没有列出所有的小型项目,特别是在农村地区。要了解更多信息,请访问 www. nicic. org。

工作准假监管中心

　　这种类型的住居监管中心用于监管因白天工作而从监狱释放的罪犯。这类罪犯通常夜晚和周末会在监狱,并且必须参与社区或机构项目。参加者通常需要支付服务、房间和膳宿的费用。

二　中途之家实践

　　如前所述,过去 50 年来,中途之家的数量大幅增长,扮演的角色快速增多,作用大大增加。在成人(和未成年人)罪犯的住宅安置方面发挥了相当大的作用。在大多数情况下,增加的服务是面向新团体的:缓刑犯、等待审判的被告,以及直接被判处治疗的罪犯,这些新的服务团体是由寻求为犯罪者提供服务和监管的司法机构增加的。法官通常不愿意监禁那些在一些条件下愿意放弃犯罪行为的罪犯,也就是说,如果提供给这些人一个支持的和促进性的社区环境的话,他们就会转变他们的犯罪动机并改善他们的行为。这些在角色、量刑替代方案、接受服务的对象以及中途之家等方面的变化使得“中途之家”成为一个过时的术语,取而代之的是更为准确的“社区矫正住居机构”(community corrections residential facility)。

　　拉什(Rush,1992)把这些机构定义为:一种矫正场所,在这种场所里,为了使用社区资源(例如学校或治疗项目)以及寻找和获得工作机会,服刑人员通常被允许离开而不需工作人员监陪。该定义不仅删除了“中途”一词,而且还定义了一个矫正机构的使命。该定义不要求中心向服刑对象直接提供服务。因此,中途之家被纳入更大的术语范围内,进一步反映为它所服务的人群多样化类型、更宽广的矫正使命和新兴的日报中心、赔偿中心和工作准假中心等。

专栏 11-4　重新融入

　　重新融入是一种流传甚广的矫正理念,它强调犯罪分子获得合法的技能和机会,并创造受监管的机会来测试、使用和改进这些技能,特别是在社区环境中。

　　影响美国社区矫正机构发展和应用的另一个主要因素是矫正理念的转变,从康复到“重新融入”,这是 1967 年总统执法委员会和司法委员会提出

的一个术语。

这一新的矫正理念主张把罪犯放在社区里，而不是把他们关进监狱。它还强调社区在矫正方面的作用。因此，这种新的理念，强调地方矫正中的社区角色的发展，以及现有的中途之家项目，促进了社区矫正住居机构的加速扩张。三个因素进一步推进了这一趋势：[1](1) 对矫正有重新融入社会的任务的普遍接受，(2) 精神卫生领域重新融入社会运动的成功，以及(3) 与监狱相比，中途之家的费用较低。[2] 20 世纪 80 年代和 90 年代初，毒品战争导致监狱人满为患，进一步加速了这一转变(Allen et al. ,2010)。

从 1980 年到现在，监狱的因犯人数急剧增加，有超过 200 万的因犯被关押在联邦或州监狱和县看守所(Bureau of Justice Statistics,2009)，造成监狱人满为患。监狱人口激增的主要原因是"毒品战争"，这既反映了保守的司法惩治观，也折射出这个国家不愿解决罪犯的主要原因的问题(Allen,1995)。这一发展的三个主要后果是：(1) 缓刑和假释罪犯人数增加；(2) 传统的社区服刑人员犯罪的严重性和危险性增加；[3](3) 对提供下列服务的社区矫正机构的需求的增加：为罪犯提供过渡安置，并满足对麻醉品和吸毒者、酗酒或其他药物影响下的违法者以及心理健康服务对象等特殊需求群体的需求。社区矫正机构和方案已经扩大和改变了，以满足这些新的需求，[4]提供所需的新项目以及提高监管水平(Huskey,1992)。

专栏 11 - 5　社区矫正住居中心

社区矫正住居中心(CRCS)是接纳那些已经判决或等待判决的成年人和未成年人的非监禁性住居机构。这些接纳对象包括那些不适合缓刑，或监狱释放后需要一段时间重新适应社会的人。

更多的社区矫正住居中心是为未成年人而非成年人提供过渡期和其他的服务。一些社区康复中心因服务对象或治疗方式而具有独特性：例如妇女、受虐待的妇女、联邦释前准假人员、药物滥用者、精神病患者、法院审查程序确定的人员或发育性残疾者。

---

[1] Allen 等人(1976)。

[2] 未成年人收容所往往比看守所更具成本效益。(Pratt & Winston,1999)。

[3] Petersilia 等人 (1985)。

[4] Chappie (2000)。

在讨论服务于这些服刑对象的方案之前,有必要先了解方案施行的模式。中途之家的确切数量是未知的,没有任何政府机构定期收集有关它们的信息。数据显示,在 2000 年,将近 3 万名囚犯在超过 50%的州(Camp,2000)服刑。

三　社区居住监管模式

应该记住,社区矫正居住项目发展的第二阶段已经进行了 30 多年。因此,中途之家和相关社区项目运营模式也发生了重大变化。

我们首先考察相对简单的早期模式。

1976 年,艾伦和同事研究了中途之家和缓刑。这些研究人员基于转介服务提出了三种不同的中途之家的替代模式。这三个模式便于描述中途之家与刑事司法系统如何衔接,以及这些项目为服务对象提供的优势和服务。图 11 - 1 展示了中途之家的三种替代模式(Latessa & Allen,1982)。

模式 1 是转介到中途之家的标准和最常见的模式。在这个模式中,一个获得条件性释放(如假释、震慑缓刑或震慑假释)的囚犯在假释初期进入中途之家。这种模式为在释放期需要支持的假释犯提供服务。中途之家的居住期限可以在转介前指定,但通常由监管人员、住宅工作人员和服务对象共同决定。通常情况下,这一决定基于服务对象离开中途之家的准备,就业,储蓄和替代方案等因素。离开中途之家后,罪犯通常会继续被假释监管。目前已经发现该模式能够成功地减少再犯(Bouffard at al. ,2000)。

专栏 11 - 6　模式

模式是显示系统各部分的图片或呈现。模式建议刑事司法系统(法院、缓刑、监狱等)的各个部分相互配合和相互关联的方式。模式的一个含义是,系统某一部分的变化将对系统的其他部分产生影响。一个简单的例证是,当执法机构增加逮捕人数时,司法人员、缓刑监管人员和监狱设施的工作量而随之增加。

模式 2 与模式 1 的类似之处是,囚犯的释放计划要求将他们安置在中

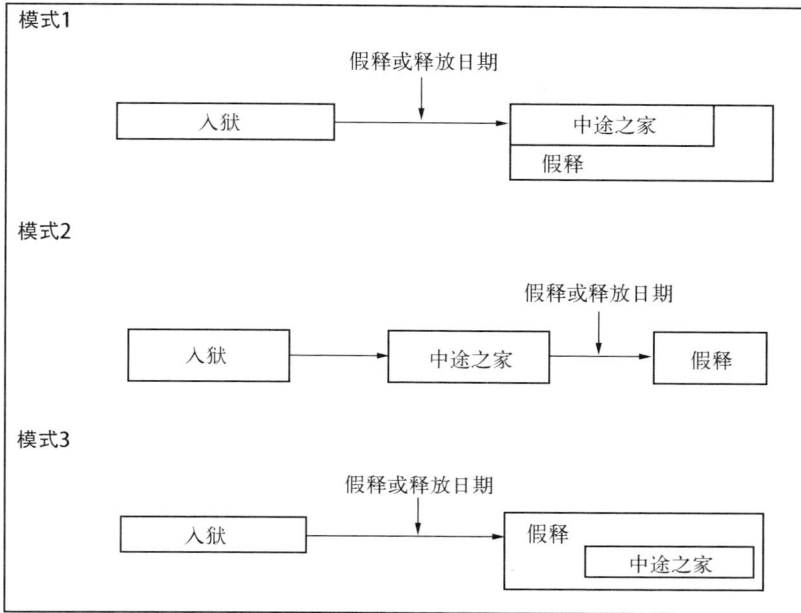

图 11-1　中途之家的替代方案

数据来源：Latessa，E.，Allen，H.（1982）. Halfway houses and parole：A national assessment. *Journal of Criminal Justice* 10，153-163。

途之家作为他们释放的初始阶段。然而，二者的区别是，中途之家监管发生在假释之前。通常，这些囚犯在从监狱转移到中途之家之前，已经有了一个明确的释放日期。这些服务对象仍然是囚犯，只是在中途之家里服刑而已。在从监狱到社区的过渡中，中途之家提供了需要的和重要的服务。这种模式的其他优势包括：转介矫正机构延续了管辖权，在没有违反假释的情况下将犯人押返监禁，住居服刑者对中途之家的积极的态度的发展，节省的开支可以更合理地与监禁比较而不必与假释比较。① 美国监狱管理局是开始使用中途之家模式的领导者，②并继续在释放前使用该模式。③

① 这个问题 Hicks 1987 年有更详细的探讨。参见 Wilson 和 Travis（1992）；Latessa 和 Allen （1982）。
② 联邦监狱管理局（2001 年）。参见 Thevenot（2001 年）。
③ Valentine（1991 年）。监狱管理局没有充分利用他们的合法床位，进一步加剧了监狱人满为患的问题。

中途之家使用的第三种模式,也是基于矫正的重新融入模式,在进入中途之家的时间上有所不同。在这一模式中,缓刑犯和假释犯被直接送到社区而不必先住在中途之家。如果此类服刑对象再犯或有意外问题,可通过中途之家的服务项目来处理,或通过在中途之家监管一段时间来解决问题,监管机构可暂时将犯罪人还押在中途之家。如果条件允许,服刑犯可以回到监管相对宽松的环境中去。这里应该指出的是,一些居住矫正项目规模很大,并且如后所探讨的,它们可以在监管过程的许多不同阶段提供服务。模式 3 似乎最好地揭示了大城市环境中多元服务机构的组织和实践。

专栏 11－7　监狱管理局和中途之家

　　监狱管理局的中途之家项目的目的是为因犯从联邦监狱释放到他们将生活的社区提供一个过渡。除了维持生计和住房,监狱管理局的指导方针还规定,中途之家经营者需要向因犯提供就业咨询、学术和职业培训、家庭调解服务、治疗药物滥用的方案、释放后住房转介以及社区调整服务。

　　　　　　　　资料来源:U. S. Government Accounting Office (2001)。

除之前描述的模式之外,中途之家还根据其规模、任务和资源承担各种功能和服务,图 11－2 展示了基于它们所提供服务的一系列项目类型。一些中途之家提供住所、食物和基本的咨询和转介服务。这些是支持性的中途之家。这些类型的项目包括收容所和入住中心。提供全方位服务的中途之家被视为干预性项目。这些项目提供全方位的矫治服务。大多数方案都处于上述两类之间。

显而易见的是,在矫正过程中,中途之家作为住宅式的缓刑和看护中心,它的作用在操作和重点上都各不相同。尽管这三种模式都认为,在向社区过渡的过程中,有必要建立一个居住环境,有许多途径和策略可以满足这一点。为了了解替代方案的范围,我们考察一个农村社区住居矫治中心以及一个更大的城市社区住居矫治中心。

```
┌─────────┐        ┌─────────┐
│  支持型  │◄───────►│  介入型  │
└─────────┘        └─────────┘
```

最少的服务项目　　　　　全范围矫治

最少的工作人员　　　　　专业工作人员

居住时间短　　　　　　　长期居住

转介服务

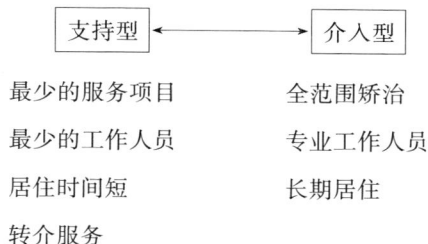

图 11‑2　基于服务的中途之家类型

四　乡村社区矫正

310

　　乡村社区矫正项目服务于各种各样的罪犯，其项目本身也各有不同。乡村社区矫正早期的那种典型的"妈妈和爸爸"的刻板印象已不存在，[1]已经产生的是一个日益多样化的地方矫正模式，这种模式明确地反映了"住居式社区矫正项目"的概念。[2]

　　农村社区矫正计划面临不同的挑战。他们通常比城市规模要小，而且针对罪犯的就业机会和治疗项目也较少。居住者是由一小群符合条件的罪犯组成的。这些项目必须面对并必须克服社区的疑虑，即该中心可能引入惯犯，将他们的犯罪活动基地转移到当地，即"输入"效应。社会对某些类型的罪犯（如强奸犯，猥亵儿童犯和贩卖毒品者）的宽容度下降，再加上对公共安全的关切以及对监管需求的增加，这对治疗、就业和教育安置、进入现有矫治项目、从社区获得资金等都有极大的限制。许多机构必须努力与转介来源（例如缓刑和假释机构）建立联系，并与精神卫生、非法药物、酒精、家庭咨询和法院等建立联系。

---

① 许多人都有这样一种怀旧的观点，即热心的、上了年纪的美国农村人试图帮助那些在大萧条时期生活得不那么成功、被压迫者和闷闷不乐的人，他们的方法是给任何提出要求的人食物，让迁移的人去砍柴或挑水，让那需要帮助的人在谷仓里睡觉。毫无疑问，这种早期的慈善援助模式在许多地方都有发现，并且在一些偏僻的地方继续存在。这些通常是非官方的"Mom and Pop"项目，无疑是 20 世纪初期向全国部分地区（如果不是大多数地区）的贫困人口提供人道主义援助的主要来源，提供"三杯酒和一张帆布床"。如果它们今天存在，它们将面临夭折的局面。

② 参阅 IARCA 期刊，了解美国乡村和英格兰城市的一些更成功的项目（Leeds Alternative to Care and Custody Scheme，Roundabout Group）。IARCA 杂志 3（1990 年 7 月）。

专栏 11-8　农村社区矫正
农村社区矫正在其乡村的表现是草根民间艺术原有观念的残余。农村项目一般不超过40个床位(一个大型的农村项目),它们所关注的是罪犯定期进入社区,下一次工资发放会,培训费用而不是培训本身。农村项目一般不会面临着进入和联络现有社区矫治项目的挑战;我们担心的是如何创立、资助和持续矫正项目。我们的"社区"可能是一个1.2万人的小镇,服务于数百英里之外。我们的担心不是典型的"Crips与Bloods"之间的帮派行为。然而,他们可能会将众多的部落群体中的美国印第安人、农村的西班牙裔或黑人等,都精心编织到乡村社区中的社会结构中。每一个人的工作都影响着我们项目的未来。一个服务对象的矫治失败会影响到我们项目未来的政治支持;某个单一的事件不仅可以破坏某个项目,而且可以影响任何替代方案的潜在努力。 　　(Berry 1990,pp. 6-7)。

311　　　山顶之家(Hilltop House)面临这些机遇和挑战,[①]这是一家拥有28个床位的私人非营利机构,向男性罪犯提供住宿服务,并为来自当地、州和联邦的违法者和受害者提供门诊服务。起初,这个小型项目冬季会被关闭,然后在春季重新开放,每个司法区不超过12个服务对象。它现在服务更广泛的关联区域,与6名地区法官合作。

　　"山顶之家"在这种环境下开始发展,尽管它遇到了保守派政局动荡,被要求对罪犯施以更长时间的判决,进行更少的转介以及制定专门的方案来协助司法系统业已处理的有更多需求的服刑对象。保守派的这一要求通过以下几点得到满足:

　　(1) 与法庭的其他转介单位和缓刑官员发展联络。

　　(2) 与非监禁人口一起工作(如轻型罪犯、交通肇事者、酗酒者和其他滥用毒品的人、被父母送来的年轻人等)。

　　(3) 在乱伦治疗和家庭暴力的领域发展新的服务项目,以及为一个县的青年人家庭、私立学校、社会服务、雇主、个体和父母的尿液进行收集和测试。

　　(4) 建立一个性虐待治疗小组,动员一些机构的工作人员,并为犯罪者、其非犯罪的配偶、受害者以及其他受到虐待的成年人提供服务。这种多维方案不断扩大,已涉及未成年康复,这是一项动员诸多志愿者

---

① 参阅 Berry (1990 年)。

作为调解员的方案,提供有补贴的就业和受监管的康复补给,以及团体治疗以使受害者和他们的罪犯和解,并在未成年犯中发展同情心。

"山顶之家"的目标是服务于社区的具体需求,它力图开发资源来规划和启动专业服务,并为服务对象、受害者和公民提供最大的治疗收益。那些可以解决冲突、个人问题、挑战、发展问题和受害的影响的服刑犯更有可能成为对社会有益的公民并降低他们在社区的犯罪率。

五　都市居住监管模式

312

针对城市罪犯的住宅社区矫正方案比农村地区更为多样。此外,许多大型项目都广泛利用现有的社区服务,特别是如果这些服务需要用于辅助个别服务对象的治疗计划。治疗通常分为两类——个人和团体——大多数的中途之家会进行详细的项目选取评估,以确定他们的客户的需求。图 11-3 展示了一个中途之家项目筛选的例子。

一般信息			
1. 姓名		(3) 丧偶	(5) 分居
2. 罪犯编号		(4) 已婚	(6) 习惯法
3. 罪犯序号		9. 被扶养人的数目(自身以外的财务责任)	
4. 进入时的状态		10. 孩子的数目	
(1) 新进入		11. 对儿童负有法律责任? (1) 是 (2) 否	
(2) 财政年度内再次进入		12. 最近居住社区的邮政编码	
(3) 年度内,逃犯或潜逃犯的再次进入		13. 被逮捕前无家可归吗? (1) 是 (2) 否	
(4) 法律地位转变		14. 出狱后有住的地方吗? (1) 是 (2) 否	
5. 出生年月日		15. 目前主要收入来源?	
6. 性别:(1) 男(2) 女		(1) 公共援助	(5) 家人
7. 种族		(2) 投资	(6) 无收入
(1) 美洲印第安人	(4) 东方人	(3) 全职工作	(7) 其他
(2) 黑人	(5) 白人	(4) 兼职工作	
(3) 西班牙人	(6) 其他	15a. 去年总收入	

7a. 阿巴拉契亚人?（1）是（2）否	16. 所欠的诉讼费用
8. 当前婚姻状态?（1）单身（2）离异	17. 已归还的欠款

犯罪史
回答 19—30 题,如果信息无法从转介文件获得,则采用被调查者个人报告的情况。
18. 俄亥俄州修改了的定罪代码
19. 之前的重罪定罪(成人/未成年人)次数
20. 在这(被判刑时)之前的已被州或联邦机构判定的成人重罪次数
21. 因当前犯罪被判入狱或被判缓刑时的年龄
22. 假释或缓刑期间犯罪的数量(包括当前犯罪)
23. 吸毒或酗酒罪的数量(包括当前犯罪)
24. 过去 5 年里,被监禁之前的犯罪数目
25. 因汽车盗窃的被捕次数
26. 对受害人造成严重伤害的犯罪数(包括当前犯罪)
27. 涉及使用武器的犯罪数(包括当前犯罪)
28. 之前是否因为同样的罪名被定罪?（1）是（2）否
29. 当前罪是多重罪名吗?（1）是（2）否
30. 被捕时是被雇佣状态吗?（1）是（2）否

教育和工作经历
31. 受教育年限
32. 最高学历和专业
(1) 无
(2) 高中同等学历
(3) 高中
(4) 大学 ——大专(专业) ——学士(专业) ——硕士(专业) ——博士(专业)
33. 职业训练的年限

313

34. 是否颁发职业培训的证书? (1) 是 (2) 否

35—37 题,填"1"代表是,填"2"代表否

35. 健康问题:截肢、半身不遂、盲、聋、严重疾病、老年病
36. 心智障碍(例如:精神发育迟缓)
37. 行为障碍(例如:心理或情感状态的失范,需要治疗或专业的心理健康指导)
38. 被逮捕前两年中在社区里有过多少职业
39. 过去两年内在社区里最长的供职时间?(以月为单位)

受访者助力评估

40—55 题,填"1"代表是,填"2"代表不

40. 住在中途之家的时候,受访者需要帮助吗?	42. 受访者需要专业或职业训练帮助吗?
41. 受访者需要就业帮助吗?	43. 受访者需要财务管理帮助吗?
44. 受访者需要家庭关系的帮助吗?(婚姻家庭方面)	50. 受访者有因为心理状况(如神经问题)被处方治疗的经历吗?
45. 受访者需要精神或心理健康领域的帮助吗?	51. 受访者因为之前的心理健康问题住过院吗?
46. 受访者的心理状况需要药物治疗吗?	52. 受访者曾尝试过自杀吗?
47. 受访者需要药物滥用的帮助吗?(酒精/药物)	53. 受访者曾是虐童受害者吗?
48. 受访者在基本生活安全保障方面需要帮助吗?	54. 受访者曾是家庭暴力受害者吗?
49. 受访者需要学习障碍问题的帮助吗?	55. 受访者曾是性虐待或性乱伦受害者吗?

毒品/酒精史

56. 受访者药物/酒精治疗的次数?	63. 受访者在此之前参加过中途之家项目吗? (1) 是 (2) 否
57. 之前门诊治疗有几个月?	64. 社区戒毒/戒酒最长时间或(99)无此问题
58. 之前门诊治疗成功吗?(1)是(2)否 (3)无答案	完成此表的职员姓名

59. 之前住院治疗有几个月？	
60. 之前住院治疗成功吗？（1）是（2）否（3）无答案	完成日期
61. 之前中途之家矫正过几个月？	
62. 之前中途之家矫正成功吗？（1）是（2）否（3）无答案	1992 年 6 月修改版

图 11‑3　中途之家项目筛选示例

虽然中途之家通常提供一系列的项目和服务，但最常见的还是就业、药物滥用和认知重组。就业计划通常包括求职培训、简历撰写和面试技巧、工作安排和交通补助。

314

专栏 11‑9　酗酒和治疗

许多社区矫正中心都将一部分的焦点放在戒酒计划。这可能意味着要求居住者完成匿名戒酒协会的 12 个步骤，表明对计划的理解、制定释放后计划、主持匿名戒酒协会会议以及参与计划事务。后者可能包括家务活(吸尘、打扫卫生间、铲雪、清理烟灰缸等)，参加家庭会议，保持清醒和清洁，做项目之外的一些事情，寻求专业治疗等。如果居住者的家庭没有破裂，可能他们就会需要和解咨询。如果合适的话，居住者可能被要求参加成年、儿童酗酒者(ACA)或儿童性虐待和家庭暴力治疗方案。当酒精是犯罪行为的根本原因时，一个针对个案设计的监管和支持性的方案可能会大大减少犯罪行为。

吸毒者的项目可能包括美沙酮维持、每周和不定期的尿检、12 步方案、团体、匿名戒酒互助会、匿名戒毒和解毒互助会。应该指出的是，平均而言，超过 60％男性受试者至少一项药检呈阳性，包括酒精(药物使用预测，2000年)，大约 1/4 的受试者呈现重要药物阳性(五氯苯酚、海洛因、强效纯可卡因或可卡因)。这个比率在看守所女性囚犯中甚至高于男性；女性中 28％的阿片剂检测结果为阳性，而男性为 17％。酒精和其他药物滥用是许多违法者的高危犯罪因素，而且这类服务对象对社区住居矫正场所可以满足的治疗有着大量的需求。①

---

① Barbara Owen 发现，加利福尼亚州的假释犯经常伴有其他吸毒成瘾，导致大多数假释违法行为(Owen,1991)。另见 Langworthy 和 Latessa(1993)；以及刑事司法司研究和统计司(2001)。

近年来,人们越来越关注认知行为项目的有效性。这些干预措施包括针对许多犯罪者所持的反社会态度、价值观和信仰。认知规划试图重构犯罪者的思维和开发可用于改善他们解决问题能力的新技能。今天的许多中途之家提供罪犯思维小组和其他认知干预,旨在减少愤怒和暴力、性行为犯罪、消极的同伴关系以及提升解决问题的技巧。

另一类问题犯是既有精神疾病又有药物滥用问题的人。县社区卫生委员会和刑事法庭都可以为这些罪犯提供服务。这些罪犯被称为"双诊断犯",并为社区矫正提出了特殊挑战。尽管研究表明再犯的主要预测指标对于精神紊乱的罪犯和非精神紊乱的罪犯来说是一样的(Bonta et al.,1998;Solicitor General of Canada,1998),但这种特殊需求群体往往缺乏可用的社区治疗服务。彼得斯和希尔斯(Peters & Hills,1999, ³¹⁵ p.95)指出:

> 置于社区监管之下且并存精神健康和药物滥用障碍的罪犯在症状表现、严重程度和慢性病方面存在很大差异。这些人往往有严重的精神健康障碍,同时使用不同类型的药物,这对该人群的治疗方案提出了相当大的挑战。许多有共生性障碍的罪犯会受益于社区的专门治疗服务。

不幸的是,相对较少的计划是专门为共生性障碍的罪犯设计的。这些方案大多位于大城市。其中一个项目是由俄亥俄州辛辛那提的塔尔伯特(Talbert)之家运营的药物滥用—精神疾病(SAMI)项目。这个项目已经运作了10多年,在这段时间内已经服务了500多名犯人。

全国许多城市社区都面临着治疗机会需求量饱和的问题,如前所述,这种治疗机会可以让高需求的罪犯重新融入社会。这些县越来越多地转向私营部门、营利性和非营利性的住宅项目寻求帮助。图11-4显示了这些住宅和社区计划如何与传统司法机构进行对接以提供服务。

这些类型的社区住宅矫正计划在全国范围内存在,并将在未来几年增加数量和重要性。由于市和县面临财政和政策危机,它们将在当地引进服务项目,因此,提供这些服务的私营项目、机构和中心将增长。

316

犯罪

逮捕　传呼

拘留　自我保证金释放：监管释放

检察官　暂缓起诉　州立医院　局家拘留　电子监控

确诊心理疾病　社区心理健康中心

缓刑庭

无能力受审

无危险　经济制裁　强化监管的缓刑

控诉

低等危险　缓刑　中途之家

刑事司法

有罪　中等危险　监禁替代刑　缓刑之家　社区治疗机构

其他

评估　看守所服刑　社区矫正住居中心　工作准假释放

定罪　因心理疾病被判缓刑　问题罪犯　州立医院　社区心理健康中心

州立监狱　强制性假释监管　撤销假释监管居住中心

最终释放

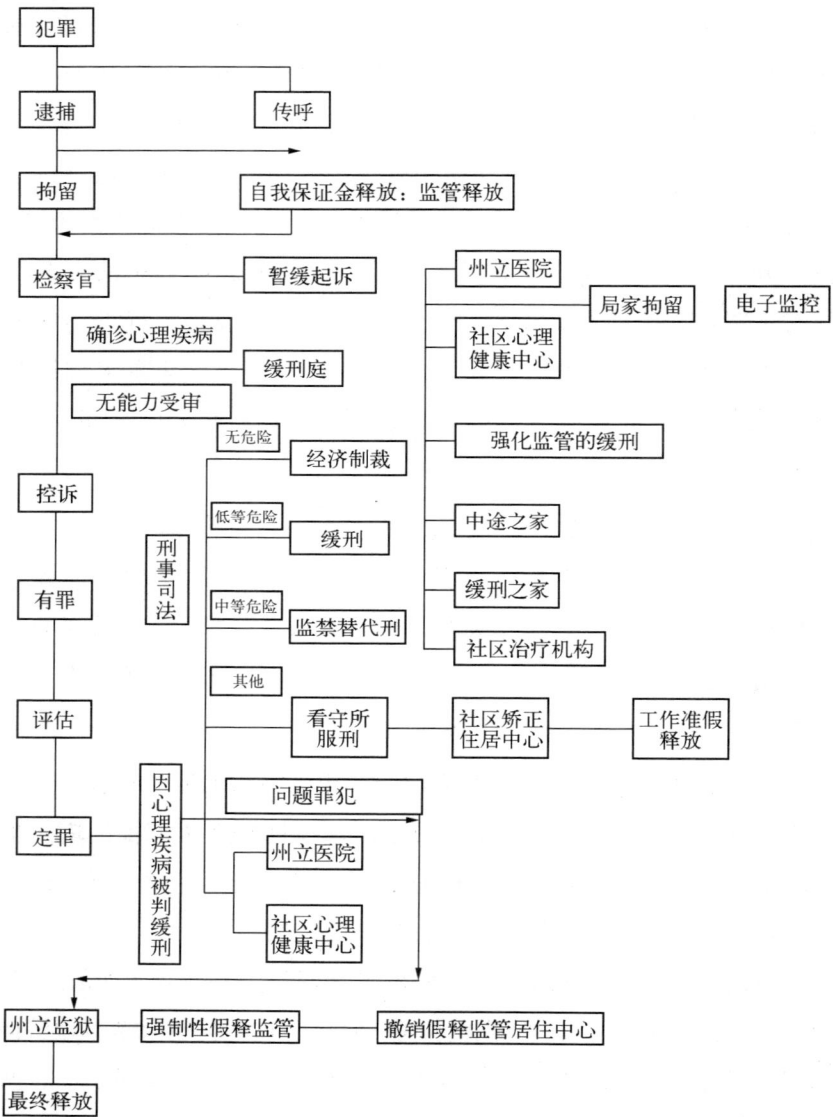

图 11 - 4　重新融入模型

资料来源：Allen，H.，Simonsen，C.（1995）. *Corrections in America*. Englewood Cliffs，NJ：Pientice Hall。

六　未成年犯与居住监管模式

虽然未成年人居住在住宅监管场所的总人数包括那些在严密监控的监禁机构的罪犯，集体宿舍、中途之家和其他形式的居住设施仍是未成年人司法系统中更普遍的监管机构。未成年人司法和犯罪预防办公室最近公布的数据显示，1998 年至 2008 年期间，在这类设施中安置的未成年人人数持续下降。图 11－5 显示，2000 年居住安置的未成年人数量达到高峰，此后一直在下降。一些州，如密苏里州，已经从大型的未成年人监狱转移到较小的住居设施。

住宿安置的少年罪犯人数

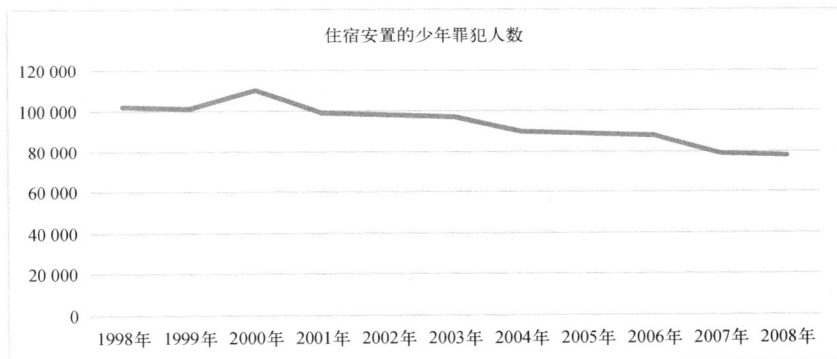

图 11－5　居住监控的未成年犯人数

资料来源：Sickmund，M.（2010）. *Juveniles in residential placement 1997－2010*. *OJJDP Fact Sheet*. Washington，DC：U. S. Department of Justice。

专栏 11－10 给出了一些新的证据，表明俄亥俄州正在与辛辛那提大学联合开发的针对年轻人的住宅项目。

专栏 11－10　俄亥俄州社区治疗中心

俄亥俄州青年服务部（ODYS）在辛辛那提大学刑事司法学院的协助下，建立了几个社区治疗中心。发展这些项目的动力源自 2005 年的一项研究，该研究表明，在俄亥俄州青年服务部中的具有中等风险的年轻人，其再犯率远远高于置于社区中的类似的年轻人。因此，这个倡议的愿景是为那些致力于为俄亥俄州青年服务部中的中等风险青年创造一个新的居住机构。

俄亥俄州社区治疗中心有以下三个目标：（1）为中等风险未成年人提供安全、强化、高度尽责、有证可循的治疗方案；（2）降低中等风险未成年人的居住时段和再犯率；（3）提供支持社区和家庭团聚/稳定的高质量的强化后续服务。

第一个基于社区的俄亥俄州社区治疗中心于 2009 年 10 月开放。俄亥俄州青年服务部与 STARR 联合体签约运营这个中心。它位于俄亥俄州的富兰克林(Franklin)县。

俄亥俄州社区治疗中心的目标人群是州未成年人服务部中犯有重罪的中等风险未成年人。该风险由精准风险评估测定,包括处于中等和高一中等风险范围内的青年。

该计划基于认知行为治疗模式,重点针对通过认知重组和技能矫正犯罪因性因素。矫治总共为 300 小时。该计划的时长是基于未成年人的风险和需求,以及治疗进展,但平均有 120 天的居住矫治和 120 天的后续矫治。STARR 运营着一项有 12 张床位的俄亥俄州社区治疗中心。该项目只服务于当地青年,重视家庭干预和善后关怀。

强化的后续服务是俄亥俄州社区治疗中心的组成部分。它包括运用社区监管有效实践模式的假释监管。如上一章介绍的那样,这个模型使用认知行为体系来监管社区中的罪犯。与此同时,年轻人要求参加一个为期八周的后续服务组,该组织集中运用那些住居监管项目中学到的技能。最后,假释部门扮演其中介角色,将社区诸多资源介绍给社区服刑对象。

为了确保这个模式的效用,不同阶段的质量要求得到保证。质量保证包括员工培训、反馈意见、青年反馈、重新评估、项目评估和再犯跟踪。辛辛那提大学负责为员工提供培训和辅导,并监管项目实施的尽责性。

俄亥俄州青年服务部现在已经将俄亥俄州社区治疗中心的各个方面扩展到整个州的其他未成年人矫正项目。

七 社区居住矫正的有效性

之前已经讨论过中途之家的价值问题以及其他社区矫正计划。这里包含一个简短的总结,以便对中途之家发展的两个阶段进行剖析。

评估中途之家和最近的社区矫正住居项目的效用需要从三个层面考虑:人性化、再犯和成本研究(Latessa & Allen,1982)。毫无疑问,在这两个阶段中,中途之家比监禁更人道。中途之家项目的建立部分是为了解决监狱和监狱化对大多数囚犯造成破坏性的经济方面和心理方面的影响。监狱拥挤、囚犯的严重懒惰、缺乏有意义的工作和职业训练、不健康和不安全的实体工厂、监狱强奸,以及监狱内的帮派冲突,使得监狱达不到人道主义理想要求(Donnelly & Forschner, 1987)。尽管过去 20 年的保守处罚取向引起美国矫正政策是否应该如此的政策争论(Latessa & Allen,1982),但可以肯定,中途之家更为人性化。

> **专栏 11 - 11　中途之家的人性化**
>
> 　　由于评估人性和行为变化的难度很大,大多数研究者倾向于忽略这些变量来追求更多的可量化数据。然而,所有在中途之家待过的人都看到了很多进入此项目的人的生活发生了积极的变化。——乔治·威尔逊(George Wilson)

　　迄今为止的证据表明,与监禁机构相比,中途之家在公共资金支出方面具有成本效益。此外,尽管不说全部,中途之家项目至少实现了一部分期待的目标,包括维持罪犯的社区关系和为罪犯提供社区资源(Dowell et al.,1985)。平均而言,中途之家每天的费用约为 50 美元。一项研究断定,私营的比政府经营的中途之家往往更具成本效益(Pratt & Winston,1999)。

　　再犯的问题要复杂得多,尤其是在中途之家的评估中。中途之家的多样性,以及他们所服务的罪犯类型的范围(假释官、缓刑犯、审前羁押犯、工作释放犯和工作准假人员),使得发展足够的对照组进行后续研究变得困难。[①] 对社区矫正住居项目服刑人员的再犯研究表明,有 71% 的矫正获得了成功,在社区矫正住居项目服刑期间的重新逮捕率为 2% 到 17%(Huskey,1992)。对酗酒犯的后续再犯情况的研究表明,他们的矫正成功率在 70% 到 80% 之间;通过入住治疗可以显著降低酒后驾车的发生率,显著提高不再酒后驾车的成功率(Langworthy & Latessa,1993,1996;Pratt et al.,2000)。对于从社区矫正住居项目完成矫正的罪犯来说,成功率最高可达 92%(Friday & Wertkin,1995)。从整体上看,追踪的再犯研究表明,中途之家服刑人员的表现并不比接受其他惩罚措施的罪犯差。也有一些证据表明,被安置在中途之家的罪犯比其他罪犯有更多的需要(Latessa & Travis,1991)。拉塔斯(Latessa,1998)研究了全国各地的一些中途之家。他有几个引人注目的批评:

　　　　◎许多中途之家没有充分评估罪犯,很少有区分不同风险的罪犯。

　　　　◎总的来说,工作人员的资质很低,而且工作人员流动率很高。

　　　　◎大多数中途之家提供各种"选择的"治疗,但几乎没有任何基于

---

① 值得注意的是,没有使用对照组的研究很难评估计划的有效性,至少在累犯方面如此。

理论的治疗模式。

◎尽管有少数明显的例外,大多数的中途之家仅比监狱稍进一步。

利昂和他的同事(Leon et al.,1999)以及芒登和同事(Mundenet al.,1999)对一些中途之家的研究表示了类似的担忧,即对罪犯评估做法不佳、工作人员流动频繁、领导层变化、资源不足以及对治疗重视不够。在 2002年的一项针对俄亥俄州的住宅项目的研究中,洛温坎普和拉塔斯(Lowenkamp & Latessa,2004)论证了在将罪犯分配给社区矫正住居监管

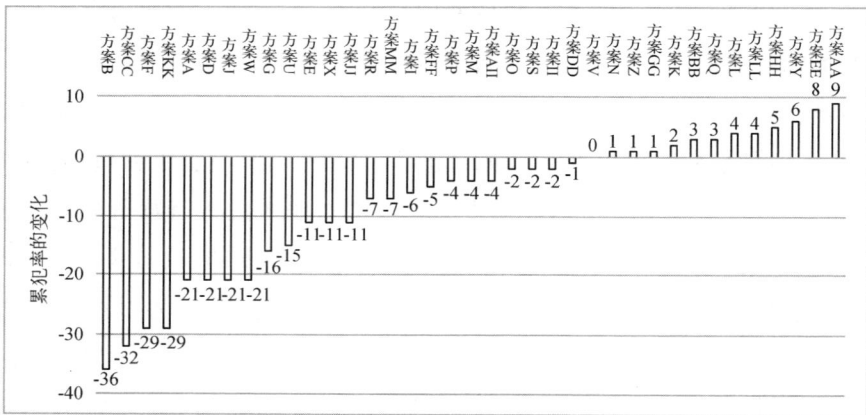

图 11 - 6　低风险罪犯的治疗效果

资料来源:Lowenkamp,C. T.,Latessa,E. J.(2004). *Residential community corrections and the risk princple*:*Lessons Learned in Ohio*. Ohio Corrections Research Compendium,vol. II. Columbus,OH:Ohio Department of Research and Corrections。

之前评估其风险水平的重要性。图 11-6 和 11-7 说明了不同社区矫正住居监管机构的再犯率。与风险原则相一致的是,社区矫正住居监管项目通常将低风险犯罪者的再犯率增加 4%,但将高危罪犯的再犯率降低 8%。在 2010年的一项研究中,拉塔斯和他的同事们(Latessa et al.,2010)对 20 个社区矫正住居监管机构和 40 个中途之家及 2 万多名罪犯进行了调查。这项研究的结果与之前的研究结果非常相似:低风险罪犯的整体再犯率增加了 3%,而高危罪犯的再犯率降低了 14%。和之前的研究一样,一些项目是非常有效的,而另一些则不然。项目的质量和实施是决定项目有效性的主要因素。

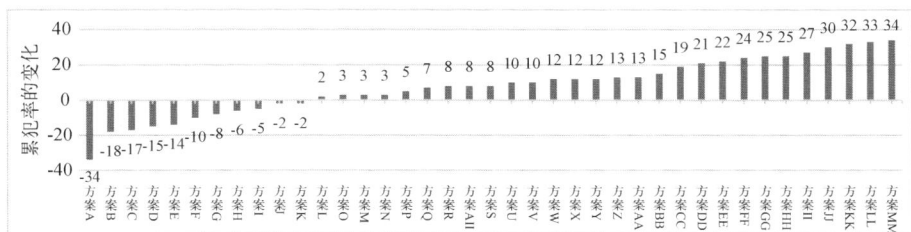

321

图 11-7 高危罪犯的治疗效果

资料来源：Lowenkamp，C．T．，Latessa，E．J．（2004）．*Residential community corrections and the risk principle*：*Lessons learned in Ohio*．Ohio Corrections Research Compendium，vol．II．Columbus，OH：Ohio Department of Research and Corrections。

专栏 11-12 社区矫正住居机构

　　在提供住宅治疗方案的不同一般的尝试中，俄亥俄州已经开发了一种新的矫正方法，称为社区矫正住居机构（CBCFs）。目前在俄亥俄州有 19 个运营的基于社区的矫正机构。该机构的规模从 54 到 200 名犯罪分子，其中有几个包括男女两种服刑犯。社区矫正机构的资金由州提供；然而，社区矫正住居机构的运作和管理由当地司法矫正委员会负责。某些机构由地方法院运作，而另一些机构则由私人机构运作。社区矫正住居机构是安全的场所，但是治疗是主要的焦点。俄亥俄州还开发了类似的未成年项目。其他一些州，如印第安纳州和得克萨斯州，也有类似的项目。许多项目已经证明，它们可以有效地为罪犯提供服务，减少累犯率。

八　社区居住矫正的未来

　　由于国家政策可能的变化、经济波动、犯罪趋势和公众情绪，预测未来的矫正趋势是困难的。有一件事是显而易见的：公众对增加罪犯的惩罚，以求减少犯罪①的呼声依然强烈。因此，监狱以及缓刑、假释和其他社区矫正收纳的罪犯人数将会增加。 *322*

　　尽管使用了更多的惩罚措施，住居社区矫正项目的前景看来还是很有希望的。缓刑人数一直居高不下，大约 95％的囚犯将返回社区。需要中途

---

① 从官方的犯罪统计和受害研究来看，过去 10 年来，美国的犯罪率一直在下降。然而，对犯罪问题保持关注的既得利益的政客和机构开始相信，通过"锁定罪犯并丢掉监狱钥匙"将加强公共安全。这种假设至少是值得商榷的，并且可能是明显错误的。

之家和其他基于社区的矫正项目来协助他们重返社会。提早的释放计划,如工作和教育准假和假释前释放也将增加,这会促进对中途之家和相关项目服务的需求。

地方政府可能会越来越多地转向私营部门提供处罚(也许是执法)方案,与更多的中途之家签订合同,提供政府无法以其他方式资助的低成本和多样化的服务。如果不这样做的话,将减少重返社会服务,并增加罪犯因犯下新罪而返回监狱的可能性。事实上,社区矫正面临的问题之一是服务和项目私有化的增加。虽然非营利机构一直是传统中途之家的中流砥柱,但营利性机构的涌入可能会改变这个行业的面貌。然而,这种变化并非没有受到批评,因此,政府评估项目和服务质量的责任将更大。

中途之家和相关项目也需要提高项目的质量和有效性①,以满足罪犯、社区和矫正的需求。为此,他们需要维持与司法机构的关系、加强社区联系和社区接受度、采取有效的治疗模式,并协助确保社区的安全,使罪犯重新融入社会。未来的研究也将需要解决社区住宅矫正项目的作用和有效性。幸运的是,目前正在进行一项旨在提高社区矫正住居项目有效性的运动。这一运动得到了国家矫正所②和国际社区矫正协会的支持,并以保罗·吉卓(Paul Gendreau)、唐·安德鲁斯(Don Andrews)、弗朗西斯·卡伦(Francis Cullen)等学者的工作为基础。通过他们的研究,我们继续了解什么矫治方案对罪犯是"有效"的(Cullen & Gendreau,2001)。

九　小结

自 19 世纪初以来,中途之家一直是矫正计划的一部分。最初设计的目的是协助犯人从监狱中释放出来,今天许多中途之家既是"入狱"的过渡机构,也是"出狱"的过渡机构。这些机构通常被称为社区住宅矫正项目,这

---

① 有证据表明,项目内的工作人员属性会影响项目的有效性和累犯率。通过匹配个性和态度属性,可以改进工作人员的选择、培训以及项目开发。参见 Johnson 和 Bonta(1985 年)。
② 要了解更多关于这场运动的信息,请写信给国家矫正所,地址是华盛顿特区西北 320 大街 20534(www.nicic.org)。

些项目既有私营的,也有政府运营的,范围从仅提供"食宿"到旨在满足所有违法者治疗需求的项目。虽然中途之家经常被忽略,但它们代表了社区矫正的一个重要部分。

研究表明,社区矫正中心为高风险服刑对象提供服务,产生了较低的再 *323* 犯率和较高的成本效益。这些中心更加人性化、便宜,并且更有效地确保公共安全。社区矫正住居中心仍将是社区矫正的主要部分,并将日益专业化,以服务于更多种类的高风险服刑人员。美国各地的许多司法管辖区尤其是监狱都面临越来越多的释放因犯和减少监禁人数的压力。

十 问题回顾

1. 为什么中途之家运动的第一阶段在 20 世纪 30 年代湮灭?
2. 解释 20 世纪 50 年代中途之家运动的复兴。
3. 定义住宅社区矫正中心。
4. 中途之家提供的服务有哪些?
5. 中途之家有哪些优点?
6. 什么是"滥用药物"? 辩论:这是一种疾病还是一种习得性行为?
7. 定义"重返社会"并讨论中途之家可以降低犯罪率的方法。
8. 对中途之家的一些批评是什么?
9. 描述俄亥俄州正在开发的俄亥俄州社区治疗中心。

十一 推荐读物

324

Lowenkamp, C. T., Latessa, E. J. (2005). Increasing the effectiveness of correctional programming through the risk principle: Identifying offenders for residential placement. *Criminology and Public Policy* 4(2), 263 – 290.

Lowenkamp, C., Makarios, M. D., Latessa, E. J., Lemke, R., Smith, P. (2010). Community corrections facilities for juvenile offenders in Ohio: An examination of treatment integrity and recidivism. *Criminal*

Justice and Behavior 37(6)，695 - 708.

³²⁵ 十二 参考文献

Allen，H. (1995). The American dream and crime in the twenty-first century. *Justice Quarterly* 12，427 - 445.

Allen，H.，Simonsen，C. (1995). *Corrections in America*. Englewood Cliffs，NJ：Prentice Hall.

Allen，H.，Latessa，E. J.，Ponder，B. (2010). *Corrections in America：An introduction*，12th edn. Upper Saddle River，NJ：Pearson/Prentice Hall.

Allen，H.，Bowman，E.，Carlson，E.，Parks，E.，Seiter，R. (1976). *Halfway houses in the United States：An analysis of the state of the art*. Paper presented at the International Halfway House Association，Guilford，England.

Berry，T. (1990). Rural community corrections and the challenge：Providing comprehensive services. *IARCA Journal* 3(July)，6 - 7.

Bonta，J.，Law，M.，Hanson，K. (1998). The prediction of criminal and violent recidivism among mentally disordered offenders：A meta-analysis. *Psychological Bulletin* 123(2)，123 - 142.

Bouffard，J.，MacKenzie，D.，Hickman，L. (2000). Effectiveness of vocational education and employment programs for adult offenders. *Journal of Offender Rehabilitation* 31(1/2)，1 - 42.

Bureau of Justice Statistics (2009). *Prisoners in* 2008. Washington，DC：U. S. Department of Justice.

Camp，C.，Camp，G. (1997). *The corrections yearbook*. South Salem，NY：The Criminal Justice Institute.

Camp，C.，Camp，G. (2000). *The* 2000 *corrections yearbook：Adult corrections*. Middletown，CT：Criminal Justice Institute.

Chapple，K. (2000). *Community residential programming for female offenders and their children. Responding to women offenders in the community*. Washington，DC：National Institute of Corrections，pp. 31 - 35.

Cohn，J. (1973). *A study of community-based correctional needs in Massachusetts*. Boston，MA：Massachusetts Department of Corrections.

Cullen，F.，Gendreau，P. (2001). From nothing works to what works. *The Prison Journal* 81(3)，313 - 338.

Division of Criminal Justice Office of Research and Statistics (2001). *Executive summary：* 2000 *community corrections results*. Washington，DC：National Institute of Justice/Federal Bureau of Prisons.

Donnelly, P. , Forschner, B. E. (1987). Predictors of success in a co-correctional halfway house: A discriminant analysis. *Journal of Crime and Justice* 10, 1 - 22.

Dowell, D. , Klein, C. , Krichmar, C. (1985). Evaluation of a halfway house for women. *Journal of Criminal Justice* 13, 217 - 226.

Drug Use Forecasting (2000). *Annual report on adult and juvenile arrestees.* Washington, DC: National Institute of Justice.

Federal Bureau of Prisons (2001) *The Bureau in brief.* www. bop. gov/resources/publications. jsp.

Friday, P. , Wertkin, R. (1995). Effects of programming and race on recidivism: Residential probation. In: J. Smykla, W. Selke (eds) *Intermediate sanctions: Sentencing in the* 1990s. Cincinnati, OH: Anderson, pp. 209 - 217.

Hartmann, D. , Friday, P. , Minor, K. (1994). Residential probation: A seven-year follow-up study of halfway house discharges. *Journal of Criminal Justice* 22(6), 503 - 515.

Hicks, N. (1987). Halfway houses and corrections. *Corrections Compendium* 12 (October), 1 - 7.

Huskey, B. (1992). The expanding use of CRCs. *Corrections Today* 54 (8), 70 - 74.

Johnson, J. , Bonta, J. (1985) . Characteristics of staff and programs in correctional halfway houses. *Journal of Offender Counseling , Services and Rehabilitation* 9, 39 - 51.

Langworthy, R. , Latessa, E. (1993). Treatment of chronic drunk drivers: The Turning Point project. *Journal of Criminal Justice* 21, 265 - 276.

Langworthy, R. , Latessa, E. (1996). Treatment of chronic drunk drivers: A four-year follow-up of the turning point project. *Journal of Criminal Justice* 24, 273 - 281.

Latessa. E. (1998). *Public protection through offender risk reduction: Putting research into practice.* Washington, DC: National Institute of Corrections.

Latessa, E. , Allen, H. (1982) . Halfway houses and parole: A national assessment. *Journal of Criminal Justice* 10, 153 - 163.

Latessa, E. , Travis, L. (1991). Halfway house or probation: A comparison of alternative dispositions. *Journal of Crime and Justice* 14(1), 53 - 76.

Latessa, E. , Travis, L. (1992). Residential community correctional programs. In: J. Byrne, A. Lurigio (eds) *Smart sentencing? An examination of the emergence of intermediate sentencing.* Beverly Hills, CA: Sage, pp. 166 - 181.

Latessa, E. , Brusman, L. , Smith, P. (2010). *Follow-up evaluation of Ohio's community based correctional facility and halfway house programs—Outcome study.* Cincinnati, OH: School of Criminal Justice, University of Cincinnati. Available at www. uc. edu/criminaljustice.

326

Latessa, E., Langworthy, R., Thomas, A. (1995). *Community residential treatment program evaluation for Talbert House Inc*. Cincinnati, OH: Division of Criminal Justice, University of Cincinnati.

Leon, A., Dziegielewski, S., Tubiak, C. (1999). A program evaluation of a juvenile halfway house: Considerations for strengthening program components. *Evaluation and Program Planning* 22, 141 – 153.

Lowenkamp, C. T., Latessa, E. J. (2004). Residential community corrections and the risk principle: Lessons learned in Ohio. *Ohio Corrections Research Compendium*, vol. II. Columbus, OH: Ohio Department of Research and Corrections.

Munden, D., Tewksbury, R., Grossi, E. (1999). Intermediate sanctions and the halfway back program in Kentucky. *Criminal Justice Policy Review* 9, 431 – 449.

National Institute of Corrections (1989). 1989 *Directory of residential community corrections facilities in the United States*. Longmont, CO: National Institute of Corrections.

Owen, B. (1991). Normative aspects of alcohol and parole performance. *Drug Problems* 18, 453 – 476.

Peters, R., Hills, H. (1999). Community treatment and supervision strategies for offenders with co-occurring disorders: What works? In: E. Latessa (ed.) *What works strategic solutions: The international community corrections association examines substance abuse*. Laurel, MD: ACA Press, pp. 81 – 136.

Petersilia, J., Turner, S., Kahan, J., Peterson, J. (1985). *Granting felons probation: Risks and alternatives*. Santa Monica, CA: Rand.

Pratt, T., Holsinger, A., Latessa, E. (2000). Treating the chronic DUI offender: "Turning Point" ten years later. *Journal of Criminal Justice* 28, 271 – 281.

Pratt, T., Winston, M. (1999). The search for the Frugal Grail. *Criminal Justice Policy Review* 10(3), 447 – 471.

President's Commission on Law Enforcement and Administration of Justice (1967). *Corrections*. Washington, DC: U. S. Government Printing Office.

Rush, G. (1992). *The dictionary of criminal justice*. Guilford, CT: Duskin.

Seiter, R., Carlson, E. (1977). Residential inmate aftercare: The state of the art. *Offender Rehabilitation* 4, 78 – 94.

Sickmund, M. (2010). *Juveniles in residential placement* 1997 – 2010. *OJJDP Fact Sheet*. Washington, DC: U. S. Department of Justice.

Solicitor General of Canada (1998). *Mentally disordered offenders*. www. publicsafety. gc. ca/cnt/rsrcs/pblctns/mtldrd-fndr/index-eng. aspx.

Thevenot, C. (2001). Halfway house: Training for freedom. *Las Vegas Review-Journal*. www. lvrj. com/lvrj_home/2001/Apr-15-Sun-2001/news/15812376. html.

U. S. Government Accounting Office (2001). *Prisoner releases: Reintegration of*

327

offenders into communities. Washington, DC: U. S. Government Accounting Office.

Valentine, H. (1991). *Prison alternatives: Crowded federal prisons can transfer more inmates to halfway houses*. Washington, DC: U. S. Government Accounting Office.

Wilson, G. (1985). Halfway house programs for offenders. In: L. Travis (ed.) *Probation, parole and community corrections*. Prospect Heights, IL: Waveland, pp. 151 - 164.

第十二章　社区矫正中的特殊人群

关键词

儿童虐待(child abuse)　　　　婚内强奸(marital rape)

儿童性骚扰(child molestation)　　梅根法案（Megan's Law）

精神病患者的刑事定罪(criminalization of the mentally ill)

卖淫(prostitution)

精神障碍罪犯(mentally disordered offenders)

约会强奸（date rape）

危险的性犯罪者(dangerous sex offenders)

精神变态(psychopathy)

发展障碍罪犯(developmentally disabled offenders)

强奸(rape)　　　　　　　　　裸露癖(exhibitionism)

连环强奸犯（serial rapists）　　暴力强奸(forcible rape)

性罪犯（sex offenders）　　　　乱伦(incest)

未成年强奸（statutoary rape）

一　导言

本章回顾对特殊犯罪人群的研究。我们选择重点关注三类特殊的群体类型：性罪犯、精神障碍罪犯和女性罪犯。这些类型并不完全涵盖特殊种类罪犯的所有可能情况。①

1. 性罪犯

每个州都有不同的法律来规范性行为，并且矫正体系通常会处理三种特殊的性罪犯群体：强奸犯、儿童猥亵犯（恋童癖者）和卖淫者。这些群体中的每一种类型都有不同的动机、操作方式、挑战和危险。无论最初的还是后来的，几乎所有这些都由社区矫正处理。首先，我们对公众的意见和担忧进行一个简要的论述，这两个因素都会影响针对性罪犯的法律和治疗问题。

专栏 12 - 1　性罪犯

性罪犯指的是那些犯了法律禁止的性行为的人，例如强奸、乱伦、变童，或者为了经济的、心理的或者情境原因的卖淫活动。

全国一天大约有 23.4 万名触犯了强奸或者性侵犯罪行的罪犯处于矫正机构的治疗、拘留或者控制之下。接近 60% 的性罪犯处于有条件的社区监管之下。

被监押的性侵犯（sexual assaulters）的受害者的平均中位数年龄小于 13 岁；强奸受害者的中位数年龄是大约 22 岁。

约有 24% 因强奸而服刑和 19% 因性侵犯而服刑的罪犯，因各自犯罪正处于缓刑或者假释中，因为性犯罪，他们曾在三年前在州监狱服刑。

资料来源：Bureau of Justice Statistics（2002）。

专栏 12 - 2　卖淫

卖淫是指为了小费、钱或者其他考虑，去提供、同意参与，或者正在参与与他人的一项性行为。

---

① 其他特殊需求犯罪者包括老年犯和携带 HIV 罪犯。黑帮成员（安全威胁群体）通常被归在机构矫正的分类下。

专栏 12-3　暴露癖

暴露癖是指在不合适的情境下,在公共场所对他人暴露一个人的生殖器或者身体的其他部分。一个暴露癖者指那些有上述暴露行为的人。

---

2. 公众的意见和担忧

可能除了暴力犯罪,没有任何的矫正对象类型会引起比性罪犯更多的公共关注。性罪犯,特别是儿童猥亵犯,会被以伤害其名誉和暴力的方式处理。只有很少罪犯会被污名化或被斥责为儿童猥亵犯。

许多美国人害怕性侵犯、轮奸犯、连环强奸犯、陌生强奸犯、儿童诱拐犯和儿童虐待犯。强奸是最让人忧虑的事件之一,同时也是一个令人恐惧和误解的罪行。还有一些人认为对性侵犯的治疗是不应当的和无效的。尽管有证据表明对于从非常年轻的到年老的囚犯的治疗和康复都有广泛的支持,政治家们倾向于跟随民意。[1] 民意调查高估对于针对特殊需求对象特别是对于未成年犯的惩罚性措施的支持数量(Cullen & Moon, 2002)。毋庸置疑的是公众情绪反对建立和资助治疗项目及相关选择。然而,大量证据显示,治疗确实是起作用的(Lipton et al., 1999; Sherman et al., 1997; Yates, 2002)。具体来说,有三个针对这个主题的荟萃分析(表 12-1),每个分析的结果都显示治疗对再犯率有相当可观的影响。首先,加拉格尔及其同事们(Gallagher et al., 1999)找到总共 25 个研究并且发现,总的来说,再次性犯罪率有 21% 的减少。其次,汉森等人(Hanson et al., 2002)回顾了 43 份研究,其中包括超过 9 000 名性犯罪者,从中发现其再次性犯罪率有 12% 的减少。最近,洛塞尔和施穆克尔(Losel and Schmucker, 2005)通过定量研究综合了 69 份研究,并且发现相较于控制组,进行治疗的犯人的再次性犯罪率有 37% 的减少。

330

---

[1] Kerschener (1996).

表 12 - 1　显示治疗可以减少再次性犯罪的荟萃分析

	研究的数量	减少百分比
Gallagher et al . （1999）	25	21
Hanson et al. （2002）	43	12
Losel and Schmucker（2005）	69	37

专栏 12 - 4　危险的性罪犯

　　华盛顿州立的 1990 社区保护法案是第一部规定当危险的性罪犯被释放进入社区时,应该被公示的法律。性罪犯的登记法被认为是必需的,因为:

　　前罪犯在从拘留释放之后呈现极高的再犯可能性。

　　保护公众远离性罪犯是一项首要的政府利益,并且性罪犯的权益应当让位于公共利益。

　　像公共机构和普通大众公示一定的关于性罪犯的信息将会促进公共安全。

　　1994 年的一个残忍的梅根（Megan Kanka,1994）奸杀案提升了对有广泛基础的社区告示的公共需求。克林顿总统在 1996 年签署了梅根法案（Megan's Law）,此法案给每个州一定的裁量权去建立公示的标准,但迫使他们公示在册的性罪犯的个人和私人信息。一般相信,公示:

　　在调查期间可协助执法部门。

　　有助于建立扣留罪犯的法律基础。

　　让性罪犯远离犯新的罪行。

　　提供公民在保护他们的孩子避免成为受害者方面有用的信息。

　　一些州强制命令注册,并对未注册者予以监禁处罚。性罪犯注册被批评是一个有瑕疵的控制性罪犯的策略,它反映了对性罪犯的一种非常态的看法,它鼓励了一种强硬的治安政策。缓刑和假释机构的责任被消极地影响。

　　　　　　　　资料来源:Presser and Gunnison（1999）;Zavitz and Farkas（2000）。

331

3. 强奸犯

　　有许多不同类型的强奸犯,包括约会强奸犯、陌生人强奸犯、家庭强奸犯、熟人强奸犯、轮奸犯、同性强奸犯和连环强奸犯。所有这些类型都有三个共同点:一个受害者或多个受害者,违背受害者意志的性交或试图性交,使用武力或威胁使用武力。大多数受害者是女性并且她们将强奸视为一种残酷的人身攻击。许多强奸受害者认为强奸这个行为主要不是性欲驱动的,它更是一种对暴力胁迫和力量的渴望所造成的身体伤害。就这点而言,强奸应该被视为一种暴力行为,而主要不是被性冲动唤起的行为。尽管被告辩护律师可能尽力利用性冲动去指责受害者,女性受害者几乎从来不为强奸承担责任。

4. 暴力强奸

强奸和暴力强奸会因司法管辖区不同而有所区别,联邦调查局(FBI,2009)将强奸定义为与一名女性发生强制性的、违背其个人意愿的性关系,包括直接人身攻击和试图通过武力或武力威胁进行强奸。其中不包括未成年强奸(没有使用武力)和其他性侵犯等。这个定义没有将男性被强奸定义为暴力强奸。

专栏 12 - 5　强奸

强奸是一种违背他人意志的,通过武力或武力威胁而进行的性交或试图性交行为。约会性交是一种暴力强奸,在这种行为中受害者同意犯罪者的陪伴,但没有同意进行性行为。

未成年强奸指与事实上同意性行为,但因为年龄规定,在法律上不能构成同意的人进行的性交。

全国暴力强奸的数据只是估计的。在 2008 年,联邦调查局报告了约 8.9 万起女性被强奸案,但是全国犯罪受害者调查(Rand,2009)估算大概有超过 20 万起 12 岁以上女性被强奸案。这说明了并非所有案件都上报给了警察部门。很多受害者没有去上报是因为他们感到会很难堪,不好意思;他们会责备他们自己;他们感觉警察不会有所举动;他们预料自己作为受害者,也会因为此案而受到谴责;或者他们认识强奸者并且害怕报复(他们的侵犯者可能是父亲、兄弟、叔叔伯伯、朋友,或者邻居)。

当审查幼童的性侵犯案件时,我们可以看到强奸这种犯罪行为更阴暗的一个方面。国家司法统计局(2002)报告显示,在除了暴力强奸的每一种性侵犯类型中,12 岁以下的儿童人数占了大约一半的受害者人数。他们占据了 1/8 的暴力强奸,并且 12 岁以下的女童占了 1/6 的被报道的强奸案。几乎一半对 6 岁以下儿童进行性侵的罪犯都是其家庭成员,同时有 2/5 的性犯罪者是 12—17 岁的未成年人。很多 6 岁以下的儿童在其家庭内会受到侵犯的事实告诉我们,最有可能的罪犯是 12—17 岁的未成年人亲戚或者

24—34 岁的家庭成员。施马莱格(Schmalleger,1996,p.69)报告说:

> 20%的 12 岁以下女性受害者是被他们的父亲强奸的,26%的女性受害者是被其他亲戚强奸的,并且还有 50%是被朋友或者亲戚强奸的。只有 4%的 12 岁以下强奸受害者是被陌生人侵犯的。

不管是官方的还是受害者统计数据都明显低估了强奸案。另有一些受害者研究显示,至少 20%的成年女性和 20%的未成年女孩在她们的人生中的某些时刻经历过性虐待或者性侵犯。[①]

专栏 12－6　针对儿童的犯罪

变童罪是指对儿童触摸、抚弄或者其他带着性本质的接触行为中的一种,包括拍儿童淫秽照片。受害者可能遭受强奸、鸡奸、暴露或者谋杀。"变童者"是指犯这些行为罪的人。

儿童忽视是指由儿童的父母或者法定监护人做出的任何故意地剥夺儿童基本生活需求的行为,包括保护、适当的衣食支持和行为管教。这包括忽视儿童、故意不给儿童提供食宿或者监护。

专栏 12－7　儿童虐待

儿童虐待是指任何因委任或疏忽对某个孩子的身体和情感健康与发展构成威胁或伤害的行为,即由对儿童照料负有职责的某个人带来的性虐待、剥削、疏忽照护和虐待。

主要的形式是(a)生理上的,包括忽视或缺乏适当的照护;(b)情感上的,包括剥夺;和(c)性的。施虐者通常是跟受害者比较亲近的人,例如母亲、父亲、继父母、祖父母或其他参与重复的行为类型的监管者。很少情况下会出现受虐者是完全的陌生人。

专栏 12－8　乱伦

乱伦是指除了夫妻之外的近亲属之间的性关系。

专栏 12－9　儿童加害者

对儿童实施犯罪的罪犯平均比对成人实施犯罪的罪犯年长五岁。接近 25%的儿童加害者在年龄 40 岁以上,但是大约只有 10%的成人加害者在这个年龄段。

资料来源:Bureau of Justice Statistics(2002)。

---

① Browne (1992).

5. 陌生人对陌生人的强奸

当受害者被陌生人侵犯时,这种侵犯可能是更暴力的,并且侵犯者可能是带有武器的并且对受害者造成威胁的。罪犯有更大的可能性是药物成瘾者(Hsu & Strarzynski,1990);受害者更可能受到生理上的身体伤害;并且被恶意伤害的女性更有可能去上报侵犯案件。大多数受害者并不是挑衅者(Warren et al.,1999)。

334

专栏 12‐10　精神病

黑尔(Hare)将精神病的临床概念定义为一种人际的、情感的和生活方式特征的结合。从人际上讲,精神病患者是自大的、冷酷无情的、支配的、浮夸的、操纵的和肤浅的。情感上,他们缺少内疚感或者焦虑,是易怒的且不能对他人建立强烈的情感纽带。人际的和情感的特征通常被发现与一种社会越轨生活方式相关,即包含冲动的和不负责任的行为及一种忽视或者明目张胆地违反社会规范的倾向。虽然不是所有的精神病患者都会引起司法系统的关注,他们有极高的暴力和侵犯的风险。在高度设防的监狱中,他们可能构成总囚犯的 20%到 25%。

资料来源:Hare(2002)。

在陌生人对陌生人的强奸类型中,对于许多被杀害或者"失踪"的受害者来说,连环强奸犯(即在三起以上独立案件中强奸多名受害者的罪犯)是尤其值得关注的。有关研究显示,连续强奸犯更有可能是白人而不是少数族裔,他们会根据性吸引力和脆弱性来选择受害者(Stevens,1999),在一个较长的时段里强奸他们的受害者,会随着时间推移使用更多脏话、更虐待狂性质的、更具暴力(Knight et al.,1998)。一项关于英国连环强奸犯的研究揭示了他们的活动范围和移动特性。大多数侵犯案是在受害者住所的五公里内发生的。犯罪者倾向于将作案地点选在有相当"适合"的受害者存在的地方,并且性侵者通常会为了寻找性侵对象而花相当长的时间并在几个很大的区域间悄悄潜行和搜寻"目标",偶尔也会在相对精心设计的作案期间,无意发现和侵害一些受害者。罪犯更有可能具有反社会("精神变态者")人格(Davies & Dale,1996)。连环强奸犯侵犯的受害者通常需要很长一段时间的强化治疗,这些治疗有时是在治疗社区实施的。

6. 熟人强奸

至少一半上报给警察的强奸案是受害者认识的人所为的,其中包括家庭成员、朋友和追求者。包括 12 岁以下的女性受害者在内的受害者事件显示,这种类型的强奸极大地被低估了。为了去理解犯罪者所面对的动态和治疗以及整个矫正体系,我们现在主要关注约会强奸和婚内强奸。

7. 约会强奸

约会强奸,通常被定义为违背女性意愿发生的非法性交,发生在一个约会的环境内或者追求的关系中。约会强奸是一个多发的事件并且并不仅限于这个国家。一项加拿大大学女性研究发现,1/4 的女性在过去的一年中发生过本不想发生的性关系。① 有一个估算显示,所有大学女生中的 15% 到 25% 都是强奸或企图强奸的受害者。而实际的发生率可能更高,因为许多受害者会责备他们自己在自我防卫过程中做得不够或者在被强奸之前喝酒了或者服用药物了。(约会强奸和校园轮奸是不同的,约会强奸中通常只有一个施害者参与,受害者和施害者彼此熟悉,约会强奸也一般不会被他人所知,并且这种性侵犯更可能被视为一种强迫性交而不是一种暴力强奸。)

施害者可能觉得,在约会中,他已经投入了很多时间和金钱,所以他理应获得性关系,性方面的亲密接触是在关系发展中的一个可以确认的因素,而且其他情侣在相似长度的约会过程中已经开始性活动了,或者是"她说不"但其实意味着"可以"。可能仅有 1/10 的约会强奸被上报给警察,低度报案的原因是因为受害者感到很不好意思或者受到惊吓;有些受害者可能并没有把约会强奸看作"真正的强奸",她们所认为的真正的强奸是被陌生人侵犯;又或者害怕她们会被警察污名化或者歧视。有些男性(特别是未成年人)很难体会到女性的感受并且对待她们更像是性工具,认为这些女性应该有责任满足他们的性欲,而不是将女性视为有价值的和独立的伴侣去对待(Kerschener,1996)。在强奸这个领域充满带有传统偏见的模板化的关

① DeKeseredy et al. (1993).

系和观念。

8. 婚内强奸

婚内强奸或者配偶强奸,是指一个有主导地位的男性对妻子的强奸,尽管这个强奸者/受害者的角色可能会互换。一般来说,如果丈夫强迫妻子进行非自愿的性交就可以称为配偶强奸。直到现在,在"婚姻的豁免权"之下,一个法律意义上结婚的男人可能不会因为强奸他的妻子而被起诉;一个进入婚姻的女性通常就认为她给了自己在丈夫的要求下进行性交的同意意见。在过去的 20 年中,对配偶虐待的研究已经将婚内强奸认定为配偶虐待的一部分,有时伴随着虐待和暴力殴打。每个人都应该受到法律的保护,并且几乎每一个州现在都制定了将婚内强奸定性为犯罪的法律法规。

婚内强奸的程度是未知的,但是它在大量婚姻中都是一个持续的问题(Straus,1988)。它在某种程度上被低估了,因为社会倾向去刺耳地责怪和评价强奸受害者。被她们丈夫伤害的女性曾经报告说,这种伤害只是发生在三个循环中的类似伤害中的一种(Riggs et al.,1992)。这三个循环是:紧张建立、严重殴打和丈夫后续的忏悔行为。许多证据显示,配偶强奸案发生的家庭经常有夫妻或孩子之间关系紧张和猜疑(Mahoney & Williams,1998)。一项英国的研究发现,30%的妻子跟丈夫发生过违背其个人意愿的性交,被调查的总体中有 20%的妻子曾在婚内或婚外被强奸过(Painter & Farrington,1998)。最后,多重的性犯罪(例如乱伦和婚内强奸)在受害者中,并可能在一定程度上在施害者中,是一个共生的问题。我们需要新的精神治疗模型和矫治(Walker,2000)。

336

9. 对性罪犯的治疗

被强调的可以预测再次性犯罪风险的因素从历史的角度看一直是静态性质的。这些静态的风险因素的例子包括年龄、犯罪史、性偏差兴趣的起始时间、婚姻状态,以及其他一些具体的犯罪特征,如陌生受害者、男性受害者、接触型和非接触型犯罪(Hanson & Bussiere,1998;Harris,2006)。然而,最近研究者也强调了再次性犯罪的动态风险因素的重要性。此外,这些动态的风险因素也可以再细分为稳定的(或者说相对持久的)和易变的(或者说迅速变化的)的风险因素(Hanson & Harris,2000)。稳定的风险因素包括,社会影响、性权利、态度、性的自我调节和一般的自我调节(Hanson & Harris,2000;Hanson & Morton-Bourgon,2004)。易变的动态因素包括,与受害者接触的渠道、对监管的不配合,以及愤怒(Hanson & Harris,2000)。曼及其同事们(Mann et al.,2010)将这些风险因素称为心理意义上的风险因素。

本书前面一个章节提到,风险原则认为,如果对不变的和动态的风险因素都进行精确的评估的话,犯罪行为是可以预测的。最普遍使用的针对再次性犯罪的不变因素评估工具包括静态因素-99(Hanson&Thornton,2002),风险-矩阵-2000和性犯罪者风险评估指南(Quinsey et al.,1998)。在为性罪犯选择风险评估工具的时候,将再次性犯罪和一般的再次犯罪视为不同的结果是非常重要的。也就是说,用一个复合的风险和需求测量工具去评估所有的犯罪者对社区矫正实务人员是非常重要的,但是他们也应该使用一个附加的测量工具去预估再次性犯罪。事实上,许多性犯罪者具有较低的一般性再犯风险度,但在同时,他们在再次性犯罪方面则有较高的风险(McGrath et al.,2011)。不使用一个特殊的性犯罪测量工具可能造成性犯罪者的错误分类。

与犯罪的一般人群类似的是,被认定为有较高再犯风险的罪犯应该比有较低再犯风险的罪犯受到更强化的服务。在文献中,支持对性罪犯应用风险原则的迹象逐渐开始出现。例如,汉森等人(Hanson et al.,2009)发现了相较于低风险犯罪者,对高风险犯罪者有更好的治疗效果。类似的是,罗文斯及其同事们(Lovins et al.,2009)发现与较少的服务相比,当高风险的性犯罪者受到强化服务如住居监管时,他们有更低的一般性再犯比率。最后,韦克林及其同事们(Wakeling et al.,2012)最近回顾了相关文献并得出结论,低风险的性犯罪者应该与高风险的性犯罪者隔离开来,并且治疗服务不应该干扰其他鼓励亲社会的生活方式的活动。

至于治疗,性犯罪和其他暴力有相当大的异质性。因此,治疗项目和犯

罪类型一样多样化;一些治疗项目未能侧重于关注造成犯罪发生的那些因
素,因此错误地去实现一些不能减少再犯率的目标。一项佛蒙特州关于性
犯罪者治疗的研究概述了某一监狱治疗项目的目标如下:

■让罪犯去为他的行为和对受害者及其他人造成的伤害负责。

■处理那些曾经让他可以支持自己行为的扭曲想法。

■教罪犯去理解他的行为对受害者造成的影响,并让他对周围人
展示出更加体恤的行为(认知到别人的情感压力、认识到别人的角度、
对别人传达同情等等)。

■处理性冲动以减少对不适当对象的冲动,并且强化对一个适当
的成年伴侣的冲动。

■计划复发预防,教育犯罪者怎样以及何时去干预会导致性犯罪
的个人行为类型(喝酒和保持冷漠、独自一人和身体上的怠惰会幻想犯
罪,并且这需要一些个人的干预,例如发起咨询、出席匿名戒酒互助社
会议和打一个制定的犯罪预防热线电话)。再犯预防包括教犯罪者如
何去认知导致他们现在犯罪的事件链,并且去练习打破这个链条的
策略。

■为释放出狱进入社会制定计划并且建立一个支持小组,这个小
组成员应该知道这个犯罪者的情况并且能够提供支持和监管,包括针
对性犯罪者的门诊治疗。

在释放六年之后,5%完成了佛蒙特州治疗项目的人再次犯了其他的性
犯罪并且被拘捕,仅进行了部分治疗(包括离开项目或者因为违反规定而被
从项目中开除)项目的服务对象有30%的再犯率。在拒绝参加项目并且被
监禁的人中,有 30%因为某些形式的性犯罪而再次被捕(Cumming &
Finch,2001)。

表 12 – 2　经过治疗和未经过治疗的未成年性犯罪者的再犯率比较

组别	再次性犯罪	再次暴力犯罪,性犯罪除外	无暴力的再次犯罪
经过治疗组	5.2％	18.9％	30.7％
未经过治疗组	17.8％	32.2％	50.0％

资料来源:Yates,P. (2002)。

专栏 12 – 11　性犯罪者的治疗:起作用吗?

　　传统的司法对性犯罪者的回应包括惩罚和监禁,以此限制犯罪者接触到受害者的渠道。因为几乎所有的性犯罪者都会回到社区,没有经过治疗的无为举动不会减少再犯。在佛蒙特州,再犯的花费(司法和受害者服务)预估超过 13.8 万美元。

　　麦格劳(McGrath,1995)提供了一份 68 个结果研究的概要,概要清楚地显示,社区中的治疗是有效的,这些效果在最近的小组治疗课程中使用再犯预防治疗模型的项目中尤为明显。典型的治疗目标包括担负起对犯罪的责任,对受害者建立同情心,提升社会适应能力,控制不正常的性冲动和发展再犯预防技能。最近的治疗项目(自 1980 年以来)看来是更加有效的。

　　经过治疗的犯罪者的再犯率比未经过治疗的犯罪者的再犯率低 80％;完成治疗项目的人(与中途放弃的人)少了 77％的可能性去再次犯罪。经过再犯预防项目治疗的性犯罪者(与行为改变项目相比)少了 73％的可能性去再次犯罪。最后,自 1980 年以来,经过治疗的性犯罪者的再犯率是 6％。弗比(Furby)及其同事(1989)认为,再犯率不超过 10％但也认为,治疗后需要更长的后继监察时间。

　　麦格劳断定,68 个性犯罪研究的结果显示,治疗是起作用的,也是有成本效益的,并且能够在社区缓刑控制中得以提供。

资料来源:McGrath(1995)。

339

　　一项来自威斯康星州未成年人监禁机构的未成年人性犯罪者研究(Nesbit et al. ,2004)包括了对儿童实施犯罪的性犯罪者,对同龄人或年长者实施犯罪的强奸犯和被裁定无性犯罪的未成年人。强奸犯和儿童罪犯组完成了一个强制的严肃的性犯罪者治疗项目,该项目包括了小组心理治疗、通识教育、性教育、行为管理项目和个人以及家庭治疗。八年之后,研究发现未成年人性犯罪者比非性犯罪的未成年人罪犯有更低的性犯罪率,尽管所有三个组别都比这个州的普通男性更有可能参与性犯罪。

338

　　可能针对不同类型性犯罪者治疗有效性的最广泛评论之一来自耶茨(Yates,2002),他认为,对于各种各样的犯罪者来说,如果特定行为的治疗是基于对需求的评估,那么治疗就能够显著减少再次性犯罪,其中包括未成年人和成年人。有效的治疗也包括了一个治疗计划的发展,由称职的治疗

师提供的连贯形式的治疗,和在某种治疗不起作用的时候能够调试治疗的能力。对于未成年人来说,治疗目标包括:

■增强对其行为的责任感和承担责任的义务;

■处理导致性犯罪的认知,情感和行为因素;

■减少异常的性唤起;

■改善与家庭成员之间的关系;

■加强对受害者的同理心;

■提升社会技能;

■发展对情感关系和性的健康态度;

■减少个人创伤的影响;

■确认到自己的认知偏差。

耶茨报告了一个全面的、认知行为的、再犯预防的未成年人性犯罪者项目进行了六年之后的治疗效果。有效性测量基于接受治疗组和相似的未接受治疗组的再犯率的对比。结果如表 12-2 所示。被治疗的性犯罪者有明显的更低频率和更少暴力性的再犯。性犯罪者的犯罪行为是可以进行介入干预的,并且主要证据显示,治疗对于大多数犯罪者是起作用的(尽管为一部分相对稀少的精神病性犯罪者发展有效的治疗有相当多的挑战)。

二　精神健康障碍人员

2005 年,司法统计局预估,全国监狱和看守所中有超过 120 万囚犯有精神疾病问题(James & Glaze,2006)。大约 56% 的州监狱囚犯,45% 的联邦监狱囚犯和 64% 的看守所囚犯有精神健康问题。其中大多数囚犯还有药物滥用问题,包括酒精或其他药物(或者二者均有)。

因为宪法的和政策,在 20 世纪中期存在的大多数精神健康机构已经关闭;那些保留的机构主要服务于被法庭指令还押的病人,包括那些因精神疾病而判无罪或者有罪但有精神病的;那些对自己和他人安全构成威胁的,那些因为与监禁相关的精神病或由监禁导致的精神病而被缓刑法庭转移的人。有少部分是危险的性犯罪者,这些人已经完成了他们的刑罚但还是被法庭安置在精神健康机构,因为他们被认为有再次凶恶犯罪的可能性。

量刑项目(The Sentencing Project,2002,p. 2)认为,监狱囚犯中的精神障碍的发生率至少是普通民众的五倍,这反映出精神疾病的有罪化:"有精神疾病的人有越来越多的可能性被刑事司法部门处理而不是通过精神健康系统处理。"精神疾病的有罪化基于以下原因而发生: ₃₄₀

■因相信社区可提供足够的精神健康服务,20 世纪 60 年代开始了去监禁化运动,但是资金却不能及时得到去保证支付社区里的治疗。

■治疗花费和可供服务的减少,包括治疗服务的碎片化。

■非自愿参与的障碍。法庭考察发现,被监禁的囚犯要么对他们自己或其他人存在一种明显的威胁,要么因为明显残疾而无能照顾他们自己。另外,非自愿的住院治疗需要法律陈述和一个完整的司法听证。

除此之外,美国最高法院裁决要求,在治疗名义下的非自愿囚犯必须接受治疗,但许多州却不能或者不愿资助治疗服务。

专栏 12‑12　精神病犯的缓刑监管

尽管心理健康倡导者声称"患有精神疾病的人构成的犯罪威胁不会超过其他公众"(National Mental Health Association,1987),但强有力的证据表明,情况并非如此。不过,对于矫正系统来说,精神病患者是否比一般公众更危险的问题并不是一个特别相关的问题。对于已经被定罪的精神病患者,一个更恰当的问题是,他们是否构成了比社区监管的其他罪犯群体有更大的危险。

拉特沙(Latessa,1996)对缓刑监管中的几个组群的逮捕,定罪和缓刑结果数据进行了比较。这些组群包括性犯罪者,毒品犯罪者,高风险罪犯,常规监管的罪犯和精神紊乱的罪犯。他发现,精神紊乱的罪犯表现不错,并且在某些情况下比其他缓刑组群表现得更好,并得出结论,精神病患者可以并且正在社区接受监管,而且不会增加公共安全的风险。

资料来源:Latessa (1996)。

专栏 12‑13　犯罪思维和精神疾病

摩根及其同事们(Morgan,2010)研究了 414 名有精神疾病的成年犯罪者(265 名男性,149 名女性)发现:

341

■66%的人有支持犯罪生活方式的信念体系(基于 Psychological Inventory of Criminal Thinking Scale)。

■当与其他犯罪者样本比较时,有精神疾病的男性犯罪者的得分比无精神疾病的犯罪者高或者相似。

■在犯罪情感量表上,85%有精神疾病的男性和72%有精神疾病的女性有反社会态度、价值观和信仰,这一比率高于没有精神疾病的监押样本。

他们的总结是:

■犯罪思维方式可以将犯罪的人与不犯罪的人区分开来,但与精神疾病无关。

■有精神疾病的囚犯既有精神疾病也是罪犯。

■精神疾病和犯罪行为需要被当作一个共生的问题看待。

资料来源:Center for Behavioral Health Services Criminal Justice Research Policy Brief,April 2010. Rutgers University。

专栏 12-14 发育障碍罪犯

几乎没有看守所或监狱有足够的设施和方案来处理发育障碍罪犯的特殊需要,医院和其他医疗机构也几乎没有足够的安全保障去管理矫正项目以确保社会的权利。没有替代选择,法官别无选择,只能判处这些人入狱。

■一些发育障碍的犯罪者因犯罪的严重性或作为累犯的记录而需要监禁,但大多数其他发育障碍的犯罪者可以从监狱转为社区治疗项目,同时仍然确保社区的安全。

■监狱中被监禁的发育障碍人数估计数存在巨大差异:早期研究表明,监狱因犯中有发育障碍人数的百分比高于一般人群中有发育障碍人数的百分比,而最近的研究表明这一比例与普通人群的比例大致相同。

342

发育迟缓的罪犯经常被同龄人利用,这反映出他们非常需要认同和接纳。他们没有长远的眼光,也没有能力以一种因果关系来理解他们行为的后果。

■有发育障碍的囚犯通常被其他监狱囚犯伤害或虐待。

■确定有特殊需求的罪犯对于规划个性化项目至关重要。由经过专门培训的员工利用复杂的评估工具和程序进行的正当程序、功能诊断和评估至关重要。

■因为发育上的障碍通常不会被认识到,所以这类人的合法权益经常被侵犯。

■刑事司法和矫正人员目前没有被培训去助理这类犯罪者的特殊问题和需求。

■在与刑事司法系统第一次接触的时刻和连续过程中的每个决策点,都应考虑与较弱的心智能力有关的能力问题。

■应当为有发展障碍的犯罪者安排符合他们个体需求的项目;其中有些人可以与一般因犯混在一起;有些人需要隔离的环境;有些人会从社区环境中受益最多;其他一些人可能被安排在一个一般的发育障碍小组之家或监护之家。

■一项对地方司法管辖区的调查显示,需要对通常不区分发育障碍和精神疾病的刑事司法人员进行有关发育障碍的培训;一旦罪犯进入刑事司法系统后,就需要尽早识别这些人;并需要更多的社区资源,特别是住宿矫正项目,为这类罪犯提供服务。

三 女性服刑人员

男性犯罪者占了被监管的成人犯的大多数(超过 80%)。尽管被监禁的女性人数比男性人数呈更快的增长趋势,但是,由社区矫正体系监管的女性服刑犯还是较少。本节主要关注将女性置于矫正控制的犯罪类型,她们进入和离开社区矫正的过程,以及女性犯罪者所面临的特殊问题。

1. 女性矫正人口

有超过 100 万的女性是处于羁押或成人司法部门控制之下,有近 9 000 *343* 名的未成年女性处在监控的和非监控的州政府管理机构和签约的监管机构。全国每天有接近 1% 的美国成年女性处在某种矫正监控中。其中大约 85% 的人是在社区中被监管,15% 的人是被监禁在看守所或监狱。大多数暴力的女性罪犯是没有被监禁的;大约 6.5 万名暴力犯罪的女性处在缓刑机构的监管之下,同时 3 300 名暴力犯罪的女性在看守所,2.1 万名在州立监狱,大约 1 000 名在联邦监狱。在女性毒贩中,大约 5.8 万名在缓刑中,5 300 名在当地看守所,13 500 名在州立监狱,同时大约 5 300 名在联邦监狱(见表 12 - 3)。

表 12 - 3 州立法院判处的女性罪犯的刑罚类型

严重的定罪类型	被判刑的罪犯比例(%)			
	监狱监禁	拘留所	非监禁缓刑	其他
所有罪行	25	31	40	3
暴力犯罪	32	31	40	3
谋杀	81	7	11	1
性侵(含强奸)	44	27	25	4
抢劫	50	24	24	1
暴力攻击	23	35	39	3
其他暴力	37	31	29	3
财产犯罪	22	31	44	3
入室偷窃	39	43	25	3
盗窃	19	33	45	3
欺诈	22	27	48	3

严重的定罪类型	被判刑的罪犯比例			
	监狱监禁	拘留所	非监禁缓刑	其他
毒品犯罪	26	28	41	
持有毒品	21	30	43	6
毒品交易	29	27	40	4
武器	27	33	35	5
其他犯罪	27	39	33	3

资料来源：Durose，M. R.，Langan，P. (2005). *State court sentencing of convicted felons*. Washington，DC：Bureau of justice Statistics，p. 23。

2. 服刑女性

接近 2/3 处于缓刑监管之下的女性是白人，但是接近 2/3 被监管在看守所、州监狱和联邦监狱的是少数族裔：黑人、拉美裔和其他种族。在看守所和缓刑的女性比在监狱里的女性更年轻，差不多 1/4 联邦监狱在押犯人至少 45 岁。矫正中的成年女性的未婚率明显低于普通女性的未婚率。

接近 7/10 的处于矫正处罚的女性有小于 18 岁的未成年子女。这些女性人均有 2.1 个未成年子女；这些预估可以被理解为超过 130 万的未成年是由处于矫正处罚的女性抚养的。大约 2/3 的州立监狱在押犯在进入监狱之前是和他们的孩子生活在一起的。

女性监狱在押犯通常比男性监狱在押犯有更加困难的经济环境。大约 2/5 在州监狱的女性被捕前是有全职工作的，但是超过 1/3 的被雇女性在被捕前每个月收入不超过 600 美元。接近 30% 的女性在押犯人接受过福利援助。

女性犯人比男性犯人会面临更麻烦的健康问题。大约 3.5% 的女性在押人口有 HIV 阳性。大约一半的在押女性犯人曾因酗酒、吸毒或两者都有的问题而犯罪。据报告显示，违法吸毒比酗酒更常见。在每一种非法滥用毒品的测量上（曾经使用、日常使用、在犯罪前一个月内使用和在犯罪时使用），女性罪犯都比男性罪犯有更高的使用频率。然而，男性罪犯在每一种的酒精摄入量上，高于女性罪犯。估计显示，25％的女缓刑犯、30％的看守所和州立监狱的女性因犯、15％的联邦监狱的女性因犯在她们犯罪的时候酗酒。接近 1/3 的州立监狱女性因犯报告他们是为了获得支持吸毒的钱才犯下导致她们进入监狱的罪。

接近 56％在州立监狱服刑的女性药物滥用者接受过针对他们的酒精或其他药物滥用的治疗，1/5 的人说自从他们进入监狱后就开始接受治疗。另有 1/3 的人说他们自从进入监狱就加入了一个自愿项目（例如酒瘾者匿名互助会和毒瘾者匿名互助会）。

44％的处于矫正机关监管之下的女性报告她们在人生的某个时间点曾遭受过身体或性伤害。48％说自己曾受过伤害的女性报告这些伤害是发生在 18 岁之前。

3. 看守所的女性

看守所里的女性人数从 2007 年的 10 万有余减少到了 2012 年的 9 万多。女性在押犯中，接近 1/5 说她们是在毒品的影响下才行使第一次犯罪的。大约 2/5 的人每天都需要服用毒品。大约 1/4 的女性在押犯说他们是为了钱去卖毒品才犯下的罪行。大约 2/3 的在押女犯有 18 岁以下的未成年儿童，其中部分孩子是与他们的祖父母或者父亲一起居住。

345

芝加哥一项关于看守所女性在押犯的精神健康问题的研究（Teplin et at.，1997）发现，代表性样本中的 80％符合以下标准：至少有一种终生精神疾病、常见药物滥用或依赖、创伤后应激障碍。女性在押犯的这些精神疾病的比率（尤其是抑郁症）远远高于一般普通人。调查者推断，仅有少数看守所女性在押犯接受了看守所内治疗，主要原因是在押犯需求远远超过了看守所的现有资源。

吸食毒品的女性通常有较低的自尊心和较少的自信并且可能感觉很无助。除此之外，少数裔女性可能面临额外的文化和语言障碍，以至于成为阻碍或影响治疗和恢复的因素。许多吸毒的女性不去寻找治疗是因为她们害怕。她们害怕不能够照顾或者留住她们的孩子，害怕来自她们配偶或男朋友的报复性行为和来自社区权威机构的惩罚。许多女性说她们吸毒的男性伴侣唆使她们开始吸毒。最后,研究显示,如果有毒品依赖的女性的男性配偶也有一个热衷吸毒的生活方式的话,这类女性是很难放弃吸毒的。

大约40％的看守所女性在押犯成长在单亲家庭,另有17％的人生活在没有父母的家庭。接近1/3的女性有一个酗酒或吸毒的父母或者监护人,并且40％的人的家庭成员有过被捕历史(通常是兄弟姐妹)。

这些关于看守所在押犯的简要考察表明,她们是一群在成长过程中的受害者。破碎的家庭、性虐或身体虐待、少数族裔的身份,父母或监护人酗酒或者吸毒是一大部分看守所女性在押群体的特征。这部分罪犯通常不太可能收到针对其主要的深层问题的有效的治疗。看守所少于六个月的服刑之后,大多数人会被遣回社区矫治其毒品依赖,对于大多数人来说,她们的努力可能会因为没有密切的协助而失败。对于任何年龄段的毒品依赖女性来说,克服毒品成瘾的疾病是可能的。那些成功戒毒的人是得到了身边重要的人、家庭成员、治疗提供者、朋友和社区的帮助。我们将在下面讨论具体的问题。

4. 假释女性

尽管最近强调对女性罪犯的研究,但是我们对处于假释的女性仍知之甚少。在2008年,女性犯大概占了所有假释犯的20％,相较于1990年8％的比率有较大上升。换句话说,有超过十万的女性假释犯。女性假释犯数量的增加反映了更高的犯罪比率、犯罪后的抓捕率、每次抓捕后增加的被捕入狱的比率和假释准许率。现在,一位女性一生中进入州或联邦监狱的机会超过1％,拉美裔女性在这方面比白人女性高出50％的可能性。黑人、非拉美裔的女性比白人女性有高出七倍的监禁可能性。

大多数进过监狱的女性会因为以下因素而没有在假释之后成功再次融入社会。当治疗在一个资源限制的体系中而不被重视时,这些女性是很难克服以下问题的:酒精或其他毒品的使用、无业和没有职业技能、被性虐的历史和不完整的教育。一个缺口存在于监狱治疗和社区治疗之间。没有有意义的治疗,现有的再犯风险因素是不会改变的。

5. 女性和药物滥用治疗

女性罪犯对药物滥用的有效治疗有着广泛的需求。研究显示，女性可以从能够满足其基本需求的全面服务的药物治疗项目中获得最大收获，包括获取以下资源的途径：

- 食物、衣服和避难所
- 交通
- 工作咨询和培训
- 法律援助
- 读写训练和教育机会
- 养育训练
- 家庭治疗
- 配偶咨询
- 医疗照护
- 儿童照护
- 社会服务
- 社会支持
- 心理评估和精神健康照护
- 自信心训练

一个全面的服务链对于刑事司法体系每一个阶段的女性犯来说都是非常需要的。最终，几乎她们中所有的人都会无条件地回到社区中。传统的药物治疗项目可能不适合女性罪犯，因为那些项目可能无法提供她们需要的服务。除此之外，研究也建议，与治疗提供者保持一个持续的关系是贯穿整个女性罪犯治疗过程中的一个重要因素。任何人在治疗过程中都可能经历失败和再失败。学习如何辨别和避免可能导致再失败的境遇是非常重要的。这是对许多社区项目尤其是治疗社区的一个治疗推力。

基于看守所的项目包括治疗社区（如加州旧金山的 Sisters in Sober Treatment and Empowered Recovery or SISTERS 和加州圣地亚哥的

Stepping Out),这些社区包括广泛的治疗项目(方式)。看守所释放后的照护项目提供强化的门诊服务和有节制的生活、工作培训和住所援助、介绍到支持性服务部门或一个为刑满释放犯或由刑满释放犯创办的互助小组(Kassebaum,1999)。监狱的治疗机构正变得越来越多,它们的服务对象与没有注册服务的人相比,有明显更低的再失败和再犯率(Nielsen et al.,1990)。

佐治亚州曾面临一个特殊的矫正人群,即整个矫正群体中10％的男性犯和27％的女性犯被认定有精神健康问题。佐治亚州赦免和假释委员会报告说,佐治亚州为缓刑和假释犯提供治疗和释放后照护项目(TAPP)以促进为佐治亚州有精神疾病和发育障碍的罪犯提供出狱后支持。在每个服务区域的TAPP精神健康实务人员都是返回本区域的无暴力倾向的精神健康罪犯的个案经理,监管着罪犯的行为和安排持续的社区支持及治疗。这样的过渡项目就是针对女性犯罪者的监禁和逐渐重新融入社区之间所必要的合作的例子(Georgia Board of Pardons and Parole,2000)。这样的合作在整个社区矫正体系都是需要的。

四　小结

我们有关特殊需要的服刑犯的讨论表明,他们不是一个单一的有相似处境的群体,而是一个复杂的个人结合体,这些人大多面临着自我挫败的行为带来的生活困境而需要改变。每个人群都有特定的,与犯罪情境和基本需求相关的特征和问题,几乎所有这些都没有被有效地处理。尽管他们大都有相似的曾经犯罪的经历,但在那些事件背后是他们没有被处理好的社会、个人和药物需求,这些需求都最好通过治疗来处理。未来的矫正工作将需要应用一系列分类系统决定最有效的方式去管理所有类型的罪犯和最大化公共安全。

五　问题回顾

1. 解释"特殊需求"罪犯。

2. 大众担忧会对性犯罪者的治疗造成什么影响？

3. 约会强奸和校园团伙强奸的区别。

4. 针对性犯罪者的治疗起作用吗？

5. 为什么有精神疾病的罪犯被集中在社区矫正体系中？

6. 解释为什么精神疾病的有罪化已经发生。

7. 矫正工作怎样能更好地矫治发育障碍罪犯？

六 推荐读物

348

Hammett，R.，Roberts，C.，Kennedy，S. （2001）. Health-related issues in prison reentry. *Crime & Delinquency* 47(3)，390 – 409.

Lowenkamp，C.，Holsinger，A.，Latessa，E. （2001）. Risk/need assessment， offender classification， and the role of childhood abuse. *Criminal Justice and Behavior* 28(5)，543 – 563.

Sentencing Project，The （2002）. *Mentally ill offenders in the criminal justice system：An analysis and prescription*. Washington，DC：TSP. www. sentencingproject. org/doc/publications/sl_mentallyilloffenders. pdf.

Travis，J. （2000）. *But they all come back：Rethinking prisoner reentry*. Washington，DC：Office of Justice Programs.

七 参考文献

Allen，H. （2002）. In：Allen，H. （ed.）*What works? Risk reduction：Interventions for special needs offenders*. Lanham，MD：American Correctional Association.

Browne，A. （1992）. Violence against women. *Journal of the American Medical Association* 267，3184 – 3189.

Bureau of Justice Statistics （2000）. *Probation and parole in the United States*. Washington，DC：BJS.

Bureau of Justice Statistics （2002）. *Criminal offenders statistics*. Washington，DC：BJS.

Bureau of Justice Statistics （2003）. *Census of state and correctional facilities*，2000. Washington，DC：BJS.

Cullen, F. , Moon, M. （2002）. Reaffirming rehabilitation: Public support for correctional treatment. In: H. Allen （ed. ）*What works? Risk reduction: Interventions for special needs offenders*. Lanham, MD: American Correctional Association, pp. 7 - 26.

Cumming, G. , Finch, S. （2001）. A primer on the understanding, use and calculation of confidence intervals based on central and noncentral distributions. *Educational and Psychological Measurement* 61, 530 - 572.

Davies, A. , Dale, A. （1996）. Locating the stranger rapist. *Medicine, Science and the Law* 36(2), 146 - 156.

DeKeseredy, W. , Schwartz, M. , Tait, K. （1993）. Sexual assault and stranger aggression on a Canadian campus. *Sex Roles* 28(2), 263 - 277.

Durose, M. R. , Langan, P. （2005）. *State court sentencing of convicted felons*, 2002. Washington, DC: Bureau of Justice Statistics, p. 23.

Federal Bureau of Investigation （2009）. *Crime in the United States* 2008. Washington, DC: Federal Bureau of Investigation.

Furby, L. , Weinrott, M. , Blackshaw, L. （1989）. Sex offender recidivism: A review. *Psychological Bulletin* 105, 3 - 30.

Gallagher, C. A. , Wilson, D. B. , Hirschfield, P. , Coggeshall, M. , MacKenzie, D. L. （1999）. A quantitative review of the effects of sex offender treatment on sexual reoffending. *Corrections Management Quarterly* 3, 19 - 29.

Georgia Board of Pardons and Parole （2000）. *FY 2000 annual report*. Georgia: State Board of Pardons and Paroles. www. pap. state. ga. us.

Hanson, R. K. , Bussière, M. T. （1998）. Predicting relapse: A meta-analysis of sexual offender recidivism studies. *Journal of Consulting and Clinical Psychology* 66, 348 - 362.

Hanson, R. K. , Harris, A. J. （2000）. Where should we intervene? Dynamic predictors of sexual offender recidivism. *Criminal Justice and Behavior* 27(1), 6 - 35.

Hanson, R. K. , Morton-Bourgon, K. （2004）. *Predictors of sexual recidivism: An updated meta-analysis* （Corrections Research User Report No. 2004-02）. Ottawa, Ontario: Public Safety Canada.

Hanson, R. K. , Thornton, D. （2000）. Improving risk assessment for sex offenders: A comparision of three actuarial scales. *Law and Human Behavior* 24(1), 119 - 136.

Hanson, R. K. , Bourgon, G. , Helmus, L. , Hodgson, L. （2009）. The principles of effective correctional treatment also apply to sexual offenders: A meta-analysis. *Criminal Justice and Behavior* 36, 865 - 891.

Hanson, R. K. , Gordon, A. , Harris, A. J. R. , Marques, J. K. , Murphy, W. , Quinsey, V. L. , Seto, M. （2002）. First report of the collaborative outcome data project on the effectiveness of psychological treatment for sex offenders. *Sexual Abuse: A Journal of Research and Treatment* 14, 167 – 192.

Hare, R. (2002). Psychopathy as a risk factor for violence. In: H Allen (ed.) *What works: Risk reduction interventions for special needs offenders*. Lanham, MD: American Correctional Association, pp. 165 – 184.

Harris, A. J. (2006). Risk assessment and sex offender community supervision: A context-specific framework. *Federal Probation* 70(2), 36 – 43.

Hsu, L. , Starzynski, J. (1990). Adolescent rapists and adolescent child sexual assaulters. *International Journal of Offender Therapy and Comparative Criminology* 34(1), 23 – 30.

James, D. J. , Glaze, L. E. (2006). Mental health problems of prison and jail inmates. *Bureau of Justice Statistics Report* NDJ 213600.

Kassebaum, Patricia (1999). Substance abuse treatment for women offenders: Guide to promising practices. *Technical Assistance Publication Series* 23 [DHHS Publication No. (SMA) 00-3454]. Rockville, MD: U. S. Department of Health and Human Services.

Kerschener, R. (1996). Adolescent attitudes about rape. *Adolescence* 31 (121), 29 – 33.

Knight, R. , Warren, J. , Reboussin, R. , Soley, B. J. (1998) Predicting rapist type from crime-scene variables. *Criminal Justice and Behavior* 25(1), 46 – 80.

Konopasky, D. (1999). *Managing sex offenders*. Kingston, Ontario: Correctional Service of Canada.

Latessa, E. J. (1996). Offenders with mental illness on probation. *Community corrections in America: New directions and sounder investments for persons with mentalillness and co-disorders*. Washington, DC: National Institute of Corrections and the National Coalition for Mental and Substance Abuse Health Care in the Justice System.

Lipton, D. , Pearson, F. , Wexler, H. (1999). *National evaluation of the residential substance abuse treatment for state prisoners program*. New York: Development and Research Institutes.

Lösel, F. , Schmucker, M. (2005). The effectiveness of treatment for sexual offenders: A comprehensive meta-analysis. *Journal of Experimental Criminology* 1, 117 – 146.

Lovins, B. , Lowenkamp, C. T. , Latessa, E. J. (2009). Applying the risk principle to sex offenders: Can treatment make some sex offenders worse? . *Prison Journal* 89, 344 – 357.

Mahoney, P. , Williams, L. (1998). Sexual assault in marriage. In: J. Jasinski, L. Williams (eds) *Partner violence*. Thousand Oaks, CA: Sage.

Mann, R. , Hanson, K. , Thornton, D. (2010). Assessing risk for sexual recidivism: Some proposals on the nature of psychologically meaningful risk factors. *Sexual Abuse: A Journal of Research and Treatment* 22, 172-190.

McGrath, R. (1995). Sex offender treatment: Does it work? Perspectives 19, 24-26.

McGrath, R. J. , Lasher, M. P. , Cumming, G. F. (2011). *A model of static and dynamic sex offender risk assessment*. Washington, DC: U. S. Department of Justice, National Institute of Corrections.

Morgan, R. , Fisher, W. , Wolff, N. (2010). *Center for behavioral health services criminal justice research policy brief, April* 2010. New Brunswick, NJ: Rutgers University.

National Mental Health Association (1987). Stigma: A lack of awareness and understanding. Alexandria, VA: National Mental Health Association Nesbit, I. A. , Wilson, P. H. , Smallbone, S. W. (2004). A prospective longitudinal study of sexual recidivism among adolescent sex offenders. *Sexual Abuse* 16(3), 223-234.

Nielsen, L. T. , Brandenburger, A. , Geanakoplos, R. , McKelvey, R, Page, T. (1990). Common knowledge of an aggregate of expectations. *Econometrica, Econometric Society* 58(5), 1235-1239, September.

Painter, K. , Farrington, D. (1998). Sexual and nonsexual marital aggression. *Aggression and Violent Behavior* 3(4), 369-389.

Presser, L. , Gunnison, E. (1999). Strange bedfellows. *Crime & Delinquency* 45 (3), 299-315.

Quinsey, V. L. , Harris, G. T. , Rice, M. E. , Cormier, C. A. (1998). *Violent offenders: Appraising and managing risk*. Washington, DC: American Psychological Association.

Rand, M. R. (2009). *Criminal victimization* 2009. Washington, DC: Bureau of Justice Statistics.

Riggs, D. , Kilpatrick, D. , Resnick, H. (1992). Long-term psychological distress associated with marital rape and aggravated assault. *Journal of Family Violence* 7(4), 283-296.

Schmalleger, F. (1996). *Criminal justice today*. Upper Saddle River, NJ: Prentice Hall.

Schmalleger, F. (1999). *Criminal justice today*, 5th edn. Upper Saddle River, NJ: Prentice Hall.

Sentencing Project, The (2002). *Mentally ill offenders in the criminal justice system: An analysis and prescription*. Washington, DC: TSP. www. sentencingproject. org/doc/publications/sl_mentallyilloffenders. pdf.

Sherman, L. , Gottfredson, D. , MacKenzie, D. , Eck, J. , Reuter, P. , Bushway,

S. D. (1997). *Preventing crime: What works? What doesn't? What's promising?* Washington, DC: Office of Justice Programs.

Stevens, D. (1999). *Inside the mind of a serial rapist.* San Francisco, CA: Austin and Winfield.

Straus, M. (1988). In: Straus, M. (ed.)*Abuse and victimization across the life span.* Baltimore, MD: Johns Hopkins University Press, pp. 188 – 199.

Teplin, L., Abrams, K., McClelland, G. (1997). Prevalence of psychiatric disorders among incarcerated women. *Archives of General Psychiatry* 53(2), 505 – 512.

Wakeling, H., Mann, R., Carter, A. J (2012). Do low-risk sexual offenders need treatment? *The Howard Journal* 51(3), 286 – 299.

Walker, L. (2000). *The battered woman syndrome.* New York: Springer.

Warren, J., Reboussin, R., Hazelwood, R., Gibbs, N., Trumbetta, S., Cummings, A. (1999). Crime scene analysis and the escalation of violence in serial rape. *Forensic Science International* 100(1/2), 37 – 56.

Winick, C., Levine, A. (1992). Marathon therapy: Treating female rape survivors in a therapeutic community. *Journal of Psychoactive Drugs* 24(1), 49 – 56.

Yates, P. (2002). What works? Effective intervention with sex offenders. In: H. Allen (ed.)*What works? Risk reduction: Interventions for special needs offenders.* Lanham, MD: American Correctional Association, pp. 115 – 164.

Zavitz, R., Farkas, M. (2000). The impact of sex-offender notification on probation/parole in Wisconsin. *International Journal of Offender Therapy and Comparative Criminology* 44(1), 8 – 21.

第十三章　毒品及其他问题解决法庭

关键词

毒品法庭(drug courts)　　　　　重返社会法庭(re-entry court)

1914 年哈里森法案(Harrison Act of 1914)

逃学法庭（truancy courts）

精神健康法庭（mental health courts）

退伍军人法庭（veterans' court）

网络扩张(net widening)　　　　毒品战争(war on drugs)

问题解决法庭（problem-solving courts）

一　毒品法庭的发展

虽然有些人可能不认为毒品法庭是中间制裁,但当你认为他们通常将密切的缓刑监管与药物滥用治疗结合起来以试图阻止罪犯被监禁时,它们似乎属于这一类别。事实上,毒品法庭的显著增长和扩大主要可归因于对付毒品罪犯的传统方法的不满,以及认为毒品法庭将通过密切的司法监管和基于社区的治疗服务来减少药物滥用和犯罪行为。根据贝伦科

(Belenko，1998)的说法，毒品法庭在几个重要方面与传统法庭不同。首先，毒品法庭试图迅速处理案件，并为逮捕后尽快开始治疗做好准备。其次，毒品法庭采用了一种合作的方式而非像大多数传统法庭采取了抗辩的方式。再次，药物法庭的法官积极参与案件，定期举行听证会，定期与治疗提供者和缓刑官员会面，并向罪犯提供反馈。最后，毒品法庭专注于提供治疗服务，而不是简单地增加惩罚。

美国进行了 40 多年的毒品战争，其中大部分时间都花在了执法和拦截工作上。阻止非法毒品的流入是很重要的，但对毒品的需求是无止境的。事实上，即使监狱是控制最严格的地方，也依然无法控制毒品的流入，因此，美国有什么机会守住它的边防？ ³⁵³

厌倦了法庭系统的药物滥用者无休止的进出循环以及传统方法的失败，许多法官开始将这个问题交由他们自己掌控，即通过药物法庭替代看守所或缓刑。事实上，继毒品法庭模式后，已经出现了许多其他的"专业"或治疗法庭，包括精神健康、退伍军人、酒驾（DUI）、家庭、重返社会、家庭暴力、枪支、赌博、共生疾病和其他。本章将研究毒品法庭发展及其组成部分，以及一些其他类似的法庭，并考察它们的效力研究。

二　毒品法庭的产生

有三个主要条件为毒品法庭的出现奠定了基础。首先，针对毒品战争和"趋严"量刑为该系统提供了源源不断的非暴力毒品罪犯。其次，公众对毒品和暴力日益增长的恐惧成为媒体焦点和政治议题。最后，传统体系在有效治疗吸毒成瘾的罪犯方面的无效性。单独来看，这些条件可能没有太大的作用，但它们加在一起就为毒品法庭的成立创造了机会。

1. 毒品战争

1989 年，毒品战争全面展开。虽然许多人认为尼克松是毒品战争的首任总司令，但实际上可以追溯到 1914 年的"哈里森法案"（Belenko，1998），"哈利森法案"旨在通过使医务人员为吸毒者提供毒品为非法行为的法令来限制吸毒者使用可卡因和阿片类药物的途径。1914 年,阿片剂和可卡因的使用开始引起严重的社会问题,包括暴力上升(Wisotsky,1997)。"哈利森法案"旨在通过足够严厉的惩罚来减少可卡因和阿片剂的使用,从而阻止医生向病人开处方。"哈里森法案"虽然意图很好,但它是联邦政府在毒品战争中颁布的许多法律中的第一部,这场战争导致许多非暴力毒品犯罪者被监禁。到 1928 年,1/3 的联邦监狱因犯是因吸毒而被监禁,这主要是"哈里森法案"(Jones,1995)带来的后果。当然,因犯人数的增加对监狱系统资源产生了重大影响。美国众议院曾指出,拥挤、监管违法者的能力有限以及缺乏治疗等被狱警列为与此期间监狱人口增加有关的主要问题(United States House of Representatives,1928)。

与毒品战争有关的下一场战争是 1937 年的"Marihuana 税法"。该法案最初着重于减少大麻对纺织和造纸市场的影响,并对所有的大麻销售和它的副产品重加税收。不缴纳税款的最高刑罚是对买卖双方的罚款加四年徒刑。尽管最初专注于生产大麻,但许多当地司法管辖区将该法律用于供个人使用目的而拥有大麻的个人。与"哈里森法案"一样,这一法令未预料到的后果是法庭审判并最终监禁的罪犯人数大幅增加(Wisotsky,1997)。

随着通过法庭处理的毒品犯人数量的增加,对毒品战争的政治反应也有所加强。接近 20 世纪中叶,毒品使用者再次被指责为暴力犯罪的重要部分,导致了药物战争的第三阶段(McBride & McCoy,1997)。在此期间,对哈里森法的博格斯修正案规定了鸦片持有者的强制性判刑,并且"麻醉品控制法"增加了对持有和销售麻醉品的处罚(Sharp,1994)。到 1971 年,毒品战争已经成为全国的焦点。尼克松总统在向全国发表讲话时指出,药物滥用是全国性的流行病,并影响国会通过"全面药物滥用预防和控制法"(Marion,1994)。

1971 年"综合性药物滥用预防和控制法案"的影响是可以被立即感受到的。最重要的变化是国会根据其对医疗效用的潜在危害安排(或排名)药物。根据新的安排,更多的没有医疗目的的危险药物,如迷幻剂和大麻,被列入一览表一,而含有某些药用目的的药物,如可卡因和美沙酮,被列入一览表二。国会还授予法官一些判决裁量权,允许对被判有轻罪的毒犯实施缓刑(Marion,1994)。

随着有关毒品的战争的进展,在 1971 年法案之下向法官提供的裁量权受到明显限制。根据原来的法令,如果毒品只供个人使用,法官可以判处罪犯缓刑。根据 1984 年的"量刑改革法案"和 1986 年的"反滥用药物滥用法案",个人使用的定义是药物的数量(或重量),而不是出售意图,这导致监禁的罪犯人数因为拥有毒品而大幅增加。到 1989 年,当第一个毒品法庭实施时,几乎 20％的监狱人口因毒品犯罪而服刑(Snell,1991)。

在进行毒品战争的同时,刑事司法系统经历了一次"趋严"政策浪潮,导致对监狱作为主要干预的依赖加重。"趋严"时代从 70 年代后期到 80 年代一直继续影响毒品犯罪分子。关注缓刑和社区服务的越来越少,更多的关注转向监禁。全国范围实行了最低限度的监禁判决。为了阻止人们参与毒品使用有关的暴力行为,各州通过了对犯有可卡因罪行罪犯的特别惩罚(Reinarnian & Levine,2004)。类似于 1914 年的"哈里森法案",这些趋严法律有几个意料之外的后果。首先,可卡因法律在社会阶层中经常不平等地应用。粉末可卡因的使用很少导致监禁,而因携带可卡因碎块被捕的毒品犯罪者却面临强制监禁。其次,对于那些留在社区的人来说,不管他们的罪犯风险高低,都会被提供高级别监控。虽然只有少数人需要这些强化服务,但置于密切监督之下的低风险罪犯实际上可能有较高的再犯率(Lowenkamp & Latessa,2004)。最后,在许多州,三振出局法导致由于违反轻微毒品法律而被终身监禁,由此导致监狱人口过度拥挤。

2. 公众对毒品和暴力的恐惧

与此同时,第一个药物法庭随之产生,公众对毒品使用的关注度处于历史最高水平(Levine Si Reinarman,1988)。1989 年 8 月,《纽约时报》/ CBS 民意调查(Oreskes,1989)中,有 64％的人认为毒品是美国面临的头号问题。这种反毒情绪完全改变了 20 世纪 70 年代社会的支持态度。事实上,在 1978 年,接近 70％的高中生认为,个人用途的大麻应该合法化。到 1980 年,有 11 个州将少量大麻合法化,还有几个州也准备这样做(Johnson et al.,1989)。

但是,1980 年对毒品的态度开始转变。国家民意调查显示,公众对吸毒的容忍度开始下降。像俄勒冈和阿拉斯加这样的州在过去十年合法化了大麻,但现在发生逆转并通过了将个人使用大麻重新定为犯罪的法律(Goode&Ben-Yehuda,1994)。因为国家开始接纳禁毒情绪,可卡因被主流媒体关注。由于毒品被认为会立即上瘾并直接与暴力犯罪紧密联系在一起,毒品战争获得了更大的推动力。媒体报道认为,碎块大麻广泛存在,且与高水平的暴力相关联,并导致新生儿出生缺陷(Reinarman&Levine,2004)。描绘可卡因影响的电视广告会不断播放(Oreskes,1990),甚至连老布什总统在全国电视黄金时段发表的演讲中都认为毒品是国家面临的最重要的问题,并宣称美国处于战争状态(Kagay,1990)。

3. 刑事司法体系治理毒品罪犯的无效性

为实施毒品法庭设立舞台的第三个条件是缺乏为毒品罪犯提供有效的干预措施。自"哈里森法案"通过以来,刑事司法系统一直在努力处理越来越多的毒品罪犯。早在 1928 年,联邦监狱的监管者就已经抱怨说毒品犯人对监狱系统提出了独特的挑战(美国众议院,1928)。从那时起,州和联邦系统中的毒品犯人人数猛增。为了阻止监狱囚犯的不断增长,联邦监狱系统地开发了麻醉营作为监狱的替代性安置。这些具有最低监控的麻醉营就是为了转移监狱中的毒品囚犯。它们已经运作了近 50 年,但是在 1975 年广泛报道关于囚犯虐待和无效项目后,这些麻醉营被关闭(Campbell et al.,2008)。

除麻醉营之外,治疗方案也遭到了抨击。马丁森(Martinson)在 1974年发表了一篇文章,他和他的同事们发现治疗无效。虽然过去 75 年来刑事司法系统一直侧重于康复,但该系统的目标开始转向威慑和限能。如前所述,立法机关开始通过对特定类型的毒品犯罪设置强制性最低刑期并限制那些可能被判缓刑的罪行来控制法官的自由裁量权。在治疗受到挑战的同时,刑事司法工作的资金(如监控监督,监禁)增长了 62%(Lock et al.,2002)。显然,治疗已经在限能和威慑战略面前退居次要地位。在此期间,监狱人口增长了近 300%(Lurigio,2000)。

到 2002 年,当毒品法庭如火如荼地进行时,有近 20 万毒品罪犯被监禁。处理速度缓慢,导致法庭案件堆积。毒品罪犯往往在他们通过法庭宣判之前又因为新的罪行而被逮捕。早期试图为毒犯提供的审前服务是分散的和缺乏连续性的。当联邦基金创立街头犯罪的治疗替代项目(TASC)时是有一些希望的,但是当 TASC 被引入时,将这些治疗服务融合进法庭仍存在严重问题(Falkin,1993)。

即使人们越来越担心吸毒和缺乏治疗选择,国家仍然高度支持提供预防和治疗以代替监禁。洛克等人(Lock et al.,2002)发现,83%的受访者认为国家应该维持或增加治疗支出,即使没有更多的钱用于预防服务,92%的受访者仍然支持尽可能多地维持这方面的开支。80 年代中期的问题是找到对毒品罪犯有效的治疗服务。

4. 第一个药物法庭

传统的刑事司法制度在解决毒品罪犯的需求方面显然面临一些障碍。1989 年,佛罗里达州达德县的克莱因(Klein)法官为毒品罪犯组建了专门的诉讼案件,以解决传统体系的主要缺陷。正如他所看到的那样,传统体系的问题在于它的抗辩过程已经变得不堪重负。毒品犯罪分子在没有治疗的情况下被放在待判决的诉讼事件表上太久了,而以前试图加速这一过程的结果只是让犯罪分子通过系统更快,但没有更多的成功。为了弥补这些差距,该法官开始在法庭工作组之间开展合作。它的焦点不再是有罪和无罪,而是最好的行动方式即帮助这位被告成功过上更亲社会的生活。 357

给检察官、辩护律师、法官、治疗提供者和被告提供自由,让他们共同努力找到被告的最佳选择,解决了现行制度的一些缺陷。首先,案件的处理速度显著增加。由于法庭工作组之间的摩擦有限,该系统可以更快地处理被告,并确保及时满足被告的需求。其次,被告可以在接受帮助之前更快地进入治疗过程,因此风险更少。从历史上看,等待加入治疗项目的名单可能会非常长,并且研究表明,一个人等待治疗的时间越长,就越有可能退出(Belenko,1998)。再次,由于各方共同协助被告成功,因此,所有干预都指向行为变化。

毒品法庭处理的第二个主要领域是监督的缺乏。在传统法庭,缓刑官员主要负责监督被告。在毒品法庭模式中,法官是主要的"案件协调员"。法官的角色转变为更多的变革推动者,而不是在传统法庭中的角色。被告定期(通常每周在开始时)参加审查听证会,其中被告的进展情况由所有关键人员讨论。因此,法庭对参与者进行定期和一贯的监督。

另外,毒品法庭在被告的治疗方面发挥了积极作用。社区服务机构是诉讼的一部分,并向团队提供持续更新,以便及时了解被告的进展情况。如果被告进展得当,法庭可以提供援助,如果被告状况下滑,法庭可以提供及时的干预。从历史上看,治疗提供者在法庭诉讼中一直不是活跃的参与者(如果有的话),这种模式确保所有相关信息都与被告相关方共享。此外,它还促进了治疗与法庭程序的整合。

5. 药物和专业法庭的增长

从迈阿密的第一个药物法庭开始,毒品法庭已经通过风暴般的方式占据了刑事司法体系。自从成人法庭和未成年法庭分离以来,并没有发生过通过法庭系统处理被告人数方面的重大变化。1989 年初步发展后,毒品法庭的概念迅速扎根。尽管毒品法庭模式的反对者预测它作为新奇的事物终会消失,但它每年都呈指数级增长(Huddleston et al.,2008)。毒品法庭方案办公室资料显示,1992 年有 10 个毒品法庭,到 1998 年,有 275 个毒品法庭在运作,估计约有 9 万名犯人(Drug Court Programs Office,1998)。截至 2013 年年中,共有 2 831 个毒品法庭和其他专业法庭在美国运营。表 13 - 1 展示了美国在 2013 年中期运营中的毒品法庭和专业法庭。

表 13 - 1 毒品法庭的数量和类型

毒品法庭的类型	数量
成人毒品法庭	1 485
未成年人毒品法庭	422
家庭毒品法庭	331
部落毒品法庭	119

续表

毒品法庭的类型	数量
指定的酒驾法庭	229
校园毒品法庭	5
重返社会毒品法庭	31
联邦重返社会毒品法庭	25
退伍军人毒品法庭	145
共存障碍法庭	39
总计	2 831

资料来源：National Institute of Justice。2013 年 6 月 30 日的数据。

三　毒品法庭模型

　　基于从早期毒品法庭中学到的经验教训，国家毒品法庭专业协会（National Association of Drug Court Professionals，1997）提出了十个应该被包含在每一个成人毒品法庭中的关键组成部分。自那以后进行的研究对这些组成内容进行了改进并提供了一些说明。第一，毒品法庭应该全面地包含法庭和治疗服务。以前，当治疗服务没有和法庭程序联结起来的时候，针对毒品犯罪者的尝试都失败了（Falkin，1993）。第二，法庭工作小组应该合作办公以确保参与者为长期改变做好准备；传统法庭中的一些相反的途径应该被避免。第三，明确的筛选标准应该被确立并且参与者应该立即被转介到毒品法庭。第四，毒品法庭应该能够接触到较广范围的治疗服务，比如从排毒到住户照护。治疗应该对参与者的需求积极响应并且无论何时都要让家人参与。第五，毒品法庭应该提供经常的和持续的毒品及酒精检测分析。第六，这个法庭应该监控参与者的进展，包括毒品和酒精检测的结果。这些应该与法庭分享并且作为加强/惩罚计划表的一部分。尽管法庭应该认识到再犯是常有的，但这种预估也应该是有节制的。第七，法官和参与者之间的关系是必需的。库珀和巴特利特（Cooper & Bartlett，1996）发现 88% 的毒品法庭参与者认为法官是他们在项目中成功的关键。能够保持参与者联系的毒品法庭更有可能在长期变化中取得成功(Goldkamp et al.,1998)。第八,持续的质量改进对于维持毒品法庭模型是必要的。应该收集数据以确保该项目参与者接受有效的服务。第九,员工的专业性和培训非常重要。工作人员应接受毒品法庭模式,核心矫正措施和行为改变方面的培训。第十,毒品法庭工作人员必须积极参与社区活动,争取为毒品法庭及其参与者提供支持。毒品法庭工作人员不能在真空中操作;工作人员 *359* 和参与者必须分享该计划的成功,以确保长期支持。表13-2总结了关键组成内容。

表 13-2　毒品法庭实施的内容

关键部分1:毒品法庭将酒精和其他药物治疗服务与司法系统案件处理相结合
关键部分2:采用非抗辩性方法,起诉和辩护律师在保护参与者的正当程序权利的同时促进公共安全
关键部分3:尽早确定符合条件的参与者并立即将其置于毒品法庭计划中
关键部分4:毒品法庭提供连续的酒精、毒品和其他相关治疗及康复服务
关键部分5:通过频繁的酒精和其他药物测试来监控禁欲
关键部分6:协调战略管理毒品法庭对参与者遵守情况的反应
关键部分7:与每个毒品法庭参与者的持续司法互动至关重要
关键部分8:监测和评估衡量计划目标的实现情况并衡量其有效性
关键部分9:继续跨学科教育促进有效的毒品法庭规划、实施和运作
关键部分10:在毒品法庭、公共机构和社区组织之间建立伙伴关系,促进社区支持并提高毒品法庭计划的有效性

资料来源:*Defining drug courts*:*The key components January 1997*.Reprinted October 2004.Washington,DC:The National Association of Drug Court Professionals Drug Court Standards Committee。

在早期尝试和毒品法庭原则的指导下,大多数毒品法庭已经演变成法庭程序与治疗之间的一种独特结合。尽管毒品法庭的实施方式没有单一模式,但也有一些共同的主题。大多数都是由传统法庭、法官、检察官组成,有时还有辩护律师。与传统的抗辩程序相比,该流程需要更多的治疗团队来处理被告。法官作为一名混合案件管理员审查被告的进展,谴责任何消极行为同时赞扬亲社会选择。检察官和辩护律师与治疗提供者一起确定最佳行动方案。

一些法庭作为裁决前裁判法庭,而另一些法庭则在裁定后开始运作。对于仲裁前法庭,被告同意参与该计划,这类被告通常有被解除指控或大幅

度降低指控（例如重罪减轻为轻罪）的希望。裁定后开始运作的毒品法庭方 *360* 案是在宣布有罪后（通常通过认罪）后提供的，并且是罪犯监管计划的一部分，旨在减轻判刑的一部分，或者作为裁决后方案，旨在减少当特定的指标被满足时减少定罪。

　　大多数毒品法庭已经制定了排除标准，包括暴力史和参与动机。一旦被毒品法庭接纳，被告将要求遵循一系列旨在支持一种清醒的生活方式的严格规则。如果这些规则被违反，参与者会面临惩罚，上至监禁（Peyton & Gossweiler，2001）。卡斯鲍姆和欧卡摩托（Kassebaum & Okamoto，2001）认为，监督是毒品项目成功的关键。不同于传统的、缺乏法官监督的做法，毒品法庭的目的是让法官立即向被告提供反馈，要么支持他们所做的选择，要么对那些引导他们走向错误路径的选择做及时处理（National Association of Drug Court providers，1997）。

专栏 13 - 1　新泽西毒品法庭项目：参与者感言

　　我要感谢上帝、法庭、我的缓刑官。我以前从未真正尊重过法官和缓刑官。但在这里，他们像对待成年人一样对待你，让你感受到自己是更大社会的一部分。法官非常友好和关怀。他和缓刑官在我需要的时候都会提供帮助。生活是美好的，但我过去拒绝了生活。你不能使用改变情绪或改变心灵的化学物品并让它成为生活的一部分。我很感激。——Tommy

　　这真的真的是有福的一天。干干净净的感觉真好。现在，人们还会来找我帮忙。——George

　　我过去从来都不喜欢这个项目，但是我爱上了这个项目给我带来的。——Robert

　　我想感谢所有帮助过我，相信我能够做在我的生命中做出改变的人。——Jo

　　直到我第一次分享心声，一切都是很难的。他们鼓励你分享心声。直到我跟他们分享之前，我根本不相信我有什么问题，那之后我就哭得像一个小孩。——Keith

　　通过毒品法庭，我学会了去做一个男人，而不是一个孩子。我正在再次学习音乐。我不知道怎么用英语或西班牙语去读或者写，但是上帝给了我能力去拥有一双手。当我回家的时候，我亲吻我的乐器，因为我不能相信我有这些：我的音乐、我的公寓。我过去常常住在一个废弃的建筑里，并且吃垃圾食品。现在我的眼界大开了，我的思想干净了。人们也尊重我了。——Juan

　　我感谢上帝和家人给我这样一次机会。我吸毒 18 年并在 1999 年被抓。我害怕 *361* 这个真实的世界。所有我所知道的就是买卖毒品。我感谢毒品法庭帮助我得到这个生命中的第二次机会。——Susan

　　资料来源：New Jersey Courts；www. judiciary. state. nj. us/index. html。

　　毒品法庭的时间长短因地而异，但寻找提供至少 12 个月，有时甚至是

两年的服务的毒品法庭并不罕见。各种干预措施相当混杂。大多数严重依赖戒酒匿名互助会(AA)或禁毒匿名互助会(NA),而其他则与滥用毒品提供者签署正式协议来提供治疗服务。治疗目标范围从罪因型的到非罪因型的需求。通常按阶段来区分,成功的完成通常是时间、有记录的清醒时期以及其他行为标志(如获得就业)的组合(Peyton & Gossweiler,2001)。

毒品法庭程序的主要目的是利用法庭的权力,通过改变被告的毒品使用行为来减少犯罪。根据这一概念,为了换取撤销指控或减刑的可能性,根据具体情况,被告可能被以各种方式并在司法程序的各个阶段转移到毒品法庭方案。法官主持毒品诉讼程序;通过频繁的现状听证来监测被告的进展情况;酌情与检察官、辩护律师、治疗提供者等合作制定惩罚和奖励措施。毒品法庭的基本要素包括以下内容(Huddleston,1998;Stageberg et al.,2001):

■单一毒品法庭的法官和提供重点及领导力的工作人员。

■通过及早识别和转介适当的项目参与者加快审判速度,在逮捕后尽快开始治疗。

■强化治疗和对拖拽滥用被告的善后处理。

■对毒品被告的定期(有时是每日)状态听证会进行全面、深入和协调的监督,以监督治疗进程和违法者遵守情况。

■根据适用于合规或违规行为的一系列奖励和惩罚,增强和增加被告责任。

■强制性和频繁的药物(和酒精)测试。

■被监管和个人案件监督。

1. 毒品法庭和解决问题法庭的扩展

基于毒品法庭模式的成功,司法管辖区迅速扩大了毒品法庭的范围,以满足其他易于被边缘化的专门人群的需求。具体来说,毒品法庭扩大到未成年人和酒驾司机,而解决问题的法庭开始针对精神病患者、家属、再入境者和退伍军人。其他解决问题的法庭现在包括无家可归者、枪支、社区、卖淫、逃学、假释违法者、性罪犯和儿童抚养法庭（见表13－3）。虽然解决问题的法庭与毒品法庭基本相似，但有一些明显的区别。以下部分将简要介绍更广泛使用的法庭模式，包括未成年人药物法庭、精神健康法庭、退伍军人、重返社会、家庭暴力和家庭药物法庭。

表 13－3　其他特殊法庭的数量和类型

毒品法庭的类型	数量
枪支	5
社区	18
卖淫	12
假释违反者	4
性犯罪者	12
流浪者	22
逃学	199
儿童支持	50

资料来源：National Drug Court Resource Center。2013 年 6 月 30 日的数据。

专栏 13－2　逃学法庭

　　根据国家毒品法庭资源中心的说法，逃学法庭旨在通过加强和结合学校、法院、精神保健提供者、家庭和社区的努力，帮助学龄青年克服逃学的根本原因。许多法庭已经重组，在未成年人或家庭法庭内设立特别的逃学法庭。指导顾问在整个学年内提交有关未成年人每周进度的报告，法庭使用该报告进行特殊测试、咨询或其他必要的服务。如果可以帮助未成年人定期上学，则可以在学校场地上举行逃学法庭，最终取消逃学申请。合并逃学案件可以加快法庭日期和更加一致的处置，使法院工作人员更加适应逃学青年及其家庭的需要。社区计划将学校、执法部门、社会服务提供者、精神和身体保健提供者以及其他人聚集在一起，以帮助稳定家庭并重新吸引青年接受教育。

　　资料来源：National Drug Court Resource Center：www. ndcrc. org/node/360。

---

2. 未成年人毒品法庭

　　第一个未成年人毒品法庭于 1995 年成立。截至 2013 年 6 月，全美有 422 个未成年人毒品法庭。未成年人毒品法庭最初是根据成人毒品法庭模式改编的，但当时必须相当迅速地进行修改，以解决未成年人特有的几个挑战（Drug Court Clearinghouse and Technical Assistance Project，1998）。通常情况下,未成年人毒品罪犯有重大障碍,包括缺乏家庭参与、改变动机低,以及涉及多个系统。这些障碍加上有限的治疗选择使得向青年提供有效服务变得更具挑战性。未成年人毒品法庭确实比成人毒品法庭具有一个优势:未成年人法庭比成人法庭更加协作工作,并且通常主要侧重于康复。未成年人法庭赞成国家亲权原则,所以毒品法庭的治疗法学哲学对未成年人诉讼来说并不陌生。

3. 酒驾罪犯特殊法庭

醉酒驾车的人越来越多地被置于毒品法庭的管辖范围之内。这些法庭旨在减少化学依赖性成年司机的犯罪再犯,而这些成年司机是高风险的再犯。这个特定的群体会在受到酒精或其他药物的影响下显示重复的驾驶模式。否则这些司机会在高速公路上造成伤亡,并且不惧一般酒驾处罚的威慑。

表 13－4　国家毒品法庭机构向未成年人毒品法庭建议的 16 项关键策略

■策略 1:协同计划
■策略 2:团队合作
■策略 3:清楚定义目标群体和资格标准
■策略 4:司法参与和监督
■策略 5:监控和评估
■策略 6:社区合作
■策略 7:全面的治疗计划
■策略 8:发展性的合适的服务
■策略 9:性别合适的服务
■策略 10:文化素质
■策略 11:关注优势
■策略 12:家庭参与
■策略 13:教育链接
■策略 14:毒品测试
■策略 15:目标导向的激励和惩罚
■策略 16:保密
资料来源:National Drug Court Institute. www. ndci. org。

尽管酒驾毒品法庭通常接受首次酒驾犯罪者,但典型的法庭则更加关注被直接送到酒驾法庭提审和裁决的多重违法者。帮助这些罪犯的基本意

图是通过防止罪犯重新犯罪的方式保护公众,提高司法效率,为职业犯罪和危险犯罪者保留牢固的床位。乔治亚酒驾法庭是一个问责法庭,授权通过药物检测、强化监督、治疗服务以及立即奖励和惩罚来处理使用毒品的罪犯。酒驾法庭的设计旨在强制罪犯通过治疗和个人可信度的结合去处理她或他的药物滥用问题,以及特殊的案例管理。酒驾法庭是一个治疗法庭,由受过专门训练的法官管理,与检察官、公设辩护人、缓刑和执法人员、治疗提供者以及其他专门从业人员合作,迫使酒驾罪犯变得干净和清醒。

在酒驾法庭中经常使用的工具包括早期和长期的治疗干预,频繁的随机药物测试,司法监督,强化缓刑,随后加上后续缓刑,协助学校,教育和就业,每周两次的法庭出庭,频繁的 12 级戒酒匿名互助会或禁毒匿名互助会会议参与,法规执行官员的家访。未能达到要求将导致酒驾法庭法官立即实施处罚,例如社区服务、看守所监禁,或两者兼而有之。可以安装联锁装置(interlock devices),以防止毒品法庭罪犯驾驶车辆。频繁的失败可能导致撤销缓刑并判处监禁。

酒驾法庭的有效性尚未得到全面研究,但佐治亚州的初步结果显示,毕业 12 个月后,酒驾法庭罪犯因酒驾而被捕的可能性几乎减少了 1/3,在毕业后 24 个月内,毒品法庭参与者因新的重罪而被逮捕的可能性降低了 20%。明尼苏达州亨内平县(Hennepin)发现,约 89% 的项目参与者没有犯罪。保持这样的罪犯不再犯罪的开支只是将他们送到监狱的费用的 1/4。在大多数毒品法庭中,参与者支付治疗服务的费用(Eastern Judicial Circuit of Georgia,2012)。

4. 精神健康法庭

与毒品法庭一样,精神健康法庭的设计旨在解决越来越多的在传统法庭系统中面临重大障碍的罪犯。蓝姆波和他的同事们(Lamb et al. ,1999)发现,精神病患者在参与传统刑事司法系统方面存在困难,而且该系统对精神病患者的需求没有反应。精神健康法庭的目标是减少系统中存在的障碍,同时协助犯罪者稳定他或她的精神健康症状。

为了实现这一目标,精神健康法庭与法官、法庭工作人员、社区监管人

员、治疗人员和其他人员合作,与犯罪者进行接触,并确保他们遵从所确定
365　的治疗计划(Miller & Perelman,2009)。与毒品法庭不同,精神健康法院的
重点不在于犯罪行为。相反,它着重于减少潜在精神疾病的影响,假设如果
精神症状得到有效管理,罪犯将减少他们的犯罪行为参与刑事司法系统。

精神健康法庭最近经历了一些修改。最初以低级轻罪的犯罪者为重
点,现在全国各地的精神健康法庭已开始将其服务范围扩大到更严重一些
的轻罪和低级重罪。随着转向更严重的违法者,精神健康法庭不得不重新
考虑他们早期的一些决定。首先,许多法庭已经从先判决模式转变为后判
决模式。后判决模式允许法庭事先得到认罪,因此,如果罪犯不接受治疗的
话,则更容易根据认罪做出相应的判决。其次,监管责任已从社区精神卫生
人员转变为缓刑官员。最后,看守所作为中介惩罚的使用已经显著增加
(Miller & Perelman,2009)。

5. 精神健康法庭的共同要素

■参加精神健康法庭是自愿的。被告必须在参与该计划之前同意
参与。

■每个管辖区只接受具有明显精神疾病的人,同时他们的违法行
为可以归因于精神疾病。

■精神健康法庭的主要目标是防止精神病患者被监禁入狱,将他
们转移到适当的社区服务中,或者显著减少被监禁的时间。

■公共安全是重中之重,对精神病患者进行认真筛查,以便适当纳
入该计划。

■早期干预是必不可少的,在被捕后应尽快进行筛查和转诊。

■在司法系统代表、心理健康提供者和其他支持系统的参与下,采
用多学科团队方法。

■强化案例管理包括对参与者的监督,重点是问责制和监督每位
参与者的表现。

法官监督治疗和监督过程,并促进精神健康法庭团队成员(加利福尼亚

法院)之间的合作。最近的研究发现,精神健康法庭对参与者的生活质量产生积极影响,并且对再犯产生轻微或中度的影响(Cross,2011；Sarteschi,2009)。

6. 家庭毒品法庭

　　家庭毒品法庭是问题解决法庭中最独特的一个。从 1996 年发展起来,目前有 331 个家庭毒品法庭在运营中。尽管与其他解决问题法庭的结构相似,但其主要目标不是犯罪行为而是父母权利。家庭毒品法庭模型旨在通过与他们合作来减少毒品对家庭的影响,增加子女的保留概率,促使已与孩子分离的家庭重聚,或在适当情况下协助父母的永久监护。转介通常由当地的社会服务部或产前/新生儿护理人员提供。许多家庭毒品法庭处理刑事案件和民事案件,但唯一的兴趣是管理儿童保护案件(Wheeler & Siegerist,2003)。

366

7. 重返社会(re-entry)法庭

　　随着每年有超过 60 万名囚犯离开监狱,人们对他们重返社区的担忧日益增加。重返社会法庭旨在协助犯罪分子重新融入社会,这类法庭于 2001 年首次实施。重返社会法庭的目标是在犯罪人仍在监禁期间与其合作,以便将其在成功融入社区的过程中面临的障碍在他们被释放之前得以移除(Hamilton,2010)。2008 年 4 月 9 日乔治·布什总统在第二次机会法案中签署法律时,重返社会法庭受到了重大的推动。该立法旨在改善监禁后返回社区的人员的境况。这项立法授权政府机构和非营利组织的联邦拨款以提供支持战略和服务,旨在通过改善从监狱、看守所和少管所返回的人的境况来减少再犯。随着联邦资金的投入,许多社区开展了重返社会的努力,往往包括重返社会法庭。重返社会法庭旨在加强社区监管官员、法庭人员,以及社区提供者之间的合作联系。今天在地方和联邦层级已经有 56 个重返社会法庭。

8. 退伍军人法庭

退伍军人法庭是问题解决法庭的最新版本之一。根据国家毒品管制政策办公室(2014)的信息,退伍军人治疗法庭采用毒品法庭和精神健康法庭原则的混合整合,以服务退伍军人,有时还为现役人员服务。由于退伍军人通常有权通过他们的退伍军人福利获得服务,这些法庭通过一个协调应对措施来帮助促进清醒、恢复和稳定,其中合作对象包括一些传统的合作伙伴,例如毒品法庭和精神健康法庭以及退伍军人医疗保健网络部门、退伍军人福利管理局、州退伍军人事务部、志愿者退伍军人导师以及支持退伍军人和退伍军人家庭的组织。

367 9. 家庭暴力法庭

家庭暴力法庭的主要目的是加强对罪犯的问责。1998年开始实施家庭暴力法庭,到 2013 年,有 215 个家庭暴力法庭开始运作。法庭的重点是通过附加的联系、过程听证会,对保护令的扩展合规监督以及授权的施暴者项目来监控罪犯。家庭暴力法庭旨在解决家庭暴力案件面临的传统问题(例如,受害者撤回的指控、对受害者的威胁、缺乏被告责任制和高再犯率)。他们对被告进行强化的司法审查,司法和社会服务之间的密切合作。指定的法官与检察机关、指定的受害者辩护律师、社会服务机构和辩护方合作,保护受害人在整个司法程序中免受被告或其家属或同伙的各种形式的恐吓;在需要时向受害者提供住房和工作培训;并在遵守保护令、药物滥用治疗和其他服务方面不断监管被告。与辩护律师密切合作,确保遵守正当程序保障措施并保护被告人权利。这种模式的一个变种是整合毒品法庭的家庭内部操作类型与其他解决问题法庭中的暴力法庭,在这种模式中,一名法官处理与一个家庭有关的多个案件,其中可能包括刑事诉讼、保护令、监护争议、探视问题,或离婚程序(Mazur & Aldrich,2003)。在拉布里奥拉及其同事们(Labriola et al. ,2009)进行的一项调查中,83%的法院认定受害者安全为主要目标,79%的受访者认为罪犯责任极其重要。相比之下,只有27%的法院认为康复是家庭暴力法庭的一个非常重要的方面。①

10. 性罪犯法庭

性罪犯法庭是问题解决法庭的最新版本之一。努力增加参与各方的沟通解决性罪犯的行为，性罪犯法庭集中于社区性罪犯的管理。赫尔曼（Herman）（2006）建议性罪犯法庭通过使用专门的对话框，指导性罪犯监管计划，对进展的司法监督以及持续的治疗小组会议来有效地跟踪罪犯。此外，性罪犯法庭通常为受害人提供一个获得关于罪犯的持续信息的途径。与主要关注康复的典型毒品法庭不同，性罪犯法庭主要集中于罪犯管理和毒品犯罪社区安全。这里的假设是，如果能更有效地监控性侵犯者，他们将不会有机会犯罪（Herman，2006）。

四　问题解决法庭的有效性

多年来，成人毒品法庭的研究成果大幅增长，可以达成的总体结论是，它们能有效减少再犯。因为它们在不同的司法管辖区之间存在很大差异，*368* 要识别哪些组件或功能组合对成功或失败有所影响则更加困难。

有足够多的毒品法庭研究可供研究人员进行荟萃分析（见第十四章的评估社区矫正）。总的来说，这些评论为成人毒品法庭找到了有利的结果。表 13 - 5 列出了这些年来的一些研究。

表 13 - 5　成人毒品法庭再犯率的平均减少量：荟萃分析的结果

Aos et al.（2001）	平均减少 8％的再犯率
Barnoski & Aos（2003）	平均减少 13％的再犯率
Lowenkamp et al.（2005）	平均减少 7％的再犯率
Latimer et al.（2006）	平均减少 14％的再犯率
Wilson et al.（2006）	平均减少 26％的再犯率

---

① 这项研究检验了整个美国的和被 OJJDP 资助的 9 所未成年人毒品法庭。See Latessa et al.（2013）.

Shaffer（2011）	平均减少9%的再犯率
Mitchell et al.（2012）	平均减少12%的再犯率,类似于酒驾法庭的结果
Drake（2012）	平均减少15%的再犯率

除减少再犯之外,成人毒品法庭被认为具有成本效益。华盛顿州公共政策研究所进行的一项研究估计,毒品法庭参与者平均节省6 779美元的开支(WSIPP,2003)。在纽约,研究人员估计,通过将1.8万名罪犯转移到毒品法庭,节省了2.54亿美元的监禁费用。最后,加利福尼亚研究人员得出结论,该州的毒品法庭每年可节省1 800万美元(NPC,2002)。与看守所和监狱相比,成人毒品法庭似乎具有成本效益并减少了犯罪行为。

虽然这项研究普遍表明成人毒品法庭是有效的,但未成年人毒品法庭的研究并没有那么乐观。大多数研究者发现,未成年人毒品法庭的影响要小得多,并且在最近一项针对来自全国各地的9个未成年人毒品法庭的研究中,辛辛那提大学的研究人员(Sullivan et al.,2014)发现,未成年人毒品法庭的未成年人比对照组的情况更糟。研究人员推测,一般来说,大多数未成年人可能并不特别适合未成年人毒品法庭的治疗和监测过程。① 其他解释包括混合低风险和高风险未成年人,占大多数的大麻和酒精使用者与更严重的药物使用者的混合,以及许多未成年人不愿尝试药物的动机。尽管对心理健康法庭的研究相对较少,但最近的一项荟萃分析发现中度但有显著的再犯率的减少;然而,对临床结果没有影响(Cross,2011)。对其他类型的问题解决法庭的研究刚刚兴起,现在就其效力得出任何结论为时尚早。

五　问题解决法庭面临的问题

虽然全国普遍支持,但毒品和解决问题的法庭并非没有批评。马洛及其同事们(Marlowe et al.,2003)承认,对毒品法庭效力的研究并非没有缺陷。首先,大多数研究不使用对照组或未排除选择偏见。其次,一些主要研

---

① 尽管调查中27%的法庭表示康复并不是非常重要,但纽约州与其他州之间存在明显区别。纽约州康复法庭中只有19%认为康复非常重要,但美国其他州53%的法庭都支持康复。

究中用于收集数据的方法受到质疑。最后,大多数显示效果的研究使用成功的毕业生作为研究人群,而不是愿意治疗的样本。实际上,政府问责局(2005)发现,在毒品法庭公布的 117 项评估中,只有 27 项在方法上可以接受。

除一些关于证据的担忧之外,博尔特(Boldt,2002)认为,对于弱势的被告来说,毒品法庭的抗辩性可能会造成问题。博尔特认为,由于法官、检察官和辩护律师一起工作,对毒品犯罪人的保护很少。精神健康法庭也有类似的批评。批评者认为,精神病患者在法庭上经常无法代表自己,可能被迫接受并非他们原来的辩诉交易,并被迫维持精神药物的依从(O'Keefe,2006)。

另一个问题集中在问题解决法庭的资助方面。例如,虽然许多毒品法庭是在联邦政府赠款的支持下创立的,但由于这些资金已经结束,许多毒品法庭一直在努力继续进行相同水平的规划和服务。最后,如同矫正替代方案常有的那样,总是有可能发生网络扩展。例如,因为有法庭存在而将那些可能在司法系统之外处理的罪犯带入解决问题法院。研究表明,未成年人毒品法庭可能正在将工作的重点放在风险低的青年身上,这一点尤其值得关注。

约翰逊和他的同事们(Johnson et al.,2000)认为,毒品法庭,大概是解决问题法庭,是在没有考虑有效的矫正干预研究的大背景下被接纳的。他们认为,当地司法管辖区应将更广泛的有效干预原则应用于毒品法庭,以使其更有效。首先,最重要的是,毒品法庭应该采用将犯罪分为不同风险等级的方法。毒品法庭模型是一种相对强化的干预措施,应该保留给中度到高度危险等级的罪犯(Andrews Si Boata,2010;Lowenkamp & Latessa,2004)。

其次,毒品法庭应该采用认知行为模式,其社区提供者应该使用一种类似的模式来提供治疗。通常,毒品法庭依靠社区提供者给罪犯提供治疗服务。应对这些提供者进行监测,法庭应坚持使用已被证明对治疗有效的模型。

约翰逊和他的同事们(2000)认定了毒品法庭可以提高其有效性的一些方法:

370

■通过使用标准化和客观的工具来改善对罪犯的评估,这些工具提供风险和需求水平,涵盖所有主要风险和需要因素,而不仅仅是药品滥用。

■使用行为和认知治疗策略。

■提供至少 100 小时的直接治疗服务,并确保治疗水平与罪犯的需要和风险相匹配。①

■提供结构化的善后服务。

■监测治疗服务的提供情况。

除对项目内容的担忧之外,其他人还对经常出现在毒品法庭的匿名酗酒者互助会和麻醉品匿名者互助会的使用提出质疑。毒品法庭严重依赖 12 阶段模型进行初级治疗或社会支持(Peyton & Gossweiler,2001)。威尔斯·帕克和班格特·德朗(Wells-Parker & Bangert-Drowns,1995)发现,匿名酗酒者互助会和麻醉品匿名者互助会对犯罪人群无效。针对毒品法庭,谢弗(Shaffer,2011)发现,强制参加匿名酗酒者互助会和麻醉品匿名者互助会的毒品法庭的影响比那些没有强制要求这些服务的毒品法庭的影响程度更小。

六　小结

毒品和其他问题解决法庭将继续在社区矫正工作中发挥重要作用。在很多方面,它们代表着未来,并希望看到强化监管实践和高质量及有效的治疗和服务罪犯的协作。近年来,我们看到毒品法庭的最初概念扩大到包括与刑事司法系统接触的其他特殊需要人群,如精神病人、退伍军人、醉酒司机、性罪犯等。虽然有证据表明成人毒品法庭有效减少了再犯,但有迹象表明,该体系对未成年人的关注和参与可能有害,需要更多的研究来证明其他解决问题的法院是否有效。尽管多年来这种增长势头很猛,但问题依然存

---

① 最近的研究发现 100 小时对中等风险的犯罪者的最低限,并且高风险犯罪者将相应需要更多。See Makarios et al. (2014), and Sperber et al. (2013)。

在。对于这类工作的未来来说，应用我们已经从更大范围的矫正干预研究中了解到的关于设计有效项目的知识是非常重要的。

七　问题回顾

1. 第一个毒品法庭在哪里，法官为什么决定创建它？
2. 毒品法庭与家庭法庭之间的主要区别是什么？
3. 谁是重返社会法庭的目标人群？
4. 毒品和其他问题解决法庭面临的问题是什么？
5. 毒品和其他解决问题的法庭可以采取哪些步骤来提高其效力？
6. 少年毒品法庭没有像成年人那样有效的原因是什么？

371

八　推荐读物

Johnson，S.，Hubbard，D. J.，Latessa E. J.（2000）. Drug courts and treatment：Lessons to be learned from the "What Works" literature. *Corrections Management Quarterly* 4(4)，70 - 77.

Miller，S.，Perelman A.（2009）. Mental health courts：An overview and redefinition of tasks and goals. *Law & Psychology Review* 33，113 - 123.

Shaffer，D. K.（2011）. Looking inside the black box of drug courts：A meta-analytic review. *Justice Quarterly* 28(3)，493 - 521.

Sullivan，C.，Blair，L.，Latessa，E. J.，Sullivan，C. C.（2014）. Juvenile drug courts and recidivism：Results from a multisite outcome study. *Justice Quarterly*. Published online May 12，2014.

九　参考文献

Andrews，D. J.，Bonta，J.（2010）. *The psychology of criminal conduct*，5th edn. New Providence，NJ：LexisNexis Matthew Bender（Anderson Publishing）.

Aos，S.，Phipps，P.，Barnoski，R.，Lieb，R.（2001）. *The comparative costs and benefits of programs to reduce crime*. Olympia, WA: Washington State Institute of Public Policy.

Barnoski, R., Aos, S. (2003). *Washington State's Drug Courts for Adult Defendants: Outcome Evaluation and Cost-Benefit Analysis*. Olympia, WA: Washington State Institute for Public Policy.

Belenko, S. (1998). *Research on drug courts: A critical review*. New York: The National Center on Addiction and Substance Abuse at Columbia University.

Boldt, R. (2002). The adversary system and attorney role in the drug treatment court movement. In: J. Nolan, *Drug courts: In theory and in Practice*. New York: Aldine de Gruyter, pp. 115 - 143.

California Courts, Judicial Branch of California. www. courts. ca. gov/5982. htm.

Campbell, N., Olsen, J. P., Walden, L. (2008). *The narcotic farm: The rise and fall of America's first prison for drug addicts*. New York: Abrams Publishing.

Cooper, C. S., Bartlett, S. R. (1996). *Drug courts: Participant perspectives*. Washington, DC: SJI National Symposium on the Implementation and Operation of Drug Courts, Justice Programs Office.

Cross, B. (2011). Mental health courts effectiveness in reducing revidivism and improving clinical outcomes. Master's thesis, University of South Florida.

Drake, E. (2012). *Chemical dependency: A review of the evidence and benefit-cost findings*. Olympia, WA: Washington State Institute of Public Policy.

Drug Court Clearinghouse and Technical Assistance Project (1998). *Juvenile and family drug courts: An overview*. Washington, DC: American University.

Drug Court Programs Office (1998). Looking at a Decade of Drug Courts, Office of Justice Programs. Washington DC: US Department of Justice.

Eastern Judicial Circuit of Georgia, State Court DUI Court Program, at www. chathamcourts. org/StateCourt/DUICourtProgram. aspx (accessed October 26, 2012).

Falkin, G. (1993). *Coordinating drug treatment for offenders: A case study*. Report to the National Institute of Justice.

Goldkamp, J. S., White, M. D., Robinson, J. (1998). *An honest chance: Perspectives of drug court participants - findings from focus groups in Brooklyn, Miami, Seattle, Las Vegas, and San Bernadino*. Drug Court Program Office, Office of Justice Programs, U. S. Department of Justice. Philadelphia: Crime and Justice Research Institute.

Goode, E., Ben-Yehuda, N. (1994). *Moral panics: The social construction of deviance*. Oxford: Blackwell.

Government Accountability Office (2005). *Adult drug courts: Evidence indicates recidivism reductions and mixed results for other outcomes*. Washington, DC: U. S. Government Accountability Office.

372

Hamilton, Z. (2010). *Do reentry courts reduce recidivism?* New York: Center for Court Innovation.

Herman, K. (2006). Sex offense courts: The next step in community management? *Sexual Assault Report*. Civic Institute 9(5), 65 - 80.

Huddleston, C., Marlowe, D., Casebolt, R. (2008). *Painting the current picture: A national report card on drug courts and other problem-solving court programs in the United States*. New York: Bureau of Justice Assistance II(1).

Huddleston, W. C. (1998). Drug court and jail-based treatment. *Corrections Today* 60(6), 98.

Johnson, L. D., Bachman, J. G., O'Malley, P. M. (1989, February 28). National press release, *Teen drug use continues decline, according to U-M survey. Cocaine down for second straight year; crack begins to decline in* 1988. Ann Arbor, MI: University of Michigan News and Information Services.

Johnson, S., Hubbard, D. J., Latessa, E. J. (2000). Drug courts and treatment: Lessons to be learned from the "what works" literature. *Corrections Management Quarterly* 4(4), 70 - 77.

Jones, J. (1995). The rise of the modern addict. *American Journal of Public Health* 85(8), 1157 - 1162.

Kagay, Michael R. (1990). Deficit raises as much alarm as illegal drugs, a poll finds. *New York Times*, July 25, p. A9.

Kassebaum, G., Okamoto, D. K. (2001). The drug court as a sentencing model. *Journal of Contemporary Criminal Justice* 17(2), 89 - 104.

Labriola, M., Bradley, S., O'Sullivan, C., Rempel, M., Moore, S. (2009). *A national portrait of domestic violence courts*. New York: National Institute of Justice.

Lamb, H., Weinberger, L., Gross, B. (1999). Community treatment of severely mentally ill offenders under the jurisdiction of the criminal justice system: A review. *Psychiatric Services* 50, 907 - 913.

Latessa, E., Sullivan, C. C., Blair, L., Sullivan, C. J., Smith, P. (2013). *Outcome and process evaluation of juvenile drug courts*. University of Cincinnati, OH: Center for Criminal Justice Research.

Latimer, J., Morton-Bourgon, K., Chretien, J. (2006). *A meta-analytic examination of drug treatment courts: Do they reduce recidivism?* Ottawa, Ontario: Department of Justice Canada, Research and Statistics Division.

Levine, H., Reinarman, C. (1988). The politics of America's latest drug scare. In: R. Curry (ed.) *Freedom at risk: Secrecy, censorship and repression in the* 1980s. Philadelphia, PA: Temple University Press, pp. 251 - 258.

Lock, E. D., Timberlake, J. M., Rasinski, K. A. (2002). Battle fatigue: Is public support waning for "war"-centered drug control strategies? *Crime and Delinquency* 48

(3), 380 - 398.

Lowenkamp, C. , Latessa, E. (2004). Increasing the effectiveness of correctional programming through the risk principle: Identifying offenders for residential placement. *Criminology and Public Policy* 4(1), 501 - 528.

Lowenkamp, C. T. , Holsinger, A. , Latessa, E. J. (2005). Are drug courts effective: a meta-analytic review. *Journal of Community Corrections* XV(1), 5 - 10, 28.

Lurigio, A. J. (2000). Drug treatment availability and effectiveness: Studies of the general and criminal justice populations. *Criminal Justice and Behavior* 27 (4), 495 - 528.

Makarios, M. D. , Sperber, K. , Latessa, E. J. (2014). Treatment dosage and the risk principle: A refinement and extension. *Journal of Offender Rehabilitation* 53, 334 - 350.

Marion, N. (1994). *A history of federal crime control initiatives*, 1960 - 1993. Westport, CN: Praeger.

Marlowe, D. , Matteo, D. , Festinger, D. (2003). A sober assessment of drug courts. *Federal Sentencing Reporter* 16, 153 - 157.

Martinson, R. (1974). What works? —Questions and answers about prison reform. *Public Interest* 35, 22 - 54.

Mazur, R. , Aldrich, L. (2003). What makes a domestic violence court work? Lessons from New York. *Judges Journal* 42(2), 5 - 10.

McBride, D. C. , McCoy, C. B. (1997). The drugs - crime relationship: An analytical framework. In: L. K. Gaines, P. B. Kraska (eds)*Drugs, crime, and justice*. Prospect Heights, IL: Waveland Press, Inc.

Miller, S. , Perelman, A. (2009). Mental health courts: An overview and redefinition of tasks and goals. *Law & Psychology Review* 33, 113 - 123.

Mitchell, O. , Wilson, D. , Eggers, A. , MacKenzie, D. (2012). Drug courts' effects on criminal offending for juveniles and adults. *Campbell Systematic Reviews* 4.

National Association of Drug Court Professionals (1997, January). *Defining drug courts: The key components*. Washington, DC: Bureau of Justice Assistance.

NPC Research, Inc. , and Administrative Office of the Courts, Judicial Council of California (2002). *California drug courts: A methodology for determining costs and avoided costs: Phase i: Building the methodology: Final report*. Portland, OR: NPC. Office of the National Drug Control Policy (2014). www. ndcrc. org/faq/faq-ategories/category/faq-categories/types-drug-courts#t32n355.

O' Keefe, K. (2006). *The Brooklyn mental health court evaluation: Planning, implementation, courtroom dynamics, and participant outcomes*. New York: New York State Office of Mental Health.

Oreskes, M. (1990). Drug war underlines fickleness of public. *New York Times*,

September 6，p. A22.

Peyton，E.，Gossweiler，R.（2001）. Treatment services in adult drug courts：Report on the 1999 National Drug Court Treatment Survey. Washington，DC：National Institute of Justice.

Reinarman，C.，Levine，H. G.（2004）. Crack in the rearview mirror：Deconstructing drug war mythology. *Social Justice* 31(1 - 2)，182 - 199.

Sarteschi，C.（2009）. Assessing the effectiveness of mental health courts：A meta analysis of clinical and recidivism outcomes. Doctoral dissertation，University of Pittsburgh.

Shaffer，D. K.（2011）. Looking inside the black box of drug courts：A meta-analytic review. *Justice Quarterly* 28(3)，493 - 521.

Sharp，E.（1994）. *The dilemma of drug policy in the United States*. New York：HarperCollins.

Snell，T.（1991）. *Corrections populations in the United States*，1989 *Full Report*. Washington，DC：Bureau of Justice Statistics NCJ 130445.

Sperber，K.，Latessa，E. J.，Makarios，M. D.（2013）. Examining the interaction between level of risk and dosage of treatment. *Criminal Justice and Behavior* 40，338 - 384.

Stageberg，P.，Wilson，B.，Moore，R.（2001）. *Final Report of the Polk County Adult Drug Court*. Des Moines，IA：Iowa Division of Criminal Justice Policy.

Sullivan，C.，Blair，L.，Latessa，E. J.，Sullivan，C. C.（2014）. Juvenile drug courts and recidivism：Results from a multisite outcome study. *Justice Quarterly*. Online First：DOI：10. 1177/0093854813520603.

United States House of Representatives（1928）. *Establishment of two federal narcotic farms：Hearings before the Committee on the Judiciary*，70th Congress，1st session，p. 28.

Washington State Institute for Public Policy（2003）. *Drug courts for adult defendants：Outcome evaluation and cost benefit analysis*. Olympia，WA：WSIPP.

Wells-Parker，E.，Bangert-Drowns，R.（1995）. Final results from a meta-analysis of remedial interventions with drink/drive offenders. Addiction 90(7)，907 - 927.

Wheeler，M. M.，Siegerist，J.（2003）. *Family dependency treatment court planning initiative training curricula*. Alexandria，VA：National Drug Court Institute.

Wilson. D. B.，Mitchell，O.，MacKenzie，D. L.（2006）. A systemic review of drug court effects on recidivism. *Journal of Experimental Criminology* 2，459 - 487.

Wisotsky，S.（1997）. Not thinking like a lawyer：The case of drugs in the courts. In：L. K. Gaines，P. B. Kraska*Drugs，Crime，and Justice*. Prospect Heights，IL：Waveland Press，Inc.

第十四章　社区矫正的有效性评估

关键词

计数（ballot counting）　　　结果测量（outcome measure）

对照组（comparision group）　　表现测量（performance measure）

跟踪的时长（length of follow-up）　项目质量（program quality）

文献回顾或文献综述（literature review）

再犯（率）（recidicism）

荟萃分析（meta-analysis）

检视了过去 20 年的矫正研究，马丁森（Martin son）在 1974 年的著名结论在矫正领域引起了巨大影响。马丁森的研究有很多局限性，其他研究者得出的结论说明治疗和康复工作没有起效果。[①] 因此，"什么都没有起作用"的学说开始被人熟知，这使人们重新努力证明矫正项目的有效性。[②] 我们在第二章已经知道，自马丁森的研究以来，大量的研究极大地充实了有关

---

① 关于马丁森研究局限性的讨论和批评，见帕尔默 Palmer（1975）；卡伦和让德罗 Cullen and Gendreau（2001）。

② 弗朗西斯·卡伦有说服力地指出，当干预是基于有效治疗的原则时，康复项目减低了 50％的重新犯罪率（卡伦，1994）。

矫正工作成效的认知。

有关社区矫正项目的成效已经争论和研究了很多年。随着越来越多的罪犯被转移或者被保释到社区中,矫正项目是否有效的问题变得格外重要。许多对缓刑和假释的批评都指向自由裁量权的滥用、随意性的不确定性刑罚、法官在量刑上的差异、改造和监管的失败,以及服务提供不足。为了消解上述的批评声,强制性和确定的量刑制度已经被强制实行,量刑法庭已经成立,假释委员会通过并实施了决策制定的准则,缓刑和假释部门测试了提供服务的创新性策略,并制定了中间刑机制。但这些改进依然被公开抨击和批评。

很多文章写过有关缓刑和假释的成效。我们知道近些年,自由裁量的假释释放的使用已经骤减,但在社区中受监管的罪犯的数量持续增加。不断增长的缓刑犯和假释犯给缓刑和假释部门带来大量待处理的案件和工作量。

严重短缺的情况同样出现在住居矫正项目和中途之家。我们不断尝试服务体系的各个环节,包括中介(brokerage)模式、个案工作模式、住宅软禁、电子监控、日间报告、药物检测、自助服务机(kiosks)、高密度和分门别类的案件工作,以及招募志愿者。简而言之,革新项目和报告的数目差不多和缓刑假释的机构相当。有关如何衡量和判定有效性的疑问依然存在,而且鉴于问题的必要性,这些值得我们仔细审视。

有关项目成效的研究,最大的局限或许在于忽略了表现为导向的测量方法。研究人员仅简单比较再犯率,却忽略了社区矫正旨在达成的某些重要影响。缓刑犯和假释犯接触质量和提供服务的质量,需要定义和充分的测量矫正官的种类和态度对于成果的影响。有关于成本收益的研究很少。这一类信息的重要性不容忽视。这些研究可以帮助社区矫正机构根据他们将使用的资源及分配这些资源的战略做出更有效的选择。例如,彼特希拉(Petersilia,1991)区分了"消极的"研究设计和"积极的"研究设计。她指出消极设计只关注项目的运行,但忽略了选择参加者的过程和不同程度的治疗方法。没有这一类的信息,很难确定一个矫正项目的哪些属性是有效的。

最后,成效指标的清单上应该包括社区监管能对罪犯及其家庭所提供的人性化程度,以及其他可用以降低监狱人数和过度拥挤的监狱及看守所的手段。我们逐渐明白不能把每个违反法律的人都关进监狱。不过,缓刑和假释经常是事后考虑的事情,尤其是当谈到资源分配的时候。

不管如何定义,不容置疑的是,再犯率依然是一个主要的评判标准。然而,很明显需要额外的成果指标来测量。目前的确有很多批评指向这个方面的矫正项目研究。本章将考察社区矫正项目的评估及其成效的测量。

专栏 14-1 违反假释条例

一个假释犯如果犯下了新的罪行或者没有遵守假释条件,就会被遣送回监狱。后者经常被称为技术性的违反假释条件:一种并不是犯罪行为的而是假释条件的违反。后者可能包括持续的饮酒、不遵守宵禁、拒绝对被害者做出赔偿、没有提交规定的报告,等等。在一个有关假释撤销的研究中,奥斯汀(Austin,2001)发现,有 54% 的加州的假释犯、36% 的乔治亚州的假释犯、57% 的密苏里州的假释犯、55% 的俄亥俄州的假释犯和 53% 的得克萨斯州的假释犯,因为技术性违规被遣送回监狱。绝大部分违规是因为毒品的使用,而且常常缺少中间性处罚方法供假释官使用。在监狱,对于药物滥用的治疗项目通常是不足的,而建立治疗中心则要面对来自社区相当大的阻力。显然,服刑人员重新融入社会对于矫正项目和政策决策者来说都是一个重大的议题。

一 有效性评估的局限性

即使在最佳的情况下,评估社区矫正项目的成效也并不容易。首先,介于政治、伦理和项目上的原因,可能不允许罪犯被随机分配到治疗组和控制组。非随机的分配,迫使评估者让两组在统计意义上是可以比较的,这是实证研究的共同接受传统,但最后得到的结果有时候很难与政策决策者和项目负责人(有时候是给其他研究者)沟通。

即使可以实现随机分配,基于先前提到的相同原因,治疗项目的效果会"溢出"到控制组,或预期的治疗被不适当或不均匀地应用。这对于如何判定治疗组的成员得到有效的治疗以及控制组是否保持着"完全没有接受任何治疗"的状态是很困难的。毕竟,没有一个项目或矫正对象处在一个真空的状态;历史事件会对两组产生影响,对其中一组可能会比另一组更多,或者在一个或多个组中偶然强化了负面的治疗效果。

另一个评估项目成效时的主要问题在于,在一个时间段只参加一个治疗项目是很罕见的。例如,一个违法者(如鲍勃)起初被判了缓刑和赔偿。施害人与被害人的互动和调解对于鲍勃的态度和行为起了积极的影响。然而他的酗酒问题,会导致缓刑官建议法院收紧缓刑的条款,包括强制参加针对药物滥用的治疗,这会对鲍勃产生很多直接和长远的好处。有反社会行为的老朋友可能会重新接触鲍勃,鲍勃会有重新犯罪的可能。

由于鲍勃之后被捕的警示,缓刑官可能分配鲍勃(失败案例?)去小组咨询,包括预防复发的技巧帮助他辨别高危环境和如何应对。经过三年的缓刑期,当受害者的损失得到补偿,鲍勃找到了一份稳定有前景的工作,并且自愿参加物质滥用的治疗。想确定治疗项目中哪些因素最能有效地扭转鲍勃,帮助他重新融入社会,是不可能的。是因为缓刑期间的监管吗?是因为缓刑官特质吗?是因为赔偿中的调解和懊悔?物质滥用治疗?预防复发的技巧?就业?或者某些综合在一起治疗因素?因为"缓刑"是一个通用术语,可以指治疗、监管、中间性处罚("惩罚的更聪明"),究竟哪一个因素应该被确认是"最好的干预方法"呢? *378*

最后,我们需要处理有关鲍勃在矫正中,应该被划分成"成功"或"失败"案例的问题。定义成"失败"可能是使用了成果指标:被捕、再次定罪/撤销缓刑,或者是入狱(监狱或看守所)。如果研究设计定义"成功"为没有再被捕,那么鲍勃是一个失败案例,因为他被捕了。然而从全局来看,被捕只是重新融入社会的漫长过程中,一次性的危机事件,一个鲍勃和他的缓刑官努力去克服的事件。从重新融入社会的角度来看,三年内的一次逮捕事件会将缓刑犯错误地归类为"失败"类别。然而绝大部分证据清晰地表明鲍勃是一个成功的案例。

二　社区矫正的有效性

有关矫正是否有效的争论一定会持续很长时间。那些尝试评估和测量各种矫正策略和项目价值的研究者,面临一个最主要的困境是:如何定义"成效"。

专栏 14-2 成本效益分析

　　成本效益分析的一个基本前提是,很多决策在制定时是基于资源优化配置,避免重复、浪费和低效率。成本效益分析是决策者需要在竞争项目中(包括监狱和看守所)达到特定目标的工具。需要记住的是,成本效益分析不是必须设计支持最便宜或最昂贵的项目,而是基于可利用资源和明确目标的条件下的最理想的项目(拉特沙Latessa,1986)。然而,成本效益分析并不是一个令人完全满意的评估社会项目的工具,因为它无法精确地测量社会成本和收益(Vito & Latessa,1979)。但是,当综合其他衡量项目成效和影响的测量方法时,成本效益的信息给政策制定者提供了一个宝贵的视角。对刑事司法项目的全面而有意义的成本效益分析已经开展。这些分析计算项目中每花费一美元所省的社会成本(详见 Aos et al.,2001)。

379

---

1. 测量成果和再犯率

　　问题在于,部分研究人员和实践者都希望把失败或成功定义为明确的"是"或"不是"。如图 14-1 所示,一些方法把服刑人员在矫正项目完成时做出区分。令人遗憾的是,很少有项目会做出明确的定义归类。把成功和失败当作一个延续体而不是两分法,是十分必要的。例如,一个罪犯可能完成了缓刑,但没有稳定的工作并且有许多技术性的违背缓刑的条件。论矫正成功的程度,这个人可能比不上一个完成了缓刑、找到了向上流动的工作、做出了赔偿、支撑家庭,并且没有再次被捕的人。然而,这两个案子都可能被定义为成功。犯下轻微指控或技术性违规的服刑犯与那些犯下重罪的服刑犯之间也有很大区别。比如在加州和其他州,数据显示假释犯因为技术性违规而被撤销假释的数量急剧增加(Austin,2001)。有些把重新被捕当作失败案例,然而其他则只计算那些被重新关进监狱案例的数量。[1]

380

　　除这个问题外,成效的指标也没有达成共识。大多数人同意把再犯率当作衡量表现的主要指标,但对于测量再犯率指标的定义却没有达成共识。的确,一个对假释监管的研究发现,成果标准的性质对于成果的解释有着很重要的影响(Gottfredson et al.,1982)。研究者倾向根据可利用的数据定义再犯率,然而我们知道官方数据是不足的。有些证据表明,跟踪期的长短

---

[1] 关于各种不同再罪率的讨论,见钱皮恩(Champion,1988);帕尔默(Palmer,1995);美国犯罪学会国家政策委员会 National Policy Committee of American Society of Criminology (2001)。监禁在美国的使用(https://link.springer.com/article/10.1023/A:1013111619501)。

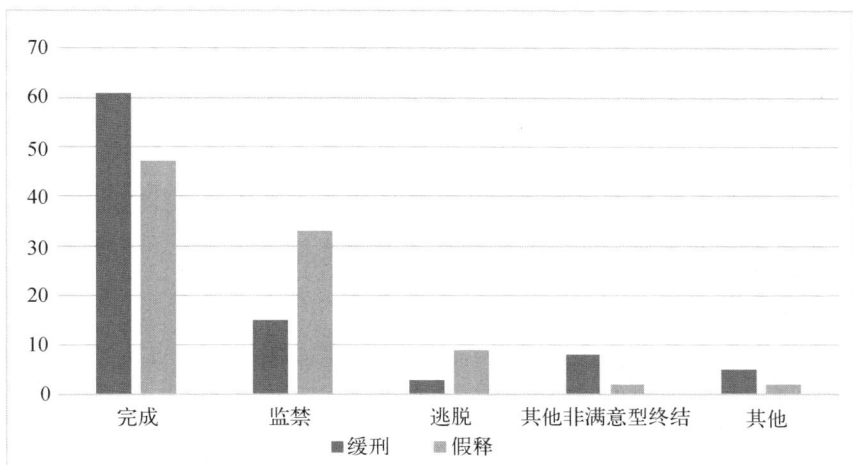

图 14‑1 缓刑和假释终结的类别

注:报告的是 2008 年数据。

资料来源:格莱兹 Glaze,L.,Bonczar,T. P. (2009)。缓刑和假释在美国,2008 年,华盛顿特区,司法统计局。

对缓刑犯和假释犯的再犯率的高低有明显的影响(Hoffman and Stone-Meierhoefer,1980;Nicholaichuk et al.,2000)。[1]

矫正的成果在实际操作中常常被看作再犯率,这种做法有其固有的局限性。衡量再次犯罪的指标、跟踪的长度,及内外因素等都会影响再犯率。事实上,确保低再犯率的最佳办法是非常保守地界定它(例如在州监禁场所中的监禁),并且使用一个短的跟踪期。

通常,被捕(仅仅是被逮捕)会作为衡量再次犯罪的主要指标,从而判断整个项目成功或者失败。当然,逮捕可以作为项目结束后(或释放后)的表现指标,但逮捕本身也有许多局限性。当考虑矫正项目或刑事惩罚的影响时,其他一些因素也会被忽视,即使在使用逮捕时,也要考虑被逮捕之前的时间;违法者因为什么罪行被逮捕(犯罪类型和严重程度);违法者是否被定罪;以及如果被定罪,结果如何处置。

---

[1] 追踪的长度会影响再犯率。对于大多数违法者来说,大部分失败的案例出现在三年内。这个惯例除了性犯罪者和酒驾司机,因为他们被抓的概率很小,需要更长的跟踪时间。

专栏 14 - 3   发展对照组

　　评估社区矫正项目最大的挑战,是确认并发展一个对照组。因为随机分配参加者在矫正项目中是很罕见的,大部分研究人员被迫采用准实验的设计,用治疗组的违法者去"匹配"那些没有参加项目的人。研究者面临的主要问题是寻找那些相似并且没有参与治疗的违法者。

　　下面是一个俄亥俄州社区矫正的研究结果的例子。图 14 - 2 展示了来自社区监管的违法者三年的追踪结果。这个研究中一共有四组:普通缓刑监管的违法者,强化缓刑监管的违法者(ISP),从社区矫正机构释放的人员(CBCF),还有从监狱释放的人员。图 14 - 2 展示了每个组的再次逮捕率。数据表明,至少当衡量再逮捕率时,相比于普通缓刑组和监狱组,ISP 和 CBCF 组表现得更好(即更低的再犯率)。然而,当考察图 14 - 3 时,我们则看到了一些不同的情况。该图展示了四个组的监禁率。这里我们看到,ISP 和 CBCF 组有最高的失败率(当被定义成随后的监禁)。当然,该图没有显示的是,绝大多数 ISP 和 CBCF 的服刑犯被监禁的原因是技术性违规。那些技术性违规的普通缓刑犯通常会被送到 ISP 或者 CBCF,而且监狱组的大多数违法者都是在没有假释监管的情况下被释放的,所以他们不存在被撤销的问题。

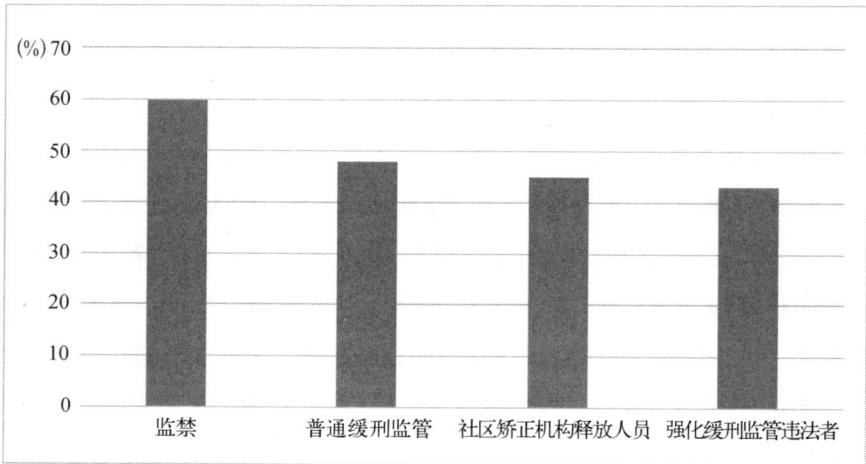

图 14 - 2   俄亥俄州社区矫正下的服刑犯:三年追踪期间再次逮捕率的百分比

资料来源:拉特沙,E. ,特拉维斯,L. ,霍辛格,A. (1997)。评估俄亥俄州的社区矫正法,项目和社区为基础的矫正设施。辛辛那提大学刑事司法部。

Latessa, E. , Travis, L. , Holsinger, A. (1997).

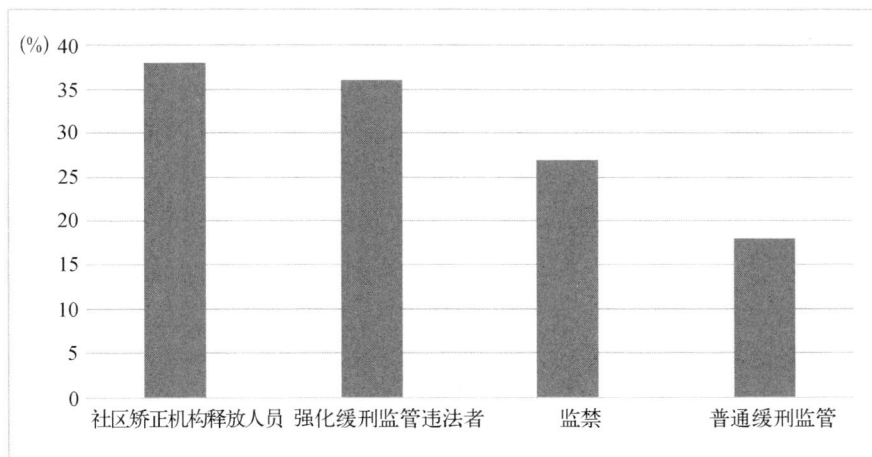

图14 - 3　俄亥俄州社区矫正下的服刑犯：三年追踪期间的监禁百分比

资料来源：拉特沙，E.，特拉维斯，L.，霍辛格，A.（1997）。评估俄亥俄州的社区矫正法，项目和社区为基础的矫正设施。辛辛那提大学刑事司法部。

Latessa，E.，Travis，L.，Holsinger，A.（1997）．

除了这些局限性，再犯率仍然是衡量公共保护的最重要的标准。当立法者或者其他公职人员询问一个项目是否有效时，再犯率依然是他们最主要的参考标准。成效研究极大丰富了我们在矫正项目有效降低再犯率方面的认识。不幸的是，成果研究通常集中在干预的结果上，却很少提供关于项目为什么有效或无效的有用信息（如果有的话）。除衡量成果外，项目质量是其中一种可以影响再犯率的因素。

2. 测量项目质量

几乎没有人会争论说，矫正项目的质量对于矫正结果没有影响。虽然如此，绝大部分矫正研究都忽略了项目质量这个测量手段。传统意义上，质量的测量是通过过程评估。这个方法可以提供一个项目运行的有用信息；然而，这些评估经常缺乏"量化"的成果研究。早前，研究者的主要问题是发展测量矫正项目的标准或者指标。虽然传统的审计和鉴定程序可以作为这个方向的一环，到目前为止他们被证明是远远不够的。比如，审计作为很重要的手段去保证一个项目是否履行合同义务或者满足一系列规定的标准。

然而,这些条件与有效的干预方法可能完全无关。值得指出的是,成果研究和项目质量的评估并不是相互排斥的。把成果指标和项目质量评估结合起来,可以对干预成效做出一个更全面的评估。幸运的是,在识别项目成效的指标上已经取得了巨大的进步(Andrews et al.,1990;Cullen & Applegate,1998;Gendreau & Paparozzi,1995;Gendreau & Ross,1979,1987;Lowenkamp et al.,2006;Palmer,1995a,1995b)。这个话题会在这章中随后讨论。

3. 文献回顾

即使进行完所有类型的研究,但有时候面对项目不一致的研究发现时,我们应该相信哪一个呢? 仅仅参考一个研究可能会出现错误。譬如,研究会有很多的局限性,尤其是在真实世界中进行评估研究(有限的样本量、缺乏普遍性、缺乏足够的对照组、项目随着时间而改变)。强调这个问题的其中一个方法是查看知识本身。比如,我们大多数人都认为吸烟有害健康。我们怎么知道这个知识?"研究",你说,但你不认为鉴于已经进行了数百项的研究,没有研究表明吸烟没有那么有害吗? 如果你想基于某些研究去证实吸烟的影响,你可能找那些已有的研究(即使有些研究可能是烟草公司赞助的)。原因是我们大多数人相信吸烟是有害的,因为有关吸烟和健康的知识体系告诉我们吸烟会增加得癌症、心脏病、肺气肿的概率等。其实我们有一系列关于矫正干预的知识可以用定量的方法总结出来。譬如专栏 14-4,研究者总结研究的方法有很多,文献综述、计票和荟萃分析。在一个叙述性的文献回顾里,所有的研究通过质性的方法总结出来。虽然这是个很常用的方法,却有很多局限性(比如选择哪些研究进行回顾、文献回顾者的偏见、无法给出量化的总结数据,等等)。计数的方法包括挑选出在某个领域内的所有研究,然后排序整理出结果;如果大部分研究给出负面的结果多于正面的结果,那么研究者可能会得出大量的证据支持负面的结果。这个方法同样也有很多问题,其中最重要的是这种方法或多或少地忽略了那些给出正面结果的研究。第三个方法叫作荟萃分析,是在回顾大量研究中最常用的方法。有关于荟萃分析的优势和劣势总结在表 14-1 中。

表 14 - 1 荟萃分析(meta-analysis)

优势
- ■能归纳总结大量的研究
- ■容易复制
- ■容易扩展,把接下来更多的研究纳入其中
- ■可以估算矫正效果的范围
- ■可以根据服刑犯的类型、(药物等的)剂量,研究设计的质量
- ■从政策研究的角度,比起典型的描述性回顾,这种方法会提供一个更加明确的结论

劣势
- ■研究的选择——文件提取问题
- ■个别研究的数量不足
- ■变量编码的选择
- ■编码的准确性(往往是主观的)

专栏 14 - 4 研究回顾的三种方法

针对每年已经完成和发表的研究,很难对所有的研究进行排序总结。研究者通常用以下三种方法归纳整理研究发现。

文献综述

第一种和最常用的方法是文献综述。运用这个方法,研究者阅读有关议题的研究并从中总结出他们认为最主要的结论。这个方法的优点在于我们大都比较熟悉这个方法,运用起来简单,并且让研究者去思考广泛的议题。不足之处在于研究者潜在的偏见,以及选择将哪些研究纳入到研究中。

计数

第二种方法叫作"计数"(ballot counting)。运用这个方法,研究者收集某个议题的研究,并算出有多少研究得出有效或者无效的结果。罗伯特·马丁森运用这个方法得出他著名的"没有效果"的结论。他收集了231个矫正干预的研究,把它们根据议题分类(例如,教育项目和工作项目),然后得出结论,没有效果的研究比那些有效果的研究更多。因此,他的结论是根据计算得出那些没有效果研究的个数(顺便说,在他的回顾里,48%的研究显示了正向的影响)。这个方法同样也很容易操作;然而,由于赢者全拿,这个方法没报告出那些得出正面影响的研究。

荟萃分析

第三种方法,荟萃分析,逐渐在研究人员中变得流行起来。这种方法使用了定量的方式综合大量文献中的研究结果。荟萃分析会计算干预变量和结果变量(在我们的案例中指的是再犯率)之间的"效应量"。这个效应量可以是负向的(矫正增加了再犯率),零,或者是正向的(矫正降低了再犯率)。荟萃分析同样存在局限性。首先,它受到"录入内容"的影响,即哪些研究会纳入到荟萃分析中。其次,如何将变量编码也是一个重要的议题(例如,纳入哪些治疗类别)。尽管如此,荟萃分析有一些主要的优势。第一,荟萃分析可以控制那些能影响治疗效果的因素(例如,样本量、研究设计的质量和治疗时间的长度)。第二,荟萃分析提供了一个可量化的结果,可以被其他研究者复制以及检验。第三,荟萃分析用精确和简洁的方式帮助建立有关矫正治疗等学科的知识。

384

> 这三种方法都帮助我们回顾大量的知识;然而,鉴于荟萃分析的优点,它越来越受到研究人员的欢迎。正如我们将看到的,这种方法并不如我们从研究本身中所学到的结果那样重要。

385　　荟萃分析对于总结研究很有帮助,因为它得出了一个"效应量",可以显示干预方案影响的或对研究对象影响的相对强度。然而,荟萃分析是一个直白的工具,因为尽管它不能纠正原始研究中的缺陷或局限性,但它能为我们指明正确的方向。

4. 再犯率作为结果的衡量标准

把再犯率作为结果的衡量标准是非常重要的。再犯率应当是我们评估矫正计划成效的主要结果指标。然而出于多种原因,再犯率仍存在很多问题。首先,再犯率有许多定义,如逮捕、监禁、技术违规、定罪等。我们如何界定再次犯罪决定了再犯率的高低。例如,比起将再犯定义成重返监狱,使用新的逮捕作为定义会导致较高的再犯率。其次,追踪的时间长短可能是至关重要的。对于大多数违法者来说,两年或三年的追踪就足够了;然而,诚如我们所见,对于一些违法者,比如性罪犯和醉驾司机,我们需要更长的追踪时间,以充分评估再犯。再次,再犯率受到内部和外部因素的影响。例如,缓刑部门可能会改变政策,比如增加药物检测,进而导致较高的失败率(内部因素),或者警察局可能会将重点放在特定类型的犯罪上,例如随机停车检查醉驾司机(外部因素)。最后,再犯通常被视为一个二分变量:一个全有或全无的度量,而事实上我们知道这种结果的衡量存在变化。也就是说,那些因醉驾而被捕的人比那些因持械抢劫而被捕的人的问题要小得多,但在检查项目成效时,我们常常简单地将这两种情况都算作失败。尽管如此,当有人问"项目是否有效"时通常会引用再犯率。这并不意味着我们不应该考虑其他"中间性"的衡量方法。现在让我们看看一些"中间性"衡量的方法。

5. 表现作为结果的衡量标准

除长期性结果衡量(如再犯的减少)之外,我们也可能有兴趣考查其他中间性的衡量方法。不幸的是,社区矫正中我们经常计算那些与项目或服刑犯表现几乎或完全没有关系的活动。例如,计算缓刑官和服刑犯之间的接触次数。没有经验证据表明这两个因素之间存在任何关系,但这是缓刑中常用的衡量标准。以下示例说明了计算活动与衡量表现之间的区别:

　　活动:统计已有的工作推介(job referrals made)的数量。

　　表现:被逮捕时为就业的服刑犯人数和缓刑后 6 个月内受雇的百
　　分比。

表 14 - 2 显示了少年法庭中计算活动和计算结果之间不同的例子。一个是计算任务量,另一个是计算结果。

表 14 - 2　少年法庭的工作内容:活动与结果的对比

衡量活动数量	衡量结果
(与矫正官)接触次数	增加在校天数
药物测试次数	不吸毒的百分比
未成年人在电子监控上的人数	逃课数量的减少
已完成的评估数量	平均风险评分的降低

通常,记录服刑犯的表现可以帮助确认矫正的效果。例如:

　　(1) 动态风险/需求评估的分数减少;

　　(2) 前后测量结果的变化,如测试成绩的提高,态度、行为等的改变;

　　(3) 某些问题领域的改变(例如药物测试结果);

　　(4) 行为目标完成(达到治疗计划);

　　(5) 药物滥用:药物测试、态度改变、戒药物/戒酒等的天数等;

　　(6) 教育:标准化成绩测验的改善;

　　(7) 就业:就业天数、收入、储蓄、支持性的供献款等;

　　(8) 心理健康:入院天数(治疗前/治疗后)。

社区矫正项目可以通过关注表现而不是活动制定中间性目标,如果达到这些目标的话,就可以被作为减少再犯的序曲。奥斯本和盖布勒(Osborne & Gaebler,1993)为以结果为本的管理订立了七项原则:

（1）被测量的标准得以达成。

（2）如果你不衡量结果，你不能区分成功和失败。

（3）如果你不能辨别成功，你不能奖励它。

（4）如果你不能奖励成功，你可能是在奖励失败。

（5）如果你不能辨别成功，你就无法从中学习。

（6）如果你不能认识到失败，你就无法纠正它。

（7）如果你能展示结果，你就能赢得公众的支持。

387 三 社区矫正项目评估介绍

社区矫正项目的特点和质量往往有助于确定其有效性。现在让我们把注意力转向如何衡量一个社区矫正项目的完整性上。

考察项目的"输入变量"通常被称为过程评估。过程评价通常涉及定性方法，而不是基于结果评估。过程研究有助于确认项目是否按照设计的方式运行。但问题在于，一个程序实际上可能运行效率很高，但不一定有效。例如，一项毒品教育项目可能在教导服刑犯关于毒品危害方面做得很好，但却没有有效地减少毒品的使用。

传统的过程研究的另一个问题是，它没有提供定量的测量方法。我们可以通过评估服刑犯来思考这个问题。一些评估过程收集了大量有关服刑犯的信息（比如犯罪史、就业、吸毒史、家庭、教育）。问题是当过程评估完成的时候，缺少一个很好的方法来把所有因素集合起来，去量化衡量风险。现在比较一下使用 LSI 或其他测量工具。收集到的信息是相同的，但是完成后将会得出一个分数，从而帮助你了解到再犯的概率，以及违法者在每个方面的得分是"高"、"中"还是"低"。

那么我们如何量化测量程序的完整性，以及检验哪些因素呢？其中一个工具是由让德罗（Gendreau）和安德鲁斯（Andrews）设计的：矫正项目评估清单（Correctional Program Assessment Inventory，CPAI）。该工具部分是基于对矫正效果研究的荟萃分析。它是基于实证标准，用来评估矫正项目的工具。然而，不同于传统的过程评估或遵守标准的审计，该过程着眼于矫正项目在多大程度上符合有效干预的标准。该工具已被用来评估美国和加拿大的矫正项目。[①]

CPAI检查项目的六个方面,如表14-3所示。第一个方面是项目领导,以及项目的设计和实施。第二方面着眼于筛选矫正项目中服刑犯的方式以及如何对他们进行评估。正如我们所了解的,好的评估包括使用标准和客观的工具,这些工具能够得出与风险、需求和反应因素相关的评分。CPAI涵盖的第三个方面是该项目提供的治疗。该项目是否针对犯罪的风险因素?该项目使用了哪些干预方法?它是试图"说服"服刑犯改变,还是通过认知行为框架?第四个方面考察的是工作人员。有效的项目应当有受过良好教育和培训,经验丰富,提供监督和支持的工作人员。第五个方面是评估和质量保证。项目如何监控它提供的服务?我们知道有效的项目会经常性地监测再犯率,并且进行结果研究。最后,检查多方面的评分条目(如记录的质量和项目的稳定性)。

表14-3 矫正项目评估清单

检查六个方面:
1. 项目的实施和领导 a. 项目主任的影响力和参与 b. 领导能力和资格 c. 项目的实施和设计 2. 服刑犯评估 a. 服刑犯的选择 b. 评估特定服刑犯的特征 c. 评估服刑犯的方式 3. 项目特征 a. 针对犯罪行为的能力 b. 使用的治疗类型 c. 如何使用治疗的方法 d. 为服刑犯重返社会的准备

388

---

① CPAI的新版本被称为CPAI-2010。此外,辛辛那提大学的研究人员开发了几种衍生产品,包括矫正项目清单(CPC)、矫正项目清单—药物滥用法庭(CPC-Drug Court)、矫正项目清单—治疗小组(CPC-Groups)和矫正项目清单—社区监督机构(CPC-Community Supervision Agency)。

续表

4. 工作人员特征
a. 工作人员的类型和教育程度
b. 工作人员的经验、工作年数和参与程度
c. 工作人员的考核和培训

5. 评估
a. 反馈的类型
b. 项目评价和评估。
c. 质量保证

6. 其他
a. 进行干预的伦理准则
b. 服刑犯档案填写的完整性
c. 咨询委员会
d. 社区支持
e. 资金和项目的稳定性

总之,这六个方面共有 78 个评分条目,根据每方面的得分百分比,评分为"非常满意""满意""需要改进""不满意"。虽然在项目彼此之间(和内部)有很大的差异,拉特沙和霍辛格(Latessa & Holsinger,1998)总结了他们评估 CPAI 各个方面的一些主要的优势和弱点。

■项目的实施和领导

优势:有效的项目需要强大的领导力和项目主管的参与。在大多数情况下,我们发现有资质有经验的项目主管通常会参与到项目设计中。他们往往参与到员工招聘和培训中。在许多情况下,他们也会为服刑犯提供一些直接的服务。对项目支持同样重要的是,项目的价值和目标与它所居住的社区或机构的现有价值是一致的,并且对该项目有记录在案的需求。对项目的支持还取决于对成本效益的理解。大多数矫正项目都符合这些条件。

缺点:这方面有两个常见的缺陷。有效的项目建立在来自矫正文献中强有力的理论模型基础上。尽管如此,许多被考察的矫正干预项目在基本设计上几乎没有参考那些有关什么对服务对象有效的实证研究。此外,有效的项目通常是以试点为基础来制定出干预方案的。迄今为止,我们很少发现有项目在全面实施前试点了他们的治疗方案。

　　■违法者评估和分类

　　优势:绝大多数被研究的矫正项目都制定了纳入标准,以接收合适的服务对象,并且有一个合理的法律/临床基准来排除某些类型的服刑犯。我们还发现,一般来说,大多数项目都会尝试评估与风险和需求相关的服刑犯的特征。

　　缺点:尽管许多项目确实试图评估服刑犯风险和需求的相关状况,但这样做并没有采用标准化、客观化、精准化的测量工具。缺乏精准化的风险/需求评估工具在处理未成年犯的项目中尤为明显。即使在服刑犯的初始或过程的某个阶段进行了标准化的评估,也很少发现收集到的信息被用来区分服刑犯的风险。换句话说,即使进行了适当的(或潜在有益的)评估,这些信息也不会影响到决策过程,更不用说提供服务了。此外,通常发现工作人员对服刑犯的评估并没有一个总结的评分,而是基于类似临床的方法。同样,很少有项目会常规使用标准化的工具测量反应特质,如动机、智力或心理发展水平。

　　■项目特征

　　优势:有效的干预项目将其绝大部分精力集中在针对服刑犯的需求和行为上。总的来说,我们发现很多矫正干预项目是针对这些行为的(尽管仍有矫正项目在非犯罪行为的方面,例如自尊,提供强化服务和治疗)。另一个常见的优点是,许多项目都有项目完成的标准,而且在释放后,许多违法者通常会被转介到能帮助满足他们需求的项目和服务中去。

　　缺点:服刑犯通常没有在结构化项目中停留太多时间。此外,所提供服务的数量和治疗并未因风险和需求水平的不同而有所变化。另一个有效项目的特点是使用被证明有效的治疗模式。由于项目很少是围绕理论模型设计的,所以并不奇怪发现其缺乏运用一以贯之的治疗模式。一般来讲,在考虑 CPAI 的"项目特征"部分时,主要的缺点包括:缺乏程序性的结构;不完整或没有治疗手册;鼓励项目参与和遵守的奖励很少;无效的使用惩罚;允许工作人员设计自己的干预方案,而不基于治疗文献;以及一系列明显和可界定的,但无效的治疗模型。CPAI 的这一方面也审查了服刑犯和工作人

390

员、服刑犯和项目、工作人员和项目之间的匹配程度。即使在发现匹配的情况下,也很少观察到它是基于特定的响应标准。此外,很少发现有项目在治疗过程中包含服刑犯的家人和/或朋友。最后,许多项目未能提供后续的服务或强化训练。

■工作人员特征和实践

优势:虽然每个项目在工作人员素质方面有很大差异,但大多数情况下,还是已受过良好教育和有工作经验的人员从事监管服刑犯的工作。工作人员通常是根据个人特征挑选的,如生活经验、公平性、坚定性和解决问题的能力。我们还发现,工作人员通常对项目的结构有贡献,并且会对他们有持续的培训。

缺点:工作人员流动往往是某些类型的矫正项目(如中途之家)面临的问题,而且我们很少发现工作人员在项目所使用的干预和治疗方法上面受到了足够的培训。实务督导并不是常规的,工作人员的服务提供技能很少被评估。

■评估和质量控制

能够对自身展开研究的项目,往往比那些没有研究的项目更有效。数据可以深入了解项目的成效和服刑犯的表现,帮助确定成功和不成功之处,从而进行调整。

优势:经常性的进行档案和个案审查。

缺点:对服刑犯进行定期、客观和标准化的评估以确定犯罪因素是否正在减少的研究是不常见的。简言之,大多数项目没有制定有意义的成效衡量标准(用来衡量项目或违法者的表现)。我们还发现,大多数项目在服刑犯离开后并没有进行跟踪,那些有对照组做比较的正式评估是个例外。

■其他方面

优势:我们检查的大部分项目在这方面都很好。一般来说,犯罪记录是完整的并保存在一个保密的档案中。危害项目、资金变化或社区支持的变化是很少见的。

缺点:有些项目没有关于进行干预的道德伦理准则,公共机构往往没有咨询委员会,而那些由非营利组织运作的机构则有。

图 14 - 4 显示了辛辛那提大学研究人员对近 400 个项目评估的平均分数。

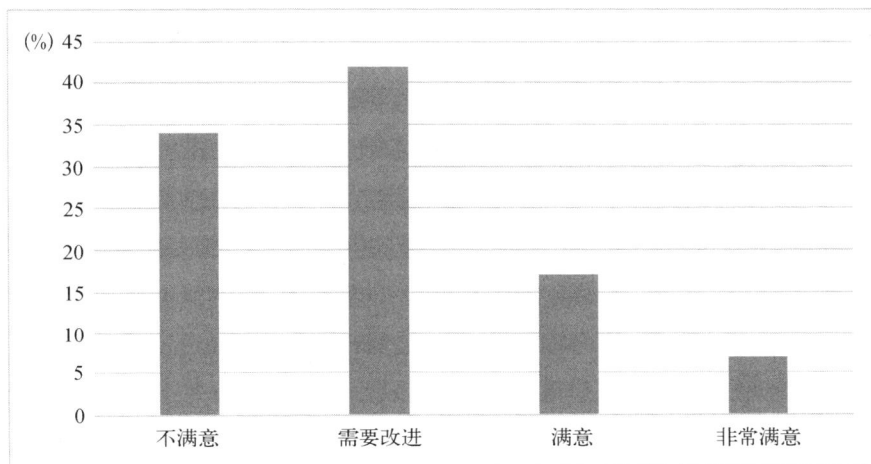

图 14 - 4　每个矫正项目评估清单类别中所占的百分比

结果是基于大约 400 个评估。

两位研究者对 CPAI 的预测效度进行了评估。维奇 Nesovic(2003)从针对服刑犯的治疗文献中回顾了 173 项研究(包括 266 个效应值),并报告了项目得分(即整体 CPAI 评分)与再犯之间的平均相关系数 r=0.46。洛温坎普(Lowenkamp)和他的同事(2006)使用 CPAI 对 38 个与对照组进行匹配的治疗项目进行了回顾,并报告了项目分数与再犯之间的平均相关系数 r=0.42。图 14 - 5 显示了基于 CPAI 评分的治疗组和对照组之间的再犯率的差异。

虽然这些结果表明,大多数被评估的矫正项目并没有完全符合有效干预的原则,但它们也提供了一些关于如何提高矫正干预质量的有用信息。

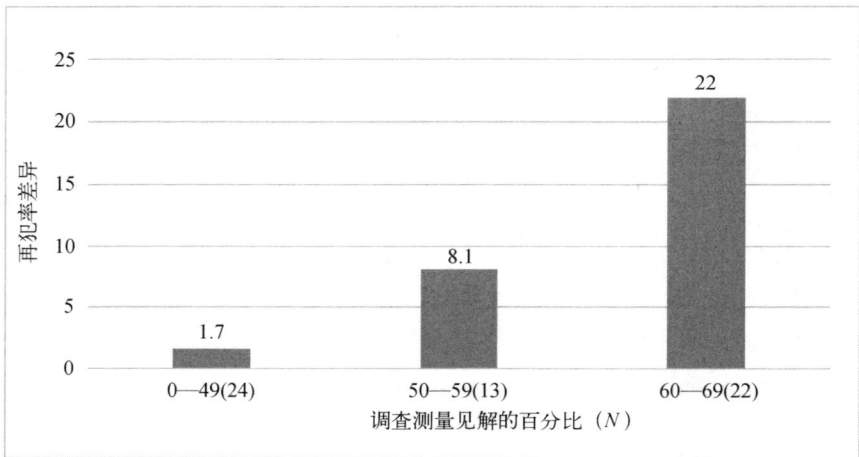

图 14 - 5　基于矫正项目评估清单的治疗组和比较组再犯率的差异

资料来源：改编自 Lowen Ramp, C. T., Latessa, E. J., Smith, P.（2006）. Does correctional program quality really matter? The impact of adhering to the principles of effective intervention. *Criminology and publie policy* 5(3)，201 - 220。

四　小结

评估社区矫正项目是一项挑战。如何定义再犯、测量结果和识别比较组是研究人员面临的问题。回顾文献有好几种方法，但今天最受欢迎的方法是荟萃分析。荟萃分析指的是一种研究方法，用于审查关于某个特定主题或某个议题的研究，并会计算出一个"效应量"，帮助决策者和实践者确定出最佳方案。尽管有一些项目和干预方法似乎是有效的，但迄今为止所进行的研究仍然受到许多限制，因此研究依然是不够充分的。这种困境的一部分原因源于有效性概念的定义。如前所述，大多数人都同意应该把再犯作为一项衡量结果的主要标准，但对于再犯的定义或用于衡量的指标尚未达成共识。研究人员经常忽视其他成效指标的有效性，特别是那些审查假释和缓刑的管理或监督，以及矫正项目的质量。

五　问题回顾

1. 矫正研究中使用的有效性指标有哪些？
2. 列出回顾文献研究的三种主要方法。
3. 列出一些与结果相关的因素。
4. 矫正项目评估清单的六个方面是什么？
5. 根据文中所述的研究，大约有多少比例的矫正项目可归类为"非常令人满意"或"不满意"？

393

六　推荐读物

Aos，S.，Phipps，P.，Barnoski，R.，Lieb，R.（1999）. *The comparative costs and benefits of programs to reduce crime：A review of national research findings with implications for Washington State.* Olympia，WA：Washington State Institute for Public Policy.

Gendreau，P.（1996）. The principles of effective intervention with offenders. In：A. Harland（ed.）*Choosing correctional options that work：Defining the demand and evaluating the supply.* Thousand Oaks，CA：Sage.

Martinson，R.（1974）. What works? —Questions and answers about prison reform. *The Public Interest* 35，22 - 54.

七　参考文献

Andrews，D.，Zinger，I.，Hoge，R.，Bonta，J.，Gendreau，P.，Cullen，F.（1990）. Does correctional treatment work? A clinically relevant and psychologically informed meta-analysis. *Criminology* 28，369 - 404.

Aos，S.，Phipps，P.，Barnoski，R.，Lieb，R.（2001）. *The comparative costs and benefits of programs to reduce recidivism.* Olympia，WA：Washington State Institute for Public Policy.

Austin，J.（2001）. Prisoner reentry：Current trends，practices，and issues. *Crime*

& *Delinquency* 47, 314 – 334.

Champion, D. (1988). *Felony probation, problems and prospects*. New York: Praeger, pp. 95 – 97.

Cullen, F. (1994). Social support as an organizing concept for criminology. *Justice Quarterly* 11, 52 – 59.

Cullen, F. , Applegate, B. (1998). *Offender rehabilitation*. Brookfield, MA: Ashgate Dartmouth.

Cullen, F. , Gendreau, P. (2001). From nothing works to what works. *Prison Journal* 81(3), 313 – 338.

Gendreau, P. , Paparozzi, M. (1995). Examining what works in community corrections. *Corrections Today* (February), 28 – 30.

Gendreau, P. , Ross, R. (1979). Effective correctional treatment: Bibliography for cynics. *Crime & Delinquency* 25, 463 – 489.

Gendreau, P. , Ross, R. (1987). Revivification of rehabilitation: Evidence from the 1980s. *Justice Quarterly* 4, 349 – 407.

Glaze, L, Bonczar, T. P. (2009). *Probation and parole in the United States*, 2008. Washington, DC: Bureau of Justice Statistics.

Gottfredson, M. , Mitchell-Herzfeld, S. , Flanagan, T. (1982). Another look at the effectiveness of parole supervision. *Journal of Research in Crime and Delinquency* 18, 277 – 298.

Hoffman, P. , Stone-Meierhoefer, B. (1980). Reporting recidivism rates: The criterion and follow-up issues. *Journal of Criminal Justice* 8, 53 – 60.

Latessa, E. J. (1986). The cost effectiveness of intensive supervision. Federal Probation 50(2), 70 – 74.

Latessa, E. J. , Holsinger, A. (1998). The importance of evaluating correctional programs: Assessing outcome and quality. *Corrections Management Quarterly* 2(4), 22 – 29.

Latessa, E. , Travis, L. , Holsinger, A. (1997). *Evaluation of Ohio's Community Corrections Act programs and community based correctional facilities*. Cincinnati, OH: Division of Criminal Justice, University of Cincinnati.

Lowenkamp, C. T. , Latessa, E. J. , Smith, P. (2006). Does correctional program quality really matter? The impact of adhering to the principles of effective intervention. *Criminology and Public Policy* 5(3), 201 – 220.

Martinson, R. (1974). What works? —Questions and answers about prison reform. *Public Interest* 35, 22 – 54.

Nesovic, A. (2003). *Psychometric evaluation of the correctional program assessment inventory*. Dissertation Abstracts International 64(09), 4674B (UMI No. AAT NQ83525).

Nicholaichuk, T., Gordon, A. GUD. (2000). Outcome of an institutional sexual offender treatment program. *Sexual Abuse* 12, 139 – 153.

Osborne, D., Gaebler, T. (1993). *Reinventing government: How the entrepreneurial spirit is transforming the public sector.* New York: Penguin.

Palmer, T. (1975). Martinson revisited. *Journal of Research in Crime and Delinquency* 12, 133 – 152.

Palmer, T. (1995). Programmatic and nonprogrammatic aspects of successful intervention: New directions for research. *Crime & Delinquency* 41(1), 101 – 131.

Petersilia, J. (1991). The value of corrections research: Learning what works. *Federal Probation* 55(2), 24 – 26.

Vito, G. F., Latessa, E. J. (1979). Cost analysis in probation research: An evaluation synthesis. *Journal of Contemporary Criminal Justice* 1(3), 3 – 16.

第十五章　社区矫正的未来

一　导言

有这样一些合理的问题：到 2025 年社区矫正制度是什么样的？到那时将会发生什么变化？这样的问题提供了令人兴奋的机会去目睹在社区中的矫正活动最终完成自己的使命。首先，让我们回顾现在的情况，然后再考虑 2025 年的情况。如图 15-1 所示，在 2010 年，我们经历了近 40 年来监狱囚犯的首次下降。

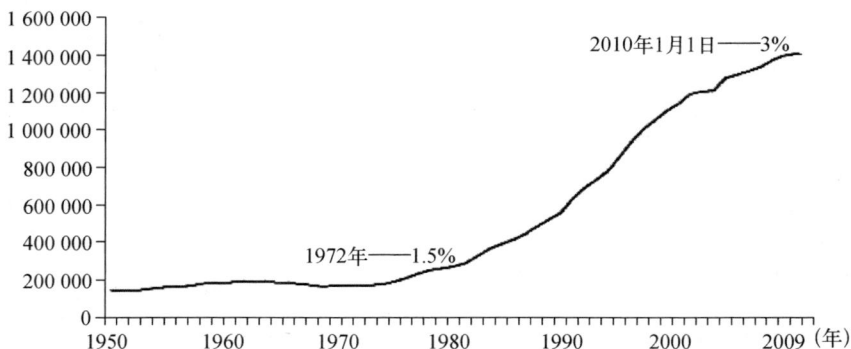

图 15-1　38 年内监狱囚犯数量的首次下降

资料来源：Prisoners Series，Bureau of Justice Statistics，and Pew Center on the States，Public Safety Performance Project。

这到底是一个趋势还是仅仅是经济困难时期的结果还有待观察,但显 *396* 然这种情况在过去四年里一直持续着。如图 15 - 2 所示,并不是所有的州都经历了监狱囚犯总数的衰退。在过去几年中,被判缓刑或假释的美国人数量略有下降,并且目前总计约有 480 万人,即大约每 50 个美国成年人中就有一名缓刑或假释犯。这些人中约 82% 的人正在服缓刑,还有 12% 的人在假释期间。综合起来,我们国家与其他西方主要国家相比,有更多成年居民处于监禁(每 10 万居民中有 690 人)。这些比率如图 15 - 3(The Sentencing Project,2001)所示。与俄罗斯这个先前是集权主义如今正经历民主化进程的国家相比,非裔美国男性的入狱率是俄罗斯(3 250 人至 690 人)的四倍以上。这个高比例的原因很大程度上是因为政策鼓励对财产和毒品罪犯使用监禁(有些人会认为是过度使用监禁)(Fish,2000)。

当然,监禁的使用在很大程度上受到群体的影响。尽管非洲裔美国人占美国总人口的 14%,但他们占看守所和监狱囚犯人数的一半。非洲裔美国人年龄介于 14 到 54 周岁之间的成年人中约 1/12 的人被监禁;入狱的非洲裔美国人人数比在全国范围内任何年龄段被录取进大学的非洲裔美国人总人数还多。不成比例的少数族裔入狱现象普遍存在[尽管 2000 年的未成年人司法研究所(Juvenile Justice Institute)的研究表明它可以被明显减少]。

毫无疑问,这个较高的比率反映了非裔美国人参与暴力犯罪的差别率,但也反映了这场针对毒品的战争所带来的影响(Cullen et al. , 1996)。[1] 尽管我们付出了努力,但这场毒品战争对毒品的交易、分销或非法药物的使用均未产生重大影响[总会计署(General Accounting Office),2007 年],但我们仍然在继续努力。

如今美国接受矫正的罪犯人口总数超过 700 万。大部分罪犯正在服缓刑或处于假释监管之下。这些数量是否会下降还有待观察。

---

[1] 该项声明并不意味着非白人就不关心毒品和犯罪。调查表明,白人和非白人美国人都同样关注药物滥用和毒品对社区的影响。

州监狱因犯总数的绝对变化，2008—2009年

变化值	州
−4 257	加利福尼亚
−3 260	密歇根
−1 699	纽约
−1 315	马里兰
−1 257	得克萨斯
−1 233	密西西比
−945	康涅狄格
−602	新泽西
−479	科罗拉多
−371	罗得岛
−313	伊利诺伊
−300	特拉华
−290	肯塔基
−281	艾奥瓦
−268	威斯康星
−252	马萨诸塞
−235	南加利福尼亚
−204	内华达
−195	弗吉尼亚
−173	新罕布什尔
−80	俄亥俄
−64	夏威夷
−30	内布拉斯加
−11	犹他
−9	怀俄明
−2	蒙大拿

人数降低的州
人数增长的州

州	变化值
迈阿密	31
北达科他	34
南达科他	92
堪萨斯	102
佛蒙特	105
爱达荷	110
田纳西	145
明尼苏达	154
新墨西哥	176
阿拉斯加	190
俄勒冈	237
华盛顿	307
西弗吉尼亚	308
北加利福尼亚	389
阿肯色	455
俄克拉何马	533
密苏里	606
佐治亚	843
亚利桑那	934
阿拉巴马	1 053
路易斯安那	1 399
印第安纳	1 496
佛罗里达	1 527
宾夕法尼亚	2 122

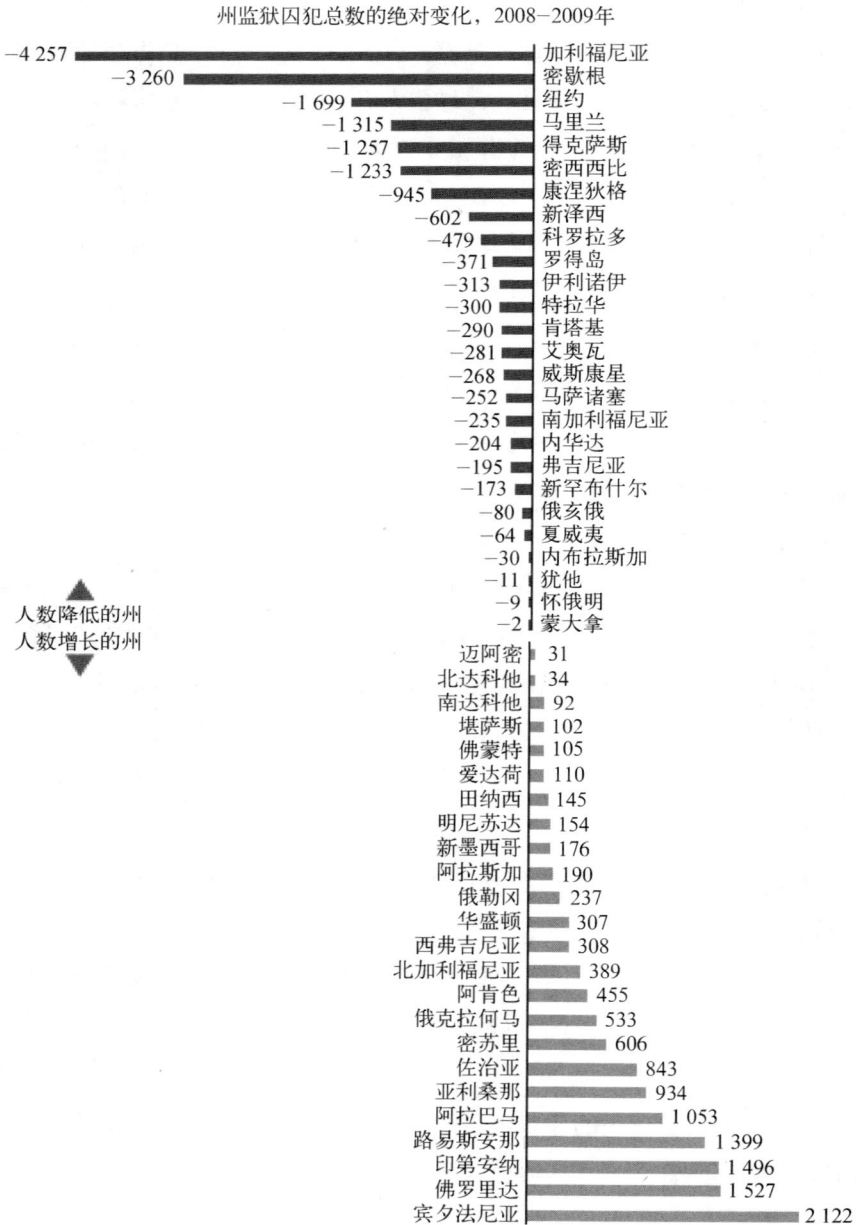

图 15-2 各州的监狱统计

注意:除非其他司法文件另有说明,数据变化的日期为 2008 年 12 月 31 日至 2010 年 1 月 1 日。

资料来源:Pew Center on the States，Public Safety Performance Project。

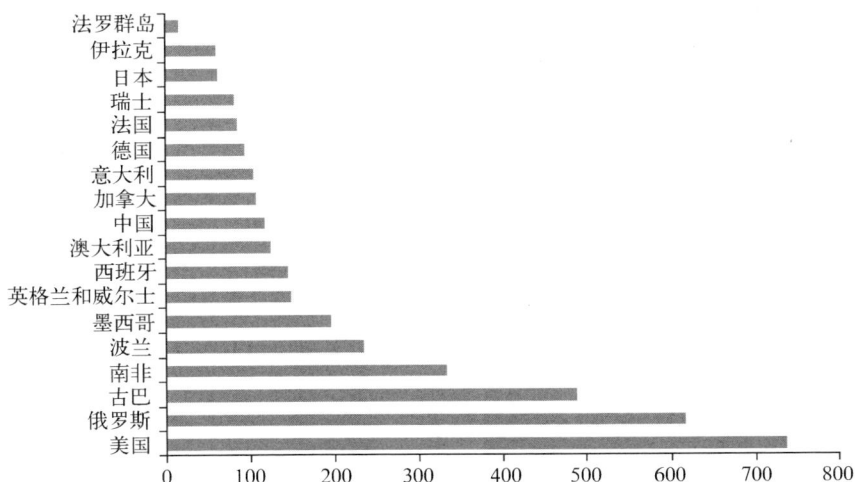

图 15 - 3 国际入狱率,国家人口中每 10 万人中入狱的人数

资料来源:International Centre for Prison Studies:University of London,www. prisonstudies. org。

二 中间刑

读者可以从前面章节认识到,中间惩罚是填补缓刑和监禁之间量刑鸿沟的一种矫正干预。他们的主要特点是可以加强对罪犯的监督和控制;他们已被提前作为避免监狱拥挤和帮助罪犯(改造后)重新融入社会的一种手段。这些都在图 15 - 4 中列出,图中涉及 13 个不同的项目,从左到右,每个项目越来越具惩罚性和控制力。其中一些项目本身是由不同的技术和实用性组成的,而且许多项目可产生有效的治疗。

三 公众接受度

公众倾向于认为社区矫正只不过是介于缓刑和监禁之间的一种选择,①有一种错误的二分法观点认为,只有当主要犯罪分子被监禁起来,远

---

① 卡伦和穆恩(Cullen & Moon,2002)。

离公众视野之外并且监禁时间足够长时,公共安全才会得到保障。在这一点上需要明确的是,并不是只有监狱才能保护公共安全或任何其他监禁以外的处罚会危害到公共安全。

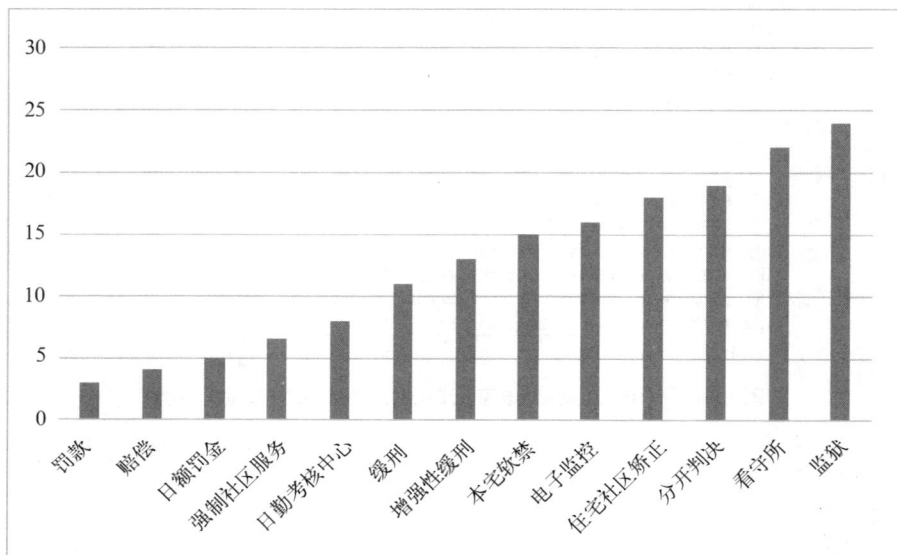

图 15‑4　一系列判决选择:按照惩罚级别排序

资料来源:引自 Byrne, J. (1990). The future of intensive probation service. *Crime & Delinquency* 36(1), 29。

特拉华州的政策制定者深信监狱拥挤问题是无法彻底解决的,而且公众倾向于让罪犯(对其进行改造后)重新融入社会,①因此,他们决定发展和扩大社区矫正制度。这个政策的优先点是:(1)消除社区暴力犯罪分子;(2)通过赔偿和补偿使受害者恢复到受侵害前的状态;(3)使罪犯康复。其结果是一系列包括成本控制机制在内的,同时严厉性和惩罚性都越来越强的五个层次的惩罚方案。设计该制度旨在给予罪犯一个选择:是以良好的行为表现,工作和遵守相应规则的方式免遭监禁,还是再次从事犯罪活动和违反监管法规而被关押回监狱。该制度分为五个“等级”。

---

① 福利政策对犯罪具有明显的负面影响,特别是在现金和公共住房项目方面。相关治疗方面的阅读资料,参阅张(Zhang,1997);和赫希(Hirsch,2001)。

■等级五(Level V)是处于监狱机构完全控制的监禁。

■等级四（Level IV)是准监禁,在一些机构中每天接受 9 至 23 小时的监管,例如社区矫治中心、电子监控下的住宅软禁、考勤中心和住院戒毒治疗中心。

■等级三（Level III)是强化型监管,接受每天 1 到 8 小时的直接监督,在此期间,罪犯将受到宵禁检查、就业检查和参加改造项目的频繁监控。

■等级二(Level II)是"普通的"现场监管,一般性缓刑,监督时间为每天 0 到 1 小时。

■等级一(Level I)是最低级别的监管。

该制度给予判刑法官在判处罪犯和罪行这两方面广泛的自由度(见专栏 15-1)。

400

专栏 15-1　特拉华州的社区矫正制度

行政监督——等级一

在量刑体系中,被判定为等级一的罪犯被置于严格程度最轻的监督形式之下。这些人通常是初犯,并且再犯的风险很小。这些罪犯中的大多数都被要求支付罚款,进行赔偿或参加特定的初犯(教育)项目。这级监管也要求监督罪犯参与指定的(改造)项目,并向法院提交进展报告的形式。

缓刑和假释——等级二

等级二是标准的缓刑/假释监管程序。被判二级监管的罪犯应定期与缓刑监督官员会面,遵守基于风险/需求评估的要求的会客规定。二级缓刑/假释监督官员担任传统的咨询角色。

强化监管——等级三

强化监管单位(ISU)代表着监禁替代方法的等级三。监管官员与罪犯的人数比是1：25。设立 ISU 的目的是密切监督社区成年罪犯,以防止罪犯在服刑期间进一步实施犯罪行为。频繁而密切的监督同时也是帮助罪犯成功(改造)回归社区的方式。缓刑监管官员根据 SENTAC 准则以及个别罪犯的(教育改造)进展情况制作相应的记录文件,ISU 根据这些文件给出相应的上调或下调处罚等级的建议。将监督拘留单位加入到 ISU 之中将会提高缓刑/假释监管的能力,能更密切地监管社区三级缓刑犯。

住宅软禁——等级四

住宅软禁是一种社区监管的方案,将罪犯限制于一个经批准的住所来施加和执行特定的惩罚措施。软禁方案由缓刑监管官员执行,包括持续的电子和直接监控。

审前服务

审前服务通过对新被逮捕和拘留的人进行筛查访谈,向法院提供保释建议。在初步筛选后,按预设的间隔进行后续访谈和建议。法院还要求对某些释放的个人也进行社区监督。量刑前报告参照威尔明顿市法院(Wilmington Municipal Court)的要求完成。所有审前服务都是在建立个人 SENTAC 等级之前发生的。

日报中心

日报中心的概念旨在提供强化型监督和教育改造项目的参与,以帮助高度危险犯从监禁回归到社区的转变。

社区工作项目

在这个项目中,罪犯在非营利组织进行各种劳动,以满足特殊的监管条件和/或免除法院指定的评估。

另一个更近的例子是在密歇根州。面对高失业率和严重的预算赤字,密歇根州启动了一项旨在减少监狱人口、节省开支和维护公共安全的新计划。密歇根州犯人重返社会项目(MPRI)迄今已经达到了所有的这些目标。如专栏 15-2 所述,MPRI 被誉为是一个巨大的成功。同样,康涅狄格州认识到(管理罪犯)需要更多的选择,并设立了监禁中心的替代方案(见专栏 15-3)。值得注意的是,这两个州最近都经历了监狱人口的显著下降。

401

专栏 15-2　密歇根州犯人重返社会项目(MPRI)

密歇根州犯人重返社会项目(MPRI)帮助降低重复犯罪行为的数量,监狱收容的囚犯数量以及总体犯罪率。当州预算因税收下降而捉襟见肘时,这个计划的成功就显得可遇而不可求。

密歇根州矫正部门的发言人说,犯人(因再犯)被关押回该州监狱的数量减少了29%,在这当中,MPRI 至少作出了部分贡献。自从 2005 年成立以来,约有 2 万名犯人参加了这个项目,重返监狱的人数减少了 1 597 人。

此外,在 2009 年的头六个月,重罪法院的判决量下降了 6.3%,总计 1 634 人。2008 年上半年的犯罪率下降了 16%,这是近期可获得的最新数据。2009 年头七个月,(囚犯)获刑监禁的数量比 2008 年同期下降了 8%。密歇根州州长格兰霍姆(Granholm)宣布,她计划关闭三所州监狱和五所监狱营地,这样每年能节省 1.18 亿美元。这还不包括已经关闭的两个监狱和一个监狱营地。

MPRI 成功的关键似乎是通过与其他机构合作使服务网络化。根据 2008 年发布的 MPRI 的一项研究,自该项目启动以来,两年内被关回监狱的假释人数比例从 48% 下降到 36%。现在有 60% 的假释人员正在使用这个项目。

"密歇根州在(减少)因犯再入狱方面表现出了卓越的领导地位。"华盛顿特区城市研究所的高级研究员艾米·所罗门(Amy Solomon)表示。"从一开始,密歇根州犯人重返社会项目就从学术和实践中吸取了最好的理念,明确其使命是保护公众,创造更好的公民。MPRI 在拓展社区合作伙伴和获得全国专家反馈意见方面也值得高度评价。"

　　根据维拉研究所（Vera Institute）的数据，缓刑和假释人员失败率高是大多数州拥有高监狱人口和成本的重要因素。全国州长协会（National Governors Association）2004年的一项研究表明，在全国释放的因犯中，有67％的人会被重新逮捕，52％的人会在三年内重新入狱。MPRI的研究表明，90％以上的因犯最终都会以假释或服完全部刑罚后重返社区。去年，有近12 500名因犯获释。

资料来源：改编自吉尔伯特（Gilbert，2009）。

专栏15 - 3　监禁中心的替代方案（AIC）

　　目前，康涅狄格州有18个监狱替代中心（AIC）服务该州所有地区。康涅狄格州AIC计划的总体目标是提供一个全面的服务传递系统，该系统采用研究驱动实践（的方式），着重关注罪犯行为变化，以期能减少其再犯；协助州政府来减少在矫正机构的审前和判刑人数；同时也可以成为技术违规或需要更多监督和服务的个人替代监禁的一种方案。

　　AIC计划的出现是为了应对20世纪80年代早期困扰康涅狄格州刑事司法系统的监狱和看守所人满为患的问题。联邦法院下令制定控制（监狱）人口方案，同时立法上建立自动释放机制，建造众多的监狱以应对这个问题。但是，到了20世纪80年代中期，康涅狄格州显然无法仅仅通过兴建监狱来解决人满为患的问题。

　　1986年，州矫正局和康涅狄格州监狱协会（现在的"社区行动伙伴"）制定了一个名为"监禁中心替代方案"的试点计划。该计划仅限于35个试点，且仅在哈特福德市（Hartford）开展，旨在为法庭提供一个有意义的监禁替代方案。AIC的试点是在没有立法的情况下启动的，其许可假释、书面承诺下的附条件释放和特定缓刑情况下的释放作为用于将这些人纳入该计划的手段。AIC项目主要依靠传统的社会服务（如家庭团聚、社区组织到AIC给犯罪分子上家庭暴力和性传染疾病的相关课程等），但开展时又增加了三个新的组成部分：（1）对社会服务项目的参与者进行严格的监督与考勤，（2）被判刑的罪犯需进行大量的社区服务工作，（3）强制性报告制度。

　　AIC 1998年的一份评估得出结论，该方案正帮助法院制定将审前拘留者和被判刑的罪犯从监禁中转移出来的地方法律。与此同时，哈特福德市的法官和州检察官认为，在处理监狱和看守所人满为患的问题上，将AIC理念推广到该州其他地区后也能够达到同哈特福德市类似的效果。康涅狄格州第89—383号公共法令授权在全州范围内推广监禁替代方案。在接下来的17年里，诸多监禁替代方案（the AICs）的运作方式与报告中心监督社区罪犯的方式类似，要求罪犯对其就业状况进行报告（例如，无业的罪犯每周五天，每天三小时进行报告）。在诸多监禁替代项目施行期间，罪犯被要求参与任意一个他们在报告时能够参与到的项目。

　　2002年，CSSD开始了它的"风险降低（Risk Reduction）"计划，通过使用研究驱动的做法来降低CSSD社区矫正人群再犯的风险。这项努力导致了CSSD承诺将其内部的项目（成年和未成年人缓刑、保释服务和家庭服务）和签约的项目与有效干预原则相结合。康涅狄格州咨询了美国和加拿大的专家，参加了循证实践方面的培训，并依次与管理层、各行政区和法院以及所有的缓刑办公室进行了会谈，以便在这种新的执行社区监管和服务的方式上协助司法部门。

　　在2005年和2006年，州领导者进行了一项投资用以跟踪和分析有用的、相关的和及时的信息，并利用这些数据为决策过程提供信息帮助。该项质量保证工作一直延续至今。

随着降低风险努力的继续实施,2009 年 7 月,康涅狄格州落实了一系列风险降低指标。AIC 的指标旨在评估风险降低过程和结果效益方面的进展,包括工作同盟目录评分(Working Alliance Inventory scores)、质量保证评级、三项核心干预项目的完成率、获得就业的服刑人员的百分比,以及项目完成人 12 个月内的再犯率。这些指标每季度由 AIC 运营方、缓刑和保释服务负责人进行审查。

2005 年实施的循证干预措施今天仍然保留使用,包括认知行为治疗、基于技能的药物滥用治疗、就业服务小组、求职协助和案件管理。每个地点都有社区服务项目,并根据逐个案件的具体情况提供尿液分析和血液酒精含量测试服务。

AIC 每年会收到大约 1 万份来自法官、缓刑监督官员、监狱回访人员、保释专员和某些矫正转介部门的推荐。

四 创造性改变

在未来几年,监狱仍将在社区矫正当中扮演至关重要的角色,但可能被要求逐渐减少其重要性,因为它们不再是矫正的中心部分。这需要一个改变的过程,最有效的方法是鼓励当地社区提出更好的方法来自行管理自己社区的犯罪行为和罪犯。这反过来又要求州政府一级的领导判处刑罚时要"更聪明",而不仅仅是严苛。在今天的政治环境中是否还有政治家认为采取"温和"的方式对待犯罪行为将有助于赢得选举? 要解决的问题不是"更温和或更严苛",而是一种对于组织矫正和使用循证实践理念的重视。

当"矫正无效论"的争论出现时,许多原本应该了解更多的学者和实务操作者就放弃了康复这一模式。矫正失去了它系统化的主题或前提。既然康复模式的放弃已经被认为是不成熟和错误的,[①]那么现阶段就要在"道德意识(conscience)"或是处理罪犯的目的这两点上进行激烈的斗争。不幸的是,可能直到深入 21 世纪的时候,这种情况才会发生,并且极可能会是由财政危机引发的,因为各州和地方的司法管辖区无法承受矫正系统(特别是地方看守所和州监狱)的大量开支。

我们选择把重点关注在震慑训练营项目(boot camp programs)上,以确认和讨论一些相关问题的重要性。自 1983 年成立以来,震慑训练营项目已在包括看守所、监狱和缓刑/假释机构在内的全国各地的司法管辖区实施。

---

① 艾伦(Allen,2002)。

这个政治上受欢迎的项目的倡导者指出了震慑训练营项目的所谓好处（"我们将教导罪犯何为纪律""我们将同时加强身体素质和道德素质的建设""没有一项措施实施起来像一种惩罚"，等等）。有些项目有广泛的内容，如学习阅读和写作、获得高中同等文凭（GED）、学习"生活"技能、破除药物依赖。然而，有少数学者和实务界的人公开承认，在该方案的主要目的之外还有一个完全不同的客观事实：通过促进基本上无危害的、本不该被监禁（前提是社区矫正得到更加协调的发展）的毒品罪犯提前释放以达到控制监狱人口增长的目的。震慑训练营成为矫正场所的一部分，尽管大多数的项目评估实际都出现了负面的结果。①

　　在对震慑训练营项目进行的 100 多份评估中，除了极少数例外，大多数评估没有发现再犯率的减少；一些评估则显示，在罪犯被释放回社区之后，他们在之前参与过程中取得的成果迅速蒸发［"冲淡（wash out）"］。尽管（震慑训练营的设立）是出于善意，大部分工作人员都是热情而乐观的干部，并且训练有素，但震慑训练营却有几个致命的缺陷：他们大多不是针对犯罪诱因的需求，无法有效地进行教育改造，并且模拟攻击性行为。

五　有效干预

　　矫治可被认为是一项对罪犯需求的评估，设计一个解决罪因性需求的具体方案，在经验丰富的专业人员监督下，称职的工作人员应用循证项目定期审查提供的服务和重新设计的个人方案是否充分，直到他们发挥作用，并在相应的监督和协助下逐步将罪犯释放回社区。对待行为也要求随着时间的推移逐步进行后续跟踪调查，并对结果进行归档记录，后者将有助于对未来到来的罪犯进行"微调式"教育改造。换句话说，"对待行为"需要进行评估、分类、提供干预措施、案例监测和长期的后续跟进调查。当代社区矫正被要求做得更多更简单，达到更高的效率，通过服务和监督进行保护（罪犯）。迎接这一挑战将需要更多的资源、训练有素的专业人员和称职的管理

405

---

① 斯丁奇克布和特里（Stinchcomb & Terry，2002）。

人员,并展现其有效性。仅仅是"出于善意"已经不够了。需要一批新型的社区矫正实践者、理论家、管理人员和专家。有效的教育改造原则必须被落到实处。并且对于实现全新的社区矫正至关重要的是,需认识到"全都是一样的"不再是可以接受的。

为避免读者误解,在这里我们并不是谴责震慑训练营项目本身,而是在确认构成社区矫正和机构矫正基础的基本哲学问题。也就是我们需要的是视野、使命和训练。能力、重点、评估、分类和循证程序,这些遵循明确有效干预原则的因素必须纳入矫正使命的一部分。进入矫正领域并致力于接受犯罪挑战的学生在我们这样一个自由社会中将受到热忱的欢迎。

六 小结

国家虽然不能摆脱目前的监狱和管理危机,但是州和地方的司法管辖区却能够管理和控制监狱的人数,而且同时管理和控制处理犯罪后的社区矫正的司法系统的成本和道德诚信。通过制定一套合理的量刑政策(具备明确的目标和广泛的量刑选择及惩罚措施),国家便能够开始在更为健全的基础上解决公共安全问题。此外,在公众认可度方面,积极的公众教育和信息方面的新措施是必不可少的。从长远来说,社区矫正必须追究罪犯因其犯罪行为对公众和司法系统所产生的责任,同时政治家必须对其所采取的(控制犯罪)行为向公众负责。

社区矫正正面临许多问题:风险管理和解决特殊人群的需求、矫正官的安全、工作条件,以及运用合理的技术,如药物测试和电子监督。我们有信心,这个领域将在挑战中崛起。我们之所以拥有这种信念,是基于我们对目前从事的和即将来到这个领域工作的专业人员的了解。正是由于这些敬业的人们,社区矫正的未来才会如此光明。也正因为如此,一个合乎逻辑的、连贯的、安全的刑事罪犯处理系统是可以实现的。在做这些的同时,我们必须记住,无论如何,社区矫正是一个人的问题,这种变革并不容易,并且变革中的伙伴是必不可少的。社区矫正拥有光明的未来。

七 问题回顾

1. 基于何种理由你认为美国在世界监禁领域中居于领导地位？ 406

2. 什么是限制最少的三个量刑选择？被认为最严格的又是哪三个？

3. 有效的"矫治"需要什么？

八 参考文献

Allen，H. （2002）. Introductory remarks. In：H. Allen （ed.）*Risk reduction：Interventions for special needs offenders* 2002. Lanham，MD：American Correctional Association，pp. 1 - 6.

Bureau of Justice Statistics （2013）.*Correctional populations in the United States*，2012. Washington，DC：BJS.

Byrne，J. （1990）. The future of intensive probation service. *Crime & Delinquency* 36(1)，29.

Castle，M. （1989）.*Alternative sentencing：Selling it to the public*. Washington，DC：U. S. Department of Justice.

Cullen，F.，Moon，M. （2002）. Reaffirming rehabilitation：Public support for correctional treatment. In：H. Allen （ed.）*Risk reduction：Interventions for special needs* offenders. Lanham，MD：American Correctional Association，pp. 7 - 26.

Cullen，F.，Van Voorhis，P.，Sundt，J. （1996）. Prisons in crisis：The American experience. In：R. Matthews，F. Francis （eds）*Prisons* 2000：*An international perspective on the current state and future of imprisonment*. New York：Macmillan，pp. 21 - 52.

Fish，J. （2000）. The drug policy debate. *Fordham University Law* 28(6)，3 - 361.

General Accounting Office （2007）.*Drug control：U. S. assistance has helped Mexican counternarcotics efforts，but tons of illicit drugs continue to flow into the United States*. Washington，DC：USGAO.

Gilbert，G. （2009）. Success of Michigan prisoner re-entry initiative allows Granholm to close prisons，save money. *The Oakland Press* （September 6，2009）.

Greene，J.，Schiraldi，V. （2002）.*Cutting correctly：New prison policies for times of fiscal crisis*. Washington，DC：Justice Policy Institute.

Hirsch，A. （2001）. The world has never been a safe place for them. *Violence against Women* 7(2)，159 - 175. 407

Juvenile Justice Institute （2002）.*Reducing disproportionate minority confinement*.

www. oaisd. org/juvserv/programs/juvenilejustice.

Sentencing Project，The (2001). International Centre for Prison Studies：University of London.

Pew Center on the States. (2010). *Prison count* 2010. www. cjpc. org/Prison_Count _2010％20Pew％20％c20Center％20report. pdf.

Stinchcomb，J. ，Terry，W. (2002). Predicting the likelihood of rearrest among shock incarceration graduates. *Crime & Delinquency* 47(2)，221－242.

Zhang，J. (1997). The effect of welfare programs on criminal behavior：A theoretical and empirical analysis. *Economic Inquiry* 35(1)，120－137.

索 引

（索引中的页码为本书页边码）

Page numbers in **bold** refer to figures, page numbers in *italic* refer to tables.

The authors are grateful to the Law Enforcement Assistance Administration for publication of the *Dictionary of Criminal Justice Data Terminology*, from which many of the following terms and definitions have been extracted. It is in the spirit of that effort to standardize criminal justice terminology that we have decided to include this section. It is hoped that students, especially those new to the field, will take the time to read and absorb the meanings of these tools of the trade. To obtain more detailed information about terms in this glossary, write to U.S. Department of Justice, National Criminal Reference Service, Washington, DC 20531.

410

412

418

420

ANNOTATION. Part I offenses are:
1. Criminal homicide a. Murder and nonnegligent (voluntary) manslaughter b. Manslaughter by negligence (involuntary manslaughter)
2. Forcible rape a. Rape by force b. Attempted forcible rape
3. Robbery a. Firearm b. Knife or cutting instrument c. Other dangerous weapon d. Strongarm
4. Aggravated assault a. Firearm b. Knife or cutting instrument c. Other dangerous weapon d. Hands, fist, feet, etc.—aggravated injury
5. Burglary a. Forcible entry b. Unlawful entry—no force c. Attempted forcible entry
6. Larceny-theft (larceny)
7. Motor vehicle theft a. Autos b. Trucks and buses c. Other vehicles

Offenses, Part II. A class of offenses selected for use in UCR, consisting of specific offenses and types of offenses that do not meet the criteria of frequency and/or seriousness necessary for Part I offenses.
ANNOTATION. Part II offenses are: Other assaults (simple,* nonaggravated)
Arson*
Forgery* and counterfeiting*
Fraud*
Embezzlement*
Stolen property: buying, receiving, possessing
Vandalism
Weapons: carrying, possessing, etc.
Prostitution and commercialized vice
Sex offenses (except forcible rape, prostitution, and commercialized vice)
Narcotic drug law violations
Gambling offenses against the family and children
Driving under the influence*
Liquor law violations
Drunkenness disorderly conduct
Vagrancy
All other offenses (except traffic law violations)
Suspicion*

Curfew and loitering law violations (juvenile violations) *426*
Runaway* (juveniles)
Terms marked with an asterisk (*) are defined in this glossary, although not necessarily in accord with UCR usage. UCR does not collect reports of Part II offenses. Arrest data concerning such offenses, however, are collected and published.

Office of National Drug Control Policy 366
officer-offender interactions 208, *208*
Ohio: community-based correctional facilities 13n2, 321; community-based treatment centers 317–8; juvenile diversion programs 186; parole absconders 139; probation fees 62; recidivism 380–2, **381**; RECLAIM program **187**, 188–90; **190**; shock probation 296n11
Ohio Risk Assessment System (ORAS) 234
Ohio Risk Assessment System Re-entry Tool 103–4
Ohlin, L. 203, 205
Okamoto, D.K. 360
Oklahoma: shock incarceration programs 290
O'Leary, V. 202
Osborne, D. 386
Other Problem-Solving Courts Violence Court 367
outcome measurement **379**, 379–82, **381**
Owen, B. 324n14

Paparozzi, M. 128–9
Pardon. An act of executive clemency that absolves the party in part or in full from the legal consequences of the crime and conviction.
ANNOTATION. Pardons can be full or conditional. The former generally applies to both the punishment and the guilt of the offender and blots out the existence of guilt in the eyes of the law. It also removes his or her disabilities and restores civil rights. The conditional pardon generally falls short of the remedies of the full pardon, is an expression of guilt, and does not obliterate the conviction.

436

后　记

　　该书是社区矫正与地方治理研究领域的著名学者爱德华·J.拉特沙（Edward J. Latessa）领衔撰写的，其是在美国刑事司法和社会工作学界、比较法和比较政治学界、社会学和犯罪学界等领域有重要影响力的一部著作，为众多相关专业的师生作为教材使用，也为大量相关领域的官员和实务工作者作为"指南"使用。本书翻译的已是其第六版，可见其受众之广泛。

　　Corrections in the Community 遵循字面直译便是《社区矫正》，但实际上根据该书内容将其意译为《美国社区矫治》会显得更为贴切。因为该书阐释和研究的就是美国的社区矫正，以及由之展开的特殊群体回归社会生活共同体的基层与地方治理问题。"美国"体现了研究对象的区域国别，"矫治"既有矫正方法也有治理方式之意，"社区矫治"就是社区矫正治理，这样也更具有理论和实践意涵。由于该书在美国或北美相关领域中的知名度很高，所以在其母语世界使用时并不需要在标题上赘加过多的文字来阐释就能被接受和理解。但是译介到中国，为了完整表达该书丰富内涵，尽力遵循翻译中的信、达、雅原则，力争做到字意和语意兼顾，便采用了不改变主标题，而探索给其添加副标题的方式。

　　全书虽然探讨美国社区矫正，但其呈现出来的却是围绕特殊群体采用特别治理方式的美国地方治理的系统性问题，只不过是说社区矫正已经逐步成为地方治理中的一个新议题。在方法上,该书有一个突出亮点是不仅有历史视角也有比较视野,不仅有对各州社区矫正和地方治理法律、制度、实践等方面的数据及案例比较,也有不同类型社区矫正和地方治理的状况及变迁比较,还涉及与英国、加拿大、澳大利亚等世界多国的社区矫正和地方治理的实践及转型比较。全书直接以"比较"字眼来阐释类型、模型、表现、变化、差异等的就超过 40 处,如果统计与"比较"词义相近的相关阐释则更多,而直接用各州、时段等数据、案例进行对比呈现,以及对不同地方和国家进行社区矫治介绍的就相当多了。由此,我们尝试给其主标题"社区矫正"添加了一个副标题"美国地方治理的新议题及其比较"。因此,从国别范畴、比较方法、治理领域等比较政治学、比较法学、比较社会学或比较社会工作等所具有的特质来讲,其也是华中师范大学政治学世界一流学科建设中"比较治理"的重要成果之一。

该书应该是国内直接与社区矫正教学研究相关的第一本译著,其分为15 个部分对美国社区矫正的法律、制度、历程、类型、实践、技术和发展趋向等进行了全方位介绍和剖析,包括体制环境(刑事司法体系)、量刑标准、缓刑制度、假释制度、缓刑假释中的有效措施、缓刑官假释官的角色、社区服刑人员的评估、社区服刑人员的管理服务、中间刑的类型效应、社区居住矫正、未成年犯的矫正治理、社区矫正中的特殊人群、毒品法庭的产生发展、社区矫正的有效性评估、社区矫正的未来等。总体来讲,该书具有数据翔实、案例丰富、操作具体,涵盖面广、解释性透、实用性强,兼具理论和实务等特点。作者在此次出版时还专门为本书撰写了中文版序言,基于多次对中国的实地参访调查,表达了对中国社区矫正制度、理论和实践的发展与创新的赞扬,并提出了从美国的比较中吸取教训的建议。由此看来,该书可以为相关专业本硕博的教育教学、科学研究和实务工作提供参考。

2020 年《中华人民共和国社区矫正法》施行,2022 年党的二十大和2024 年党的二十届三中全会为中国特色社会主义法治体系和社会治理等做出了系统部署,尤其是党的二十届三中全会通过的《中共中央关于进一步全面深化改革、推进中国式现代化的决定》中,不仅专门提出了"矫治"概念,要求"强化未成年人犯罪预防和治理,制定专门的矫治教育规定""建立轻微犯罪记录封存制度"等新论断,还提出了要"加快构建中国话语和中国叙事体系,全面提升国际传播效能""构建中国哲学社会科学自主知识体系"等新要求。在此背景下,该书的译出可以为社区矫正与地方治理的"中美比较"研究打开一扇窗,为中国特色社区矫正和基层地方治理现代化的话语体系和知识体系等的建构提供参考。

　　译著由张大维教授组织统筹译出。为增强译著的可读性、准确性和世界性,吸纳了国际社区矫正领域的专家学者加入。其中,目录、第一章、第二章由美国韦恩州立大学的江山河教授译,第三章、四章、五章、十五章由时任教于澳大利亚昆士兰大学、现任教于香港城市大学的李恩深副教授译,第六章、七章、八章、九章、十章、十一章由华中师范大学的张大维教授译;第十二章、十三章由时在香港城市大学、现任职于香港中文大学(深圳)的张浩月博士译;第十四章由时在香港大学、现任教于北京师范大学珠海校区的翁雪副研究员译。曾在华中师范大学读研究生的吴冰、方诗匀、乔明梁、李天心、黄锐敏、伍菲、李宁等为译稿做了大量基础工作,在此一并表示感谢。全书最后由张大维教授统稿和初校,江山河教授审核校对。限于各种因素,错误在所难免,还请见谅指正。

　　此译著的出版非常坎坷,历时近八年。从开始联系原作者,到联系英文出版社,再到联系中文出版社和购买英文版权;从组织人员,到沟通标准,再到翻译和统稿校对等;每一步都耗费了不少的时间和精力。书中图表甚多,专业俗语甚多,案例专栏甚多,这都增加了翻译的难度。翻译只是一个方面的难题,出版程序则更加显得艰难。虽然在疫情前就已经完成了译稿,本想着赶在 2019 年底《中华人民共和国社区矫正法》通过之前出版,但囿于一些因素未能如愿,后因疫情等影响就一直延续到现在。这种出版的艰难,更体现了其面世后的价值。

　　特别感谢江苏人民出版社的选择和不弃,其不仅要承担购买版权的费用,还要承担设计出版费用。尤其要感谢史雪莲编辑的执着和敬业,其专业和耐心的风格保证了译著的高质量。没有她的坚持,很难想象该著是否还能顺利出版。巧合的是,我的专著《比较社会支持:基层治理中的社区矫正》

也同步在中国社会出版社出版,也正好形成中美社区矫正与地方治理的比较。最后,期待该著能为更多从"比较"视野中开展社区矫治融入基层地方善治教学研究的师生们和实务工作者们提供借鉴和帮助。

张大维

2024 年 8 月

武汉武昌桂子山